大学生劳动教育

（修订版）

COLLEGE STUDENT
LABOR EDUCATION
(REVISED EDITION)

主　编：鲁　扬

副主编：杨　天　戴媛媛

编　委：季斐斐　张力力　陈　璐　崔玮崙　许文傧

　　　　林　彦　韦语涵　董叶斓　陈俊蓉　姜雪纯　王　沛

河海大學出版社
HOHAI UNIVERSITY PRESS
·南京·

图书在版编目(CIP)数据

大学生劳动教育 / 鲁扬主编. -- 修订版. -- 南京：河海大学出版社，2024.8. -- ISBN 978-7-5630-9267-3

Ⅰ. G40—015

中国国家版本馆 CIP 数据核字第 2024ZT0692 号

书　　名	大学生劳动教育(修订版)
	DAXUESHENG LAODONG JIAOYU (XIUDINGBAN)
书　　号	ISBN 978-7-5630-9267-3
策划编辑	夏无双　汤思语　朱梦楠
责任编辑	彭志诚
特约编辑	薛艳萍
特约校对	王春兰
装帧设计	林云松风
出版发行	河海大学出版社
地　　址	南京市西康路1号(邮编：210098)
电　　话	(025)83737852(总编室)　(025)83722833(营销部)
	(025)83787769(编辑室)
经　　销	江苏省新华发行集团有限公司
排　　版	南京布克文化发展有限公司
印　　刷	广东虎彩云印刷有限公司
开　　本	787毫米×1092毫米　1/16
印　　张	18
字　　数	421千字
版　　次	2024年8月第1版
印　　次	2024年8月第1次印刷
定　　价	59.00元

再版前言

党的十八大以来,习近平总书记多次发表重要讲话,勉励广大劳动者勤于创造、勇于奋斗。在党的二十大报告中,习近平总书记再次强调,"全面贯彻党的教育方针,落实立德树人根本任务,培养德智体美劳全面发展的社会主义建设者和接班人"。2023年五一劳动节前夕,习近平总书记向全国广大劳动群众致以节日的祝贺和诚挚的慰问,号召"广大劳动群众大力弘扬劳模精神、劳动精神、工匠精神,诚实劳动、勤勉工作,锐意创新、敢为人先,依靠劳动创造扎实推进中国式现代化,在强国建设、民族复兴的新征程上充分发挥主力军作用"。

《大学生劳动教育》出版两年以来,得到了很多劳动教育研究者和高等学校师生的关注。这既是对本书的充分肯定,也对本教材提出了更高的要求和期望。同时,党中央对高等教育、劳动教育也提出了更新的要求。根据新的形势和新的要求,我们对全书进行了修订,力求保持和发扬原书的优点和长处,克服和弥补原书的缺点和不足。2023年本书被列为河海大学重点教材建设名单。

过去两年的时间里,很多从事劳动教育研究和实践的同志对这部教材提出了宝贵的意见和建议,这里我们表示诚挚的谢意,并期望大家继续对本书提出批评和建议,以便今后再做修订完善。

在修订过程中,我们得到了河海大学马克思主义学院、河海大学出版社领导和老师们的热情关怀和大力支持。在此一并致谢。

鲁 扬

2023 年 6 月

目 录

思想篇

第一章 中国传统文化中的劳动思想 ⋯⋯⋯⋯⋯⋯⋯⋯⋯⋯⋯⋯⋯⋯⋯⋯⋯⋯ 002
  一、劳动思想形成的历程 ⋯⋯⋯⋯⋯⋯⋯⋯⋯⋯⋯⋯⋯⋯⋯⋯⋯⋯⋯⋯⋯ 004
  二、丰富的劳动文化思想 ⋯⋯⋯⋯⋯⋯⋯⋯⋯⋯⋯⋯⋯⋯⋯⋯⋯⋯⋯⋯⋯ 009
  拓展阅读 ⋯⋯⋯⋯⋯⋯⋯⋯⋯⋯⋯⋯⋯⋯⋯⋯⋯⋯⋯⋯⋯⋯⋯⋯⋯⋯⋯⋯ 020

第二章 马克思主义劳动观 ⋯⋯⋯⋯⋯⋯⋯⋯⋯⋯⋯⋯⋯⋯⋯⋯⋯⋯⋯⋯⋯ 025
  一、马克思主义劳动观的含义 ⋯⋯⋯⋯⋯⋯⋯⋯⋯⋯⋯⋯⋯⋯⋯⋯⋯⋯⋯ 026
  二、新时代劳动观 ⋯⋯⋯⋯⋯⋯⋯⋯⋯⋯⋯⋯⋯⋯⋯⋯⋯⋯⋯⋯⋯⋯⋯⋯ 037
  拓展阅读 ⋯⋯⋯⋯⋯⋯⋯⋯⋯⋯⋯⋯⋯⋯⋯⋯⋯⋯⋯⋯⋯⋯⋯⋯⋯⋯⋯⋯ 045

第三章 树立正确的劳动价值观 ⋯⋯⋯⋯⋯⋯⋯⋯⋯⋯⋯⋯⋯⋯⋯⋯⋯⋯⋯ 050
  一、尊重劳动是劳动者的价值基础 ⋯⋯⋯⋯⋯⋯⋯⋯⋯⋯⋯⋯⋯⋯⋯⋯⋯ 051
  二、热爱劳动是劳动者的价值灵魂 ⋯⋯⋯⋯⋯⋯⋯⋯⋯⋯⋯⋯⋯⋯⋯⋯⋯ 054
  三、学会劳动是劳动者的价值实践 ⋯⋯⋯⋯⋯⋯⋯⋯⋯⋯⋯⋯⋯⋯⋯⋯⋯ 058
  四、创新劳动是劳动者的价值核心 ⋯⋯⋯⋯⋯⋯⋯⋯⋯⋯⋯⋯⋯⋯⋯⋯⋯ 062
  拓展阅读 ⋯⋯⋯⋯⋯⋯⋯⋯⋯⋯⋯⋯⋯⋯⋯⋯⋯⋯⋯⋯⋯⋯⋯⋯⋯⋯⋯⋯ 066

第四章 劳动与大学生的全面发展 ⋯⋯⋯⋯⋯⋯⋯⋯⋯⋯⋯⋯⋯⋯⋯⋯⋯⋯ 075
  一、以劳树德 ⋯⋯⋯⋯⋯⋯⋯⋯⋯⋯⋯⋯⋯⋯⋯⋯⋯⋯⋯⋯⋯⋯⋯⋯⋯⋯ 076
  二、以劳增智 ⋯⋯⋯⋯⋯⋯⋯⋯⋯⋯⋯⋯⋯⋯⋯⋯⋯⋯⋯⋯⋯⋯⋯⋯⋯⋯ 078
  三、以劳强体 ⋯⋯⋯⋯⋯⋯⋯⋯⋯⋯⋯⋯⋯⋯⋯⋯⋯⋯⋯⋯⋯⋯⋯⋯⋯⋯ 079
  四、以劳育美 ⋯⋯⋯⋯⋯⋯⋯⋯⋯⋯⋯⋯⋯⋯⋯⋯⋯⋯⋯⋯⋯⋯⋯⋯⋯⋯ 081
  拓展阅读 ⋯⋯⋯⋯⋯⋯⋯⋯⋯⋯⋯⋯⋯⋯⋯⋯⋯⋯⋯⋯⋯⋯⋯⋯⋯⋯⋯⋯ 083

素养篇

第五章 劳动品质 ⋯⋯⋯⋯⋯⋯⋯⋯⋯⋯⋯⋯⋯⋯⋯⋯⋯⋯⋯⋯⋯⋯⋯⋯⋯⋯ 092
  一、辛勤劳动 ⋯⋯⋯⋯⋯⋯⋯⋯⋯⋯⋯⋯⋯⋯⋯⋯⋯⋯⋯⋯⋯⋯⋯⋯⋯⋯ 094

二、诚实劳动 ··· 096
　　三、创造性劳动 ··· 098
　　拓展阅读 ·· 100

第六章　劳动能力 ·· 107
　　一、一般性劳动能力 ·· 108
　　二、职业性劳动能力 ·· 120
　　三、提升性劳动能力 ·· 126
　　拓展阅读 ·· 139

第七章　健康的劳动心理 ·· 147
　　一、正确处理压力 ·· 148
　　二、合理调节疲劳 ·· 152
　　三、有效应对职业倦怠 ·· 154
　　拓展阅读 ·· 157

实 践 篇

第八章　大学生劳动实践概述 ·· 162
　　一、大学生劳动实践的种类 ·· 163
　　二、大学生劳动实践的参与方式 ·································· 168
　　拓展阅读 ·· 170

第九章　日常生活劳动实践 ·· 172
　　一、日常生活劳动实践的必要性 ·································· 173
　　二、日常生活劳动实践内容 ·· 176
　　三、日常生活劳动实践目标 ·· 178
　　四、日常生活劳动实践途径 ·· 179
　　拓展阅读 ·· 186

第十章　生产劳动实践 ·· 193
　　一、生产劳动实践的必要性 ·· 194
　　二、生产劳动实践内容 ·· 197
　　三、生产劳动实践目标 ·· 199
　　四、生产劳动实践途径 ·· 200
　　拓展阅读 ·· 204

第十一章　服务性劳动实践 · 207
　一、服务性劳动实践的必要性 · 208
　二、服务性劳动实践内容 · 209
　三、服务性劳动实践目标 · 210
　四、服务性劳动实践途径 · 210
　拓展阅读 · 221

权益篇

第十二章　劳动权概述 · 226
　一、劳动权的内容 · 227
　二、大学生劳动权的法律保障 · 230
　三、大学生在求职中的安全隐患 · 234
　拓展阅读 · 235

第十三章　劳动保护与劳动权的救济 · 239
　一、劳动保护的内涵 · 240
　二、劳动保护基本内容 · 241
　三、劳动权的救济途径 · 242
　拓展阅读 · 244

第十四章　劳动合同 · 246
　一、劳动合同概述 · 247
　二、劳动合同的订立、履行、变更、解除、终止 · 248
　三、大学生签订劳动类合同时存在的法律问题及法律保护 · 255
　拓展阅读 · 263

附录　大学生劳动教育课程成绩单 · 267
部分答案解析 · 270
参考文献 · 273

思想篇

"劳动是人类的本质活动,劳动光荣、创造伟大是对人类文明进步规律的重要诠释。'民生在勤,勤则不匮。'中华民族是勤于劳动、善于创造的民族。正是因为劳动创造,我们拥有了历史的辉煌;也正是因为劳动创造,我们拥有了今天的成就。"

"伟大的事业需要伟大的精神,伟大的精神来自于伟大的人民。我们一定要在全社会大力弘扬劳模精神、劳动精神,大力宣传劳动模范和其他典型的先进事迹,引导广大人民群众树立辛勤劳动、诚实劳动、创造性劳动的理念,让劳动光荣、创造伟大成为铿锵的时代强音,让劳动最光荣、劳动最崇高、劳动最伟大、劳动最美丽蔚然成风。要教育孩子们从小热爱劳动、热爱创造,通过劳动和创造播种希望、收获果实,也通过劳动和创造磨炼意志、提高自己。"

——习近平 2015 年 4 月 28 日在庆祝"五一"国际劳动节暨表彰全国劳动模范和先进工作者大会上的讲话

第一章

中国传统文化中的劳动思想

学习目标

了解劳动思想形成的历程以及古代与劳动相关的节日，体会"人生在勤，不索何获""春夏耕耘，秋冬收藏；昏晨力作，夜以继日""采得百花成蜜后，为谁辛苦为谁甜""一粥一饭，当思来处不易"等深厚的劳动文化思想。

课堂导入

甲骨文中的"打工人"：古代农事中的"打工人"[1]

作为一个以耕织为立国之本的国家，在商周时期，古代中国就有着复杂而绵密的农事活动。从种到收，从采到摘，从饲养到宰杀，无处不是"打工人"辛劳的身影。可以说，比起现在，3 000年前商周时期的"打工人"可一点都不容易。

比如，汉字"秦"的甲骨文字形表达的就是一个辛勤劳作的"打工人"。作为一个会意字，上面是双手持杵，下面的禾苗垂着头，表示成熟了，整个字形会意为双手持杵舂禾。"秦"字被造成双手持杵舂禾的模样，可以想见因为粮食出产极富，"打工人"不停地劳作，以至于以这种繁忙的景象造字，并拿来命名这个富庶之地。

图1-1 汉字"秦"的甲骨文字形，上部是双手持杵，下部是成堆稻谷，表示用杵状农具打谷脱粒

图1-2 《胤禛耕织图册·三耘》为设色绢本画，是北京故宫博物院现存最完整的耕织图

---

[1] 选自许晖的"汉字里的中国"丛书，有删改。

汉字"年"的甲骨文字形除了表达"打工人"的劳作,还描述了他们的祭祀。这个字形上面是"禾",像一棵沉甸甸的庄稼;下面是一个面朝左、手臂下垂的人,会意为庄稼成熟,人背负着庄稼运回家去。《说文解字》解释说:"年,谷熟也。""年"的本义就是丰收。《穀梁传》说:"五谷皆熟为有年也。"庄稼收割完毕,"打工人"要庆祝丰收,同时祭祀祖先神灵,这个节日就称作"年"。

图1-3　汉字"年"的甲骨文字形像人背着禾,以示稻谷成熟丰收的意思

图1-4　《胤禛耕织图册·收刈》

除了耕作,畜牧也是古人经常从事的农业劳动。

汉字"畜"的甲骨文字形表达的是喂养牲畜的"打工人"。"畜"这个字形是说把家畜系在田里,"打工人"用谷物来喂养。《淮南子·本经训》中极为形象地描述了古人驯化家畜之始:"拘兽以为畜。"也就是说,田猎所得的野兽,养起来从而驯化为家畜。

图1-5　汉字"畜"的甲骨文字形反映了古人由单纯狩猎向"田猎"发展的情景

图1-6　南宋楼璹《耕织图》创作于绍兴初年,是我国对男耕女织场景最早、最完整的记录,代表着民间、世俗对耕与织的朴素理解

中华优秀传统文化,积淀着中华民族最深沉的精神追求,代表着中华民族独特的精神标识,形成了中国人的思维方式和行为方式。中华文化源远流长,孕育了中华民族的宝贵精神品格,培育了中国人民的崇高价值追求。自强不息、厚德载物的思想,支撑着中华民

族五千年来生生不息、薪火相传，今天依然是我们推进改革开放和社会主义现代化建设的强大精神力量。中华优秀传统文化是中华民族的精神命脉，是涵养社会主义核心价值观的重要源泉，在实现中华民族伟大复兴的征程中，中华优秀传统文化是我们最深厚的文化软实力，为我们在世界文化激荡中站稳脚跟筑牢坚实根基。

在五千年的历史长河中，勤劳、勇敢、智慧的中国人民创造了辉煌的历史，铸就了灿烂的中华文明。在长期的与自然抗争的过程中，先民们还形成了丰富的劳动思想，精卫填海、夸父逐日、后羿射日、愚公移山、女娲补天、大禹治水、钻燧取火等神话传说都反映了古代中国人对劳动的礼赞和对命运的抗争。时至今日，这些思想中仍有许多内容闪耀着智慧的光芒，影响着一代又一代的中国人，并成为当今劳动教育理论的重要思想来源。

一、劳动思想形成的历程

人类社会的发展伴随着劳动的发展，其发展过程就是一部劳动发展史。创造和使用工具是人类终于从蒙昧的野人时代进化到原始社会时代的根本原因，石器的使用使原始人类极大地提高了在原始大地上生存生产的能力。在人类历史上，劳动工具的每一次变革，都带来了划时代的生产方式的变革，并随之带动社会形态的变革，使得劳动思想不断发展和完善。中国古代以农业立国，农业生产讲究时令节气，劳动人民顺应农业生产规律，将节气融入农业生产和生活实践中，创造了高度发达的农耕文明。

（一）劳动演变历史

1. 原始社会的劳动历史

原始社会亦称"原始公社""原始共产主义社会"，是人类历史上第一个社会形态。人类产生的过程也就是原始社会形成的过程。它存在了两三百万年，是截至目前人类历史上最长的一个社会发展阶段。在原始社会，人们为了生存必须进行群体性生产劳动。社会生产力发展的主要标志是使用石器工具。劳动的结合方式主要是简单协作，人们之间的分工主要是按性别、年龄实行的自然分工。人类个体无力同自然界进行斗争，为谋取生活资源必须共同劳动，从而决定了生产资料的共同占有。同时，人们在劳动中只能是平等的互助合作关系，产品归社会全体成员共同占有，实行平均分配。

旧石器时代的人类经济活动，主要是通过采摘果实、狩猎或捕捞获取食物。中石器时代以石片石器和细石器为代表工具，石器已小型化。这一时期细石器被大量使用，广泛使用弓箭，已知驯狗，在一些地方还发现了独木舟和木桨。新石器时代是人类原始氏族

图1-7 在新石器时代里，人们慢慢学会了制作更加精细的石斧、石镰、石凿等石质工具

的繁荣时期,劳动工具有了显著的改进——石器的制造中使用了磨制技术,产生了农业和畜牧业,磨光石器开始流行,并发明了陶器。

随着社会生产力发展,我国历史上开始出现学校。自此,劳动教育和劳动文化随着社会政治生活的变迁,一刻未停止过。原始社会末期,学校称为"成均"和"庠"。这一时期的教育具有直接为生产、生活服务和与生产、生活相融合的特点,教育内容除了礼乐外,主要是生产知识,包括农业技术、天文水利、采矿、冶炼、金属工具制作、养蚕织布、舟车制作、文字、历法等。

2. 奴隶社会的劳动历史

随着生产的发展,劳动产品有了剩余,农业和手工业开始分化,私有制的产生和进一步发展使得阶级的分化日益加深,氏族社会制度逐渐转变为部落联盟,我国社会也由原始社会进入奴隶社会。

夏朝作为一个部落联盟形式国家的正式建立,标志着我国进入奴隶社会。这一时期的农业文明有较大的发展,为了适应农业生产的需要,探索出农事季节的规律,统治者开始有组织地编制历法以指导农业生产,现代我们仍使用的农历(古称夏历)可能就是在夏朝编成的。畜牧业有一定发展,还有一些专门从事畜牧业的氏族部落。在多处文化遗址都有发现黍壳、稻壳的遗存。随着夏朝农业生产的发展和生产部门的分工,烧制陶器,琢磨石器,制作骨器、蚌器,冶铸青铜器和制作木器等各种手工业,也有了新的发展和分工。在学校方面,统治阶级开始以国家机构的形式设置学校和教育制度。夏朝的学校有庠、校、序等称谓。学校教育以习射为主。

商朝在农业、畜牧业、养殖业、手工业技术以及与农业生产劳动密切相关的天文历法等领域取得了很大进步。手工业全部由官府管理,分工细,规模巨,产量大,种类多,工艺水平高,其中青铜器的铸造技术发展到一个高峰。商朝制陶业较为发达,后期的纺织手工业也有很大发展,商朝的学校有庠、序、学、瞽宗等。"学"即学习文化知识的地方,"瞽宗"即学习礼乐的地方,学校的形式逐渐趋于完备。

西周是我国奴隶社会的鼎盛时期,社会生产力比之商代更加提高,农业、手工业不断发展,社会在农耕技术、手工业制造技术方面取得显著成就,劳动文化则伴随着社会生产的发展不断孕育壮大。农业技术方面,首先是作物种类得到扩展,已从商代的六七种发展到十五种,主要品种有黍、稷、麦、菽、稻等;其次是灌溉技术得到发展。手工业方面,西周实行"工商食官"制度,即实行官营手工业制度。金属手工业、纺织业等得到进一步发展。学校教育方面,统治阶级为适应分封制和井田制等宗法制度的需要,建立起一套政教合一的官学体制。在周天子所在地和诸侯国分别设有国学与乡学,其中,国学分为大学和小学,这是为贵族设立的;乡学是地方学校,其设置依据地方行政建制而定,闾有塾,党有庠,术有序,乡有校。西周时期,学校教育的教学内容主要是礼、乐、射、御、书、数,统称为"六艺"。以"六艺"为主的教育导致学校后来逐渐与培养"农、工、商"人才分道扬镳,而转向了以培养"士"为目标的发展道路。自此,劳动教育和劳动文化开始远离学校,却在社会各劳动阶层中不断发展壮大。

春秋战国时期,由于铁器的使用和牛耕的推广,青铜器逐渐退出历史舞台。铁器的使用和牛耕的推广同时也标志着社会生产力的显著提高。当时许多主流意识形态中都积极肯定劳动技能对社会进步的作用。例如,庄子的《庖丁解牛》一文,将庖丁宰牛的动作纯熟之美与舞蹈的节拍美和音乐的节奏美结合,用"踌躇满志"来形容技能型人才和一线劳动者的自尊和自信;庄子还在《运斤成风》中,运用美学式的夸张笔调,称赞工匠运用斧头的高超技能。

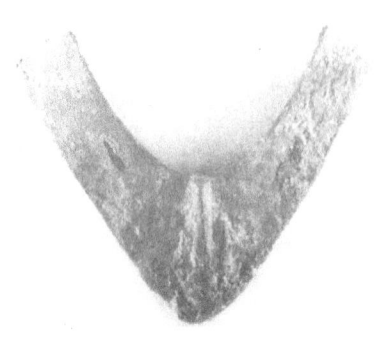

图1-8 战国时代的铁制农具　　图1-9 二牛抬杠犁耕法

3. 封建社会的劳动历史

西汉初年,奉行重农抑商政策,农业生产在一定程度上得到恢复,但商人地位较为低下,影响了经济的发展。西汉汉成帝时有《氾胜之书》,此书对黄河流域的农业生产经验和操作技术进行了总结,它记载了区田法、溲种法、耕田法,对选择播种日期、种子处理、操作技术都有全面记载,对汉代及后来的农业生产起了积极作用。虽然此书早佚,但北魏贾思勰的《齐民要术》中保存了不少有关史料。到了东汉时期,蚕桑养殖在长江和岭南等地开始推广,出现了翻车和渴乌等水利工具,农业生产效率得到显著提高。

隋朝仿照北魏的均田制,实行均田法,轻徭薄赋,与民休息,减轻了农民的生产压力。为积谷防饥,广设仓库。开凿广通渠,自大兴(长安城东南)引渭水至潼关,以利关东漕运。隋文帝在位年间,社会民生富庶、人民安居乐业、政治安定,开创了"开皇之治"的繁荣局面。隋炀帝在位时期修建了贯通南北的大运河以及驰道,改善了水陆交通状况,为发展生产创造了条件。

唐朝农业生产工具有了新的进步,出现了曲辕犁,新的灌溉工具水车和筒车。唐朝重视水利工程建设,耕地面积扩大,粮食产量得到提高。唐朝前期主要手工业有纺织业、陶瓷业和矿冶业。唐朝后期,南方手工业大幅进步,特别是丝织业、造船业、造纸业和制茶业。

宋朝大兴水利,大面积开荒,又注重农具改进,农业发展迅速。梯田(在山区出现)、淤田(利用河水冲刷形成的淤泥耕种的

图1-10 曲辕犁,是唐朝中国劳动人民发明的耕犁。其辕曲,因以名,区别于直辕犁

田地)、沙田(海边的沙淤地)、架田(在湖上做木排,上面铺泥成地)等许多新型田地的出现,大幅增加了耕地面积。耐旱、早熟稻种的推广,促进了长江流域和珠江流域农业迅速发展。种桑养蚕和麻的地区也在增加。南宋时太湖地区稻米产量居全国之首,有"苏常熟,天下足"之称。甘蔗种植遍布现在苏、浙、闽、粤等省,出现了世界上第一部关于制糖术的专著《糖霜谱》。

明朝中后期,农业呈现粮食生产专业化、商业化趋势。江南广东一大片原来产粮区由于大半甚至八九成都用来生产棉花、甘蔗等经济作物而成为粮食进口区。主要发展趋势有:一般粮食作物的种植主要有稻、麦、粟、梁、黍、菽等多种谷类;某些本来可以自给的区域,由于手工业的发展,非农业人口的剧增,或经济作物种植面积的不断扩大,使本地粮食产量不能满足需求,因而每年需从外地输入大量粮食。明朝后期,不少地主缙绅也逐步将资金投向工商业,"富者缩资而趋末",以徽商、晋商、闽商、粤商等为名号的商帮亦逐渐形成,并在一定地区和行业中有了举足轻重的地位。农业人口转为工商业者的数量激增。明朝进步最快、规模最大的是矿冶、纺织、陶瓷、造船、造纸等行业生产,而明朝手工业最引人注目的特点是民营手工业的大规模兴起,并在明朝后期逐步取代了官营而在手工业市场占有主要地位。

清朝前期,国力强盛,农业、手工业、商业均取得较大幅度发展,特别是耕地面积扩大、人口增加和国库钱粮充裕,成为中国封建社会经济发展的高峰。农业方面,清朝采取开垦荒地、移民边区及推广新作物以提高生产量。由于国内与国外的贸易额提升,经济农业也较为发达。手工业方面,改工匠的徭役制为代税役制,产业以纺织和瓷器业为重,棉织业超越丝织业。商业方面,晋商、徽商、闽商、潮商等商帮的形成,促进了商业的繁荣。但是,清朝实施海禁和禁矿政策,在一定程度上阻碍了工商业的发展。

(二)古代与劳动相关的节日

1. 农历二月二

上古时期,据《帝王世纪》记载,"三皇"之首伏羲"重农桑,务耕田",每年农历二月初二,都要率领各部落首领"御驾亲耕",百姓也要从这天开始下田耕作。

西周时期,据司马迁《史记》中记载,周武王在每年农历二月初二都会举行盛大仪式,率文武百官亲耕,将这天定为"春龙节",以此拉开全国农耕的序幕。

唐朝时期,农历二月初二被正式定为"耕事节"或"劳农节",有了合法的节日身份。皇帝要率领百官至田间劳作,虽然只是象征性地动动锄头;为了配合节日的喜庆气氛,这天农民们在下地播种时,也都在农具上绑上喜庆的红绸。

宋元时期,农历二月初二含义扩大到"花朝节""踏青节",因古人认为二月初二甘霖将至,春耕劳作也要由此开始,因此不管节日内容如何变化,劳动性质却一直得以延续。

清朝规定:"凡七十以上耕者,免赋税杂差,劳农节赏绢一匹,棉十斤,米一石。"这就是劳动人民在劳动节的福利。二月初二,古代还有抢神牛的传统:各地区的官府会组织百姓们一起祭祀,并把当作祭品的泥牛敲碎,让农民们争抢;传说谁抢到了这些泥块并放至家中田地,就会有一年的好收成。

图1-11 二月二，代表着丰收，五谷丰登，反映了人们对丰收的期望和对粮食的渴求，希望丰衣足食，生活美满

2. 农历七月七

七月七在古代叫"乞巧节"，这一天，汉族民间妇女会向织女乞求有一双灵巧的双手。《豳风·七月》中说："七月流火，九月授衣。一之日觱发，二之日栗烈。无衣无褐，何以卒岁？三之日于耜，四之日举趾。同我妇子，馌彼南亩，田畯至喜。"这段话描述的就是一幅古代劳动人民的农耕图。在一年中最热的农历七月，劳动人民要下地劳作，继耕地松土、播种插秧后，浇水施肥、精心照料也是丰收必不可少的前提。

图1-12 南宋画家马和之的《豳风图》

3. 农历九月九

对于农历九月初九的源头，可追溯到先秦之前。《吕氏春秋》中《季秋纪》记载："（九月）命冢宰，农事备收，举五种之要，藏帝籍之收于神仓，祗敬必饬。""是月也，大飨帝，尝牺牲，告备于天子。"可见当时已有在秋九月农作物丰收之时祭飨天帝、祭祖，以谢天帝、祖先恩德的活动。

经历了春耕、夏耘,就到了秋收。这个"晒秋"(晒秋:农民晾晒农作物于田间地头、房前屋后、悬窗屋顶等场所,是传统农俗之一)季节,是劳动人民劳动一年获得回报的日子。与"二月二"开始一年的劳作不同,"九月九"可说是结束一年劳作的日子。在收成看天的古代社会,重阳为"辞青"日。草木随后逐渐凋零,气候变得不利于大部分农作物的生长,劳动人民也因此有机会稍微得以喘息。古代"九月九"也是一个全家出游的节日。

图 1-13　晒秋:农民晾晒农作物于田间地头、房前屋后、悬窗屋顶等场所,是传统农俗之一

二、丰富的劳动文化思想

中华民族是勤于劳动、善于创造的民族,始终将勤勉劳作视为社稷之基和生活之本。"勤劳智慧、自强不息"依靠的是"辛勤劳动",几千年来,正是依靠艰苦奋斗、不懈劳动,中华民族才能历经沧桑而不衰。崇尚劳动、热爱劳动、辛勤劳动一直是中华民族优秀的传统美德。"人生在勤,不索何获""敬授民时,精益求精""采得百花成蜜后,为谁辛苦为谁甜""一粥一饭,当思来处不易",这些丰富的劳动文化思想,值得我们细细品味,代代相传。

(一)人生在勤,不索何获

自古以来,我国劳动人民崇尚劳动,形成了"以劳为美""以劳为乐""以贪图享乐为耻"等朴素的劳动思想,在劳动中传承耕读文化,将"劳动光荣、创造伟大"的优良美德植根于中国人的民族基因。

回顾历史,我国劳动人民用勤劳造就了伟大的中华民族。相传,中华民族的人文始祖黄帝建造房屋,发明舟车,制作衣裳,还教人民挖井;黄帝妻子嫘祖发明养蚕缫丝;虞舜耕耘种植,打鱼制陶;仓颉发明文字;伶伦编制乐谱。无论是历史佳话,还是神话传说,这些无不展现了勤劳带来收获的道理。《管子》有言:"一农不耕,民有为之饥者;一女不织,民有为之寒者。"百姓不勤,遂有饥寒。管仲又说:"仓廪实,则知礼节;衣食足,则知荣辱。"耕织不仅是衣食之源,也是礼仪文明的基础。由此可知,勤以修身,劳可安邦。正是勤劳,才使得中华民族屹立不倒,绵延至今。

1. 以劳为美

美是人类最永恒的追求。自古我国先民崇尚劳动之美,他们将劳动和审美融为一体,创造了以劳动和劳动者为美的审美观。

《国风·齐风·还》通过猎人们相遇互相赞美,感慨猎人的矫健、勇敢和技艺的高超,抒发了作者对劳动者的崇尚和赞美之情。

> 子之还兮,遭我乎峱之间兮。并驱从两肩兮,揖我谓我儇兮。子之茂兮,遭我乎峱之道兮。并驱从两牡兮,揖我谓我好兮。子之昌兮,遭我乎峱之阳兮。并驱从两狼兮,揖我谓我臧兮。
> ——《国风·齐风·还》

译文:对面这位大哥身手真敏捷啊!我进山打猎和他相逢在山凹。并肩协力追捕到两头小野兽,他连连打躬作揖夸我利落啊!对面这位大哥身材长得好啊!我进山打猎和他相逢在山道。并肩协力追捕到两头公野兽,他连连打躬作揖夸我本领高!对面这位大哥体魄好健壮啊!我进山打猎和他相逢在山南。并肩协力追捕到两匹狡猾的狼,他连连打躬作揖夸我心地善!

《国风·周南·关雎》描述了少男少女们在采摘荇菜时,相互倾慕,收获爱情的唯美的劳动场景,作者将劳动品质与美丽爱情相结合,唱出了一曲优美的劳动赞歌。

> 参差荇菜,左右采之。窈窕淑女,琴瑟友之。参差荇菜,左右芼之。窈窕淑女,钟鼓乐之。
> ——选自《国风·周南·关雎》

译文:参差不齐的荇菜,从左到右去摘它。贤良美好的女子,弹琴鼓瑟来亲近她。参差不齐的荇菜,从左到右去挑选它。贤良美好的女子,敲起钟鼓来取悦她。

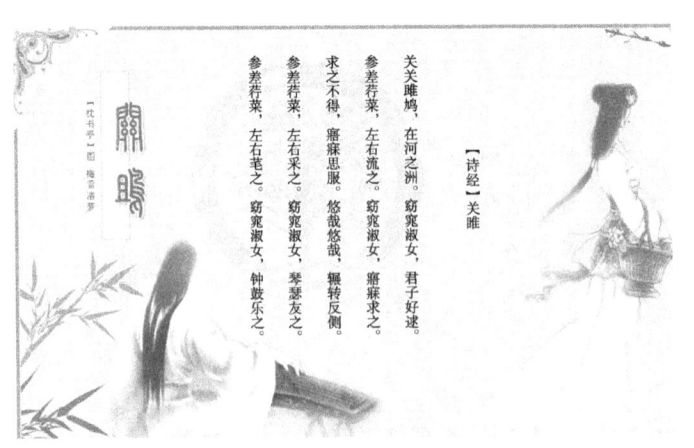

图1-14 《国风·周南·关雎》描绘了姑娘忙碌劳动的优美姿态,刻画了她们勤劳的形象

宋朝许多文学家也写下了歌颂生产劳动场景的诗词,苏轼就是其中最有代表性的一位。

> 翻翻联联衔尾鸦，荦荦确确蜕骨蛇。
> 分畦翠浪走云阵，刺水绿针抽稻芽。
> 洞庭五月欲飞沙，鼍鸣窟中如打衙。
> 天公不见老农泣，唤取阿香推雷车。
>
> ——《无锡道中赋水车》

这是一首咏物诗。首联用比喻的手法写水车的形象，"翻翻联联""荦荦确确"以叠字一摹动，一写静，比喻水车动如鸦之衔尾，静如蜕骨之蛇，极为准确生动。颔联写水车的功用，车水入田、稻秧青翠碧绿，惹人喜爱。颈联写天旱，"欲飞沙"及"鼍鸣窟中"的传说，形象地揭示出天旱的极其严重。尾联写农民的抗旱，进一步歌颂水车，天旱盼雨，但"天公"不见，下雨无望，因之老翁悲"泣"，靠天不能，只好自救，于是呼唤子女推水车抗旱。"阿香"本是神话中的女神，此用来指车水的农民，"雷车"是天神布云下雨的工具，这里用来指水车，进一步把水车的功用强调到一个新的高度。

2. 以劳为乐

诗经《芣苢》："采采芣苢，薄言采之。采采芣苢，薄言有之。采采芣苢，薄言掇之。采采芣苢，薄言捋之。采采芣苢，薄言袺之。采采芣苢，薄言襭之。"写的是三五成群的女子在山坡旷野采车前草时的劳动景象，通过歌声表现了她们劳动时的欢快心情和生动活泼的气氛。

《魏风·十亩之间》："十亩之间兮，桑者闲闲兮，行与子还兮。十亩之外兮，桑者泄泄兮，行与子逝兮。"描述了地处北方的魏国先民勤劳乐观的劳动场景和热爱劳动的生活态度。

东晋诗人陶渊明，亲自参加生产劳动，并歌颂生产劳动，他的田园诗，如《癸卯岁始春怀古田舍》《归园田居》《庚戌岁九月中于西田获早稻》等，具有强烈的劳动气息。

> 晨出肆微勤，日入负耒还。
> 山中饶霜露，风气亦先寒。
> 田家岂不苦？弗获辞此难。
> 四体诚乃疲，庶无异患干。
>
> ——《庚戌岁九月中于西田获早稻》

清晨出去干些轻微的活，黄昏扛着农具归来。冒着冷露寒风劳动，自然很苦，但为生活计，就得不辞艰难。肢体虽然很累，却可避免意外的灾难。他选择这样的生活道路是为躲避迫害，有不得已的成分。他长期生活在农村，熟悉农民生活，其诗多写田园生活和隐居情趣。

宋朝文人范成大的《四时田园杂兴》中"昼出耘田夜绩麻，村庄儿女各当家。童孙未解供耕织，也傍桑阴学种瓜"，用清新的笔调描写了农村初夏时的活泼劳动气氛。初夏的白天，男人们在水稻田里除草，晚上女人们搓麻线织成布，村子里男女都不得闲，各司其事，孩子们不会耕也不会织，却也不闲着，在茂盛成荫的桑树底下学种瓜。

图1-15 诗人用清新的笔调,对农村初夏时的紧张劳动气氛做了较为细腻的描写

3. 以贪图享乐为耻

自古我国先民以劳动致富光荣,以不劳而获为耻。例如,《国风·魏风·硕鼠》将不劳而获的统治者比作硕鼠,通过对硕鼠从食黍、食麦到食苗层层递进的描写,表达了对剥削者贪婪残酷本性的痛恨。

硕鼠硕鼠,无食我黍!三岁贯女,莫我肯顾。逝将去女,适彼乐土。乐土乐土,爰得我所。硕鼠硕鼠,无食我麦!三岁贯女,莫我肯德。逝将去女,适彼乐国。乐国乐国,爰得我直。硕鼠硕鼠,无食我苗!三岁贯女,莫我肯劳。逝将去女,适彼乐郊。乐郊乐郊,谁之永号?

——《国风·魏风·硕鼠》

译文:大田鼠呀大田鼠,不许吃我种的黍!多年辛勤伺候你,你却对我不照顾。发誓定要摆脱你,去那乐土有幸福。那乐土啊那乐土,才是我的好去处!大田鼠呀大田鼠,不许吃我种的麦!多年辛勤伺候你,你却对我不优待。发誓定要摆脱你,去那乐国有仁爱。那乐国啊那乐国,才是我的好所在!大田鼠呀大田鼠,不许吃我种的苗!多年辛勤伺候你,你却对我不慰劳!发誓定要摆脱你,去那乐郊有欢笑。那乐郊啊那乐郊,谁还悲叹长呼号!

陶渊明的田园诗不仅写自己从事躬耕,而且对劳动的意义提出了新的见解,他的《庚戌岁九月中于西田获早稻》一诗中说:"人生归有道,衣食固其端。孰是却不营,而以求自安?"也就是说,人人都要自食其力,艰苦奋斗,如果什么事都不做,又怎么能解决自己的温饱问题呢?

4. 传承耕读文化

三国时期诸葛亮耕读南阳,折射出古代下层读书人的生活方式,即用自己的双手辛勤劳动,不索求于他人,自力更生来养家糊口;北宋大才子苏东坡被贬谪后,参与劳作耕读于黄州;曾国藩位极人臣,却对子女要求十分严格,时刻警醒子女要保持艰苦朴素、耕读与耕学的家风。在曾氏家训"书蔬鱼猪,早扫考宝"中,"早"就要求子弟要保持早起的习惯,

"扫"就是要求家族成员要勤扫书房屋舍,保持干净齐整有序,都反映了曾家保持农家子弟本色、勤劳简朴、不养闲人、自立自强的严谨家风。这些都是对中国传统耕读文化的践行。传统耕读文化以孝悌信义、知书达理、克勤克俭、自强不息等为内涵,是中国传统儒家文化,也是中华文化的重要组成部分。

(二)敬授民时,精益求精

中国古代劳动人民尊重劳动规律,勤于在劳动实践中发现和掌握科学劳动的规律与方法,不断提高劳动生产效率。二十四节气是中国古代劳动人民对气候变化规律的观察以及对气候对于农作物生产影响的总结和凝练,"春耕夏耘,秋收冬藏"已成为中国传统文化的重要组成部分。"工欲善其事必先利其器",中国古代劳动人民重视对生产工具的改进,形成了"精益求精、臻于完美"的劳动文化传统。

1. 春耕夏耘,秋收冬藏

《虞书·尧典》作为《尚书》的首篇,是尧时期意识形态和上层建筑的主要反映。在开篇赞颂尧的历史功绩时,用了很大篇幅记述尧为了发展生产,制定历法的故事。其中明确指出"历象日月星辰,敬授人时",即制定历法的目的是让百姓能够按照时令从事生产活动。有了历法,人们就有了生产活动的时令指导,"日中,星鸟,以殷仲春。厥民析,鸟兽孳尾",即依照昼夜时间相等和黄昏时星鸟出现在南方,确定了仲春时节。百姓们在这个时候就要到田野上耕作了,鸟兽也开始繁殖、生育。

管仲认为发展农业就要遵循季节规律,这样才能提高粮食产量。《管子·轻重甲》记载:"今为国有地牧民者,务在四时,守在仓廪。"《管子·乘马》记载:"时之处事精矣,不可藏而舍也。故曰,今日不为,明日忘货。昔之日已往而不来矣。"即要按照农时进行农事活动。

《礼记·中庸》提出"万物并育而不相害,道并行而不相悖"和"致中和,天地位焉,万物育焉"的思想,表达了孔子关于人与自然和谐平衡的观点。《礼记·祭义》记载"断一树,杀一兽,不以其时,非孝也",这种"不时不食""取物以时"的思想,顺应了农牧业生产规律,将违反时令乱砍滥伐视作不孝之举。《论语·述而》提倡的"钓而不纲,弋不射宿",反映了孔子重视并按照农牧业规律进行生产,反对竭泽而渔、覆巢毁卵的违反科学的生产方式。

节气歌

春雨惊春清谷天,夏满芒夏暑相连,
秋处露秋寒霜降,冬雪雪冬小大寒。
每月两节不变更,最多相差一两天,
上半年来六、廿一,下半年是八、廿三。

我国大部分地区处在温带,气候冷热变化对农业生产有很大影响,智慧的劳动人民在农业生产中观察气候变化,将一年用 24 个特定节气划分成 24 个阶段,总结出了"立夏栽稻子,小满种芝麻"等农事民谚来指导农业劳动。

表 1-1 二十四节气与农谚

节气	时 间	农 谚
立春	2月4日或5日	立春晴一日,耕田不费力
雨水	2月19日前后	立春天渐暖,雨水送肥忙
惊蛰	3月5日或6日	惊蛰一犁土,春分地气通
春分	3月21日前后	春分有雨家家忙,先种瓜豆后插秧
清明	4月5日前后	麦怕清明霜,谷怕老来雨
谷雨	4月20日或21日	谷雨前后,种瓜种豆
立夏	5月5日或6日	立夏三日正锄田。锄板响,庄稼长
小满	5月21日或22日	小满小满,麦粒渐满
芒种	6月5日或6日	芒种三日打麦场
夏至	6月21日或22日	夏至东风摇,麦子坐水牢
小暑	7月7日或8日	小暑不栽薯,栽薯白受苦
大暑	7月23日或24日	禾到大暑日夜黄
立秋	8月7日或8日	立秋三场雨,种稻变成米
处暑	8月23日前后	处暑栽白菜,有利没有害
白露	9月8日前后	头白露割谷,过白露打枣
秋分	9月23日前后	白露早,寒露迟,秋分种麦正当时
寒露	10月8日前后	寒露时节人人忙,种麦摘花打豆场
霜降	10月23日前后	寒露早,立冬迟,霜降收薯正适宜
立冬	11月7日或8日	立了冬,把地耕
小雪	11月23日或24日	到了小雪节,果树快剪截
大雪	12月7日或8日	冬天麦盖三层被,来年枕着馒头睡
冬至	12月22日前后	犁田冬至内,一犁比一金。冬至前犁金,冬至后犁铁
小寒	1月6日前后	小寒时处二三九,天寒地冻北风吼 窖坑栏舍要防寒,瓜菜薯窖严封口
大寒	1月20日前后	春节前后闹嚷嚷,大棚瓜菜不能忘

2. 工欲善其事,必先利其器

孔子十分关注劳动工具的改进。《论语·卫灵公》记载:"子贡问为仁。子曰:'工欲善其事,必先利其器。居是邦也,事其大夫之贤者,友其士之仁者。'"虽然孔子是以此做比喻,但也明确指出了劳动工具在生产中的重要性。

《后汉书·宦者列传》记载,汉灵帝时,"又使掖庭令毕岚铸铜人四列于仓龙、玄武阙。又铸四钟,皆受二千斛,县(悬)于玉堂及云台殿前。又铸天禄虾蟆,吐水于平门外桥东,转水入宫。又作翻车渴乌,施于桥西,用洒南北郊路,以省百姓洒道之费"。毕岚创造的"翻车",据考证就是我国乡村中一直至现代还使用的龙骨水车的前身,能大量引水,开我国水车历史之先河。

3. 精益求精,臻于完美

中国传统工匠精神最主要表现为精益求精、臻于完美的工作态度,对完美与极致的不懈追求、对细节永无止境的雕琢和不断突破创新的精神。手工业技艺的发展和不断走向"愈精",需要有时间和精力作后盾,这为传统工匠精神的生成奠定了基础。

据宋朝《考工记解》中记载,当时手工业获得了充分发展,技艺达到非常高的水平,究其原因,时间沉淀是一个重要因素,日积月累才能技艺精进,"周人尚文采,古虽有车,至周而愈精,故一器而工聚焉。如陶器亦自古有之,舜微时,已陶渔矣,必至虞时,瓦器愈精好也。"同时,精益求精离不开细致的分工协作,这也在客观上促进了专业分工的发展和手工业制造水平的提升。例如,《考工记解》中对"车""圭"的记载十分详细,对于牙、辐、轮、毂等都有详细的记载并附图谱加以说明。中国古代对圭的分类就有镇圭、桓圭、信圭、躬圭、冒圭、瓒、谷璧、蒲璧、大圭、土圭、四圭、祼圭、琬圭、琰圭、谷圭、大璋、中璋、边璋、瑑圭、瑑璋、牙璋、驵琮、大琮、瑑璧、两圭、瑑琮等。从上述分类可以看出,圭的工艺的发展确实达了一个十分精细的程度,也显示出我国古代工匠对艺术创作的无限追求。同样地,对于城与屋的建造《考工记解》中也有详细的记载,在《卷下》篇"匠人建国""匠人营国"中,对于国君、诸侯王、普通百姓房屋的建造的规模、方位都有详细的记载,这些记载表明当时中国房屋的建造技艺已经达到了相当高的水准。在制糖方面,中国古人将甘蔗分为果蔗与糖蔗两种,甘蔗种植技术(选时、所需要土壤、整地)都有详细说明,并且还指出糖的种类,分为"凝冰糖、白霜糖、红砂糖"三种,还分门别类地针对各种糖的具体制造进行了说明,其内容包括了对糖车的尺寸要求、材料选择、制造等,并附有图片。在冶金方面,中国古人对金、银、铜、锌、铁、锡、铅的开采、洗造、冶炼、分离、合金的冶炼等都有详尽的记载。在陶瓷制作方面,中国古人对瓦、砖、瓶、瓮、白瓷的黏土选择、大小、模具、烧制都达到了一个较高的水准。

在传统社会,中国工匠们秉承着精益求精的精神,创造了属于他们那个时代的高技艺、高水平。此种精神的存在,使得中国工匠们拥有推动技术持续进步的内在动力,也使得中国的手工技艺在很长一段时期内领先于世界,并且最终促进了中国社会的整体进步与繁荣。

图1-16 翻车是世界上出现最早、流传最久远的农用水车。是中国古代劳动人民发明的最著名的农业灌溉机械之一

(三) 采得百花成蜜后,为谁辛苦为谁甜

中国古代的诗词、文字记录中有大量体现"君王躬身治天下""同情劳动者疾苦",重视"提高劳动者文化素质"和"调动劳动者积极性"的内容,如"采得百花成蜜后,为谁辛苦为谁甜"。

1. 君王躬身治天下

《尚书·周书·无逸》在记述周公追怀周文王时,赞扬文王穿着朴素,与百姓一起参加田间劳动,从早干到晚,顾不上吃饭。

> 文王卑服,即康功田功。徽柔懿恭,怀保小民,惠鲜鳏寡。自朝至于日中昃,不遑暇食,用咸和万民。文王不敢盘于游田,以庶邦惟正之供。文王受命惟中身,厥享国五十年。
> ——《尚书·周书·无逸》

译文:我们的文王能安于低贱的工作,他从事过开通道路和耕地种地的劳动。他善良、仁慈、谦恭,他关怀和保护普通老百姓,他爱护和亲善孤苦无依的人。从早晨到中午,直到太阳西斜,他忙得没有工夫吃饭,目的是为了使万民都生活得幸福。文王不敢乐于游戏和田猎,他不敢让众诸侯国只进献赋税供他一人享乐。文王在中年接受天命为君,他只享有王位五十年。

《管子·轻重甲》记载,"今为国有地牧民者,务在四时,守在仓廪。国多财则远者来,地辟举则民留处;仓廪实则知礼节,衣食足则知荣辱。今君躬犁垦田,耕发草土,得其谷矣",即管仲认为,现在君上亲身示范犁田垦地,开发草土,是可以得到粮食的。

《论语·宪问》记载:"南宫适问于孔子曰:'羿善射,奡荡舟,俱不得其死然。禹稷躬稼而有天下。'夫子不答。南宫适出。子曰:'君子哉若人!尚德哉若人!'"从这段话可以看出,孔子对于禹和稷亲自参加农业生产劳动的认可。

2. 同情劳动者疾苦

《管子·霸形》记载:"齐国百姓,公之本也",即管仲认为百姓是国家的根本。在此基础上,管仲认为"本理则国固"。管仲认为应该肯定人民群众的历史地位。"明王有过,则反之于身;有善,则归之于民。"

管仲认为封建统治者应该亲民,"人众而不亲,非其人也",孟子主张统治者要"与百姓同之""与民同乐"。

唐朝诗人李白《秋浦歌其十四》中"炉火照天地,红星乱紫烟。赧郎明月夜,歌曲动寒川"描写了一幅瑰玮壮观的秋夜冶炼图。在李白神奇的笔下,光、热、声、色交织辉映,明与暗、冷与热、动与静烘托映衬,鲜明、生动地表现了火热的劳动场景,酣畅淋漓地塑造了古代冶炼工人的形象,是一首古代炼铜工人的赞歌。

诗人李绅的《悯农》可谓家喻户晓,《观刈麦》是唐代诗人白居易描写麦收时节农忙情景、同情劳动人民的诗。

> 田家少闲月,五月人倍忙。
> 夜来南风起,小麦覆陇黄。

妇姑荷箪食，童稚携壶浆，
相随饷田去，丁壮在南冈。
足蒸暑土气，背灼炎天光，
力尽不知热，但惜夏日长。
复有贫妇人，抱子在其旁，
右手秉遗穗，左臂悬敝筐。
听其相顾言，闻者为悲伤。
家田输税尽，拾此充饥肠。
今我何功德，曾不事农桑。
吏禄三百石，岁晏有余粮。
念此私自愧，尽日不能忘。

——《观刈麦》

这首诗叙事简明，结构自然，层次清楚，顺理成章。诗一开头，先交代背景，标明是五月麦收的农忙季节。接着写妇女领着小孩往田里去，给正在割麦的青壮年送饭送水。随后就描写青壮年农民在南冈麦田低着头割麦，脚下暑气熏蒸，背上烈日烘烤，已经累得筋疲力尽还不觉得炎热，只是珍惜夏天昼长能够多干点活。写到此处，这一家农民辛苦劳碌的情景已经有力地展现出来。接下来又描写了另一种令人心酸的情景：一个贫妇人怀里抱着孩子，手里提着破篮子，在割麦者旁边拾麦。她要来拾麦的原因是她家的田地已经"输税尽"——为缴纳官税而卖光了，如今无田可种，无麦可收，只好靠拾麦充饥。这两种情景交织在一起，有差异又有关联：前者揭示了农民的辛苦，后者揭示了赋税的繁重。繁重的赋税既然已经使贫妇人失掉田地，那就也会使这一家正在割麦的农民失掉田地。今日的拾麦者，乃是昨日的割麦者；而今日的割麦者，也可能成为明日的拾麦者。强烈的讽喻意味，自在不言之中。诗人由农民生活的痛苦联想到自己生活的舒适，感到惭愧，内心久久不能平静。这段抒情文字是全诗的精华所在。它是作者触景生情的产物，表现了诗人对劳动人民的深切同情。

3. 提高劳动者文化素质

孔子主张出身贫贱者同样应有受教育权，并且用自己的亲身实践践行了自己的教育观。他的弟子中有南宫适、司马牛、子贡等来自贵族或富裕家庭的，也有子张、原宪、卜商、冉雍、颜回等来自贫贱家庭的，他都一视同仁。《荀子·法行篇》记载，"南郭惠子问于子贡曰：'夫子之门何其杂也？'子贡曰：'君子正身以俟，欲来者不距（拒），欲去者不止。且夫良医之门多病人，檃栝之侧多枉木，是以杂也。'"这些记载说明孔子收徒是不拘一格、不论贵贱的。

4. 调动生产者积极性

管仲主张实行分户经营，实施"均地分利"政策，以调动农民生产积极性。《管子·乘马》记载："道曰，均地分力，使民知时也，民乃知时日之蚤晏，日月之不足，饥寒之至于身也；是故夜寝蚤起，父子兄弟，不忘其功。为而不倦，民不惮劳苦。故不均之为恶也：地利不可竭，民力不可殚。不告之以时，而民不知；不道之以事，而民不为。与之分货，则民知得正矣;审其分,则民尽力矣。是故不使而父子兄弟不忘其功。"即管仲主张,把土地折算分租,实行分户经营和与民分货的制度,使百姓切实看到有得有征,农民就会关心生产,生产积极性就会调动起来。

5. 主张提高劳动者政治地位

墨翟主张君权民授,具有朴素的民主思想的萌芽。"是故选天下之贤可者,立以为天子。天子立,以其力为未足,又选天下之贤可者,置立之以为三公。天子、三公既以立,以天下为博大,远国异土之民,是非利害之辩,不可一二而明知,故画分万国,立诸侯国君。诸侯国君既已立,以其力为未足,又选择其国之贤可者,置立之以为正长。"墨子的君权民授思想十分明确,就是出于治理和协调社会混乱局面的需要,民众选立了天子、诸侯等各级官吏,目的是让这些人协调和管理民众,造福百姓。

(四) 一粥一饭,当思来处不易

艰苦朴素、勤俭节约,珍惜劳动果实是中华民族的传统美德。劳动果实来之不易,是劳动人民用汗水换来的财富,凝结着劳动人民的勤劳和智慧。珍惜劳动果实、理解"一粥一饭,当思来处不易"所蕴含的劳动思想,提倡勤俭节约,是尊重劳动、尊重劳动者的具体表现。

《周颂·丰年》通过阐发劳动人民对劳动果实的丰收进而阐发其对美好生活的向往。"丰年多黍多稌,亦有高廪,万亿及秭,为酒为醴……以洽百礼,降福孔皆",表述了劳动人民对劳动果实的寄托之情。

《尚书·洪范》在讲述"五行"时讲"稼穑作甘",将"可种植庄稼的土"与"甜味"联系起来。在讲述"八政"时,将"管理粮食生产"作为第一要务,还明确将"富"作为"五福"的重要内容,将"贫"作为"六极"的重要内容,充分体现了对劳动和劳动果实的尊崇。

1. 丰收来自勤劳

勤劳是我国劳动人民的优秀品质。自古我国先民就认识到丰收来自勤劳,并以此树立了颂扬辛勤劳动的文化传统。

《诗经·小雅·大田》是一篇周王祭祀田祖等神祇的祈年诗,但通过描写对春耕的高度重视与精心准备,揭示了农作物丰收来自辛勤的春耕和辛苦的劳作的思想和感悟。

大田多稼,既种既戒,既备乃事。以我覃耜,俶载南亩。播厥百谷,既庭且硕,曾孙是若。

——《诗经·小雅·大田》

译文:广阔的田地将开始种庄稼,农夫们忙着选种整修农具。那些准备工作都已经就绪,我就扛着锋利的板锹下地。我从南北垄向的地块开始,播下五谷杂粮稻麦黍菽稷。棵棵庄稼长得挺直又健壮,曾孙看了喜上眉梢心顺意。

图1-17 《悯农其二》概括地表现了农民不避严寒酷暑、雨雪风霜,终年辛勤劳动的生活

《尚书·盘庚上》说:"若网在纲,有条而不紊;若农服田力穑,乃亦有秋",说的是干任何事情犹如将网结在纲绳上一样,做事就有条理而不紊乱;犹如农夫在田间努力耕种一样,到了秋后才会有好收成。反之,"惰农自安,不昏作劳,不服田亩,越其罔有黍稷",即懒惰的农民自求安逸,不努力操劳,不从事田间劳动,那就不会有黍稷收获。

崔道融的《田上》通过描写久旱逢甘霖,农民披蓑夜耕,来反映劳动的辛勤。

雨足高田白,披蓑半夜耕。人牛力俱尽,东方殊未明。 ——《田上》

译文:春雨已下得很充足了,以致连高处的田里也存满了一片白茫茫的水,为了抢种,农民披着蓑衣冒着雨,半夜就来田里耕作。等到人和牛的力都使尽的时候,天还远远未亮呢。

2. 崇尚节俭

《虞书·大禹谟》记述了禹辅助舜时二人关于治国理政的一段对话,其中,舜帝在赞扬禹时说:"克勤于邦,克俭于家,不自满假,惟汝贤。"即称颂禹能勤劳于国,能节俭于家的美德。

《周书·周官》记述了周成王巡视和征讨诸侯回到王都丰邑后,督导整顿官员时的教导。其中讲道:"功崇惟志,业广惟勤,惟克果断,乃罔后艰。位不期骄,禄不期侈,恭俭惟德,无载尔伪。"意思是功高是由于有志向,业大是由于工作勤劳。只有办事果断的人,才没有后来的艰辛。建功立业要靠志坚勤勉,身居高位不要骄狂奢侈,必须恪守恭敬节俭的道德。

《论语·子罕》记载,"子曰:'麻冕,礼也;今也纯,俭,吾从众。'"即孔子对用麻布代替黑丝绸制作礼帽表示赞成,原因是这样做比较节省。《论语·述而》记载:"子曰:'奢则不孙,俭则固。与其不孙也,宁固。'"可见,孔子认为尽管节俭会让人感到寒酸,但还是主张宁可寒酸而节俭,也不奢侈而越礼。

唐朝李商隐《咏史》提到"历览前贤国与家,成由勤俭破由奢",即纵观历史,大到邦国,小到家庭,无不是兴于勤俭,亡于奢靡。宋代司马光《训俭示康》提到"由俭入奢易,由奢入俭难",提倡节俭。

3. 艰苦奋斗

唐朝文学家、政治家韩愈在《古今贤文·劝学篇》中写道"书山有路勤为径,学海无涯苦作舟"。读书初看是没有路可走,只有勤奋才能开创一条路。学习知识就如一个人身在大海中一样无穷尽,只有在里面艰苦奋斗才能悟出道理,学为所用。

《警世贤文·勤奋篇》中有"宝剑锋从磨砺出,梅花香自苦寒来"。宝剑的锐利刀锋是从不断的磨砺中得到的,梅花飘香来自它度过了寒冷的冬季。这句诗也寓意着要想拥有珍贵的品质、美好的德行是需要不断地努力、修炼、克服一定的困难才能达成的。

元末明初著名政治家、思想家宋濂在《送东阳马生序》中写道:"当余之从师也,负箧曳屣,行深山巨谷中,穷冬烈风,大雪深数尺,足肤皲裂而不知。至舍,四支(肢)僵劲不能动,媵人持汤沃灌,以衾拥覆,久而乃和。寓逆旅,主人日再食,无鲜肥滋味之享。"描述了其在求学路上不畏艰辛、顽强坚持,使人动容。宋濂也以优秀的政治才能被明太祖朱元璋誉为

"开国文臣之首"。

西汉刘向《战国策·秦策一》中亦有:"读书欲睡,引锥自刺其股,血流至足。"东汉班固《汉书》中提道:"孙敬,字文宝,好学,晨夕不休。及至眠睡疲寝,以绳系头,悬屋梁。"这两则典故,一则是讲战国时期的苏秦是一个有名的政治家,但是他在年轻的时候学问并不高,不受人重视,即使有雄心壮志也得不到重用,于是他下定决心发奋图强努力读书。由于他经常读书读到深夜,疲倦到想要打盹,就用事先准备好的锥子往大腿上刺一下,这样突然的痛感使他猛然清醒起来,振作精神继续读书。二则是说东汉时,有一个叫孙敬的年轻人,勤奋好学,闭门从早读到晚,很少休息。有时到了三更半夜时容易打瞌睡,为了不影响学习,孙敬想出一个办法,他找来一根绳子,一头绑在自己的头发上,另一头绑在房梁上,这样读书疲劳打瞌睡的时候只要头一低,绳子牵住头发扯痛头皮,他就会因疼痛而清醒起来再继续读书。由此,苏秦与孙敬为学艰苦奋斗的精神创造了"悬梁刺股"的典故,广为后世称道。

拓展阅读

精益求精:一座改写交通史的桥[①]

河北省赵县的洨河上,有一座世界闻名的石拱桥,叫安济桥,又叫赵州桥。它是隋朝的石匠李春设计和参加建造的,到现在已经有1 300多年了。

作为北方重镇赵州外围的重要河流,洨河向来以水量汹涌著称,特别是每当大雨滂沱,河水更是呼啸而来,多好的桥也说毁就毁,通常只能搭个简易木板桥。直到隋朝大业年间,一个叫李春的工匠,再度担当这个看似不可能的建桥任务。

为什么说不可能?因为洨河的河床太深,而当时筑桥的习惯办法,是在河中心修桥墩。洨河这个地理劣势,桥墩怎么修怎么稀松,水流一来更是说毁就毁。李春一来,却冲破了这个思维框架:谁说要修桥就一定要在中心筑桥墩?

于是,就有了这个神奇的设计——一个罕见的没有中心桥墩的桥,用洨河的河岸作桥基,两边扎上桥墩,中心却成了空心,拱石之间用铁块嵌入,28个拱圈合成弓形桥洞,这就是人类造桥史上出名的"敞肩拱桥"设计。欧洲同类桥梁,是比赵州桥晚了700多年的法国赛雷桥。可号称书写欧洲桥梁奇迹的赛雷桥早已坍塌,赵州桥却在1 400年里,抗住了数十次洪水灾难,甚至面对著名的邢台地震,依然沉默屹立!

自从赵州桥后,这种同类型的桥梁,在中国北方越来越多。欣欣向荣的隋唐文明,更好似打通了堵塞的经脉。造桥,也从此成为中华文明又一个辉煌见证。赵州桥是当今世界上现存第二早(还有一座小商桥)、保存最完整的古代单孔敞肩石拱桥,它是古代劳动人民智慧的结晶,开创了中国桥梁建造的崭新局面。赵州桥历经1 000多年仍然坚固屹立,

---

[①] 节选自古代劳动者中的牛人猛事,中国因他们受益千百年[EB/OL].[2017-06-14]. https://baike.baidu.com/tashuo/browse/content? id=33bfb2c81d123440f6c2f53c.

这其中无不深藏着中华传统文化和工匠精神的精髓。正是工匠李春仔细琢磨力学原理，精益求精追求工艺的完美，才造就了巧妙绝伦的赵州桥。这一珍贵的历史遗存正是我国劳动人民尊重规律、精益求精、追求卓越的生动体现，是工匠精神的完美化身。

图1-18 赵州桥是世界上现存年代久远、跨度最大、保存最完整的单孔坦弧敞肩石拱桥，被誉为"天下第一桥"

尊重劳动规律：瓷器"进化论"[①]

中国作为四大文明古国之一，对人类社会的进步与发展做出了许多重大贡献。在陶瓷技术与艺术上所取得的成就，尤其具有特殊重要意义。在中国，制陶技艺的产生可追溯到公元前4 500年至公元前2 500年的时代，可以说，中国发展史中的一个重要组成部分是陶瓷发展史。

图1-19 青瓷

图1-20 越窑青釉人物贴塑炉

---

① 瓷器"进化论"：中国瓷器发展简史[EB/OL].[2019-07-18]. https://baike.baidu.com/tashuo/browse/content?id=33bfb2c81d123440f6c2f53c.

瓷器的前身是原始青瓷,它是由陶器向瓷器过渡阶段的产物。在商代和西周遗址中发现的"青釉器"已明显具有瓷器的基本特征。它们质地较陶器细腻坚硬,胎色以灰白居多,烧结温度高达1 100℃~1 200℃,胎质基本烧结,吸水性较弱,器表面施有一层石灰釉。但是它们与瓷器还不完全相同,被人称为"原始瓷"或"原始青瓷"。原始瓷从商代出现后,经过西周、春秋战国到东汉,历经了1 600~1 700年的变化发展,由不成熟逐步到成熟。东汉以来至魏晋时制作的瓷器,从出土的文物来看多为青瓷。

南北朝时期,算是真正进入了瓷器的发展阶段,以越窑为代表的一批著名窑口的出现,极大地提升了青瓷的品质,瓷器纹饰和造型呈现出生动的特点,瓷器身上大量出现了动、植物纹和佛教人物。

隋统一全国后,经济、文化有了较大发展。瓷器生产除了继承北朝的青瓷外,还成功地完成了白瓷的烧制。隋瓷的胚子普遍较厚,胎质坚硬,釉子无论青绿、青黄还是黄褐,均为玻璃质,施釉不到底,大多数都有垂流现象。

图1-21　乐清窑褐釉双鱼罐　　　　图1-22　邢窑白釉花口洗

唐代是我国封建社会的鼎盛时期。瓷器也相应进入了一个高峰时代,南方的青瓷、北方的白瓷、三彩瓷以及湖南长沙窑的复彩瓷均有较大的发展。

宋代瓷器在唐代的基础之上,出现了"定、汝、官、哥、钧"五大名窑并称于世的现象。在胎质、釉料和制作技术等方面,又有了新的提高,烧瓷技术达到完全成熟的程度。可能与宋代社会状况有关,政治军事上的弱势造就了宋代贵人追求富裕的生活又内敛谨慎的性格特征,也反映在了他们的瓷器上,多规整大方,色调淡雅,清醇雅致。

至于金代的陶瓷,历来较少人研究。金代早期的陶瓷产品粗拙、古朴,产品釉色单调,器型不规整,朴拙,胎骨厚重而色杂,烧结程度不高。除了少数白釉黑花瓷器,绝大部分没有花纹装饰。

图 1-23 霍州窑白釉高足杯 　　　　图 1-24 青花龙纹双耳三足炉

元代时期,著名的景德镇在制瓷工艺上有了新的突破,最为突出的则是青花和釉里红的烧制。青花瓷声名鹊起,白瓷上点缀青色纹饰,优雅清丽。因此,元青花在国内外格外受欢迎,远销多国。

明代精致白釉及以铜为呈色剂的单色釉瓷器的烧制成功,使明代的瓷器丰富多彩。明代瓷器加釉方法的多样化,标志着中国制瓷技术的不断提高。

图 1-25 青花粉彩龙凤花卉纹饰描金大碗 　　　　图 1-26 珊瑚釉凤纹描金石榴瓶

清代是瓷器登峰造极时期,追求新奇、华丽、富贵是这个时代的主要特征,受等级森严的封建统治制度和制瓷历史传统影响,清代的官窑瓷器和民窑瓷器的款识在题写上也有一定的惯例,同时又新开创了金彩、墨彩、珐琅彩等题写工艺,而且各种堂名款、花押款、吉语款也更为多样。

瓷器文化历经千年传承,不论从历史价值还是艺术价值来说,瓷器都是具有非常高的价值的。不论是瓷器的历史传承,还是制瓷技艺的不断改进,都是我国劳动人民尊重劳动规律,不断推陈出新、追求卓越、创造高质量珍宝的表现。

思考 实 践

1. 下表分别展示了古代和近现代的一些劳动生产工具,请选择自己感兴趣的劳动工具,搜集它们的发明、构造、工作原理以及优劣等相关资料,进行课堂分享。

不同时期的劳动生产工具

古代	耧车	石磨	曲辕犁
近现代	播种机	铁锹	收割机

2. 想一想,为什么生活在农业智能化时代的我们还需要弘扬耕读文化?

3. 2015年4月28日,习近平总书记在庆祝"五一"国际劳动节暨表彰全国劳动模范和先进工作者大会上发表讲话时强调"民生在勤,勤则不匮"。这句话蕴含了丰富的劳动思想,请联系实际,谈谈你的理解。

4. 请收集与二十四节气相关的民风风俗或者你的相关经历,分小组进行课堂展示。

第二章
马克思主义劳动观

学习目标

理解和掌握马克思主义关于劳动价值的基本观点,深刻领会马克思主义劳动价值理论的重大时代价值和现实意义,了解新时代劳动观的理论来源与具体内容,努力成为新时代合格的劳动主力军。

课堂导入

用实干践行马克思主义劳动观[①]

2020年4月16日,某高校学生党支部召开"以实干践行马克思主义劳动观"主题党日活动。中共中央、国务院《关于全面加强新时代大中小学劳动教育的意见》发布后,学生党支部第一时间号召支部全体党员展开学习,深入领会中共中央、国务院对新时代劳动教育的顶层设计和全面部署,增强贯彻党的教育方针,落实新时代劳动教育的责任感。

通过学习,青年党员进一步理解了"社会主义是干出来的,新时代是干出来的",大家能够旗帜鲜明地反对一切不劳而获、贪图享乐、崇尚暴富的错误思想,树立了通过劳动实践塑造自己,提高自身素养的鲜明意识。学生党支部以党小组为单位汇报了党员在疫情防控期间居家劳动、志愿服务内容及成果。

通过汇报,同志们深入交流了自己假期参加劳动的情况,一些党员参与了社区义务植树、喷洒消毒剂,防疫物品发放等活动;一些党员居家学习期间积极承担家务劳动。通过切切实实的劳动感受,大家体会到了最光荣、最崇高、最伟大、最美丽的劳动价值,更加尊重劳动、热爱劳动、崇尚劳动。

通过学习心得交流和劳动成果汇报,学生党员进一步树立起正确的劳动观念,培育了积极的劳动精神,培养了必备的劳动技能,逐步养成了良好的劳动习惯,激发了大家热爱劳动的内生动力。作为新时代的大学生党员,切勿蹉跎时光,挥霍青春,要紧跟时代步伐,为全面建成小康社会,实现"两个一百年"奋斗目标贡献自己的青春和力量。

---

① 河北师范大学家政学院(学前教育系).学生党支部召开专题党日活动,以实干践行马克思主义劳动观[EB/OL].[2020-04-23]. https://mp.weixin.qq.com/s/lW4BAFOmgOaD0jQZ2IB8hQ.

马克思主义是由马克思和恩格斯创立并为后继者所不断发展的科学理论,是关于自然、社会和人类思维发展一般规律的学说,是关于社会主义必然代替资本主义、最终实现共产主义的学说,是关于无产阶级解放、全人类解放和每个人自由而全面发展的学说,是指引人民创造美好生活的行动指南[①]。劳动这一概念在马克思主义哲学思想中具有本源性的意义,劳动是人按自己的意志与意识去改变世界的有目的的活动,是人的目的不断对象化、对象世界不断"人化"的历史文化过程,是人在自由自觉的改变自然中既创造对象世界又创造人本身的社会过程,是人之所以存在的依据。正如恩格斯所说:"在劳动发展史中找到了理解全部社会史的锁钥。"新时代青年大学生要学习领悟马克思主义劳动观,以正确的劳动价值观不懈奋斗,为中华民族伟大复兴中国梦不断注入活力。

习近平新时代劳动观以马克思主义劳动观为理论基础,结合新时代国情,从战略高度上审视劳动是"推动人类社会进步的根本力量",强调"社会主义是干出来的,新时代也是干出来的","人世间的一切幸福都是要靠辛勤的劳动来创造",明确实现"两个一百年"奋斗目标"归根到底要靠辛勤劳动、诚实劳动、科学劳动",赋予了劳动更多首创性、生动性、科学性的时代内涵、美好展望、切实要求,形成了习近平新时代劳动观。新时代高校大学生要学习习近平新时代劳动观,践行劳动价值观,弘扬劳动精神,尊重劳动主体,从而实现人生价值,为改革开放和中华民族伟大复兴中国梦贡献自己的智慧和正能量。

一、马克思主义劳动观的含义

马克思主义劳动观的基本思想蕴含在马克思主义哲学、马克思主义政治经济学、科学社会主义三大组成部分之中。马克思主义哲学认为,劳动是人的本质存在方式;马克思主义政治经济学认为,劳动是创造价值的唯一源泉;科学社会主义认为,劳动是人实现自由而全面发展的根本途径。

(一)劳动是人的本质存在方式

1. 劳动的概念

提及"劳动",人们不免想起农民"面朝黄土背朝天""日出而作,日落而息",工人在工厂中做工等辛劳忙碌的场景。然而,不同的社会形态之下,劳动发展的水平、高度不同,劳动的形式和内容不同,人们对劳动概念的认识也是千差万别的。

在古希腊,劳动是"会说话的工具"——奴隶所具有的职能。亚里士多德认为劳动只是奴隶所从事的活动。他将生活于城邦这种政治共同体之中的人定义为政治动物,注重从政治、伦理的角度来看待人及其生活和发展。这种对劳动的轻视态度在近代西方社会发生显著转变。出于资本主义经济发展的需要,国民经济学家赋予劳动经济学意义,他们认为劳动仅仅是创造财富的手段,财富增长是劳动的根本目的。

19世纪20年代,德国哲学家黑格尔首先把劳动概念由经济学领域提升到了哲学领

---

① 本书编写组.马克思主义基本原理概论[M].北京:高等教育出版社,2018:2.

域,赋予劳动以哲学的内涵,认为劳动是绝对精神在塑造世界时的外化,把劳动看作人的本质,是一种抽象的精神活动。法国空想社会主义者傅立叶则将劳动看作一种"天赋人权",一种"娱乐活动",一种比跳舞和看戏更加诱人的事情。

这些学说为马克思劳动观的形成,提供了大量的理论支持,在此基础上通过大量研究、探索、实践和反思之后,开创了具有其自身特色的劳动理论,即科学的劳动观。

马克思的个人品质是他能够完成这一伟大历史使命的重要原因,他关心无产阶级人民生活疾苦,并不断地深入工厂和工人的实际生活中,积极参加工人运动,才使得马克思能够从历史的高度客观而公正地分析工人的劳动问题,能够摒弃各种阶级偏见的影响和制约,从而得出科学的结论,提出了自己的劳动观:在马克思主义哲学意义上,劳动是人按自己的意志与意识去改变世界的有目的的活动,是人的目的不断对象化、对象世界不断人化的历史文化过程,是人在自由自觉地改变自然中既创造对象世界又创造人本身的社会过程,是人之所以存在的依据。

图2-1 卡尔·马克思

马克思在《1844年经济学哲学手稿》中首次阐述劳动的内涵,明确指出劳动是人的本质,生产劳动是社会存在和发展的基础,社会历史就是劳动的异化和扬弃异化的历史。马克思指出:"整个所谓的世界历史不外是人通过人的劳动而诞生的过程,是自然界对人来说的生成过程。"马克思认为理想状态的人的劳动是自由自觉的活动。①

马克思生活的时代正是工业革命突飞猛进、资本主义大发展的时代。资本主义的生产方式极大地促进了生产力的发展,它所创造的社会财富远远超过任何时代,但在物质财富急剧增加的同时,作为无产阶级的劳动者却日趋贫困。②

马克思批判继承古典政治经济学家关于劳动的论述和空想社会主义关于劳动的论断,以及批判吸收当时流行的黑格尔精神异化理论、费尔巴哈的宗教异化理论和赫斯的货币异化理论,促进了马克思劳动观的创立、成熟和进一步完善化。

2. 劳动是历史唯物主义的逻辑起点

历史唯物主义是马克思在哲学史的伟大成就,劳动是历史唯物主义的逻辑起点。在历史唯物主义的视域中,马克思对人类劳动的基本价值进行的分析主要表现为劳动创造人本身、劳动是社会的起源和劳动创造历史这三大主张。

(1) 劳动创造了人本身

劳动创造人类。劳动生产了生产资料和生活资料,生产了社会历史,没有劳动就没有人类历史的延续,人类几千年的文明成果与演化都是劳动作用的结果。马克思主义劳动观指出劳动是创造使用价值的有目的的行为,是创造满足人的生存和发展的劳动,具体表

---

① 马克思.1844年经济学哲学手稿[M].北京:人民出版社,2000:92.
② 郭冰.马克思劳动观研究[D].洛阳:河南科技大学,2012.

现为"劳动首先是人和自然之间的过程,是人以自身的活动来引起、调整和控制人和自然之间的物质变换的过程"。人首先是一种自然存在物,达尔文进化论证明人是由猿进化而来的高级动物。在动物转化成人的过程中,劳动起了不可或缺的作用。通过劳动,自然界产生出与它自身相区别开和对立的、有意识的对象性存在物——人类。一方面,劳动过程促进人类身体器官的进化。人类使自己的胳膊和腿运动起来,当早期的猿人从偶尔到经常,从简单到复杂地运用工具来获取食物,使手逐渐变得灵巧并获得解放,运用工具的行为同时也锻炼了大脑,猿脑逐渐进化成人脑。另一方面,劳动促使人类产生社会交往工具——意识和语言,才获得人类社会生活的文化和其他一切人类独有的东西。因此可以说,人类劳动的结果不仅仅获取了满足生活需要的物质产品,而且还有作为主体的人的现实生成。

马克思说:"动物和自己的生命活动是直接同一的。动物不把自己同自己的生命活动区别开来。它就是自己的生命活动。人则使自己的生命活动本身变成自己的意志和自己意识的对象。"[①]劳动是区分人与动物的本质特征。与动物被动、消极地适应自然不同,人类并不是直接肯定自然的存在状态的,而是通过自己有意识的、能动的劳动主动来引起、调整和控制人和自然之间的物质变换活动的。"一当人开始生产自己的生活资料,即迈出由他们的肉体组织所决定的这一步的时候,人本身就开始把自己和动物区别开来。"[②]人的劳动具有目的性,这个目的是在人类活动之前就知道的,并以此为依据决定了活动的方法和手段。而蜘蛛结网、蜜蜂筑巢等动物的"劳动"只不过是本能,是受到刺激之后的条件反射,是一种固定的、长期不变的活动能力。每种动物都有自己的生存本领,而人的劳动则是主动利用工具改造自然的活动。

(2) 劳动是社会的起源

马克思认为,劳动在人类社会中具有重要的基础性地位,是社会产生的发源地。有生命的个人是人的世界即社会存在的第一个前提。为了维持生存,人必须进行生产劳动。劳动是人以自身的活动来引发、中介、调控人和自然之间物质变换的过程,在现实中,这一活动不是孤立的人的活动,劳动都是社会的活动,是在社会中进行的生产。"他们只有以一定的方式共同活动和互相交换其活动,才能进行生产;为了进行生产,人们相互之间便发生一定的联系和关系"[③],在人和自然必然进行的物质变换生产劳动中,人和人之间必须互换其活动并必然结成一定的社会关系,即产生了所谓的社会。社会的本质是现实生产劳动关系的总和,其根本则是人们之间的生产关系,生产关系的总和就构成所谓社会。它不是一个抽象概念,其本质是历史的、具体的,是随着物质生产资料、生产力的发展变化而变化的。随着社会的发展进而产生了私有制、阶级和国家,出现了利益冲突。为了不致社会在人类冲突中崩溃,人们之间形成了各种自觉及不自觉的规则和习惯,形成了所谓的

---

① 马克思,恩格斯. 马克思恩格斯文集:第1卷[M]. 北京:人民出版社,2009:162.
② 马克思,恩格斯. 马克思恩格斯文集:第1卷[M]. 北京:人民出版社,2009:519.
③ 马克思,恩格斯. 马克思恩格斯文集:第1卷[M]. 北京:人民出版社,2009:529.

法律和道德。马克思将劳动视为社会的太阳,认为"只要社会还没有围绕着劳动这个太阳旋转,它就绝不可能达到均衡"。因此,要理解人类社会的产生、变化和发展,劳动具有根本性的认识论意义。

劳动推动了社会的发展,是一切历史的前提和基础。无论在何种社会形态中,只要人类还存在,人类为了维持和再生产自己的生命,就必须始终需要通过劳动活动来和自然进行物质生产交换。人类的物质生产实践是社会发展的最终决定力量。马克思在《1844年经济学哲学手稿》中指出:"劳动为富人生产了奇迹般的东西,但是为工人生产了赤贫。劳动创造了宫殿,但是给工人创造了贫民窟。劳动创造了美,但是使工人变成畸形。劳动用机器代替了手工劳动,但是使一部分人回到野蛮的劳动,并使一部分工人变成机器。劳动生产了智能,但是给工人生产了愚钝和痴呆。"这是对劳动之于国家发展、社会进步的巨大推动作用的集中概括,然而也是资本主义社会条件下劳动者受到资产阶级剥削的悲惨写照。人类离不开劳动,同样地,离开从事生产劳动的劳动者,一切目标和理想都将成为空谈。劳动者的劳动是国家与社会存在的重要保障,同时也是国家与社会发展的必要条件,尊重劳动、尊重劳动者也是我们每个人都应该知道的。

(3) 劳动创造历史

马克思在《1844年经济学哲学手稿》中指出:"在社会主义的人看来,整个所谓世界历史不外是人通过人的劳动而诞生的过程,是自然界对人说来的生成过程,所以,关于他通过自身而诞生、关于他的产生过程,他有直观的、无可辩驳的证明。"[①]劳动是人类获取社会物质资料和精神资料以维持生存的根本条件和源泉。在马克思看来,只有人类的生产劳动才真正构成了人类历史的基础,才是解开人类历史发展秘密的钥匙。马克思在《德意志意识形态》中说:"我们谈的是一些没有任何前提的德国人,因此我们首先应当确定一切人类生存的第一个前提,也就是一切历史的第一个前提,这个前提是:人们为了能够'创造历史',必须能够生活。但是为了生活,首先就需要吃喝住穿以及其他一些东西。因此第一个历史活动就是生产满足这些需要的资料,即生产物质生活本身,而且这是这样的历史活动、一切历史的一种基本条件,人们单是为了能够生活就必须每日每时去完成它,现在和几千年前都是这样。"[②]只有立足于生产劳动才能真正理解人类历史的发展,人类创造历史的行动蕴含在日常生产劳动之中,只有劳动人民才是历史的创造者。马克思指出:"只要一个人一开始就以所有者的身份来对待自然界这一切劳动资料和劳动对象的第一源泉,把自然界当作属于他的东西来处置,他的劳动才成为使用价值的源泉,因而成为财富的源泉。"[③]

马克思在《青年在选择职业时的考虑》中强调:"如果一个人只为自己劳动,他也许能够成为著名的学者、伟大的哲人、卓越的诗人,然而他永远不能成为完美的、真正伟大的人

---

① 马克思,恩格斯. 马克思恩格斯文集:第1卷[M]. 北京:人民出版社,2009:197.
② 马克思,恩格斯. 马克思恩格斯文集:第1卷[M]. 北京:人民出版社,2009:79.
③ 马克思,恩格斯. 马克思恩格斯选集:第3卷[M]. 北京:人民出版社,2012:357.

物。""历史把那些为共同目标工作因而自己变得高尚的人称为最伟大的人物;经验赞美那些为大多数人带来幸福的人是最幸福的人;宗教本身也教诲我们,人人敬仰的典范,就曾为人类而牺牲自己——有谁敢否定这类教诲呢?"[①]劳动者通过牺牲自身劳动,为他人、为社会创造财富,实现自身的社会价值,才最终成为完美的、真正伟大的人物。他在《1844年经济学哲学手稿》中也赞美工人,认为工人通过劳动使自身形象变得坚实,并向人类放射出了人类崇高精神之光。劳动者是社会主义国家的建设者,是社会发展的推动者。他们在劳动实践中创造的功绩由全社会共享,为全社会带来了幸福;他们在劳动实践中形成的高尚品质与伟大精神滋养了数代人的灵魂。因此,劳动者理应受到社会中每个人的尊重。尊重劳动者的实质就是崇尚劳动、尊重劳动。

(二)劳动是创造价值的唯一源泉

劳动不仅是理解马克思历史唯物主义的逻辑起点,亦是把握马克思政治经济学的枢纽。马克思将劳动作为构建政治经济学体系的基础概念,创建政治经济学意义上的劳动价值论,揭示了私有制条件下商品经济的基本矛盾,进而创立了剩余价值理论,从而深刻揭露了资本主义生产关系的剥削本质。

1. 劳动是商品价值的唯一源泉

马克思主义劳动价值学说是马克思、恩格斯经过几十年的艰辛劳动而得到的科学的理论结晶,是人类价值学说史上最科学、最完整的理论体系,是价值学说史上的重大革命。主要内容包括商品二重性、劳动二重性、价值形式、货币论、价值规律论等,"劳动是创造价值的唯一源泉"是贯穿劳动价值观的核心思想。

(1)商品二重性

商品经济是以交换为目的而进行生产的经济形式,它是一定社会历史条件下的产物。社会分工的存在与生产资料和劳动产品属于不同的所有者是商品经济得以产生的社会历史条件。而社会分工使各行各业的生产者为满足自身生产生活需求产生相互交换产品的要求。为了维护自身利益,在彼此进行交换的活动中要求遵循等价交换的原则,因而劳动产品必然采取商品的形式。

商品是用来交换、能满足人的某种需要的劳动产品,具有使用价值和价值两个属性,是使用价值和价值的矛盾统一体。使用价值是指商品能满足人的某种需要的有用性,反映的是人与自然之间的物质关系,是商品的自然属性,是交换价值的物质承担者。价值是凝结在商品中的无差别的一般人类劳动,即人的脑力和体力的耗费。价值是商品所特有的社会属性。价值是交换价值的基础,交换价值是价值的表现形式。

商品的使用价值与价值之间是对立统一的关系,其统一性表现在商品必须同时具备使用价值与价值两个因素;其对立性表现为,商品的使用价值与价值是相互排斥的,要获得商品的使用价值,就不能得到其价值;要获得商品的价值,就必须舍弃商品的使用

---

① 马克思,恩格斯.马克思恩格斯全集:第1卷[M].北京:人民出版社,1995:459.

价值[①]。

(2) 劳动二重性

马克思在《资本论》第一卷第一篇中强调:"一切劳动,一方面是人类劳动力在生理学意义上的耗费;就相同的或抽象的人类劳动这个属性来说,它形成商品价值。一切劳动,另一方面是人类劳动在特殊的有一定目的的形式上的耗费;就具体的有用的劳动这个属性来说,它生产使用价值。"[②]由此可见,劳动具有二重性,可分为"具体劳动"和"抽象劳动"两个方面。具体劳动是指生产一定使用价值的具体形式的劳动。抽象劳动是撇开一切具体形式的、无差别的一般人类劳动,即人的脑力和体力的耗费。生产商品的具体劳动创造商品的使用价值,抽象劳动形成商品的价值。这两个方面的劳动,并不是指两种或两次劳动,而是指生产商品的同一劳动过程的两个方面,其与商品二重性即"使用价值"和"价值"密切相关。任何一种劳动,一方面是特殊的具体劳动,另一方面又是一般的抽象劳动,这就是劳动的二重性。正是劳动的二重性决定了商品的二重性。

商品的价值是凝结在商品中的无差别的一般人类劳动。价值量由劳动者生产商品所耗费的劳动量决定,劳动量则按照劳动时间来计算。社会必要劳动时间决定商品价值量,社会必要劳动时间是指在现有的社会正常的生产条件下,在社会平均的劳动熟练程度和劳动强度下制造某种使用价值所需要的劳动时间。

可以看出,马克思非常强调商品的价值是由劳动者创造的,要生产出一个商品,就必须在这个商品上投入或耗费一定量的劳动。而我们如果承认某种商品具有价值,我们也就是承认在这种商品中有着一种体现了的、凝固了的或所谓结晶的社会劳动。

2. 劳动意识的觉醒

马克思之所以要提出劳动二重性理论与商品二重性思想,其目的在于确立劳动与价值的关系,促进劳动者劳动意识的觉醒,并以此揭露资本主义社会剥削制度的劳动起源。

(1) 剩余价值的产生

劳动力是指人的劳动能力,是人的体力与脑力的总和。劳动力的使用即劳动。根据劳动二重性理论,劳动力作为商品同样具有使用价值和价值。其中劳动力价值就是由一定历史时期内生产和维持工人必要生活资料的价值所决定的,包括维持劳动者的自身生存、家庭供养和训练学习等费用,表现为劳动者的工资。

而资本家通过支付劳动者工资购买得来的劳动力的使用价值就是劳动者的劳动。然而这种使用价值却和一般商品的使用价值有所不同,它不仅是价值的源泉,而且能够创造出比劳动力本身价值更大的价值。正是由于这一特点,资本家购买到劳动力以后,在消费过程中,不仅能够收回他在购买这种商品时支付的价值,还能得到一个增殖的价值,即剩余价值。

追逐剩余价值是资本主义生产的直接目的和决定性动机,而实现这一目的和动机的

---

① 本书编写组.马克思主义基本原理概论[M].北京:高等教育出版社,2018:162.
② 马克思,恩格斯.马克思恩格斯文集:第5卷[M].北京:人民出版社,2009:60.

手段就是加重对雇佣劳动者的剥削。马克思指出资本家对雇佣工人的剥削主要是通过这两种方式进行的。一种方式是通过延长剩余劳动时间或者增强劳动强度来提高剩余劳动时间,另外一种方式是通过缩短必要劳动时间相应延长剩余劳动时间来生产剩余价值。

(2) 资本家剥削剩余价值的隐蔽性

在资本主义条件下,资本家剥削剩余价值具有隐蔽性。资本是自行增殖的价值,它反映了资本家和雇佣工人之间剥削和被剥削的关系。但是,资本在运作过程中,采取货币、生产资料、商品等物质形态,资本家购买劳动力按照"等价交换"原则进行,于是在人们的观念上形成了一种错觉:似乎这些天然就是资本的衍生物,资本变成一种非常神秘的东西,似乎劳动的一切社会生产力并非劳动本身所有,而为资本所有,资本本身就具有一种能使价值增殖的魔力,这就是资本拜物教①。

马克思通过对劳动力商品的特点和资本总公式的矛盾的分析指出,资本家用货币购买的是雇佣工人的劳动力商品,劳动力商品的使用价值是劳动,劳动本身并不是商品,劳动力商品的使用价值具有成为价值源泉的特殊属性,它的实际使用本身就是劳动的物化,从而创造了剩余价值、使货币转化为资本。马克思的分析揭示了剩余价值的真正来源,阐明了资本的实质,揭露了资本拜物教产生的秘密,为科学认识资本主义经济制度的本质提供了有力的理论武器。

3. 资本主义条件下劳动表现为异化劳动

马克思从现实的生产劳动出发,通过对工资、利润、地租三种异化劳动现象的分析揭示了资本主义社会异化劳动的本质及其内涵,即"工人生产的财富越多,他的产品的力量和数量越大,他就越贫穷;工人创造的商品越多,他就越变成廉价的商品;物的世界的增值同人的世界的贬值呈正比。"②

资本主义社会劳动异化有四个环节,一是劳动者与劳动产品相异化,劳动者不能占有自己的劳动产品,劳动者生产的产品越多,越受到他的产品即资本的统治和压迫。二是劳动者与劳动活动相异化,在私有制条件下,劳动不再属于劳动者而属于别人,对劳动者来说劳动成为一种外在的、被强制和被迫的,不是肯定自己而是摧残自己、否定自己的谋生活动。三是劳动者与人的类本质相异化,人的类本质是自由、自觉的存在物,通过劳动能动、自主地改造自然确认自身的本质力量是人的类本质活动。然而在资本主义私有制条件下,劳动者既被剥夺其产品使其不能确认其类本质,劳动也成为仅仅维持肉体生存的手段而成为一种异己的活动。四是人与人相异化,当劳动者和劳动产品、劳动活动以及类本质相异化的时候,人和他人必然处于相对立的状态。

劳动是真正的、活动的财产,是自由、自觉、体现类本质的生命活动,是现实的人通过自己的外化劳动将自己的本质力量设定为异己的对象,在对象性劳动中人肯定自身个性的活动。然而在以占有为目的生产劳动前提下,劳动的外化变成了劳动的异化,劳动生产

---

① 本书编写组. 马克思主义基本原理概论[M]. 北京:高等教育出版社,2018:181.
② 马克思,恩格斯. 马克思恩格斯文集:第1卷[M]. 北京:人民出版社,2009:156.

的目的不再是为了满足自身需要和确证类本质,而成为"满足自私自利的需要"的中介手段。工资和资本作为私有财产的形式都是劳动异化的必然后果,要解决工资和劳动的对立必须消灭以私人占有为目的的异化劳动,在异化劳动范围内要求工资的提高和平等是不可能为劳动者争取自身真正的劳动权利的,也不可能改变劳动者被资本家剥削的地位。只有消灭异化劳动,才能夺取工人阶级的解放乃至全人类的解放[①]。

(三) 劳动是人的自由全面发展的根本途径

人类劳动的价值就在于人不断地改造世界并推动人实现自身发展,其实质是人的自由性的不断展开和全面实现。因此说,劳动的发展与人的发展是内在统一的。人以劳动的实践方式改造自然、创造社会生活和实现对自身生命本质性占有的历史运动过程,正是其自由性不断觉醒并走向全面发展的过程。

1. 劳动在人的生命起源过程中催生自由性

马克思认为人脑的形成是类人猿进化为人的标志,人脑的持续进化促使人类自觉地主动获取物质生存资料,在获取物质生存资料的活动中人类适应自然能力得到进化,产生了对自然与自身的直接、浅显的感知性认识,由此激发了人的自然适应性的改变,即能够通过手工工具的改进和制造,逐渐超越自身本能的自然限定而生长出初步的自觉性和劳动能力,即初步的人的自由性。具有自由创造性的劳动能力的产生,使人类不再仅仅依从于生命种系的自然性束缚,进而加速了人的自然生命的进化,并且内向地推进了人的自由精神的生长,使人不断具有人所具有的精神特质。

自由创造性劳动,即人以自由意志创造自身、创造环境、创造社会、创造历史的创造性劳动。马克思主义劳动观特别强调劳动对于人的生存的初始意义,肯定劳动的自由创造性催生人的自由性,进而实现人的自由全面发展。

2. 劳动生产力发展推动人类历史进步和人的自由性的普遍发展

劳动生产力的变革发展以劳动工具的变革发展为标志,社会劳动生产力的发展是变革社会形态的决定性力量。人是劳动价值创造与实现的主体,在不断推动人类历史进步的同时也推进了人自身的自由性更普遍的扩展。人类劳动过程中由劳动生产力变革引发的劳动关系和社会关系的变革,现实性地推动了人作为创造历史的劳动主体的自由性的普遍发展。

劳动生产力发展推动人类历史文化的创新与发展。人通过劳动不断展开的对整个文化世界的创造,使得人的生活世界不断焕发新的生机活力,历史性地展现了人的存在的普遍意义。人的劳动创造过程即人在劳动中不断创造属人的文化世界过程,人类社会的历史运动过程也就是人类在劳动发展中不断发展自我与不断创造新文化的过程。

劳动生产力的发展与变革是人作为劳动主体在与对象化的劳动客体发生矛盾性的劳动实践过程中实现的。劳动生产力是人类社会历史进步的根本动力,其自身印证了人的

---

① 刘真.马克思劳动观研究[D].上海:上海师范大学,2012.

自由创造性,其历史性变革显现了人的自由创造力量不断地整体跃升,推动了人的自由性的普遍发展和人类社会的全面进步。

3. 劳动推动人自由全面充分发展

劳动既是合规律性的又是合目的性的活动,"合规律性"是说劳动受制于客观规律,"合目的性"是说劳动本质上是人的自由自觉的意志活动,是人追求和创造"真""善""美"的价值实践活动。"真""善""美"价值的不断实现过程就是人的智性、德性和审美性即自由性不断全面而充分发展的过程。在价值论意义上,劳动推动了人的自由性不断走向全面而充分的发展。①

从劳动内容与劳动能力的结构体系来看,人通过劳动不断占有和发展自己的自由劳动能力。人的劳动能力发展,是体力劳动能力与智力劳动能力的统一性发展。人的体力展现具有鲜明的自然属性,但更内在地蕴含了在其自然性基础上的深厚的精神性、文化性内涵。而智力是人脑活动的机能,作为人的内在精神力量,集中体现了人的思想、思维的本质力量。体力劳动和脑力劳动的分离,以及体力、脑力的各自片面发展在一定程度上都将限制和破坏人发展的全面性,只有提高人全面的劳动能力才能使人创造出更多的劳动财富。劳动作为人类实践活动的最集中表现,促进人的劳动能力的充分发展意味着劳动的内容和形式达到了完整性、丰富性和可变动性,这无疑能够进一步实现人的自觉能动性、创造性和自主性的全面发展。

人的自由性的全面而充分发展过程是一个不断推进的历史过程,"整个历史也无非是人类本性的不断改变而已。"②人类本性的改变是人作为劳动主体的身心完整发展,是人的智性、德性和审美性等方面的自由性不断得到激发和超越的全面发展。人类自由性不断发展的过程也即人类不断全面、充分发挥和发展主体自由力量的过程。自由性发展即人的主体性发展,其实质是人在劳动实践中不断走向以人自身为目的的全面发展。

(四) 马克思主义劳动教育观

马克思认为劳动形成人的本质,劳动是实现人的全面发展的重要途径,"教育与生产劳动相结合"是马克思主义教育理论的一条重要原理。

教育与生产劳动相结合的形式主要是指"教育要使儿童和少年了解生产各个过程的基本原理,同时使他们获得运用各种生产的最简单的工具的技能"③。采用该形式的原因可概括为两种,一是教育和生产劳动相结合是现代社会发展的基本要求,其既适应了现代社会劳动形式的变化,又使得工人获得了尽可能的多方面的发展;二是在马克思构想的社会主义社会中,由于消灭了剥削制度,这就为教育和生产劳动的普遍结合提供了现实的可能。因此,马克思把教育与生产劳动相结合看成是改造现代社会的最强有力的手段之一,

---

① 程从柱. 劳动教育何以促进人的自由全面发展——基于马克思主义劳动观和人的发展观的考察[J]. 南京师大学报(社会科学版),2020(03):16-26.
② 马克思,恩格斯. 马克思恩格斯文集:第1卷[M]. 北京:人民出版社,2009:172.
③ 高放,高哲,张书杰. 马克思恩格斯要论精选[M]. 北京:中央编译出版社,2016:425-426.

是提高社会生产的一种有效方法和造就全面发展的人的唯一方法。

教育与生产劳动相结合是社会主义教育基本性质的体现。这正如列宁所言:"没有年轻一代的教育和生产劳动的结合,未来社会的理想是不能想象的:无论是脱离生产劳动的教学和教育,或是没有同时进行教学和教育的生产劳动,都不能达到现代技术水平和科学知识现状所要求的高度。"[①]毛泽东曾经指出:"教育必须为无产阶级政治服务,必须同生产劳动相结合。"[②]邓小平也曾指出,"为了培养社会主义建设需要的合格的人才,我们必须认真研究在新的条件下,如何更好地贯彻教育与生产劳动相结合的方针。"[③]可见,将教育与生产劳动相结合是社会主义教育的根本原则和重要途径。

随着当代社会与教育的飞速发展,"教育与生产劳动相结合"这一命题目前也极易受到两种极端思维的干扰。一种是认为"教育与生产劳动相结合"是一个应当抛弃的完全过时的教育主张;另一种是认为"教育与生产劳动相结合"就意味着教育要重新回到"美好"的旧时代。在新的历史时期,要走出这两种极端思维的误区,就必须对"教育与生产劳动相结合"这一重要命题做出合乎新时代的合理诠释。

(五) 其他马克思主义理论家的劳动观

1. 列宁的劳动观

列宁作为社会主义国家的建立者,在继承马克思恩格斯劳动观的基础上,在丰富的社会建设实践中,进一步发展了马克思恩格斯的劳动观。其一,列宁对劳动问题的探讨最初体现在对俄国农村劳动问题的思考当中。受传统农奴制的影响,当时俄国农村首先出现了雇佣劳动现象。由于现代农业技术和大机器的使用,一部分占有优渥劳动资源的农村富户逐渐发展成为农业资本家,而一部分只有劳动力的人口则不得不靠出卖自己的劳动力来谋生,于是就产生了最早的农业工人。列宁由此也洞悉了农民和工人之间天然的联系,为以后工农联盟思想的发展奠定了基础。其二,列宁是深刻分析教育与劳动关系的第一人,他看到了教育对于激发劳动积极性、创造性的重要作用。其三,列宁以保护劳动者合法利益为目的,形成了丰富的劳动保障观。对此他提出要确保劳动者的劳动时间、确定最低工资标准,保证人民基本的生活水平、加强劳动纪律和监察等来保障劳动者权利。

2. 毛泽东的劳动观

毛泽东的劳动观是立足于中国的劳动观,以中国的实际为出发点。第一,毛泽东肯定了劳动对生产发展的重要性。毛泽东在《实践论》中论述了劳动(生产活动)的价值。指出:"人的认识,主要地依赖于物质的生产活动,逐渐地了解自然的现象、自然的性质、自然的规律性、人和自然的关系;而且经过生产活动,也在各种不同程度上逐渐地认识了人和人的一定的相互关系。一切这些知识,离开生产活动是不能得到的。"[④]面对革命时期物

---

① 列宁.列宁论教育(上卷)[M].北京:人民教育出版社,2001:37.
② 毛泽东.毛泽东论教育(第三版)[M].北京:人民教育出版社,2008:291.
③ 邓小平.邓小平论教育(第三版)[M].北京:人民教育出版社,2004:69.
④ 毛泽东.毛泽东选集(第1卷)[M].人民出版社,1991:282.

质资料的匮乏,毛泽东提出了"自己动手,丰衣足食"和"大生产运动",以实际行动和成果展现了劳动的价值。第二,毛泽东指出要实现"知识分子劳动化,劳动人民知识化"[①]。一方面,知识分子要深入田间地里,只有知晓一线劳动,才能更好地做学问,实现自身发展。另一方面,广大一线劳动者要不断学习,提高劳动效率。第三,毛泽东特别重视劳动者的权利,毛泽东认为,劳动者应拥有的三种权利——生存权、劳动权、劳动全收权。另外,他呼吁尊重劳动模范,提倡劳模精神。

3. 邓小平的劳动观

党的十一届三中全会之后改革开放的春风吹进神州大地,掀起了社会主义建设的新局面,就业选择多样化,劳动形式多样化,劳动报酬多元化,邓小平的劳动观就是在这一新的变化条件下形成的。

第一,面对多样的劳动形式,邓小平就劳动基准问题做出规定。提出工作时间就要踏踏实实地工作,杜绝"混日子"式的工作。第二,邓小平提出要全面保障劳动者权益,"继续广开门路,主要通过集体经济和个体劳动的多种形式,尽可能多地安排待业人员"[②],保障了劳动者就业的权利;加强劳动就业培训和教育,保障劳动者发展的权利;解决劳动者住房和退休待遇问题,保障劳动者生存权利。第三,邓小平提出要发挥工会组织的作用,建立规范的企业规章制度,企业管理要民主,让职工广泛参与,工会组织要发挥好纽带作用。除此之外,邓小平特别重视科技在劳动中的重要作用,提出:"历史上的生产资料,都是同一定的科学技术相结合的;同样,历史上的劳动力,也都是掌握了一定的科学技术知识的劳动力。"[③]

4. 江泽民的劳动观

在市场经济的作用下,中国的国民经济得到了快速发展,与此同时,受市场经济负面的影响,劳动力素质不高、轻视体力劳动者等一系列社会问题逐渐凸显。面对这些突出的劳动问题,江泽民提出要加强劳动教育。1994年6月江泽民在全国教育工作会议上指出:"教育与生产劳动相结合是坚持社会主义教育方向的一项基本措施。"[④]劳动与教育相结合,一方面能提升劳动者的素质,提高劳动效率,另一方面能教育劳动者正视劳动、尊重劳动。面对日益严重的就业形势,江泽民指出要充分发挥政府、企业、劳动者和社会各方面的积极性,综合运用政策扶持和就业服务手段,通过各种渠道,帮助企业富余人员再就业。

5. 胡锦涛的劳动观

进入21世纪,国际形势发生了深刻的变化。就业观念多样化,劳动力流动更为活跃,人民劳动已经不仅仅是为了谋生,而是更加追求尊重和价值感。胡锦涛首次提出"体面劳动","要切实发展和谐劳动关系,建立健全劳动关系协调机制,完善劳动保护机制,让广大

---

① 毛泽东.毛泽东选集(第1卷)[M].人民出版社,1991:282.
② 邓小平.邓小平文选(第2卷)[M].人民出版社,1994:362.
③ 邓小平.邓小平文选(第2卷)[M].人民出版社,1994:88.
④ 江泽民.江泽民文选(第2卷)[M].人民出版社,2006:372.

劳动群众实现体面劳动。"①这意味着社会主义国家每一份劳动都值得尊重,每一位劳动者都值得赞扬;意味着要优化劳动环境,让每一位劳动者有尊严地劳动;意味着国家和社会要满足不同的劳动需要,完善劳动保障,提升人民的劳动幸福感。

这些马克思主义理论家的劳动观是习近平劳动观形成和发展的重要理论基石。在中国特色社会主义建设中,一代代中国共产党人从实际出发,在继承中与时俱进,对不同时代的劳动问题给予了新的时代论述与解答,推动了马克思主义劳动观的发展,为习近平"劳动观"的形成和发展创造了丰富的理论前提。

二、新时代劳动观

新时代劳动观不仅继承了底蕴深厚的传统文化,而且融合了有序更迭的新时代以来的现实境况。习近平在中国共产党第十九次全国代表大会的报告中指出,"中国特色社会主义进入了新时代"。站在新的历史方位上,新时代劳动观蕴藏于习近平总书记脑中所思、心中所想、实践所为,以系列讲话、重要报告、专题发言、会见交流为载体,经过多年的凝练、传播、实践、检验,形成了包含劳动价值论、劳动主体论、劳动关系论、劳动精神论四个既相互独立、又相互依存的新时代劳动观。

(一) 劳动价值论:劳动是推动人类社会进步的根本力量

习近平新时代劳动观蕴含着为人所熟知的关于劳动价值的经典论述,如"劳动是推动人类社会进步的根本力量"②、"劳动是一切成功的必经之路"③、"社会主义是干出来的,新时代也是干出来的"④、"人民创造历史,劳动开创未来"⑤等。这一系列脍炙人口、深入人心的论断,就是习近平立足新时代背景的科学考量,从新的审视高度、新的解读角度、新的权衡维度,对劳动不可撼动的崇高地位和不可取代的重要作用的阐述,夯实和发展了劳动价值观,为"让劳动光荣、创造伟大成为铿锵的时代强音"打下坚实基础。

1. 劳动创造人类文明

劳动是推动人类文明发展的不竭动力。党的十八大以来,习近平在众多讲话中,深刻阐释了劳动对于人类文明向前发展的重要意义,劳动是推动人类社会进步的根本力量,为人类文明向前发展提供了不竭动力。习近平提倡,"必须牢固树立劳动最光荣、劳动最崇高、劳动最伟大、劳动最美丽的观念,让全体人民进一步焕发劳动热情、释放创造潜能,通过劳动创造更加美好的生活。"⑥这既是对劳动的呼吁,也是对劳动的礼赞,因为劳动,人

---

① 胡锦涛. 在 2010 年全国劳动模范和先进工作者表彰大会上的讲话[N]. 人民日报,2010-04-27(02).
② 习近平. 在同全国劳动模范代表座谈时的讲话[N]. 人民日报,2013-04-29(02).
③ 新华社. 习近平在乌鲁木齐接见劳动模范和先进工作者、先进人物代表——向全国广大劳动者致以"五一"节问候[N]. 人民日报,2014-05-01(01).
④ 习近平. 习近平给中国劳动关系学院劳模本科班学员的回信[N]. 人民日报,2018-05-01(01).
⑤ 习近平. 习近平在同全国劳动模范代表座谈时的讲话[N]. 人民日报,2013-04-29(02).
⑥ 习近平. 在同全国劳动模范代表座谈时的讲话[N]. 人民日报,2013-04-29(02).

类社会才得以不断发展和进步。

一方面,人类文明发展过程中的一切难题,只有在劳动中才能破解。习近平多次强调,"'空谈误国,实干兴邦',实干首先就要脚踏实地劳动。"①人类社会发展并不是靠想象出来的,而是靠脚踏实地的劳动创造的。人类社会发展的道路并不是畅通无阻的坦途,总会面临各种自然的和人为的、可抗力和不可抗力的、可预知的和意外的挑战、风险和障碍,只有及时思考应对办法并在劳动中检验、优化和积累,才能沉淀"逢山开路、遇河架桥"的精神,才能拿出"踏石留印、抓铁有痕"的魄力,才能清除前进道路上的绊脚石,做到善始善终,善做善成。

另一方面,人类文明发展过程中的一切机遇,只有在劳动中才能抓住。人类社会发展过程中也藏有重要机遇,如果只是冷眼旁观,注定会错失。只有躬身劳动,以时刻准备的状态迎接,才能抓住机遇,创造奇迹。让劳动借着机遇的东风,成为点亮民族的火种、成为滋养民族的血脉、成为凝聚民族的魂魄、成为人生幸福的密码。无论经济再发展、科技再发达,社会再进步,劳动的力量依然没有失去光荣、褪去光彩,劳动依然能够纵深时间、延展空间,助力人类文明进入新境界。

改革开放四十余年,劳动者创造的财富无处不在,甚至在有些行业让世界称奇,5G 技术、航天、船舶、微信、支付宝、共享单车处处闪烁着劳动者的身影;从青藏铁路、南水北调到港珠澳大桥的修建、到"蛟龙"潜海、再到经济总量世界第二,中国每一次的跨越与辉煌,都凝聚着劳动者的辛勤汗水,散发着劳动的光芒。

2. 劳动创造幸福生活

劳动能创造满足人生活需要的物质基础。习近平早在只有靠劳动才能吃上饭的七年知青岁月时期就认识到劳动对于创造生活物质资料的重要性。在这期间的习近平不仅踏实劳动,而且带头积极劳动,打坝、修井、建沼气池等,目的就是希望通过劳动解决农民的温饱问题,满足农民大口吃肉的愿望。在福建从政期间,习近平劳动致富的观念得到了发展,他指出贫困地区的人民只有付出更加艰辛的劳动,才能摆脱贫困,过上好日子。党的十八大以后,习近平劳动致富观逐渐成熟,在中央扶贫开发工作会议上习近平指出:"引导和支持所有有劳动能力的人依靠自己的双手开创美好明天。"②这些认识无不说明:人只有踏踏实实地劳动,辛勤的劳动才能创造出满足自己生活的基本物质资料,从而逐渐摆脱贫困,为幸福生活奠定物质基础。

劳动能满足人的精神生活需要。一方面,劳动能创造出满足人精神需要的劳动产品。党的十八大以来习近平高度重视文化创造劳动,在中国文学艺术界联合会第十次全国代表大会开幕式上习近平对广大文艺工作者的劳动成果给予了肯定。他指出文艺创造要以广大劳动人民群众为根基,"文艺创作是艰苦的创造性劳动,来不得半点虚假。"③另一方

---

① 习近平. 在同全国劳动模范代表座谈时的讲话[N]. 人民日报,2013-04-29(02).
② 中共中央党史和文献研究院. 习近平扶贫论述摘编[M]. 北京:中央文献出版社,2018.
③ 习近平. 在中国文联十大、中国作协九大开幕式上的讲话[N]. 人民日报,2016-11-30(02).

面,劳动本身就能让人获得精神上的满足感。2015年,习近平在"五一"国际劳动节讲话中指出:"一切劳动者,只要肯学肯干肯钻研,练就一身真本领,掌握一手好技术,就能立足岗位成长成才,就都能在劳动中发展广阔的天地,在劳动中体现价值,展现风采,感受快乐。"① 劳动作为人本质的一种体现,是人的一种精神活动,能够满足人的精神需要,从而体现人的价值,是人幸福生活不可缺少的一部分。

劳动能提高人的生活水平。对于贫苦年代的人民幸福就是吃饱饭,在精神文化产品匮乏的年代幸福就是看一场电影,步入新时代,人民的物质文化生活得到了极大的丰富,拥有更高的生活水平成为人民新的幸福追求点。2013年,习近平在全国劳动模范座谈会上指出:"人世间的美好梦想,只有通过诚实劳动才能实现。"② 2016年在宁夏调研时习近平指出:"好日子是通过辛勤劳动得到的。"③ 习近平的这些论述阐明了只有通过劳动,才能提高人民的生活水平,满足人民的美好生活需要,提升人民的幸福感。

3. 劳动助力"中国梦"

习近平强调,我国工人阶级和广大劳动群众要更加紧密地团结在党中央周围,勤奋劳动、扎实工作,锐意进取、勇于创造,在实现"两个一百年"奋斗目标的伟大征程上再创新的业绩,以劳动托起中国梦。

劳动是实现国家富强的必备法宝。国家富强是中国梦的实现基础,而劳动是实现国家富强的必备法宝。在中国源远流长的历史文化长河中,太多的经验和教训警示我们,富强才能国泰民安,落后就要挨打。在盛行丛林法则的当今世界,一个国家、一个民族,只有坚持以劳动至上,才能富国强民,才能捍卫自己核心利益不受侵犯。实现国家富强是几代中国人的夙愿,是每一个中华儿女的共同期盼。但习近平更清醒地认识到,"我们国家的发展前景十分光明,但道路不可能一帆风顺,蓝图不可能一蹴而就,梦想不可能一夜成真。"④ 一项项光荣而艰巨的事业,离不开一代又一代中国人的接续奋斗。习近平指出:"劳动是财富的源泉,也是幸福的源泉。"⑤

劳动是实现民族振兴的必要手段。民族振兴是中国梦的核心内容,而劳动是实现民族振兴的必要手段。经济振兴是民族振兴的物质基础。劳动是生产力得以发展和变革的唯一路径,为经济的良性发展提供可行方法。文化振兴是民族振兴的重要内容。劳动是政治、经济、制度、行为等文化生成、发展、传承的必然方式,它确保了民族振兴是可持续的。国民精神振兴是民族振兴的核心要义。劳动是实现国民精神振兴的最大力矩,只有通过劳动,人民才能为国家的发展尽力,国家的发展才能给人民带来实惠,实现国家繁荣与人民幸福。军事振兴是民族振兴的保障。劳动是实现军事战备力、军事指挥力、军事创

---

① 习近平. 在庆祝"五一"国际劳动节暨表彰全国劳动模范和先进工作者大会上的讲话[N]. 人民日报,2015-04-29(02).
② 习近平. 在同全国劳动模范代表座谈时的讲话[N]. 人民日报,2013-04-29(02).
③ 文森. "一个都不能少"的"全面小康"——有感于习近平总书记宁夏考察调研[N]. 中国青年报,2016-08-01(02).
④ 习近平. 在同全国劳动模范代表座谈时的讲话[N]. 人民日报,2013-04-29(02).
⑤ 习近平. 在同全国劳动模范代表座谈时的讲话[N]. 人民日报,2013-04-29(02).

新力的必要手段,能够为民族振兴提供坚强的后盾。总而言之,只有劳动,才能实现中华民族振兴,让中华民族立于世界民族之林。

劳动是实现人民幸福的必选方式。人民幸福是中国梦的奋斗目标,而劳动是实现人民幸福的必选方式。中国梦不仅是"宏大叙事"的国家梦,更是"具体而微"的个人梦。国家强大、民族兴旺都要以保障人民各项权利和维护人民切身利益为先决条件和最终目的。实现中国梦,一方面,必须紧紧依靠人民,依靠工人阶级,依靠劳动;另一方面,必须造福人民,造福劳动者,让每个人追求幸福美好生活的梦想都得以实现。习近平指出:"有我国工人阶级和全体劳动群众的团结奋进,有全国各族人民的共同奋斗,我们一定能开创更加美好的未来,中华民族伟大复兴的中国梦一定能够实现!"习近平新时代劳动观,就要把崇尚劳动与造福劳动者有机统一起来,把依靠主力军与发展主力军有机统一起来,用劳动筑就中国梦,用幸福汇聚正能量。

(二) 劳动主体论:尊重劳动主体,树立主人翁意识

人民群众是劳动主体,正因为他们的劳动创造才有社会历史的前进,才有美好未来的创造。工人阶级和广大劳动群众始终是推动我国经济社会发展、维护社会安定团结的根本力量。正因为如此,习近平重点强调所有一切工作必须要尊重劳动主体,以人民群众的利益为重,切实保障和竭诚服务他们。并对劳动者给予深切厚望,希望劳动者树立强烈的主人翁意识,不断提高自身素质和技能,成为建设社会主义的强有力的主力军。

1. 尊重劳动者主体地位

习近平充分肯定劳动主体的贡献。一是肯定了工人阶级的劳动主力军地位,工人阶级是先进生产力的代表,是中国共产党最坚实的阶级基础,在中国特色社会主义革命、建设和改革中发挥了重要的作用。工人阶级是全面建成小康社会的主力军,是中国特色社会主义建设的主力军。习近平在现实中切实关心工人阶级,以实际行动体现他对工人阶级的重视。不论是在节日期间,还是实地考察和调研,每到一个地方,他都要深入各行业的一线劳动现场,慰问劳动工人,肯定他们对社会发展的贡献,充分体现了习近平对工人的尊重和重视。二是肯定了农民是劳动的坚实力量。我国是传统的农业大国,工农联盟是我国重要的阶级基础,新中国成立后,广大农民为国家建设和发展做出了重要的贡献,习近平特别重视农村劳动问题。早在浙江从政期间,习近平为调动农村劳动积极性提出要努力构建"以工促农、以城带乡"的体制机制,切实保障农民的各项权益,以发挥农民的劳动积极性。三是重视知识分子的劳动,强调知识分子是我国工人阶级的一部分,对社会主义的知识分子给予了正确的社会定位,肯定了知识分子的社会主人翁地位,为进一步调动他们的劳动热情奠定了基础。四是指出青年是劳动的有生力量,习近平在党的十九大报告中指出,"青年一代有理想、有本领、有担当,国家就有前途,民族就有希望。"[1]实现中华民族的伟大复兴,国家的发展离不开青年的劳动,同时,青年只有在踏实的劳动中才能

---

[1] 习近平.决胜全面建成小康社会 夺取新时代中国特色社会主义伟大胜利——在中国共产党第十九次全国代表大会上的报告[M].北京:人民出版社,2017:70.

彰显青春魅力,实现人生价值。

另外,习近平强调保障劳动者权益。广大劳动群众始终是习近平放不下的牵挂,捍卫劳动者的地位和权益始终是习近平关切和思考的重要问题。习近平强调:"要始终实现好、维护好、发展好最广大人民根本利益,让改革发展成果更多更公平惠及人民。"①习近平指出,全心全意为工人阶级和广大劳动群众谋利益,是我国社会主义制度的根本要求,是党和国家的神圣职责。充分彰显了党的宗旨和社会主义制度的优越性,有利于巩固党的群众基础和实现国家的长治久安。习近平要求"把竭诚为职工群众服务作为工会一切工作的出发点和落脚点,帮助职工群众通过正常途径依法表达利益诉求"②,要面对面、心贴心、实打实做好群众工作,把人民群众安危冷暖放在心上,雪中送炭,纾难解困。这些要求为完善劳动政策、改进劳动分配等工作,奠定了维护劳动群众基本权益的总基调。

2. 培养新时代劳动主力军

提高劳动者主人翁意识。习近平强调:"我国工人阶级和广大劳动群众一定要以国家主人翁姿态,积极投身经济社会发展的火热实践,为共同创造我们的幸福生活和美好未来作出新的贡献。"③习近平把劳动者作为"主人翁",是因为主人翁代表的是肯定和认同、责任和使命,彰显着内蕴的自发自觉、忘我投入的工作态度。培养劳动者的主人翁意识,有利于强化员工的奉献精神和责任意识,是一项势在必行而又迫在眉睫的要事。首先要从理想信念入手,帮助广大劳动者牢固树立中国特色社会主义理想信念,始终做坚持中国道路的柱石;其次要从价值观入手,帮助广大劳动者自觉践行社会主义核心价值观,发扬我国工人阶级的伟大品格;最后要从责任意识入手,帮助广大劳动者以振兴中华为己任,发扬工人阶级识大体、顾大局的光荣传统,自觉维护安定团结的政治局面,始终做凝聚中国力量的中坚。

只有让广大劳动者树立主人翁意识、摆正主人翁姿态,才能让他们心往一处想,劲往一处使,共同服务于伟大事业;才能激发出员工的凝聚力和创造力,使之真正将企业当成自己的家;才能使之主动自觉地与企业发展同呼吸、共命运、心连心,齐心协力朝着既定目标前进。

培养综合全面的劳动素养。习近平高度重视劳动者的劳动素养,一方面,体现在他客观认清了劳动素养的极端重要性。他立足长远,认为要始终高度重视提高劳动者素质,培养庞大的高素质劳动者大军。他立足国家发展,认为劳动者素质对一个国家、一个民族的发展至关重要,劳动者的知识和才能积累越多,创造能力就越大。另一方面,体现在他为培养劳动者综合全面的劳动素养,指明了切入维度和科学方法。一是要各方形成合力,企业要高度重视广大职工的多样化需求,不断拓展职工成长成才空间;学校要发展素质教

---

① 习近平. 在庆祝"五一"国际劳动节暨表彰全国劳动模范和先进工作者大会上的讲话[N]. 人民日报,2015-04-29(02).

② 习近平. 在庆祝"五一"国际劳动节暨表彰全国劳动模范和先进工作者大会上的讲话[N]. 人民日报,2015-04-29(02).

③ 习近平. 在庆祝"五一"国际劳动节暨表彰全国劳动模范和先进工作者大会上的讲话[N]. 人民日报,2015-04-29(02).

育,推进教育公平;政府部门要大规模开展职业技能培训,注重解决结构性就业矛盾。二是离不开劳动者自身的努力,习近平呼吁:"广大劳动群众(要)勤于学习,学文化、学科学、学技能、学各方面知识,不断提高综合素质,练就过硬本领。"①他告诫广大劳动者,提升劳动素养,实现人生价值最关键是靠自己。

打造高水平的劳动接班人。人才是第一资源,不论硬实力、软实力,归根到底要靠人才实力。对国家和社会的发展与进步来说,最大的储备就是人才的储备。一方面,习近平对人才的教育和培养尤为重视。习近平强调:"要树立正确人才观,培育和践行社会主义核心价值观,着力提高人才培养质量,弘扬劳动光荣、技能宝贵、创造伟大的时代风尚。"②营造人人皆可成才、人人尽展其才的良好社会氛围。另一方面,习近平对作为人才接班人的青年尤为关注。习近平强调:"广大青年要自觉加强学习,不断增强本领。"③所有知识要转化为能力,都必须躬身实践。要坚持知行合一,注重在实践中学真知、悟真谛,加强磨炼、增长本领。这实际上是提醒和告诫广大青年,要想成为祖国需要的人才,关键靠自身的努力。无论是谁,只要立志成为人才,就要发挥自身的主观能动性,努力克服困难、把握机遇。习近平强调:"要通过各种措施和方式,教育引导广大青少年牢固树立热爱劳动的思想、牢固养成热爱劳动的习惯。"④通过外界助力和青年自身努力的"内外结合"与"双管齐下",广大青年定能成为具有高素质、高技术、高技能的社会主义优秀建设者和可靠接班人。

(三)劳动关系论:化解劳动关系纠纷,构建和谐劳动关系

习近平认为"劳动关系是最基本的社会关系之一"⑤。劳动关系是指用人单位招用劳动人员为其劳作,并给予报酬而产生的权利义务关系。劳动关系是否和谐,对国家、社会、企业和个人的发展至关重要。当前,构建中国特色社会主义和谐劳动关系,必须"加强调整劳动关系的法律、体制、制度、机制和能力建设""实现劳动用工更加规范,职工工资合理增长,劳动条件不断改善,职工安全健康得到切实保障,社会保险全面覆盖,人文关怀日益加强,有效预防和化解劳动关系矛盾,建立规范有序、公正合理、互利共赢、和谐稳定的劳动关系"⑥。

1. 和谐劳动关系意义深远

和谐劳动关系关乎人民幸福生活。劳动关系是生产关系的重要组成部分,是最基本、最重要的社会关系之一。在新的历史条件下,努力构建和谐劳动关系是加强和创新社会管理、保障和改善民生的重要内容。劳动关系事关职工切身利益,没有规范、和谐的劳动关系,就没有稳定、体面的就业,也就难以实现民生的根本改善。构建和谐劳动关系,加快

---

① 书写新时代劳动者新的荣光——写在"五一"国际劳动节[N]. 人民日报,2019-05-01(04).
② 潘婧瑶,张迎雪. 习近平的"劳动观":尊重劳动"实干""创造"并重[EB/OL]. (2015-04-29). http://politics.people.com.cn/n/2015/0429/c1001-26927050.html.
③ 习近平. 在知识分子、劳动模范、青年代表座谈会上的讲话[N]. 人民日报,2016-04-30(02).
④ 新华社. 习近平在乌鲁木齐接见劳动模范和先进工作者、先进人物代表节日问候[N]. 人民日报,2014-05-01(01).
⑤ 习近平. 在庆祝"五一"国际劳动节暨表彰全国劳动模范和先进工作者大会上的讲话[N]. 人民日报,2015-04-29(02).
⑥ 中共中央 国务院关于构建和谐劳动关系的意见[N]. 人民日报,2015-04-09(01).

形成企业和职工利益共享机制,有利于不断提高职工特别是一线职工的劳动报酬,使劳动者更好分享企业发展成效、共享经济社会发展成果,从根本上提升劳动者的就业质量。加强劳动保护,健全劳动保障监察和劳动争议调解仲裁体系,有利于切实解决矛盾,最大限度地实现好、维护好、发展好广大人民群众的权益。只有构建和谐的劳动关系,维护好广大劳动者的经济、政治、文化、社会权益,才能最大限度调动他们的劳动积极性,激发他们的工作热情,让他们依靠自己努力就能提高生活水平,推动社会健康有序发展。

和谐劳动关系关乎社会和谐稳定。在新的历史条件下,努力构建和谐劳动关系是建设社会主义和谐社会的重要基础。其一,和谐劳动关系有利于推进社会民主法治。和谐的劳动离不开民主和法治的护航,《中华人民共和国劳动法》(以下简称《劳动法》)规定了统一劳动标准和民主协商规则,确立了用人单位与劳动者的市场经济主体地位,特别是坚持法定标准与契约自由相结合的原则,有利于促进民主法治。其二,和谐劳动关系有利于推进社会公平正义。和谐劳动关系需要依靠公平正义来化解劳动者与用人单位之间的纠纷,劳动者对公平和正义的渴求,有利于助推整个社会积聚公平正义的能量。其三,和谐劳动关系有利于社会充满活力。和谐劳动关系有效调动劳动者积极性,极大地解放了生产力,为社会主义市场经济注入强大活力。其四,和谐劳动关系有利于推进社会安定有序。构建和谐劳动关系,要求健全劳动关系诉求表达机制、矛盾调处机制和权益保障机制,有利于化解劳动纠纷,规范社会行为,尽可能地预防和减少社会矛盾。只有通过构建和谐劳动关系,努力破解劳动关系发展中一些源头性、基础性、根本性难题,逐步扫除制约劳动关系和谐稳定的体制性障碍,尽快解决社会普遍关注、劳动群众反映强烈的突出问题,才能精心打造通往和谐社会的康庄大道。

和谐劳动关系关乎国家长治久安。一方面,构建和谐劳动关系,是增强党的执政基础、巩固党的执政地位的必然要求。劳动关系事关用人单位和广大劳动群体,企业作为工人阶级最为集中的地方,汇聚着党的阶级基础之源。因此,劳动关系要是和谐,劳动群众容易在情感转移中感激和拥护党,强化他们对党的执政能力的认可和对党践行宗旨的肯定。另一方面,构建和谐劳动关系是坚持中国特色社会主义道路、贯彻中国特色社会主义理论体系、完善中国特色社会主义制度的重要组成部分。中国特色社会主义道路是引领中国进步、实现人民福祉的道路,构建和谐劳动关系是贯彻中国特色社会主义理论体系的生动体现。构建和谐劳动关系,事关企业和广大职工的切身利益,事关经济发展与社会和谐,事关我国进一步深化改革,事关中国特色社会主义制度的完善和发展。

2. 构建新型和谐劳动关系

保障劳动者权益,发挥党政部门力量。党政部门应坚持促进企业发展和维护职工权益相统一,同时调动劳动关系主体双方的积极性、主动性,推动企业与职工群众协商共事、机制共建、效益共创、利益共享。要促进广大劳动群众参与管理国家事务和社会事务、管理经济和文化事业,健全以职工代表大会为基本形式的企事业单位民主管理制度,落实劳动群众的知情权、参与权、表达权、监督权,进而依法保障群众基本权益,有效构建和谐劳动关系。

维护职工正当权益,重视企业担当作用。在构建和谐劳动关系上,企业扮演着重要角色,习近平指出:"(工会要)维护好广大职工群众包括农民工合法权益,扎扎实实为职工群众做好事、办实事、解难事,不断促进社会主义和谐劳动关系。"①一是建立企业和职工利益共享机制,关键是确保分配合理。二是坚持同工同酬原则,重点关注以农民工为代表的一线工作者。当前,很多劳动关系矛盾就是由于同工不同酬的鲜明对比引起的,劳动者深感不平等、被歧视,切实实现同工同酬有利于消解此类问题。三是健全企业就业服务体系,着力提升服务效能。企业要积极创设良好的就业环境和政策,向广大劳动者提供优质的就业服务和就业环境。四是执行劳动关系法律法规,始终以保护劳动者权益为准则。企业要严格践行相关的法律法规,始终以法律法规为准绳,重点健全劳动合同制度、劳动关系矛盾调处机制。

坚持以人为本,发挥劳动者主体作用。职工群众在构建和谐劳动关系中有着重要地位和作用,因此,广大职工群众务必明确自身使命,扮演好自身角色。广大劳动者要有主人翁的责任感,始终做维护和谐劳动关系的柱石、弘扬和谐劳动关系的楷模、深化和谐劳动关系构建的推动者与参与者。为此,广大劳动者需要以"和"为贵,自觉从大局看问题,把自身的工作和利益放到整个企业的运行与发展中去思考、去定位、去权衡,进而做到正确认识大局、自觉服从大局、坚决维护大局,与企业同舟共济、共克时艰,为构建和谐劳动关系打下基础。当个人利益与集体利益相冲突时,需要坚持以集体利益为重,愿意放弃或牺牲一些个人利益。坚持集体主义并不意味着只顾集体利益,不顾个人利益,正当、合理的个人利益是应该受到尊重和保护的。最后,需要合理表达诉求。广大劳动者要增强法律意识,在不同的诉求问题上,通过向相关负责部门提请帮助来解决,而不应该以不合理、不合法的方式寻衅滋事、胡搅蛮缠。对于自己不懂的,可以向法律人士、权威部门请教,了解权益的保护范围、有效途径、科学方法。

(四)劳动精神论:弘扬劳动精神,实现人生价值

习近平非常重视劳动精神的作用,在党的十九大报告中提出要弘扬劳模精神和工匠精神,通过对优秀劳动精神的弘扬和学习,让"爱岗敬业、争创一流、艰苦奋斗、勇于创新、淡泊名利、甘于奉献"的宝贵精神蔚然成风。

1. 提倡劳模精神

劳模精神就是劳动模范身上体现出来的劳动精神。社会学家艾君认为:"劳模精神,它折射出一个时代的人文精神,反映出一个民族在某一个时代的人生价值和思维道德取向。"习近平向来重视劳动模范的榜样示范作用,在全社会提倡劳模精神。

首先,习近平肯定了劳动模范的历史贡献和地位。2013年,习近平发表了针对劳动模范的"五一"国际劳动节讲话,讲话中回忆了各行各业的劳动模范在社会主义革命、建设和改革中的重要贡献。中国特色社会主义进入新时代,全面建成小康社会,实现中华民族伟大复兴的中国梦同样离不开各行各业劳动模范的带头作用。习近平对劳动模范的尊重和肯定,为提倡劳模精神奠定了基础。

---

① 习近平.在同全国劳动模范代表座谈时的讲话[N].人民日报,2013-04-29(02).

其次,习近平赞扬劳模精神,提倡劳模精神。他指出:"长期以来,广大劳模以平凡的劳动创造了不平凡的业绩,铸就了'爱岗敬业、争创一流,艰苦奋斗、勇于创新,淡泊名利、甘于奉献'的劳模精神。"[1]并指出劳模精神丰富了民族精神和时代精神,是我们极为宝贵的精神财富。步入新时代,我们要继续大力弘扬劳模精神、发挥劳动模范的作用,激发全国劳动人民的劳动热情,以汇聚磅礴之力共筑中国梦。

除此之外,习近平关心劳动模范的生活和成长。为了更好地弘扬劳模精神,鼓励劳模在新时代的征程上继续建功立业,习近平指出:"各级党委和政府要热情关心他们的工作、学习、生活,为他们的健康和幸福,为他们更好发挥作用创造良好环境和条件。"[2]中国劳动关系学院劳模本科班的成立,为广大劳动模范提供了再学习的平台,体现了党和国家对劳动模范学习成长的重视。通过关心和保障劳动模范的基本生活,为他们提供更好的发展平台,才能更好地吸引广大劳动者向劳动模范看齐,传播劳模精神,向劳动模范学习。

2. 培育工匠精神

工匠精神是以专注、细致、创新来追求卓越的一种劳动精神。专注就是习近平提出的"钉钉子精神",钉钉子需要一锤一锤接着敲,才能把钉子钉实钉牢。干工作就需要像钉钉子一样,心无旁骛、一心一意,以专注的心态对待工作,工作才能干好,劳动才会有价值。尤其在社会转型时期,人们的心态较为浮躁,容易被各种事物所影响和诱惑,所以更应该沉住气,以专注的心态面对自己的本职工作。细致是要考虑每一个环节,尤其是细节。细节决定成败,细节铸就完美,细节演绎品质。"失之毫厘,差之千里","精益求精"是工匠精神的重要体现,是中华民族的优良传统,进入新时代的我们要继续发扬这种精细的精神,打造让世界记得住的"中国品牌"。创新是工匠身上体现出来的匠心创造。工匠精神不是单纯地模仿和生产,每一件作品都凝聚着匠人们独特的匠心用意,也正因为如此,每一件工艺产品都有着自己独特的生命。在新时代,我们弘扬工匠精神就是要弘扬工匠身上体现出来的这种创新精神。党的十九大报告中,"工匠精神"一词再现,再次体现了以习近平同志为核心的党中央对工匠精神的重视,在工匠精神的激励作用下,广大劳动者将会提高劳动质量,生产出更多卓越的劳动产品,满足人民对美好生活的向往。

拓展阅读

习近平与大学生朋友们(十七)
——"生逢其时,为之奋斗吧"[3]

2013年7月17日,习近平总书记来到中国科学院高能物理研究所、中国科学院大学考察,看望科研工作者和师生并座谈。总书记说:"学习的目的是什么呢?就是要把

---

[1] 习近平.在同全国劳动模范代表座谈时的讲话[N].人民日报,2013-04-29(02).
[2] 习近平在乌鲁木齐接见劳动模范和先进工作者、先进人物代表向全国广大劳动者致以"五一"节问候[EB/OL].(2014-04-30).http://www.xinhuanet.com/politics/2014-04/30/c-1110494875.htm.
[3] 常雪梅,王珂园.习总书记寄语我们"生逢其时,为之奋斗吧"——习近平与大学生朋友们(十七)[EB/OL].(2020-07-02).http://cpc.people.com.cn/n1/2020/0702/c64387-31767966.html.

学到的知识回馈社会,做一个对社会有用的人,做一些对社会有用的事。科学无国界,但科学家有祖国,要有一颗爱国之心。每一个中国人,最终应该为国家、为民族、为人民,包括为养育自己的父母,尽量多做些事情。我国很多伟大的科学家都具有这样的高贵品质。你们毕业以后,无论走到哪个地方,无论在什么岗位上,无论在国内还是在国外,都要牢记这一点。"我们一定牢记总书记的嘱托,将自己人生的圆心深深扎根在祖国的大地上。

总书记语重心长地嘱咐我们年轻人要脚踏实地。他说,上了岁数,回过头真诚地告诉你们,现在你们要好好学习,心无旁骛……在什么时间就要做什么事情,做什么事情都要脚踏实地。回想总书记的个人成长经历,当时他的条件远远不如我们,特别是"文化大革命"期间,总书记当了七年知青,在农村参加劳动,带领乡亲们把生产搞得那么好,而且非常富有创新和开拓精神。我觉得,总书记给我们讲的都是掏心窝子的人生感悟。

总书记最后寄语道:"我们提出'两个一百年'奋斗目标,实现中华民族伟大复兴的中国梦。我们比历史上任何一个时期都更接近中华民族伟大复兴的目标,从来没有像现在这样接近。你们年轻人,处于一个伟大的时代,有着这么伟大的目标,生逢其时,为之奋斗吧!看你们的了!"

习近平给中国劳动关系学院劳模本科班学员的回信[①]

中国劳动关系学院劳模本科班的同志们:

你们好!"五一"国际劳动节前夕,收到你们的来信,我感到十分高兴。你们为党和国家事业发展做出了突出贡献,被评为劳动模范,如今又在读书深造,这是对大家辛勤劳动、无私奉献的褒奖,也是党和国家对劳动者的关怀。

社会主义是干出来的,新时代也是干出来的。希望你们珍惜荣誉、努力学习,在各自岗位上继续拼搏、再创佳绩,用你们的干劲、闯劲、钻劲鼓舞更多的人,激励广大劳动群众争做新时代的奋斗者。

我一直强调,劳动最光荣、劳动最崇高、劳动最伟大、劳动最美丽。全社会都应该尊敬劳动模范、弘扬劳模精神,让诚实劳动、勤勉工作蔚然成风。

值此"五一"国际劳动节之际,我向你们、向全国所有劳动模范、向全国广大劳动者,致以节日的问候。

习近平

2018 年 4 月 30 日

[①] 石光辉. 习近平与劳动人民在一起[EB/OL]. (2020-05-01). https://www.12371.cn/2020/05/01/ARTI1588297832236972.shtml.

习近平与劳动人民在一起[①]

1969年年初,不满16岁的习近平主动申请到陕北农村插队,来到延川县文安驿公社梁家河大队。

在梁家河,他与劳动人民吃住在一起,"真诚地去和乡亲们打成一片,自觉地接受艰苦生活的磨炼",从一个"不谙世事的孩子"成长为"种地的好把式"。

成为梁家河大队党支部书记后,他与乡亲们一起种地、打井、打坝、修公路,发展生产,改变家乡的面貌……

习近平后来回忆感慨:"我生活在他们中间,劳作在他们中间,已经不分彼此。"同时他也在劳动人民中间"学到了农民实事求是、吃苦耐劳的精神"。

离开梁家河,习近平依然坚持劳动不忘本的良好习惯。

在正定,乡村考察时正赶上乡亲们锄地、间苗,习近平拿起锄头、撸起袖子就跟乡亲们一起干起来,手法和老农一样熟练。这让同行的人不由都吃了一惊。

在宁德,他不仅参与劳动,还对劳动进行了深层次的思考。他曾在《摆脱贫困》一书中写道:"农村劳动力如果继续束缚在原有规模的耕地上,倚锄舞镰,沿袭几千年来日出而作、日落而息的耕作老传统,进行慢节奏、低效率的生产劳动,那就不是一件好事。反之,用改革开放的眼光看待劳动力的大量转移,会惊喜地发现,我们又获得了一种极其宝贵、可待开发、可能创造巨大价值的崭新资源。"

在浙江,他换上矿工服,戴上安全帽,乘罐笼下到近千米的井底,弯腰躬身沿着低矮狭窄的斜井走了1 500多米,来到采矿点看望慰问在井下采煤的工人,并与工人们一起吃饺子。

"与人民共同劳动、劳动为了人民"——习近平

1969年1月,不满16岁的习近平来到陕北梁家河村插队。在梁家河的七年岁月里,他"看到了人民群众的根本,真正理解了老百姓",也树立了为老百姓办实事、为人民奉献自己的理想理念。

1974年1月,习近平当选为大队党支部书记。他一直琢磨着如何能改变梁家河面貌,改善村民们的生活质量。一天,习近平在《人民日报》看到四川大办沼气的报道。他赶到四川学习考察,回来后开始着手试验办沼气。然而,难题一个接着一个,远比想象的多。

村民的院落都是打窑洞时用土填起来的,土壤松软,不适宜挖沼气池,池子在哪里建?沼气池的池盖对石板的厚度和整体性要求很高,梁家河没有,怎么办?村里村外的路蜿蜒

[①] 石光辉. 习近平与劳动人民在一起[EB/OL]. (2020-05-01). https://www.12371.cn/2020/05/01/ARTI1588297832236972.shtml.

狭窄,运送水泥砂石的架子车没法走,材料怎么运?

秉持着一定要把沼气办成的信念,习近平一个一个地解决难题。经过反复测量,试验池最后选在了知青居住点旁边,这里的土壤密度相对要大一些。没有石头,习近平带人在烂泥滩里铲去一米多厚的土层,挖出了石头。他还带着几个青年去村外挖沙子,一袋一袋往回背,背上磨破了皮,没人喊一声累。

在习近平的执着努力下,梁家河的沼气池终于建成了。这也成了陕西第一口沼气池。多年后,习近平回忆这段经历时说:"第一口池子是颇费功夫的,一直看到这个沼气池两边的水位在涨,但就是不见气出。最后一捅开,溅得我满脸是粪,但是气就呼呼地往外冒。我们马上接起管子后,沼气灶上冒出一尺高的火焰。"①

2019年4月8日,习近平等中央领导同志参加了首都义务植树活动。习近平挥锹铲土,扶苗培土,与广大少先队员和市民们一起劳动。植树现场一片热火朝天的景象。

"我们的根扎在劳动人民之中。"习近平曾这样发自肺腑地说道。青年时期的习近平在陕北农村插队,一头扎进最基层。在农村生活的7年间,他什么活儿都干过,乡亲们说他是"吃苦耐劳好后生"。从政之后,习近平不改劳动本色,从贫困山村到基层社区,他走进群众中间,一起种树、打糍粑、炸酥肉……所到之处,都留下了他与人民一同劳动的温暖记忆。②

2019年8月21日,习近平总书记来到古浪县八步沙林场,察看林场整体风貌,听取武威市防沙治沙整体情况汇报和八步沙林场"六老汉"三代人治沙造林的感人事迹介绍。现场,几位林场职工正在进行"草方格压沙"作业,习近平走过去,向他们询问作业方法,并拿起一把开沟犁,开沙沟、铲黄沙,同他们一起干起来。旁边的村民问:"总书记的体力还好啊?"总书记说:"这点体力还得有!"

娴熟的动作、干活的把式,折射的是坚守的初心。在陕北高原,他种地、拉煤、打坝、挑粪,什么活都干;在福建宁德,他一把锄头扛在肩,大步走过田埂,跟大家一起清淤修渠;在首都北京,他一下车就扛起铁锹,走向植树地点,同群众一起参加义务植树活动。

与人民在一起,和群众同劳动,数十年来,习近平熟悉的姿态背后,是不变的情怀。③

思考 实践

1. 劳动对人和人类社会的形成和发展具有根本的决定意义。"劳动创造了人本身",这是马克思主义劳动学说的一条基本论断。请阅读"劳动是创造价值的唯一源泉",分组

---

① 杨光宇,曹昆.青年习近平的奋斗故事[EB/OL].(2020-05-04).http://politics.people.com.cn/n1/2020/0504/c1001-31696955.html.
② 叶攀.习近平与我们同劳动[EB/OL].(2019-04-10).http://www.chinanews.com/gn/2019/04-10/8805208.shtml.原文有删改.
③ 人民日报.习近平甘肃行的4个难忘瞬间[EB/OL].(2019-08-23).http://www.chinanews.com/m/gn/2019/08-23/8935440.shtml.原文有删改.

归纳一下马克思的劳动价值理论。

2. 习近平总书记不仅强调要"崇尚劳动""尊重劳动者",也在参与劳动的过程中,更新和发展了自己的劳动价值观念。读了"习近平与劳动人民在一起"这一故事,你对习近平新时代劳动观有什么新的认识?

3. 2016年在宁夏调研时,习近平总书记指出:"好日子是通过辛勤劳动得到的。"请结合你对这句话的理解,写一篇关于"劳动创造幸福生活"的主题征文。

第三章
树立正确的劳动价值观

学习目标

正确理解劳动、工作的意义,了解自古以来劳动对中华民族进步的推动作用,深刻领会尊重劳动、热爱劳动、学会劳动、创新劳动的劳动价值观理念,树立正确的劳动价值观,养成良好的劳动习惯。

课堂导入

不好好学习,以后就要扫大街?[①]

一位中年妈妈,将手里的纸团一次次地扔向灌木丛,还一直让一位老人去捡。旁边坐着的儿子很是不解,转而询问妈妈原因。

"你看见了吧!我希望你明白,你如果现在不好好学习,将来就跟他一样没有出息,只能做这些卑微的工作!"

然而,这位妈妈的"教育梦"还没有成功,就已经破灭了。

老人是集团总裁,闲暇时间出来修剪花木,却被男孩的妈妈认为是老园丁。

看到中年妈妈如此评价修剪花木的人,老人认为这是对职业的一种不尊重,对从业人员的不尊重。随后就让人事部门把中年妈妈解雇了。

临走之际,老人给男孩说了一句话:"孩子,我希望你明白,虽然你要学习的东西很多,但你首先要学会尊重每一个人。"

妈妈想激起男孩的奋斗之心,老人却给男孩上了很重要的一课,那就是要学会尊重每一个努力工作的人。

价值观是指个体对客观外界事物及个体行为所产生结果的总体评价,是促使人们采取行动的原则和标准。劳动价值观作为价值观中不可或缺的部分,它是人们关于劳动、劳动者、劳动成果等的主观认识和价值倾向性的观点。劳动价值观在人的世界观、人生观、价值观生成的过程中发挥着重要的作用。

[①] 有格局的父母,从来不会对孩子说:不好好学习,将来只能扫大街![EB/OL].(2019-01-26). https://baijiahao.baidu.com/s?id=1623721244232287128.

第三章　树立正确的劳动价值观

党的十八大以来,我国经济发展态势步入新常态,经济发展的速度、方式和动力都在发生着巨大的变化,形成了新时代中国特色社会主义劳动价值观。习近平总书记在多次讲话中提到树立正确的劳动价值观的重要意义。"我们一定要在全社会大力弘扬劳模精神、劳动精神,大力宣传劳动模范和其他典型的先进事迹,引导广大人民群众树立辛勤劳动、诚实劳动、创造性劳动的理念,让劳动光荣、创造伟大成为铿锵的时代强音,让劳动最光荣、劳动最崇高、劳动最伟大、劳动最美丽蔚然成风。要教育孩子们从小热爱劳动、热爱创造,通过劳动和创造播种希望、收获果实,也通过劳动和创造磨炼意志、提高自己。"[1]

树立正确的劳动价值观则要求人们能够做到尊重劳动、热爱劳动、学会劳动与创新劳动。只有树立正确的劳动价值观,才能以正确的劳动价值观指导行动,才能实现自身的全面发展,才能实现国家富强、民族振兴、人民幸福的中国梦的伟大奋斗目标。

一、尊重劳动是劳动者的价值基础

尊重劳动是劳动者的价值基础。"要尊重和保护一切有益于人民的劳动",尊重劳动一方面要尊重劳动者,要重视并肯定劳动者的地位,懂得劳动没有贵贱之分;另一方面要尊重劳动果实,包括各种形式的劳动果实,改善把体力劳动与脑力劳动对立起来的不良社会风气,营造尊重劳动的社会氛围。

(一) 尊重劳动者

1. 尊重劳动者之古今谈

使老有所终,壮有所用,幼有所长,鳏寡孤独废疾者皆有所养。　　——《礼记·礼运》

译文:这个社会应该让老人可以善终,年壮有力、有能力的人可以得到重用,年幼的可以有人抚养使其健康茁壮地成长,老而无妻、老而无夫、老而无子、幼而无父、身体残疾的人都能得到抚养。

必使饥者得食,寒者得衣,劳者得息。　　——《墨子·非命下》

译文:这个社会一定要让饥饿的人得到吃的,寒冷的人得到衣服,劳动的人得到休息。

一定要在党内造成一种空气:尊重知识,尊重人才。要反对不尊重知识分子的错误思想。不论脑力劳动、体力劳动,都是劳动。从事脑力劳动的人也是劳动者。　　——邓小平

邓小平指出,出于对知识和人才的高度重视,强调一定要在党内造成一种风气:尊重知识,尊重人才。要反对不尊重知识分子的错误思想。不论脑力劳动、体力劳动,都是劳动。从事脑力劳动的人也是劳动者。要重视知识,重视从事脑力劳动的人,要承认这些人是劳动者。这一提法,也深刻体现了邓小平对劳动者的尊重。

无论时代条件如何变化,我们始终都要崇尚劳动、尊重劳动者,始终重视发挥工人阶

---

[1] 习近平.在庆祝"五一"国际劳动节暨表彰全国劳动模范和先进工作者大会上的讲话[N].人民日报,2015-04-29(02).

级和广大劳动群众的主力军作用。

——2015年4月28日,习近平在庆祝"五一"国际劳动节暨表彰全国劳动模范和先进工作者大会上的讲话

习近平总书记在讲话中强调,我们所处的时代是催人奋进的伟大时代,我们进行的事业是前无古人的伟大事业。全面建成小康社会,进而建成富强民主文明和谐的社会主义现代化国家,根本上靠劳动、靠劳动者创造。这就是我们今天纪念"五一"国际劳动节的重大意义。

2. 尊重劳动者的基本内涵

尊重劳动者是中华民族的优良传统美德,是中国特色社会主义核心价值观的内在要求。我国古代文献中也有大量歌颂劳动者的内容,如"文王卑服,即康功田功。徽柔懿恭,怀保小民,惠鲜鳏寡"。通过赞扬西周文王穿着朴素衣服与百姓一起参加田间劳动,关怀和保护普通老百姓,来体现统治者对劳动者的尊重。管仲认为"齐国百姓,公之本也","本理则国固",肯定了劳动人民的历史地位,如"君子正身以俟,欲来者不距(拒),欲去者不止",体现了古人的主张——出身贫贱者同样应有受教育权,地位低下的人也应接受教育。再如"是故选天下之贤可者,立以为天子。天子立,以其力为未足,又选择天下之贤可者,置立之以为三公"。国家从民众之中选立了天子、诸侯等各级官吏等,这些都体现了自古以来我国尊重劳动者的优良传统美德。习近平曾在多个场合谈到劳动和劳动者,表达了对劳动的尊重、对劳动者的关心。进入新时代,我们要始终尊重劳动者,充分肯定广大劳动者的"中国脊梁"作用。

尊重劳动者要树立"劳动不分贵贱"的劳动价值观。不可否认的是,劳动存在差异性,我们按照脑力或体力在总劳动支出所占的比例不同将劳动分为脑力劳动与体力劳动两种形态。就劳动者职业而言,可划分为体力劳动者和脑力劳动者。脑力劳动和体力劳动的分工是社会发展的产物,其在社会总劳动中所占的比例也会随社会的发展、科技的进步而不断变化。在人类社会初期,脑力劳动和体力劳动是结合在一起的,而随着生产力的发展以及社会分工的深化,脑力劳动和体力劳动逐步分离开来。在生产力水平较低的时期,人们的劳动以体力劳动为主;随着阶级的产生,在阶级社会中脑力劳动和体力劳动逐渐呈现相互分离、相互对立的状态。而随着生产力的进一步发展,在生产力水平较发达的时期,劳动者的劳动开始以脑力劳动为主,如在当代知识经济社会,脑力劳动者已成为劳动者的主体,脑力劳动已成为社会主要的劳动形式。由于我国仍处于社会主义初级阶段,生产力发展仍有很大的进步空间,工人、农民、科技工作者等在脑力劳动与体力劳动区分上仍存在较大差别,但随着生产力的不断进步、人民生活水平的不断提高、科学文化水平差距的缩小,脑力劳动与体力劳动的差别也会逐渐缩小。

马克思认为,价值是凝结在商品中的无差别的一般人类劳动,即人的脑力和体力的耗费。所谓"无差别的一般人类劳动",是说人的脑力劳动与体力劳动是无差别的、平等的,不论是脑力劳动还是体力劳动都应该受到尊重。任何劳动都是人的脑力和体力耗费的统一,没有不耗费体力的脑力劳动,也没有不耗费脑力的体力劳动,纯粹的脑力劳动和体力劳动在现实生活中是不存在的。现实生活中,劳动虽然有分工,却没有高低贵

贱之分,每个劳动者在人格上是平等的,既要尊重脑力劳动者,又要尊重体力劳动者。江泽民多次强调:"要尊重和保护一切有益于人民和社会的劳动。不论是体力劳动还是脑力劳动,不论是简单劳动还是复杂劳动,一切为我国社会主义现代化建设作出贡献的劳动,都是光荣的,都应该得到承认和尊重。"习近平多次强调:"任何时候任何人都不能看不起普通劳动者,都不能贪图不劳而获的生活。"[1]大学毕业生将面临职业的选择,无论是从事脑力劳动还是体力劳动,都是可以为社会主义事业做贡献的。大学生要尊重劳动者,树立平等择业观,树立劳动不分贵贱的价值观念,立足本职岗位诚实劳动。无论从事什么行业,都要干一行、爱一行、钻一行。

(二)尊重劳动成果

1. 尊重劳动成果之古今谈

陶侃尝出游,见人持一把未熟稻,侃问:"用此何为?"人云:"行道所见,聊取之耳。"侃大怒诘曰:"汝既不田,而戏贼人稻!"执而鞭之。是以百姓勤于农作,家给人足。

——司马光《资治通鉴》

译文:陶侃曾经外出游历,看到一个人拿着一把未熟的稻穗,陶侃问:"拿这些东西干什么?"那人说:"我走在路上看见的,随便拔一把罢了。"陶侃大怒,斥责道:"你既不种田,竟还玩弄破坏人家的稻子!"就把那人抓起来,鞭打了一顿。因此老百姓都勤恳耕种,家家衣食充裕,人人生活富足。

一粥一饭,当思来处不易;半丝半缕,恒念物力维艰。——朱柏庐《朱子家训》

译文:对于一顿粥或一顿饭,我们应当想着来之不易;对于衣服的半根丝或半条线,我们也要常念着这些物资的产生是很艰难的。

一粥一饭都是来之不易,一针一线也不应该浪费,这都是来自人民,是劳动人民流血流汗生产的果实,如果浪费了,就是白白丢了人民的劳动果实和自己手里的财富,影响我们国家财富的积累,万万不可这样做。——毛泽东

勤俭节约的思想贯穿于毛泽东革命斗争和治国理政的实践之中。毛泽东不仅在理论上、政策上积极倡导厉行节约、反对浪费,艰苦奋斗、勤俭建国,而且身体力行、率先垂范,是艰苦朴素、勤俭节约的光辉典范。

餐饮浪费现象,触目惊心、令人痛心!"谁知盘中餐,粒粒皆辛苦。"尽管我国粮食生产连年丰收,对粮食安全还是始终要有危机意识,今年全球新冠疫情所带来的影响更是给我们敲响了警钟。

——新华社北京2020年8月11日电,中共中央总书记、国家主席、中央军委主席习近平近日对制止餐饮浪费行为作出重要指示

节俭节约作为一种传统美德和价值追求,无论在国家层面、社会层面还是个人层面,

---

[1] 习近平.在庆祝"五一"国际劳动节暨表彰全国劳动模范和先进工作者大会上的讲话[N].人民日报,2015-04-29(02).

都是社会主义核心价值观的题中应有之义。面对一些地方仍然存在的餐饮浪费现象,只有既加强立法,强化监管,采取有效措施,建立长效机制,坚决制止餐饮浪费行为,又大力弘扬中华民族勤俭节约的优秀传统,大力宣传浪费可耻、节约为荣的思想观念,才能标本兼治、春风化雨,让厉行节约、反对浪费成为全社会的共识和行动。

2. 尊重劳动成果的基本内涵

尊重劳动成果体现了中华民族勤俭节约的优良传统。勤俭节约是一种传统美德。几千年前,人们就倡导并践行这一传统美德。一个不懂得劳动的人,既很难尊重劳动者,又很难体会到生活的艰辛与来之不易。勤俭节约是对劳动成果的尊重,是持家之本,而铺张浪费则是对劳动成果的亵渎。因此应"大力弘扬中华民族勤俭节约的优良传统,大力宣扬节约光荣、浪费可耻的思想观念,努力使厉行节约、反对浪费在全社会蔚然成风"[1]。随着我国经济发展,人们不再为食不果腹犯愁。一些地方餐饮浪费、享乐主义盛行、挥霍浪费现象令人触目惊心。无论国家发展到什么水平,人民生活改善到什么地步,都不能忘记社会资源是有限的,都不能丢掉勤俭节约这个中华民族弥足珍贵的"传家宝"。今天我们坚决制止餐饮浪费行为,大力弘扬中华民族勤俭节约的优良传统,大力宣传浪费可耻、节约为荣的思想观念,才能标本兼治、春风化雨,让厉行节约、反对浪费成为全社会的共识和行动,凝聚起崇俭抑奢、反对浪费的强大正能量。

尊重劳动成果要尊重各种形式的劳动成果。劳动成果并不是只有人们所熟知的体力劳动产生的实物性劳动成果,还包括由脑力劳动产生的精神性劳动成果。一方面,要尊重体力劳动的实物性劳动果实,比如要尊重"足蒸暑土气,背灼炎天光"的农民以汗水浇灌出的一粒粒粮食。党的十八大以来,习近平多次强调要厉行节约,反对"舌尖上的浪费","光盘行动"在全社会热火朝天地开展起来,"光盘行动"节约了粮食资源,尊重了劳动果实。大学生应将"光盘行动"作为一种习惯,从自身做起,让"光盘行动"成为一种校园风尚。另一方面,要尊重脑力劳动的成果。每一本书、每一篇文章、每一首音乐、每一项发明,这些给予人们精神慰藉的成果都是经过劳动者艰辛的脑力劳动而产生的。我们要树立版权意识,反对剽窃。现今国家也愈加重视维护脑力劳动成果,2021年3月1日起,《中华人民共和国刑法修正案(十一)》加大了侵犯著作权罪的惩治力度,最高将判处三年以上十年以下有期徒刑。作为大学生,在日常生活中,一方面要尊重一切体力劳动成果,不浪费粮食,不破坏公物;另一方面,也要尊重脑力劳动成果,比如诚实完成论文写作,不抄袭他人研究成果,不购买盗版书籍等,时刻树立尊重脑力劳动成果的意识。

二、热爱劳动是劳动者的价值灵魂

勤劳、热爱劳动被认为是中华民族的传统美德,劳动教育的目标是要让孩子热爱劳动。"民生在勤,勤则不匮",劳动是财富的源泉,也是幸福的源泉。"夙兴夜寐,洒扫庭

---

[1] 习近平谈治国理政:第一卷[M].北京:外文出版社,2018.

内",热爱劳动是中华民族的优秀传统,绵延至今。热爱劳动是劳动价值观的目标取向。热爱劳动一方面要爱岗敬业,要专心致志、严肃认真、勤奋努力地对待自己的事业;另一方面要甘于奉献,要有无私奉献的崇高品质和默默无闻的奉献精神,展示"伟大出于平凡,高尚源于奉献"的人生真谛。

(一)爱岗敬业

1. 爱岗敬业之古今谈

一年视离经辨志,三年视敬业乐群。 ——《礼记·学记》

入学一年之后,考经文的句读,辨别志向所趋;三年后考察学生是否尊重专注于学业,乐于与人群相处。它侧重讲的是学业成就,也告诫人们对自己的事业要尽职,与他人相处要和睦。

道千乘之国,敬事而信,节用而爱人,使民以时。 ——《论语·学而》

治理一个拥有一千辆兵车的国家,就要严谨认真地办理国家大事而又恪守信用,诚实无欺,节约财政开支而又爱护官吏臣僚,使百姓不误农时。这就将敬业的重要性提到治国的高度了。宋代朱熹将敬业解释为"专心致志,以事其业",也就是说,敬业的人,是专心致志、严肃认真、勤奋努力地对待自己的事业。

敬业主义,于人生最为必要,又于人生最为有利。 ——梁启超《敬业与乐业》

一个人对于自己的职业不敬,从学理方面说,便是亵渎职业之神圣;从事实方面说,一定把事情做糟了,结果自己害自己。当时梁启超经历无数政治风波后退出政坛,赴欧洲考察,了解到西方社会的许多问题和弊端。回国后,即宣布西方文明已经破产,主张光大传统文化,用东方的"固有文明"来拯救世界,遂作此文。梁启超在此文中提出了"敬业与乐业"的论题,深入地论述了敬业与乐业的重要性,殷切地希望大家发扬敬业、乐业的精神,去过人类合理的生活。

应当能为革命挑更重的担子,能在最复杂的环境里做艰苦工作;能在困难的时候顶上去;能在最危险的情况下不怕牺牲,能做别人不愿干、不敢干的革命工作。

——"铁人"王进喜

王进喜是新中国第一代钻井工人。他在大庆不怕苦不怕累,一心只为开发油田,大家都称他是"铁人"。不管天气恶劣,生病也照样投入工作中,上级领导对王进喜的精神表示肯定并鼓励大家都要学习他这种爱岗敬业能吃苦的精神,爱岗敬业也是中华民族的核心精神之一。

广大企业职工要增强新时代工人阶级的自豪感和使命感,爱岗敬业、拼搏奉献,大力弘扬劳模精神和工匠精神,在为实现中国梦的奋斗中争取人人出彩。

——习近平在江苏徐州市考察时的讲话

习近平总书记进一步强调了劳模精神与工匠精神在新时代中国特色社会主义建设中的重要性。要增强新时代工人阶级的自豪感和使命感。

广大劳动群众要立足本职岗位诚实劳动。无论从事什么劳动,都要干一行、爱一行、

钻一行。在工厂车间,就要弘扬"工匠精神",精心打磨每一个零部件,生产优质的产品。在田间地头,就要精心耕作,努力赢得丰收。在商场店铺,就要笑迎天下客,童叟无欺,提供优质的服务。只要踏实劳动、勤勉劳动,在平凡岗位上也能干出不平凡的业绩。

——习近平在知识分子、劳动模范、青年代表座谈会上的讲话

习近平总书记强调,不仅要崇尚劳动,而且要尊重劳动者。人民是历史的创造者,是推动我国经济社会发展的基本力量和基本依靠。

2. 爱岗敬业的基本内涵

《论语》中"居之无倦,行之以忠"意思是说,为政者一定要坚守自己的职位,爱岗敬业,勤勉尽责,忠于职守,永不松懈倦怠。这是一种孜孜以求、坚持不懈的敬业精神。《出师表》中,诸葛亮更是说出了"鞠躬尽瘁,死而后已"的恳切之言。习近平指出:"中华民族是勤于劳动、善于创造的民族。正是因为劳动创造,我们拥有了历史的辉煌;也正是因为劳动创造,我们拥有了今天的成就。"中华民族是热爱劳动的民族,爱岗敬业是中华民族的传统美德。

人们通过劳动满足自身物质需求,又在劳动中实现个人的价值。在从事的职业中做到爱岗敬业是热爱劳动的体现,爱岗,就是热爱自己的本职工作,安心于本职岗位,恪尽职守。敬业,就是充分认识本职工作在社会经济活动中的地位和作用,认识本职工作的社会意义和道德价值,具有职业的荣誉感和自豪感,在职业活动中具有高度的劳动热情和创造性,以强烈的事业心、责任感从事工作。职业不仅是个人谋生的手段,也是从业者不断完善自身、实现自我社会化的平台。个人的发展和完善不能只停留在心愿和口头上,而应付出实际行动,没有行动,一切近乎空谈。

爱岗敬业是社会主义职业道德的基石。爱岗敬业是社会主义职业道德所倡导的首要规范,是社会主义核心价值观的重要内容。1996年10月,中国共产党第十四届中央委员会第六次全体会议审议通过了《中共中央关于加强社会主义精神文明建设若干重要问题的决议》,指出爱岗敬业是社会主义道德建设的重要内容,要大力倡导爱岗敬业的职业道德。例如,2008年修订的《中小学教师职业道德规范》提出了"爱国守法、爱岗敬业、关爱学生、教书育人、为人师表、终身学习"六条要求;医疗机构从业人员行为规范中的"救死扶伤,爱岗敬业";通信行业中规定"敬业、尽责、优质、守纪、协作、为民、文明、廉洁"为职业道德规范。可见,三百六十行因其自身职业特点有着各具特色的职业道德规范,但"爱岗敬业"作为社会主义职业道德的首要规范是每个行业必须要遵守的。

在社会主义条件下,对自己工作岗位的热爱和敬重,在自己工作岗位上创新与进取,既是社会的需要,也是从业者的一种内在道德需要。党的十八大报告所倡导的社会主义核心价值观中,在个人层面针对公民职业道德方面再一次提出了"敬业"的核心要求。爱岗敬业是劳动精神的本质特征,是公民在职业生活中应当遵循的道德要求和行为准则。它反映的是人对劳动的热爱,是对待自己职业的一种基本态度,体现的是劳动者热爱自己的工作岗位,敬重自己所从事的职业,勤奋努力、尽职尽责的道德操守。因此,爱岗敬业所表达的是社会主义最基本的道德要求,即干一行、爱一行,专一行、精一行。

（二）甘于奉献

1. 甘于奉献之古今谈

采得百花成蜜后，为谁辛苦为谁甜。

——罗隐《蜂》

蜜蜂这样辛苦地采尽百花酿成了蜂蜜，可到头来它是在为谁忙碌，又是为谁酿造醇香的蜂蜜呢？这两句诗歌颂劳动，赞美奉献。既赞美了蜜蜂辛勤劳动的高尚品格，也暗喻了作者对不劳而获的人的痛恨和不满，表现了诗人对劳动人民的同情。

不以物喜，不以己悲；居庙堂之高则忧其民，处江湖之远则忧其君。

——范仲淹《岳阳楼记》

不因为被重用而过度欢喜，不因为不被重用而过度悲伤。在朝廷里做高官就应当心系百姓；处在僻远的江湖间也不能忘记关注国家安危。这强调为人要有宽阔的胸襟和崇高的人格，以天下为己任，吃苦在前，享乐在后，激励古往今来无数仁人志士忧国忧民，无私奉献。中国传统文化深深影响着当代中国人，其中的奉献精神更是成为国人崇高的价值标准和道德追求。

宁肯透支生命，也绝不辜负使命。

——彭世彰

彭世彰教授是2012年度"ICID国际节水技术奖"的全球唯一获奖者。彭世彰教授对水利的无悔付出，收获了累累硕果。他坚忍执着、无私奉献的崇高品质，兢兢业业、默默无闻的奉献精神成功地展示了"伟大出于平凡，高尚源于奉献"这样一个真谛。

如果你是一颗最小的螺丝钉，你是否永远守在你生活的岗位上？我觉得一个革命者活着就应该把毕生精力和整个生命为人类解放事业——共产主义全部献出。 ——雷锋

雷锋精神是指以雷锋的无私奉献精神为基本内涵，在实践中不断丰富和发展着的革命精神。它影响了后来一代一代的中国人。甘当革命"螺丝钉"是雷锋精神的集中体现，螺丝钉虽小，其作用是不可估计的。

追梦需要激情和理想，圆梦需要奋斗和奉献。

——习近平2018年5月2日在北京大学考察时的重要讲话

习近平总书记强调广大青年既是追梦者，也是圆梦人。追梦需要激情和理想，圆梦需要奋斗和奉献。广大青年应该在奋斗中释放青春激情、追逐青春理想，以青春之我、奋斗之我，为民族复兴铺路架桥，为祖国建设添砖加瓦。

我们共产党人讲奉献，就要有一颗为党为人民矢志奋斗的心，有了这颗心，就会"痛并快乐着"，再怎么艰苦也是美的、再怎么付出也是甜的，就不会患得患失。这才是符合党和人民要求的大奉献。

——习近平2014年5月8日在同中央办公厅各单位班子成员和干部职工代表座谈时的讲话

2. 甘于奉献的基本内涵

甘于奉献是中华五千年传统文化的积累与沉淀，是中华民族精神的重要表现，是涵养

社会主义核心价值观的重要源泉,是激励中国人民的精神力量。盘古开天辟地、大禹治水、女娲炼石补天、愚公移山等上古神话传说中无一不体现造福人类的伟大精神,这些主人公无一不是人类的保护者、牺牲者、利人者和奉献者。我国古诗词中也有大量歌颂奉献精神的词句,如"春蚕到死丝方尽,蜡炬成灰泪始干"常被用来歌颂无私奉献的教师;"人生自古谁无死,留取丹心照汗青"表现的是甘愿为国捐躯的英勇;"落红不是无情物,化作春泥更护花"借落叶归根来歌颂奉献精神;还有"僵卧孤村不自哀,尚思为国戍轮台""欲为圣明除弊事,肯将衰朽惜残年"等,不胜枚举。抗战时期更是出现了一批为了祖国革命事业前赴后继、赴汤蹈火、抛头颅洒热血的革命烈士。迈入新时代,甘于奉献仍然为人们所尊重、所敬仰。中华民族正是因为每在关键时刻都能出现敢于担当、甘于奉献的英雄才能安然度过一次又一次艰难险阻,巍然屹立于世界民族之林。

甘于奉献是劳动者的崇高道德品质,体现了劳动者个人利益服从集体利益,必要时牺牲个人利益的道德原则。奉献社会是马克思主义职业价值观最高追求目标。"人只有为同时代人的完美、为他们的幸福而工作,自己才能达到完美。如果一个人只为自己劳动,他也许能够成为著名的学者、伟大的哲人、卓越的诗人,然而他永远不能成为完美的、真正伟大的人物。"[①]这样的道德品质在我国劳动模范身上皆有迹可循,他们都在各自的岗位上默默奉献,将自己的幸福融入国家和人民的幸福之中。正是如此,劳模和劳模精神才获得了全社会的认同,劳模精神才焕发出光彩和生机,才能凝聚鼓舞人前进的磅礴力量。

时代楷模黄文秀从北京师范大学研究生毕业后,主动放弃大城市工作机会,毅然回到革命老区,投身脱贫攻坚主战场。她深入群众,一户一户摸清需求,从点滴做起,为群众排忧解难,赢得群众的信任和爱戴。她团结村里党员干部,耐心细致做群众工作,激发贫困群众内生动力,带领群众发展产业,贫困户实现户户有产业,村集体经济项目实现翻倍增收。她舍小家顾大家,没有时间考虑个人问题,把所有的时间都奉献给脱贫攻坚事业。经过努力,百坭村脱贫88户418人,贫困发生率从22.88%降至2.71%。她用美好的青春诠释了共产党人的初心使命,谱写了新时代的青春之歌。青年大学生要以劳动模范为榜样,汲取劳动模范身上的精神营养,学习劳动模范甘于奉献的崇高道德品质,努力成为社会主义现代化强国的建设者。

三、学会劳动是劳动者的价值实践

劳动是一个民族生存的基础,是人类进步的重要途径。劳动创造了世界,创造了社会的物质文明与精神文明。劳动与创造是每个人必备的生存条件,没有劳动与创造就难以生存。学会劳动一方面要尊重劳动规律,顺应劳动规律,科学劳动;另一方面要艰苦奋斗,要锲而不舍、驰而不息地奋斗,学会用双手创造美好生活。

---

① 马克思,恩格斯. 马克思恩格斯全集:第1卷[M].北京:人民出版社,1995:459.

（一）尊重劳动规律

1. 尊重劳动规律之古今谈

不违农时，谷不可胜食也。数罟不入洿池，鱼鳖不可胜食也。斧斤以时入山林，材木不可胜用也。谷与鱼鳖不可胜食，材木不可胜用，是使民养生丧死无憾也。

——孟子《寡人之于国也》

不耽误农业生产的季节，粮食就会吃不完。密网不下到池塘里，鱼鳖之类的水产就会吃不完。按一定的季节入山伐木，木材就会用不完。粮食和水产吃不完，木材用不完，这就使百姓对生养死葬没有什么不满了。

深处种菱浅种稻，不深不浅种荷花。 ——阮元《吴兴杂诗》

水的深处适合种菱，水浅处适合种稻子，不深也不浅的地方适合种荷花。这句诗词描写了江南劳动人民充分利用自然生产的情形。

劳动教育的目的，在谋手脑相长，以增进自立之能力，获得事物之真知及了解劳动者之甘苦。

——陶行知

劳动教育的实施需要讲究科学，遵循劳动规律，把科学教育和劳动教育相结合，才能更好地体会劳动，感知劳动，取得劳动成果，珍惜劳动果实。

生态治理必须遵循规律，科学规划，因地制宜，统筹兼顾，打造多元共生的生态系统。只有赋之以人类智慧，地球家园才会充满生机活力。生态治理，道阻且长，行则将至。我们既要有只争朝夕的精神，更要有持之以恒的坚守。

——习近平在 2019 年 4 月 28 日中国北京世界园艺博览会开幕式上的讲话

习近平总书记一直强调，绿水青山就是金山银山，改善生态环境就是发展生产力，指出了保护生态环境对于经济社会发展的重要作用。自然生态是人类活动的基础，人类文明的发展方向只有与自然生态的发展方向相一致的时候才是可持续的。因此，科学劳动、尊重劳动规律是人类文明发展所必不可少的。

2. 尊重劳动规律的基本内涵

尊重劳动规律是我国自古以来的优良传统。《虞书·尧典》有云："历象日月星辰，敬授人时"，制定历法的目的是让百姓能够按照时令从事生产活动。有了历法，人们就有了生产活动的时令指导。又指出"日中，星鸟，以殷仲春。厥民析，鸟兽孳尾"，意思是依照昼夜时间相等和黄昏时星鸟出现在南方，确定了仲春时节。百姓们在这个时候就要到田野上耕作了，鸟兽也开始繁殖、生育。《礼记·祭义》中说"断一树，杀一兽，不以其时，非孝也"，这种"不时不食""取物以时"的思想，顺应了农牧业生产规律，将违反时令乱砍滥伐视作不孝之举。此外，"麦要浇芽，菜要浇花""稻如莺色红，全得水来供""白露早，寒露迟，秋分种麦正当时"，这些农业谚语也告诉我们农业生产要尊重自然规律，同时，要在尊重规律的基础上发挥主观能动性，善于利用和创造有利的时机进行农业生产。由于中国古代是一个农业社会，农业需要严格了解太阳运行情况，农事完全根据太阳进行，所以在历法中又加入单独反映太阳运行周期的"二十四节气"。"二十四节气"作为中国古代订立的一种用来指导农事的补充历法，是中华民族劳动人民长期经验积累的成果和智慧的结晶。由此产生的节气歌、节令歌、节气七言诗、农耕八节等都是我国劳动人民顺应劳动生产规律，科学地进行农业生产的体现。

尊重劳动规律要进行科学探索。所谓规律是指事物发展变化过程中的本质联系和必然趋势，决定着事物发展的方向。然而规律的取得离不开人们主观能动性的发挥，也离不开人们在生产实践中的科学探索。不论是沿用至今的时令节气，还是精湛的劳动技艺，都闪烁着人们探索的智慧光芒。例如，我国二十四节气，反映了季节更替、气候变化，是我国古代劳动人民认识自然规律的智慧结晶；"朝起红霞晚落雨，晚起红霞晒死鱼"等农谚是古代劳动人民在劳动生产中总结的劳动规律。不仅如此，五千年的中华文明孕育了无数制瓷、錾刻、建筑等巧夺天工的传统技艺，明代科学家宋应星在《天工开物》中写制瓷工序："共计一坯工力，过手七十二，方克成器。其中微细节目尚不能尽也。"一盏瓷器的诞生，不计细微至少需要72道工序。每一步工序环环相扣，有任何一丝差池就无法造就出无瑕的瓷器。可见，任何工艺制品的诞生都需要我们掌握科学的工艺技术。"中国第一石拱桥"——赵州桥的设计者李春因地制宜取材，并且有的放矢地采用了敞肩的方式进行设计，在减少了用材的同时还有效地应对洪水的冲击，以其科学的造桥技术使得赵州桥历经1 400多年仍横跨在洨河之上。

作为大学生，学习是我们的第一要务，我们应在学习中勤于思考，勇于探索，掌握学习的规律。在之后的职业生涯中要掌握本行业、本专业的基本规律，掌握基本的业务知识本领，学会学习、终身学习。大学生应不断自我超越、自我提升、自我完善，成为掌握科学技术和规律的劳动者，用劳动实现自我价值，创造社会财富。

（二）艰苦奋斗

1. 艰苦奋斗之古今谈

贫贱忧戚，庸玉汝于成也。

——北宋·张载《西铭》

贫穷卑贱和令人忧伤的客观条件，其实可以磨炼人的意志，用来帮助你达到成功。后人把句话化用为"艰难困苦，玉汝于成"，简单理解就是要成大器，必须要经过艰难困苦的磨砺。这句话成为很多人的座右铭，用以鼓励自己在逆境中不放弃、艰苦奋斗，激人奋进。

中国的革命是伟大的，但革命以后的路程更长，工作更伟大，更艰苦。这一点现在就必须向党内讲明白，务必使同志们继续地保持谦虚、谨慎、不骄、不躁的作风，务必使同志们继续地保持艰苦奋斗的作风。

——毛泽东在中国共产党第七届中央委员会第二次全体会议上的报告

孩子们生活在新社会，长在红旗下，没有受过旧社会的罪，不懂得什么叫甜和苦；不懂得种庄稼的艰辛，不知道爱惜粮食。这样下去，将来就有可能被剥削阶级思想侵蚀俘虏。

书记的女儿和工农子弟一样，都是革命的后代，没有什么特殊性，不能高人一等。如果说有什么特殊，那就是比别人更要好好学习，更要热爱劳动，更要艰苦朴素。

——焦裕禄

从参加革命工作到当县委书记,焦裕禄始终保持着艰苦奋斗的革命本色。他爱人要给他买双新袜子,他说:"跟贫下中农比一比,咱穿得就不错了。目前,国家正处在困难时期,咱也得为国分忧,过几年紧日子。朴素的土气,就是革命的正气呀!"艰苦奋斗是我们党的优秀传统,更是我们中华民族的传统美德,不论何时,我们都要保持艰苦奋斗的优良作风。

"艰难困苦,玉汝于成。"越是在困难的情况下,越是要增强全党全国各族人民同舟共济的凝聚力,越是要鼓起越是艰险越向前的精气神。

——习近平总书记2013年4月23日在中共中央政治局常务委员会全面部署四川芦山抗震救灾工作时的讲话

全党一定要保持艰苦奋斗、戒骄戒躁的作风,以时不我待、只争朝夕的精神,奋力走好新时代的长征路。

——习近平在党的十九大会议上的讲话

全党同志务必不忘初心、牢记使命,务必谦虚谨慎、艰苦奋斗,务必敢于斗争、善于斗争,坚定历史自信,增强历史主动,谱写新时代中国特色社会主义更加绚丽的华章。

——习近平在中国共产党第二十次全国代表大会上的报告

2. 艰苦奋斗的基本内涵

艰苦奋斗是中华民族的优良传统。毛泽东曾在八届二中全会上讲了两个关于艰苦奋斗的故事,一个是说将军要求加薪,不愿再吃酸菜,毛泽东就讲:"这个酸菜里面就出政治,就出模范……根本的是我们要提倡艰苦奋斗,艰苦奋斗是我们的政治本色。"另一个是说辽沈战役中攻打锦州时,解放军战士从苹果园里路过,满园的苹果未动一个。毛泽东同志多次讲这两个故事,特别强调艰苦奋斗的重要意义。艰苦奋斗的精神与时俱进,无论在什么条件下都是需要的,在任何时候都是推动社会发展的重要力量。习近平总书记也曾多次倡导艰苦奋斗,指出社会主义是干出来的,新时代也是干出来的;指出中华民族迎来了从站起来、富起来到强起来的伟大飞跃,是中国人民奋斗出来的。战争年代的解放军兵工事业开拓者"中国的保尔·柯察金"吴运铎、"新劳动运动旗手"甄荣典等劳动模范艰苦奋斗,推动了中国共产党领导的人民解放事业;社会主义建设时期的"铁人"王进喜、"两弹元勋"邓稼先等劳动模范艰苦奋斗,我国的社会主义建设事业迈向一个新的台阶;在新的历史时期,"中国航空发动机之父"吴大观、"知识工人"邓建军等劳动模范艰苦奋斗,促进了中国的改革开放和社会主义现代化建设,助力中国梦。艰苦奋斗是我们党治国理政的法宝,是我们通向并实现幸福的康庄大道。

艰苦奋斗是青年成长成才的重要途径。习近平总书记指出:"实现我们的发展目标,需要广大青年锲而不舍、驰而不息的奋斗。"[1]实现中华民族伟大复兴的中国梦路远且艰辛,广大青年要保持积极乐观的心态,千万不要一遇到挫折和困难就开始怀疑动摇,看山不是山、看水不是水,而是要继续发扬艰苦奋斗的精神,艰苦创业,攻坚克难。广大青年只

---

[1] 习近平.在同各界优秀青年代表座谈时的讲话[N].人民日报,2013-05-05(02).

有在实际的劳动过程中,出出力,流流汗,磨出血泡,体格体力耐力受到锻炼,得到提高,才能体会到劳动的艰辛,才能体会到劳动人民的不易;只有在具体劳动中,动动脑、动动手、动动筋骨,才能提高劳动技能,才能创造出丰硕的劳动成果,也只有在这个时候,才能真正体验到劳动的价值,才能真正体验到劳动的幸福。没有从事实际劳动,没有亲身的经历,劳动技能、动手能力不会有真正的提升。广大青年要切实承担起实现中华民族伟大复兴的历史重任,积极响应习近平总书记的号召,勇于到条件艰苦的基层经受锻炼,到国家建设一线增长才干,到项目攻关前沿接受考验,自觉做到在条件艰苦的基层埋头苦干、扎实工作、增长本领。"宝剑锋从磨砺出,梅花香自苦寒来",只有能够从挫折和考验中不断汲取经验教训,才能为今后的人生发展奠定坚实基础。"雄关漫道真如铁,而今迈步从头越",一代人有一代人的奋斗,一个时代有一个时代的担当。今天,我们要接过历史的接力棒,必须继续发扬艰苦奋斗精神,进一步书写中华民族从站起来、富起来到强起来的历史新篇章。

四、创新劳动是劳动者的价值核心

创新是民族进步的灵魂,是引领国家兴旺发达的不竭动力。创新劳动是劳动者的价值核心,创新劳动一方面要勇于创新,不甘千篇一律、摒弃故步自封,有勇于创新、敢于探索的精神;另一方面要善于创新,要掌握支撑创新的丰富充足的科学文化知识。

(一)勇于创新

1. 勇于创新之古今谈

删繁就简三秋树,领异标新二月花。　　　　　　　　　　　　　　　　——郑板桥

郑板桥主张,绘画应以最简练的笔墨表现最丰富的内容,以少许胜多许。比如画兰竹易流于枝蔓,应删繁就简,使如三秋之树,瘦劲秀挺,没有细枝密叶。要"自出手眼,自树脊骨",不可赶浪头、趋风气,必须自辟新路,似二月花,一花引来百花开,生机勃勃,也就是创造与众不同的新格调。

天变不足畏,祖宗不足法,人言不足恤。　　　　　　　　　　　——《宋史·王安石列传》

北宋的王安石是我国历史上著名的改革家。北宋神宗时期,王安石力主变法,提出了这一著名的"三不足"论断。表达了其勇于革新的精神。"天变不足畏"原意是自然界的灾异不必畏惧,这是对当时有人用各种所谓"天生异象"的奇谈怪论来攻击新法的回应,同时透露出一种朴素的唯物主义思想;"祖宗不足法"是指前人制定的法规制度若不适应当前的需要甚至阻碍社会进步,就要修改甚至废除,不能盲目继承效法;"人言不足恤"是指对流言蜚语无须顾虑。

科学研究要勇于探索,勇于创新,这个是关键。搞科研,应该尊重权威但不能迷信权威,应该多读书但不能迷信书本。科研的本质是创新,如果不尊重权威、不读书,创新就失去了基础;如果迷信权威、迷信书本,创新就没有了空间。

　　　　　　　　　　　　　　　　　　　　　　　　　　　　　　　　——袁隆平

袁隆平被称为中国的"杂交水稻之父"。作为一个科学家，袁隆平不迷信权威，不迷信书本，也不因为取得一点成绩就沾沾自喜，居功自傲。他认为，科学是没有止境的。只有敢于探索，勇于创新，才能成果迭出，常创常新。

工作中发现问题是成果，解决问题就是创新。 ——张爱兵

张爱兵是中国科学院国家空间科学中心空间环境探测研究室的一名研究员。因在探月工程、载人航天、中科院先导专项、风云气象卫星等项目中工作出色，展现出精益求精和勇于创新的精神，他入选中国科学院评出的"十大工匠"。执着于自己所从事的事业，对每一个细节精雕细琢，提高质量永远在路上，创新永远不停止，张爱兵用他的实际行动诠释了新时代的工匠精神。

创新发展理念是方向、是钥匙，要瞄准世界科技前沿，全面提升自主创新能力……在五大发展理念中，创新发展居于首要位置，是引领发展的第一动力。

——习近平2016年3月5日在参加十二届全国人大四次会议上海代表团审议时的讲话

要着力实施创新驱动发展战略，抓住了创新，就抓住了牵动经济社会发展全局的"牛鼻子"。

——习近平2016年3月5日在参加十二届全国人大四次会议上海代表团审议时的讲话

我国工人阶级和广大劳动群众要大力弘扬劳模精神、劳动精神、工匠精神，适应当今世界科技革命和产业变革的需要，勤学苦练、深入钻研，勇于创新、敢为人先，不断提高技术技能水平，为推动高质量发展、实施制造强国战略、全面建设社会主义现代化国家贡献智慧和力量。

——习近平2022年4月27日致首届大国工匠创新交流大会的贺信

2. 勇于创新的基本内涵

勇于创新是劳动的主流形式。随着社会的发展和进步以及资源环境等要素对经济发展的约束日益明显，传统的以数量增加为核心的外延增长方式正在逐步被以人的素质提高为核心的内涵增长所取代。随之而来的是创新劳动在劳动形式中所占的比例正在迅速增加，这个过程可能会比较漫长，但是创新劳动逐渐成为劳动主流形式的趋势将不可改变。习近平总书记在多个场合多次强调劳动的创新性、创造性，提倡"首创精神"，呼吁劳动中的创新意识，这也呼应了现代劳动发展的新形式——创新劳动。在以创新驱动发展的国家战略定位下，习近平总书记提出对新时代劳动的新要求，从劳动主体层面强化劳动创新，提高劳动者的素质，培养学习型、知识型、创新型职工，激发创业激情、创新活力和创造潜能，顺应国家的经济转型与社会对劳动者的新需求。劳动者素质对一个国家、一个民族发展至关重要。劳动者的知识和才能积累越多，创造能力就越大。面对日趋激烈的国际竞争，一个国家发展能否抢占先机、赢得主动，越来越取决于国民素质特别是广大劳动者素质。

勇于创新是推动经济持续发展的不竭动力。"创新是民族进步的灵魂，是一个国家兴

旺发达的不竭源泉,也是中华民族最深沉的民族禀赋。"[①]作为推动社会进步和引领发展的动力,唯创新能够提高劳动生产率,能够促进经济社会可持续发展,能够使中华民族屹立于世界民族之林。从1956年中国的航天事业起步,到如今我国取得运载火箭、载人航天、月球探测、卫星遥感、卫星通信等一系列辉煌成就;从近代我国贫困潦倒、食不果腹,到如今成为粮食产业大国,实现全球首次在热带沙漠种植水稻,为保障全球粮食安全再添中国贡献,无不体现着创新的重要性。新时期的劳动模范鲜明地诠释着这一重要性,他们积极奋战,勇于创新,推动"中国制造"向"中国创造"转型,是社会主义建设的创新主力和排头兵。

勇于创新是时代精神的生动体现。时代精神以改革创新为核心,是民族的精神,是社会的精神,是全民精神风貌的集体性、融合性的表现。它对社会进步、民族团结、凝聚力量有着深远的影响,对国家发展产生巨大的推动作用。勇于创新既要传承辛勤劳动、诚实劳动的精神传统,又要与时俱进、革故鼎新,充分汲取知识经济时代、信息技术飞速发展和全球经济一体化时代的精神元素,呈现愈加强烈、愈加鲜明的时代特征。处在新时代下,人民群众仍然是创新的主体、新时代的主人。当代大学生应积极参与创新创业项目,如"互联网+"大学生创新创业大赛、"挑战杯"全国大学生课外学术科技作品竞赛,以赛促学,以赛促创,在比赛中增长知识,锻炼创新思维,提高创新能力。要弘扬以改革创新为核心的时代精神,从实际出发,实事求是,不断提高自己的综合素质,为每一次创新蓄力。

(二) 善于创新

1. 善于创新之古今谈

体无常轨,言无常宗,物无常用,景无常取。　　　　　　——皇甫湜《渝业》

宗,以之为宗,遵守,效法。这句话的意思是文章体式没有一定的规范,语言表达没有可供模仿而一成不变的蓝本,写物没有常用的格式,取景没有固定不变的模式。也就是文学创作不可固守旧框架,要有勇于创新的精神。

须教自我胸中出,切忌随人脚后行。　　　　　　——戴复古《论诗十绝·其三》

南宋诗人戴复古以其词格调高朗,文笔俊爽,清健轻捷,工整自然,是江湖派诗人的领袖人物。他曾三次漫游,时间长达四十年,一生的一半时间都是在全国各地游历。此诗句中他认为文学创作要有锐意创新的意识,不可一味规拟、模仿他人而无自己的个性与风格。

同是不满于现状,但打破现状的手段却大不同:一是革新,一是复古。

——鲁迅《且介亭杂文二集·论新文字》

鲁迅,著名文学家、思想家、民主战士,五四新文化运动的重要参与者,中国现代文学的奠基人。他认为,万事万物都是发展变化的,历史的脚步从未停止,在任何时代,都需要有打破常规、勇于创新的勇气。创新是人的才能的最高表现形式,也是推动人类社会滚滚

[①] 习近平.在同各界优秀青年代表座谈时的讲话[N].中国青年报,2013-05-05(02).

向前的车轮。

要创新需要一定的灵感,这灵感不是天生的,而是来自长期的积累与全身心的投入。没有积累就不会有创新。
——王业宁

王业宁是我国著名物理学家。她从事固体中相变与缺陷的内耗(声衰减)研究,年逾花甲仍不忘潜心科研,荣膺中国国家重点实验室先进个人金牛奖。王业宁认为,科研需要创新,但这创新不是一蹴而就的,而是夜以继日的冷板凳,不断地艰难攻关日积月累而实现的。

创新是一个民族进步的灵魂,是一个国家兴旺发达的不竭动力,也是中华民族最深沉的民族禀赋。在激烈的国际竞争中,惟创新者进,惟创新者强,惟创新者胜。
——习近平在欧美同学会成立100周年庆祝大会上的讲话

2. 善于创新的基本内涵

善于创新是劳动者主观能动性的积极发挥。人类发挥主观能动性改造客观世界,创造更美好的生活。劳动者主观能动性的发挥实际上便是个人创新能力的体现。创新能力强调以问题和时代发展需求为动力,发展把创新创意转化为服务经济社会发展和满足人民群众对美好生活追求的实践能力。善于创新要求劳动者具有创新能力,而创新能力需要有足够的科学文化知识、专业知识为支撑。大学生应以学习为本职工作,学好专业知识。课堂上要做到"人到、眼到、心到、手到",不缺勤、不走神、不玩手机;课下更需要温故而知新。"不积跬步无以至千里,不积小流无以成江海",学习是厚积薄发的过程,只有掌握充足的知识,熟练地掌握知识,以量变促成质变,才能发现问题,进而解决问题。解决问题进行创造性劳动的过程同样需要有足够的理论知识作为支撑,空空如也的大脑是无法进行创造的。劳动者应尽可能多地具备从事一定劳动所要求的劳动知识、技术、技巧和运用它们的能力,充分发挥主观能动性和主体创造力生产出新的劳动条件、劳动方式、劳动成果和社会需求。

善于创新是实现"人的自由而全面发展"的必由之路。人的自由全面发展是未来社会的终极目标,是人的个性发展的最高形态。马克思主义劳动观认为,劳动不仅是人的自由全面发展的前提条件,也是根本途径。只有实现劳动自由,人才能不再受到外在力量的控制,才能按照人本身的意愿去改变世界,驾驭并支配自己的劳动,从而在劳动中实现自由自觉的全面发展。当前,强调自由发展是大学生在充分发挥自觉的主观能动性的基础上,可以根据自己的兴趣和爱好选择发展路径;全面发展强调的是发展的内容,关注大学生个人的进步和发展,以及大学生作为社会人的完整性。大学阶段是为大学生实现自由全面发展奠定基础的关键阶段,要通过培育劳动精神,使大学生的劳动潜能得到充分挖掘,身心得到自由发展,切实体验生命存在的意义,在劳动奋斗中与时代同频共振,更好地融入新时代,从而在时代需要和个人理想的活动中实现自我,在劳动实践中有更高的获得感、满足感和幸福感,由此推动自身在新时代获得自由而全面的发展。

随着社会经济转型升级,"大众创业、万众创新"成为建设创新型国家的新战略。面对时代机缘,大学生要练好本领,找准定位,积极投身到创新创业创造的时代洪流中去。

拓展阅读

尊重劳动果实　某大学学生会主席考试作弊事件[①]

2012年1月11日晚,一知情人反映,当日上午,在某大学的期末考试上,监考老师捉到了一名使用手机作弊的大四男生孙某。

据介绍,在考试过程中,孙某用手机拍摄试卷,然后发送给外面的同学帮忙解答。距离考试结束还有10分钟左右,他这一行为被监考老师发现,手机当场被收缴。在考试现场,有四五十名学生目睹了这一幕。

有老师证实,孙某以前有机化学课程没考过,这次是参加重修考试。而不少学生和老师关注的则是孙某另外的身份。记者从该校官方网站上查询到,孙某除了是该校学生委员会主席外,还担任中华全国学生联合会驻会执行主席一职,被誉为是该校当选这一职务的第一人。不仅如此,孙某作为该校2012届优秀本科毕业生,还被推荐到学校毕业生就业服务网上。推荐表里写着,他在校期间,还担任自治区学生联合会主席、自治区青联副主席等职务。

学校表示:不会袒护!

"只要监考老师认定他作弊,即便是学校领导求情都没用。我们对所有学生一视同仁,决不袒护。"该校党委宣传部一负责人称,目前学校正在调查,不会因为学生的特殊身份手下留情,并称将严格按照规定进行处理。1月13日,该校举行学生会委员会扩大会议,会议宣读了该校《关于给予孙某同学记过处分的决定》,提出了《关于罢免孙某学生委员会委员、常委、主席职务的建议》,与会学生代表以不记名投票方式通过了罢免提案。

应试教育大背景下,考试成绩仍是衡量学生优劣的主要依据之一,它决定了与学生切身利益息息相关的综合测评。部分同学为了获取奖学金、获评三好学生、获得他人的称赞以满足自己的虚荣心等而违背诚信考试原则,做出有损大学生风貌的负面行为。这不仅是个人诚信、道德缺失的表现,也是投机取巧,不尊重他人劳动成果的不良示范。

爱岗敬业　岛就是家,岛就是国[②]

王继才生前是江苏省灌云县开山岛民兵哨所所长。开山岛位于我国黄海前哨,面积只有两个足球场大,战略位置十分重要。1985年部队撤编后,设立民兵哨所,但因条件艰苦,先后上岛的10多位民兵都不愿长期值守。1986年,26岁的王继才接受了守岛任务,从此与妻子以海岛为家,与孤独相伴,在没水没电、植物都难以存活的孤岛上默默坚守,把青春年华全部献给了祖国的海防事业。2014年,王继才夫妇被评为全国"时代楷模"。

---

① 某大学学生会主席考试作弊事件[EB/OL].[2015-12-25].https://baike.so.com/doc/2689600-2839854.html. 原文有删改。
② 田延华.习近平对王继才同志先进事迹作出重要指示强调 要大力倡导爱国奉献精神[EB/OL].[2018-08-06]. http://news.12371.cn/2018/08/06/ARTI1533529419724858.shtml.

第三章　树立正确的劳动价值观

2018年7月27日,王继才在执勤时突发疾病,经抢救无效去世,年仅58岁。

王继才以海岛为家,与孤独相伴,在没水没电、植物都难以存活的孤岛上默默坚守,把青春年华全部献给了祖国的海防事业。他以自己独有的方式践行了生前常说的一句话:"我要永远守在开山岛,守到守不动为止!"

32年来,每天清晨,太阳刚一跃出海面,王继才和王仕花就会扛着国旗走上山顶,一人展开国旗,一人肃立敬礼,这是他们在岛上最重要的仪式。王继才说:"开山岛虽小,却是国家领土,必须升起中华人民共和国国旗。只有看着国旗在海风中飘展,我才觉着这个岛是有颜色的。"

2015年2月11日,军民迎新春茶话会在北京举行,习近平主席在茶话会上亲切会见全国双拥模范代表。座谈时,王继才就紧挨着坐在习主席身边。

与记者聊起那难忘的一天,王继才激动不已。他说:"习近平主席非常平易近人,问了我子女的情况、开山岛的情况,告诉我有困难就向组织反映。他还拍着我肩膀说守岛辛苦了,祝我们全家新年快乐!"

图3-1　王继才与妻子风雨中坚守岗位

王继才当场向习近平主席承诺:"请主席放心,我一定把开山岛守好!"

2018年7月27日,在黄海前哨坚守32年的江苏省连云港市灌云县开山岛民兵哨所所长王继才突发急病,经抢救无效,不幸逝世。年仅58岁的老民兵王继才离开了人世,他以自己独有的方式践行了生前常说的一句话:"我要永远守在开山岛,守到守不动为止!"

甘于奉献　六年坚守扶贫一线,宁愿双目失明,誓要群众脱贫[①]

1 600多个日日夜夜,他一心扑在脱贫攻坚第一线,没有周末和节假日;长年超负荷工作,他患上了"耳石症""青光眼",重度眩晕,几致失明;大山之中道路难行,他数次与死神

---

① 王健任."感动中国"扶贫干部张渠伟:六年坚守扶贫一线　宁愿双目失明　誓要群众脱贫[EB/OL].[2019-02-19]. https://baijiahao.baidu.com/s?id=1625860068386432803.

擦肩而过……在脱贫攻坚这场没有硝烟的战场上,他四年如一日,始终践行着"扶贫路上、绝不落下一户一人"的铮铮誓言,总结出"九比九看""铁军扶贫""扶贫车间""六个一社会扶贫"等扶贫模式,推动全县57个贫困村摘帽,12.3万人脱贫,易地扶贫搬迁35 295人,全县贫困发生率从12.1%降至1.72%。他就是渠县扶贫和移民工作局局长——张渠伟。

"脱贫攻坚没有退路,只有义无反顾。"2014年,张渠伟走马上任,面对全县130个贫困村、143 802名贫困人口的脱贫攻坚任务,他深感肩上责任重大。写笔记、备课件;挑灯夜战、苦学苦研……工作之余,这些都成为张渠伟的日常常态。

由于经常熬夜和超负荷工作,2017年年初,张渠伟患上青光眼,现在他的眼皮都透着淤青。此外,他还患上少见的"耳石症",住院期间,他3次拔掉"输液管"偷偷回到工作岗位。

"视力左眼降至0.04,右眼降至0.6。立即办理住院手续,接受手术治疗。"医生很快做出诊断。"没时间住院啊,能不能利用药物保守治疗?"张渠伟恳求医生多开点药,单位还有一大摊事要忙。"再拖下去就会面临失明的危险。"医生劝道。听到消息的家人也求他,张渠伟却笑着说:"瞎了再说嘛,等'摘帽'任务完成之后就去手术。"

于是,张渠伟带着3个月的药回到了单位上。"一手拿眼药水,一手抓工作",一晃到了该复查的日子。但工作一桩接一桩,实在走不开。他只能电话联系医院,让医生根据口述的症状帮忙寄回一批药来。

这两年,张渠伟倍受病痛折磨。看一会儿电脑,摘一下眼镜,滴几滴眼药水,擦一下泪……成了他的标志性动作。

"他还要定期组织业务知识闭卷考试,亲自批阅点评。"渠县扶贫移民局办公室主任彭丽介绍说,张渠伟先后编印了"应知应会手册""政策指南""知识问答"等资料,轮训党员干部6.9万余人次,提升全县干群政策知识掌握率。

"办公室才是他的家。"提起张渠伟,妻子失去了教师应有的优雅,"洗漱餐具、被卷床铺早搬到办公室了。"

面对家人的抱怨,张渠伟也很无奈:学习培

图3-2 扶贫干部张渠伟

训、攻坚推进、项目实施、督导整改、帮扶工作、数据更新、研发维护指挥平台……有一次,抵不过妻子的冷战,张渠伟"让步"了:"走吧,带你下乡走亲戚。"然而,一家人去的却是联系的贫困户家中。看到贫困户们仍然住着不蔽风日的"穿斗房"、交通不便的"独庙房",妻子也慢慢融入其中,主动帮贫困户打扫房前屋后,谈起家长里短。

事后,张渠伟对妻子说:"今天我们既行善积德了,又没耽误家庭团聚,多好。"

学会劳动　精益求精，就是不差毫厘[①]

近日，共青团中央、全国青联共同颁授第25届"中国青年五四奖章"表彰青年中的优秀典型和模范代表，一位位青年的卓越事迹让人为之振奋！其中，有这样一位励志的"95后"小伙引起了网友的关注，他就是蒋应成。

2012年，杭州技师学院来到云南保山选拔优秀技能学生，年仅16岁的蒋应成表现优异、脱颖而出，成为学校的重点培养对象。到了杭州后，蒋应成倍加珍惜学习机会，更加刻苦用功地钻研专业技术，几乎把所有的时间都用在了学习和操作上。毕业后，因为练就了一身过硬的钣金与涂装专业技术，他成功留校任教。有了稳定工作后，蒋应成再也不用为经济问题发愁了，在几年的求学生涯中蒋应成始终刻苦钻研，多次在各级技能大赛获奖。

2014年8月，他在第43届世界技能大赛汽车喷漆项目全国选拔赛上名列前茅并进入国家集训队训练，但在最后的选拔赛中，获得第二名，无缘世赛。从那以后，蒋应成更加勤学苦练，为了世赛，他准备了整整5年，1 800多个日夜，支撑他走下来的是对技能梦和世赛梦的追求。他有两个月没有跨出过校门一步，那段时间除了吃饭睡觉基本都在训练。夏季，烤漆房里40多摄氏度的高温，一天下来汗水能够湿透七八套工作服。为了把每一个细节做到极致，他从没中断过训练，"我深谙，世赛不仅仅是技术的比拼也是心理、体能等综合素质的较量"。他每天6点起床跑步锻炼体能，8点开始训练，是实训室来得最早和走得最晚的人。除了吃饭、睡觉，他一天训练时间超过15个小时。长期的训练让他的双手起了不少茧子，也使得他的右手臂肌肉损伤，这些训练的目的只有一个：把小事情做到极致。"在我的理解里，精益求精，就是不差毫厘，追求卓越，就是每天进步一点点。"

汽车喷漆项目的评分标准非常严苛。按照世赛的要求，油漆上下的厚度误差不能超过0.01毫米，相当于一根头发丝直径的1/6左右。这就要求严格控制喷枪的气压、出气量、走枪的速度等。为此，蒋应成开启了"魔鬼"式训练，训练用的喷枪有三四公斤重，他尝试左手练习喷涂，同时在喷枪上挂一瓶矿泉水。一天下来，手臂酸痛，吃饭拿筷子都会不自觉发抖。为了训练手部稳定性，他尝试用打磨机把鸡蛋壳去掉，保证鸡蛋膜不破。他还会每天对着各种各样的小色卡来进行对比，用100种颜色调出上千种颜色的配方。比赛对体能的考验也很大，蒋应成每天会到操场跑30多圈，一个礼拜下来80公里左右，两年积累下来相当于200多个马拉松。

2017年10月，第44届世界技能大赛在阿联酋的阿布扎比举行。这个被誉为"世界技能奥林匹克"的世界技能大赛是最高层级的世界性职业技能赛事，它的竞技水平代表了各领域职业技能发展的世界先进水平。蒋应成以全国选拔赛第一的成绩参赛，力压英国、德国、瑞士等国家的选手获得汽车喷漆项目冠军！

[①] 闫鑫磊.汽车喷漆还有世界大赛？这个小伙拿了世界冠军！[EB/OL].[2021-05-08]. https://mp.weixin.qq.com/s/PUiXcBy61HJKumT6KJA3pA. 原文有删改.

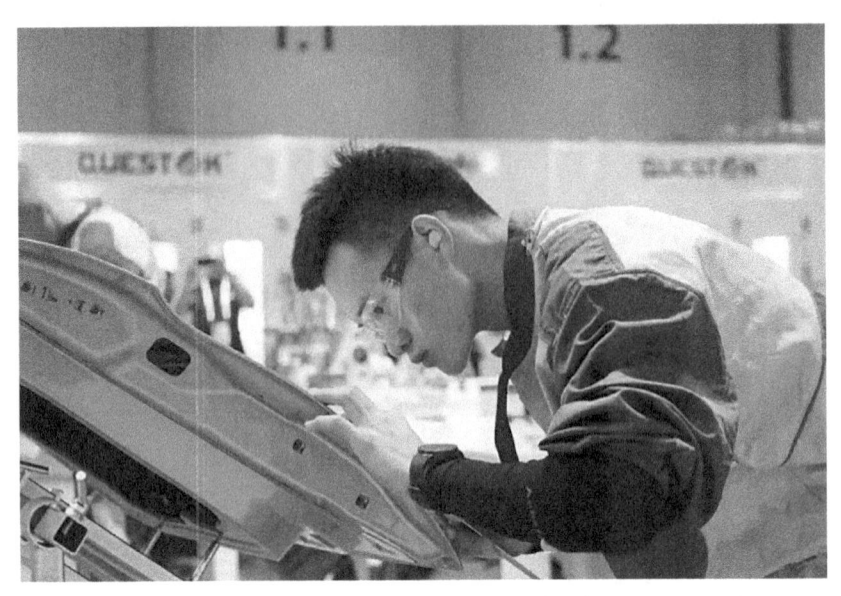

图3-3 世界技能大赛冠军蒋应成

当蒋应成站在冠军领奖台,也意味着中国在汽车喷漆项目上达到了世界顶级水平,让全球感受到了惊人的中国速度和制造大国的真正实力!站上了世界技能大赛的最高领奖台,蒋应成没有把所有的荣誉都归为自己。他说,自己有一个坚实"靠山"——国家。如果没有国家脱贫攻坚的好政策,没有各种各样的帮扶措施助他完成学业,他就不会学得一技之长。蒋应成说,取得金牌,为国争光,让中国成为唯一能够蝉联世界技能大赛冠军的国家就是对党和国家最好的报答。

走上工作岗位后,他立足教师岗位致力于把世赛经验应用于教学工作中,帮助更多有"技能梦"的青年走技能成才之路,培养更多人才为经济和社会发展做贡献。2018年3月,蒋应成回到母校施甸县何元中学,捐赠5万元用于资助家庭困难的优秀学生,2020年新冠疫情期间,他买了5 700只口罩捐给一线医护工作人员和一线防疫工作者,尽己之力来感恩母校,回馈社会。

艰苦奋斗　水利泰斗以身作则立校训[①]

严恺,中国科学院院士、中国工程院院士。曾任中央大学、上海交通大学教授;1952年,受命创办华东水利学院,历任华东水利学院副院长、院长、名誉院长,河海大学名誉校长;长期担任中国水利学会理事长、中国海洋工程学会理事长、联合国教科文组织国际水文计划政府间理事会副主席等;主持全国海岸带与海涂资源调查,成果获国家科技进步一等奖;主编《中国海岸工程》获得全国高校出版社优秀学术著作特等奖。

1982年,华东水利学院(1985年恢复"河海大学"校名)迎来了建院30周年庆典,严恺

---

① 吴富伟.[学习楷模]|严恺:水利泰斗以身作则立校训[EB/OL].[2019-10-30]. https://mbd.baidu.com/ma/s/Om9xs1Vf.

院士挥毫写下华东水利学院纲领中的纲领——十六字校训:"艰苦朴素、实事求是、严格要求、勇于探索。"这十六字校训,不仅仅是对河海大学学风的高度概括,更是几代老河海人、老华水人和新河海人共同努力后积淀成的立业、守业、创业之根本。严恺院士作为学校发展的重要见证人,多次申述十六字校训的含义,他说:"水利是艰苦的事业,所以,作为一名科技工作者,在生活上一定要艰苦朴素。要坚持实事求是的原则,科学是严肃认真的,不能马虎,所以还要严格要求,要有创新精神,才能取得独特成就。"

严恺院士亲手拟就的,不仅是河海大学的校训,更是他一生都躬身实践着的、为人做事的准则。

1952年,严恺教授受命自上海交大来到清凉山山脚,创建华东水利学院,身先士卒,披荆斩棘,在草棚搭建的校舍中给学生上课,在新辟的简陋运动场上与学生一起参加全校运动会的竞走项目。严老以身作则、严谨踏实、与学生打成一片的作风,在华东水利学院建院初始便有口皆碑,在河海大学几十年的发展史中,更是被一代代河海人传颂和继承。

图3-4 水利泰斗严恺院士

熟悉严恺院士的人都知道他有一件老羊皮布面旧大衣,还有一块形影不离的旧怀表。南京冬天气温低,严恺院士便常穿着那件已经褪色又很重的旧大衣,骑着自行车往返于学校和家之间。别人建议他换一件呢大衣或轻裘大衣,严恺院士不同意。原来,这件大衣是他二十世纪三十年代从荷兰留学回国,参加黄河中上游测量地形时穿的,冬天在野外测量,没有这样厚重的大衣不能御寒。几十年过去了,他一直舍不得丢。而他的旧怀表,也是二十世纪三十年代在欧洲学习时买的。严老主持召开过成百上千次会议,每次会议开始,他第一个动作就是把怀表从身上取下,放到自己桌子前,以便严格掌握时间。

严恺院士为我们做人做事树立了光辉的榜样,在他人生中表现出的崇高精神和高尚的品格,作为河海人一定要努力学习并发扬光大,让其结出丰硕成果,用我们的智慧、知识和汗水创造河海大学更美好的未来。

勇于创新 除了胜利,别无选择![1]

2020年春节,一场突如其来的新冠疫情席卷而来,武汉被按下"暂停键"。

号令如山,冲锋向前。中央军委一声令下,中国工程院院士、军事科学院军事医学研究院研究员陈薇,带领军事医学专家组奔赴武汉,连续奋战113天,和全国人民一同打赢了这场艰苦卓绝的抗疫斗争。

---

[1] 靳建朋."除了胜利,别无选择!"——记"人民英雄"国家荣誉称号获得者、军事科学院军事医学研究院研究员陈薇[EB/OL].[2020-11-13]. http://www.12371.cn/2020/11/13/ARTI1605233966240504.shtml.

"一个个样本的背后,是一条条鲜活的生命,大疫当前,救命是天大的事。"陈薇当即决定,挑起核酸检测的担子。仅用一天时间,他们就完成了帐篷式负压实验室和检测平台的搭建,24小时"三班倒""白加黑"连续作业,每天能检测1 000人份以上,而且很快就能出报告。这为缓解当时的核酸检测压力,起到了重要作用。

何时能拿出安全有效的疫苗?疫情防控任务能否高标准完成?陈薇坦言当时的内心感受:"除了胜利,别无选择!"

团队成员每天都是从睁开眼一直忙到凌晨三四点钟,第二天一早又投身到紧张的工作中,始终坚守在与疫魔对垒的岗位上。很快,陈薇带领团队完成了疫苗设计、重组疫苗株构建和安全质控条件下生产制备。

"实行3条基因工程技术路线并行,优中选优、快中求快,按照国际规范和国内法规完成疫苗研发制备。"陈薇介绍说。

3月16日,疫苗获批进入临床,并在当天20时18分完成了第一针免疫接种。不久,疫苗率先进入Ⅱ期临床试验,公开发布临床试验数据。现在,他们研发的疫苗正在顺利推进Ⅲ期国际多中心临床试验……

当理发师心疼地对陈薇说:"您怎么有那么多白头发呀!"陈薇这才发现,短短3个多月,不仅人瘦了一大圈,头发也变白了。

从研制出首个SARS预防生物新药"重组人干扰素ω",到全球首个获批新药证书的埃博拉疫苗,再到为新冠疫情防控做出重大贡献,在基础研究、疫苗、防护药物研发方面取得重大成果……从军29载,陈薇潜心于生物危害防控研究,带领团队不懈冲击、奋力前进,为人民构筑起一道道生物安全防护坚盾。

在军事科学院召开的庆祝陈薇荣获"人民英雄"国家荣誉称号大会上,陈薇动情地说:"这是军人的使命,这份荣誉属于全国全军疫情防控科研攻关战线的所有同志!"

善于创新　7年跨越6.7公里:林鸣和他指挥的超级工程[①]

最长跨海大桥、最长钢铁大桥、最长海底隧道、最深隧道、最大沉管隧道、最精准"深海之吻"……作为连接香港、珠海和澳门的桥、岛、隧"世纪工程",全长55公里的港珠澳大桥被英国《卫报》誉为"新世界七大奇迹",是我国继三峡工程、青藏铁路、京沪高铁之后的又一重大基础设施项目,它是中国桥梁工程界创新和攻坚能力的集大成者,更是改革开放30多年我国综合国力、工业化实力的集中体现。建成后的港珠澳大桥,是中国桥梁建设史上的一个里程碑式的作品。

港珠澳大桥由桥梁、人工岛、隧道三部分组成。其中,岛隧工程是大桥的核心控制性工程,需要建设两座面积各10万平方米的人工岛和一条6.7公里的海底沉管隧道,实现桥梁与隧道的转换,也就是说岛隧工程是大桥建设技术最复杂、建设难度最大的部分,更

[①] 朱春燕. 7年跨越6.7公里:林鸣和他指挥的超级工程[EB/OL]. [2018-07-18]. http://jingji.cctv.com/2018/07/18/ARTIWg4wyPdnCdIm6fUvcZQY180718.shtml,原文有删改。

被誉为中国交通工程中的"珠穆朗玛峰"。

中国的沉管隧道建设起步较晚,直到20世纪90年代初,才建设了第一条规模很小的沉管隧道,而当时国外已经建成了沉管隧道近百条。和许多领域一样,中国人需要更多的付出、更深的积淀、更强的意志来追赶和超越。此前,中国工程师从来没有做过外海沉管隧道。这项核心技术掌握在几家外国公司手里。从2007年开始,港珠澳大桥岛隧工程项目总工程师林鸣便带着团队全球考察。在韩国考察时,林鸣提出到附近看一看隧道和装备,却遭到了婉拒。而荷兰一家著名的工程顾问公司就沉管技术咨询开出了15亿人民币的天价。

多次碰壁之后,林鸣决定依靠自己的力量建成这座超级大桥。当时参考资料上介绍的沉管隧道只有刚性与柔性两种结构体系,通常埋深只有两到三米,但港珠澳大桥为预留30万吨级的航道,沉管隧道必须深埋到海床下20多米;长近6公里的沉管隧道,共分为33节,标准管节长达180米,如果采用刚性管节设计,在海底复杂的环境中,沉管可能因为受力不均而开裂。如果采用节段式管节设计,允许其发生小规模扭转,在深埋式沉管占据2/3的情况下,就必须隔几年进行一次清淤回填,这将产生巨大的维护成本。

究竟采用什么样的沉管结构?林鸣团队经过了艰难的论证过程。2012年11月17日凌晨5点,林鸣脑海中突然出现了一个新的词汇——"半刚性"。他的半刚性结构设想是,保留甚至强化串起小管节之间的钢绞线,加强小管节之间的连接,使180米长、由8个小节段连接而成的标准管节的变形受到更大的约束,增强深埋沉管的防错位能力。在半刚性结构提出后两年多的时间里,林鸣和团队一直在试验论证是否可行,他们请来国内外专家进行分析,并与刚性、柔性结构进行比较,最终证明半刚性结构可以解决沉管深埋的难题。此外,工程师们为沉管基床底部铺上2米到3米的块石并夯平,创造了一种新的复合地基,使沉管的沉降值大大缩小。全世界的节段式沉管漏水率平均值为10%,然而"奇迹"在港珠澳大桥沉管隧道中出现了:这条海底沉管隧道做到了40米水压下的"滴水不漏",惊艳全世界!

图3-5 港珠澳大桥岛隧工程项目总工程师林鸣

思考 实践

1. 电影《夺冠》讲述了几代中国女排 30 多年来顽强拼搏、为国争光的奋斗历程。扎扎实实、勤学苦练、无所畏惧、顽强拼搏、同甘共苦、团结战斗、刻苦钻研、勇攀高峰的女排精神令人动容。影片中还体现了女排姑娘们怎样的劳动价值观呢？请观看影片，经过思考，完成下表。

劳动价值观	片段细节	观影体悟
尊重劳动		
热爱劳动		
学会劳动		
创新劳动		

2. 不论是在校园哪个角落，总少不了为同学们服务的学生干部的身影：劳动委员担任卫生监督员，为同学们提供整洁的校园生活环境；文体委员组织文娱活动，丰富同学们的课余生活……你担任过学生干部吗？任职期间，你是如何履职的呢？请举例说明。如未担任，那么你认为一名优秀的学生干部应具备哪些品质呢？这些品质跟本章劳动价值观有什么关系？

3. "劳动模范身上体现的'爱岗敬业、争创一流，艰苦奋斗、勇于创新，淡泊名利、甘于奉献'的劳模精神，是伟大时代精神的生动体现。"习近平总书记关于劳模精神的表述，为我们科学理解和大力弘扬劳模精神提供了正确的方向和指导。请搜集你所敬佩的劳模人物事迹，并讲述他的劳模故事，传达其身上体现出的劳模精神，以班级为单位开展一场"讲述劳模故事，传承劳模精神"的主题班会。

第四章
劳动与大学生的全面发展

学习目标

领悟劳动教育在促进大学生全面发展中的重要意义,在劳动中形成吃苦耐劳、坚持不懈的优良品质;在劳动中培养创新思维和创造能力,养成尊重劳动的思想品德;在劳动中培养终生体育锻炼意识,提高体育文化素养;在劳动中发现美、体验美、鉴赏美、创造美,提高审美能力和人文素养。

课堂导入

"体育、音乐、美术又不拿分,何必让孩子在这些科目上多费时间、花心思……",这或许是以前不重视体育、美育的老师乃至家长们的内心话。

学生们好不容易期盼来的体育课以及美术、音乐课等,总是被所谓的主课占用,导致课时严重不足。简简单单的一句"体育老师有事,这节课上数学",也在无形之中损害了学生在学校锻炼身体、陶冶情操的权利。

现在,校园内的"小眼镜"、小胖墩越来越多,年轻人的身体素质一代不如一代,不会欣赏生活中的美,心理问题也较为突出。

这些现象背后则是劳动教育体育美育不足、心理失衡、人格缺失的教育之痛。

2019 年 7 月 8 日,中共中央、国务院印发《关于深化教育教学改革全面提高义务教育质量的意见》(以下简称《意见》),教育部原副部长郑富芝说,首先我们必须认识到劳动教育是当前整个教育体系当中的短板,可能是最短的短板,因此必须要加强。习近平总书记在全国教育大会上对劳动教育的极端重要性讲得非常清楚,现在的关键是如何落实、如何落地的问题。这一次《意见》在劳动教育上单独列了一条,过去我们写文件表述教育方针为德智体美,劳动教育也讲但是把它作为一项重要活动,这次作为"五育"之一,即"德智体美劳",单独表述。

这表明教育主管部门注意到劳动教育、体美教育不足的问题,着力加强劳动教育、体育和美育教学,补齐短板。进入新时代,我国的教育改革不断深化,在强调素质教育的同时,更需要完善教育评价机制,改变主科备受追捧、副科冷落寂寞的现状,实现德育、智育、体育、美育、劳动教育的全面发展。

习近平总书记在全国教育大会上强调,要坚持中国特色社会主义教育发展道路,培养德智体美劳全面发展的社会主义建设者和接班人,要努力构建德智体美劳全面培养的教育体系,形成更高水平的人才培养体系。

2020年3月,中共中央、国务院印发了《关于全面加强新时代大中小学劳动教育的意见》(以下简称《意见》),同年7月教育部印发了《大中小学劳动教育指导纲要(试行)》,强调要把劳动教育纳入人才培养全过程,加快构建德智体美劳全面培养的教育体系。《意见》指出,劳动教育具有树德、增智、强体、育美的综合育人价值。人类劳动的价值就在于人不断地改造世界,并推动人实现自身全面发展。劳动促进大学生养成良好的思想品德,促进大学生增长智慧才干,促进大学生养成健康心理与体魄,使大学生能够体会美、追求美、创造美。劳动在推动大学生德智体美劳全面发展的过程中,能培养大学生独立健全人格,使其适应社会生活,成为合格的社会主义建设者和接班人。

马克思说:"劳动已经不仅仅是谋生的手段,而且本身成了生活的第一需要。"劳动是人类基本的实践活动和存在方式,是人类创造物质财富和精神财富的基本途径,也是人类生存和发展的最基本条件。我们可以通过劳动发展各项技能,也可以通过劳动生产财富、创造财富,可以说,劳动在生活中占据着重要地位,也是人赖以生存和发展的重要力量。因此,认识劳动、学会劳动是教育的重要内容,对大学生全面发展具有重要意义。

一、以劳树德

德育主要针对价值观塑造问题,而大学阶段正是青年塑造个人价值观的重要时期。劳动教育可以帮助大学生培养思想道德素养、塑造积极健康的价值观,培育具有健康劳动价值观、追求社会正义、实现体力脑力结合,以及养成具有自由个性的"全面发展的人"。

(一)劳动培养人的思想道德素养

首先,劳动教育能帮助学生树立共产主义远大理想和中国特色社会主义共同理想。共产主义是"人向自身、也就是向社会的即合乎人性的人的复归,这种复归是完全的复归,是自觉实现并在以往发展的全部财富的范围内实现的复归"[1],其标志是以人为目的的自由自觉的劳动,全面扬弃了资本主义社会以物质生产为目的的异化和对抗,实现人的全面解放、全面发展。在马克思主义者看来,劳动教育的本质目标是:通过适当的教育途径,培育具有健康劳动价值观、追求社会正义、实现体力脑力结合,以及养成具有自由个性的"全面发展的人"。大学生在中国特色社会主义社会中参加的劳动,始终以自由自觉的劳动为目标和理想,其中个性和社会性完满结合,对劳动种类的选择不是局限于物质利益,而是着重于兴趣和责任感。在这样的劳动教育和劳动实践中,大学生可以深刻体认到中国特色社会主义制度的优越性,坚定共产主义远大理想。

其次,劳动教育能培养学生的社会公德和社会责任感。劳动活动一开始便产生了人

---

[1] 马克思,恩格斯.马克思恩格斯文集:第1卷[M].北京:人民出版社,2009:185.

的精神生活。劳动教育使学生更加深刻地认识到只有那种把个人利益和公共利益恰当地结合起来的生产劳动,才可以称之为有教育意义的劳动,只有熟练掌握专业、尽力把自己的头脑和双手结合起来进行创造性的、能够服务他人和社会的劳动,才能在其中产生强烈的道德满足感,使大学生在生产劳动中感知获取劳动成果的艰辛和不易,学会承担社会责任和义务,提高服务他人和社会的技能与本领,深化"劳动受人推崇,为社会服务是很受人赞赏的道德理想"的认识。

最后,劳动教育能培养学生的个人品德。劳动教育的重要目的是使学生树立正确的劳动观念,理解劳动、热爱劳动,牢固树立劳动最光荣、劳动最崇高、劳动最伟大、劳动最美丽的思想观念;培育积极的劳动精神,领会"幸福是奋斗出来的""空谈误国,实干兴邦",养成奋斗精神,勤于劳动;培养良好的劳动习惯和品质,正确地利用物质财富,自立自强,吃苦耐劳,诚实劳动。

(二)劳动塑造积极健康价值观

德育侧重解决"对世界怎么看",主要针对价值观塑造问题。

劳动教育是我国基础教育的优秀传统,热爱劳动是中华民族的优秀传统文化基因。唐代诗人李绅所写的《悯农》家喻户晓,把劳动者的勤苦写到了极致。勤劳创业、耕读传家是中国教育的重要内容,也是刻在中国人内心深处的重要共同价值观。

陶行知把教学做合一作为他创办的南京晓庄学院校训,强调"做"是核心。他将自己的名字由"知行"改为"行知",将晓庄的"老山"改为"劳山",图书馆叫"书呆子莫来馆",大礼堂起名叫"犁宫",犁宫大门之上的对联写的是"和马牛羊鸡犬豕做朋友,对稻粱菽麦黍稷下功夫"。在入学考试时,出的题目有"孟子说劳心者治人,劳力者治于人对不对?"通过探讨劳力与劳心的关系,引导学生"在劳力上劳心"。开学典礼上他明确讲道:"……所以农夫、村妇、渔人、樵夫都可做我们的指导员,因为我们有不及他们之处。"深刻阐释了劳动有利于树立正确的价值观。

个别大学生劳动价值观受到冲击,反映在以下三个方面。一是劳动意识淡薄。具体表现为不喜欢劳动、厌恶劳动,追求安逸享乐,特别是在一些青少年的印象中,劳动意味着苦、累、脏,这也反映出我们国家目前的基础教育体系中对劳动教育的重视不足,对热爱劳动、劳动光荣思想的宣传教育还有待加强。二是劳动价值判断失衡。追求不劳而获,轻视劳动,尤其是轻视体力劳动。三是劳动价值取向的功利性。太过于看重劳动带来的收益,而非热爱劳动本身。对劳动为个人带来的收益的关注远远超过了对劳动的社会效益的关注,只愿意做有明显功效和结果的劳动,而对潜在性、基础性的脑力或体力劳动避之不及。

大学阶段是青年塑造个人价值观的重要时期,正如马克思理论所述,构成人类赖以存在的现实世界的关键要素之一正是人的劳动。在对客观世界改造的过程中,我们对主观世界的认识也发生了相应的变化,意味着改造世界的同时也在塑造自身。改造世界必定依靠四肢和大脑的劳动,因而劳动可以使大学生更加明确自我,理解人生的意义所在,在成长发展的过程中,逐步确立人生目标,进而形成健康积极的价值观。

作为大学生,一方面,要学习好劳动教育课程、思想政治理论课,正确理解劳动的内涵，认识到劳动对人自由全面发展的重要意义，树立正确的劳动价值观；另一方面，还可以通过举办、参加劳动主题的校园活动来体会劳动的价值。例如，开辟劳动试验田，亲身体验耕种的艰辛，体会每一粒粮食都来之不易，进而养成节约的习惯，做到尊重每一位劳动者；或参与志愿服务活动，以支教、垃圾分类等志愿服务活动为形式体会劳动的艰辛与收获的愉悦。

二、以劳增智

智育侧重开发"改造世界的能力"。人通过劳动可以认识世界、改造世界，并开拓新的劳动范畴，而新的劳动范畴反过来又可以促进人类认识世界，因此，劳动与智慧是密不可分的。实践出真知，大学生可以发挥主观能动性，通过劳动实践将所学知识内化，从而更好地改造世界。

（一）劳动产生智慧

劳动增智，主要指劳动不仅可以检验人的认知能力和认知结果是否符合客观真理，还可以提升人的思维的判断力和创造力。马克思指出："未来教育对所有已满一定年龄的儿童来说，就是生产劳动与智育和体育相结合，它不仅是提高社会生产的一种方法，而且是造就全面发展的人的唯一方法。"当学习者在现实生活中把所学知识付诸实践时，能更好地了解自己的优势和劣势以及动力和潜能。同时还能提高自己的认知能力，从而具备不易被机器替代的素养——创造力和思维灵活性。劳动作为一种学习活动，提供了理论知识在实践中验证的路径。

著名教育家陶行知曾提出"行是知之始，知是行之成"这一实践出真知的教育理念，强调"没有亲知做基础，闻知实在接不上去"，"亲知为闻知必要条件"，极大地推动了教育与生产实践的结合，丰富了教育实践育人的理念，提升了教育的实效性。另外，陶行知还大力提倡劳动教育应谋求手脑相长。他认为，"中国有两种病，一种是软手软脚病，一种是笨头笨脑病"，这种病在精神在文化，破解之道却在教育。他倡导通过劳动教育，提升动手能力，来获取知识、增长智慧。

长期以来，劳动教育在融入改造自然、创造历史、发展自我的过程中，发挥了兴国利民的重要作用。人通过劳动才得以认识到一些事物的本质，根据掌握到的事物的本质可以开拓新的劳动范畴，新的劳动范畴又使人认识到新的事物的本质，"劳动"与"智慧"二者相互促进、相互依存，一方面的发展带动另一方面的发展，这便是劳动产生智慧的根本原因。

劳动教育与智育有着天然的、不可割裂的联系，劳动实践在促进学生学科知识的掌握、学业能力的提高方面有着不容小觑的作用。美国当代政治学家、美国国家科学院院士、哈佛大学马尔金公共政策前讲席教授罗伯特·帕特南曾在美国两所中学进行的对比调研中发现，实践课程体系越完善、项目越丰富的学校，其学生的学业表现越优秀。位于同一郡内的两所公立中学，特洛伊中学和圣安娜中学参与了调研，两所学校在师资力量的对比上并没有很大差别，最大的差别在于生源以及实践课程的设置上。特洛伊中学拥有

2倍于圣安娜中学的课外实践课程,结果表明该校英语读写困难的学生更少。罗伯特·帕特南对学生开展追踪调查发现,坚持参加课外活动课程的孩子比偶尔参加课外活动的孩子就读大学的可能性高70%,比从未参加课外活动的孩子高400%。

由此可以看出,劳动教育与智育是相辅相成的关系,相应的劳动教育实践课程对学生学科知识的掌握、学业成绩的提高有着极其重要的作用,实践活动体系的建设是劳动教育得以实施、发展的重要基础。

(二) 知识在劳动实践中得以内化

马克思主义的原理表明,实践是检验真理的唯一标准。人的思维是否有客观的真理性是一个实践问题。人的认识来源于实践,同时要经过实践的检验才能证实其真理性。课堂中通过教师、书本等途径习得的"闻知",还应在课堂以外的生活中加以实践。劳动的实践使人做到手脑并用,促进人的智力发展,提升创新意识和创造力。

劳动教育旨在引导大学生在做中学,学中做,把感性与理性、直接经验与间接经验结合起来,培育其动手操作能力、创造能力和实践智慧。劳动实践有益于理论知识的掌握、理解和深化,促进人的智力发展。一方面,将劳动实践引入教学过程能加深学生对理论知识的理解;另一方面,劳动实践能引发学生对理论学习的需要和兴趣。这种由直观的、具体的直接经验激发的理论学习需要为学生的智力发展提供了无限的可能性,引发学生对理论知识持之以恒、锲而不舍的钻研和探索。

实践出真知,系统化的学科理论学习固然可以满足大学生对于专业知识和高精技术的需求,但人格的塑造和综合素质的提升不仅需要在学科知识的学习中进行贯穿,更需要学生在实践中进行深化,知识和技术的实践应用过程以及驾驭知识和技术的思想意识的基础依然是劳动。劳动实践是习得知识的最基本方式,劳动实践是检验知识的最基本方式。人们通过劳动实践习得知识,再回到劳动实践中检验知识,再内化为个体知识,从而促进个体智力发展。

大学生应发挥主观能动性,将所习得系统化的学科理论知识运用到劳动实践中,使得学科知识在劳动实践中得到深化,并逐渐内化为个体知识。大学生可以以参加创新创业大赛为抓手,在劳动实践中提高自身创新思维与实践能力,从而增长才干,增长智慧。

三、以劳强体

劳以强体,动以壮志,劳动是实现人的全面发展的重要途径。劳动是体育的起源,也是促进个体养成健康体魄的重要方法,能够帮助我们激发身体潜能、提高身体素质、增强身心健康。

(一) 劳动是体育的起源

"以劳强体"是指个体通过某种劳动方式从而达到强身健体的目的,通过劳动教育阻止或延缓身体和精神的衰败。人类在劳动中产生了体育,人类也在体育中提高了劳动。

在原始社会，人类通过采集、狩猎等方式获取食物得以生存。同样地，在获取食物过程中，人也掌握了攀爬、追击、跑跳、与野兽搏击等技能，体育运动也应运而生。古希腊人在祭祀活动中诞生了辉煌的古代奥林匹克运动会，奥林匹克精神至今不衰，为人类体育的发展做出了贡献。

劳动与体育运动既有内在关联又有外在区别，劳动者原本不需要运动，因为劳动本身就具备身体运动的效果，同时在劳动过程中大脑必须不断思考和调整行为，以期达到最佳的劳动效果，这是劳动可以健体的前提。劳动者（体力劳动者）挥动手臂、扬起铁锤或肩挑手提等劳动方式本身就包含了运动的基本形式。

劳动在古代本来就是一项重要的生产活动，利用劳动增强身体体质，自古以来就是传统，古代小学的入门功课就是洒扫应对。孟子曰"天将降大任于斯人也，必先苦其心志，劳其筋骨……"现代社会过度强调了体力劳动和脑力劳动的分化，导致很多人"头脑简单、四肢发达"，或是成为手无缚鸡之力的文弱书生。一个人只有在身体和精神上都经历了磨难和锻造后，才能真正成为一个体格健壮、意志坚定的人，文武双全才能承担起民族复兴的大任。

（二）劳动促进个体养成健康体魄

首先，劳动促进人的生成。恩格斯在《劳动在从猿到人转变过程中的作用》一文中阐述了劳动如何创造了人本身，尤其是在劳动中逐渐获得的"手"的自由和"口"的语言，促进人的生成。手作为劳动的器官，同时也是劳动的产物。随着劳动而开始的人对自然的利用，人们更加紧密结合起来以获取共同协作的好处，沟通的需要造成了口部器官的逐步发达，语言就此从劳动中一起产生出来。

其次，劳动激发身体潜力。适度的劳动尤其是体力劳动，能调动人的身体机能，促进人的身心健康和协调发展。同时，劳动使人在改变身外自然的同时也改变着自身的自然。"自身的自然"就是人的身体素质，包括身心等各方面的自然条件，人所蕴藏着的潜力在劳动中被激发出来，进而强健体魄，促进身心健全发展。

最后，劳动提高大学生身体素质。良好的身体素质是人才的基础性素质。对于大学生来说，良好的身体素质是其增强抗压能力、承受刻苦磨炼的生理和心理基础，也是其走上工作岗位后胜任职场的必要条件。无论是体力劳动还是脑力劳动，无论是生产劳动还是服务性劳动，都要有良好的身体素质支撑，否则势必力不从心甚至只能无奈叹息。劳动教育特别是劳动实践教育有利于大学生检验自己的身体素质状况，深刻体验、感受良好的身体素质对劳动的重要性，从而增强日常体育锻炼的自觉性，努力增强自己的身体素质。劳动教育特别是劳动实践教育，有利于大学生增强体质，特别是增强身体的韧性和耐受力，为勤奋刻苦学习和未来工作奠定良好的体质基础，增强对未来常态化劳动的适应性。目前有一些大学生，或四体不勤，或身体单薄、体质虚弱，稍稍劳动便感到气喘吁吁，难以忍受，他们应当通过劳动实践、体育锻炼增强身体素质。适度的劳动实践，有利于大学生逐渐增强身体对劳动的适应性，久而久之，甚至能够练就适应不同劳动挑战的身体素质。

除此之外,进行劳动实践,加强劳动教育还有利于增强大学生的身心健康。现阶段,社会竞争愈演愈烈,生活节奏日益加快,大学生又大多是独生子女,很容易在这样的社会环境中产生心理问题。高校鼓励大学生参加劳动,通过合作沟通,提高学生的社会适应性,培养其乐观开朗的性格,预防心理问题。同时,学生能从劳动成果中获得满足感、成就感,摆脱消极情绪。不论是在家庭、学校还是社会中,大学生都应积极参与劳动实践。在家里打扫自己的房间,为家人做一顿饭;在学校里维持宿舍卫生,做垃圾分类的志愿者;在社会上参与暑期社会实践、积极参加志愿服务。从点滴小事做起,不做被智能手机束缚的"低头族",要在劳动的同时提升个人身体素质。

四、以劳育美

劳动是人存在的基本方式,我们可以通过劳动形成正确的审美观、提升审美能力,更可以在劳动中创造美。我们可以通过家务劳动、工艺品制作等劳动美化自己的生活,通过公益劳动美化周围的环境,世间的一切美好都是通过劳动创造出来的。

(一)劳动促进正确审美观形成

劳动产生了美,加强劳动教育能引导大学生树立正确的审美观。马克思认为"美是人的本质力量的对象化",而这种对象化是通过劳动实现的。马克思提出"劳动生产了美",并认为人的劳动与完全出于自身肉体需求的动物活动不同,"动物只是按照它所属的那个种的尺度和需要来构造,而人却懂得按照任何一个种的尺度来进行生产,并且懂得处处都把内在的尺度运用于对象。因此,人也按照美的规律来构造"[1]。"内在的尺度"即人类自身的发展需求、主观欲望和内在法则,"种的尺度"即客观现实条件和约束,两个尺度的结合便揭示了人在合目的性与合规律性中不断直观、印证、肯定自己本质力量的美的规律。

劳动教育能使学生自觉抵制享乐主义、拜金主义、消费主义等不良社会思潮,树立正确的审美观,筑牢劳动光荣、劳动崇高、劳动伟大、劳动美丽的审美观念。劳动实践能够使大学生在劳动中享受到其他劳动者兢兢业业的劳动态度、娴熟的劳动技能、面对困难从容不迫的劳动气质、林林总总的劳动成果等带来的美感,感受到劳动者们的创造和智慧之美,从而矫正自己的审美取向、升华自己的审美观。劳动实践能够使大学生了解绚丽多彩的服饰、风味各异的美食、雄伟壮丽的建筑、智能优质的交通交流工具均是通过踏实劳动创造出来的。劳动之美,美在传承了数千年的勤劳品质;劳动之美,美在追求完美的工匠精神;劳动之美,美在共筑中国梦的团结力量。

(二)在劳动过程中提升审美能力

劳动教育能帮助学生提高审美能力。学校开展劳动教育,不仅能引导学生深刻认识劳动之美、树立"劳动神圣"的审美观,还能激发学生的主观能动意识和创造潜力,使学生

---

[1] 马克思,恩格斯.马克思恩格斯文集:第1卷[M].北京:人民出版社,2009:163.

在劳动中创造美好、收获成果、体验快乐，不断提高发现美、认识美、理解美、创造美、欣赏美和评价美的能力。

劳动可以感受美，在劳动的过程中享受美、认知美。大学生可以通过掌握基本劳动技能，在进行劳动实践的过程中感受何为美，并享受其中。马克思认为，审美认识与审美活动依赖人类社会而存在，生产劳动是认知美的基本方式。

劳动可以欣赏美，并涵养符合社会主义核心价值观的审美旨趣。美源自生活和劳作。在中国传统文化中，最早的艺术形式来自丰收后的庆祝仪式和祭祀祖先的典礼。"各美其美，美人之美，美美与共，天下大同"，美的核心源自对天、地、人和谐的描述，劳动是连接人和自然的媒介，也是人改造自然的过程。"日出而作，日落而息"，描述的是一幅先民质朴和谐的温馨画面。源自生活的美，才是永恒。通过劳动教育的开展可以培养"劳动最美丽"的审美旨趣。加强劳动教育，使大学生在劳动过程中体验勤劳、质朴的价值，体验劳动人民的自然美好，涵养符合社会主义核心价值观的审美旨趣，提升自身审美能力。

劳动可以创造美，如通过家务劳动、工艺品制作等可以美化自己的生活，通过公益劳动可以美化周围的环境。因此，劳动可以陶冶审美，培养正确的审美观，提高大学生感受美、鉴赏美和创造美的能力，从而起到以劳育美的效果。

习近平曾说："有梦想，有机会，有奋斗，一切美好的东西都能够创造出来。"当代大学生应怀揣梦想，时刻做好准备，抓住机会，以辛勤的劳动创造美好的生活。只有依靠勤奋不辍、持之以恒的劳动，才能把人生梦想变成现实，创造出美好的事物和幸福的生活。大学生可以通过学习茶艺、插花等课程感受生活中劳动创造美的瞬间，还可以组织"劳动创造美"的主题活动，以书法、摄影、绘画等形式描绘出劳动之美，在劳动过程中体会劳动内蕴的和谐自由之美，提升发现美、体验美、创造美的能力。

（三）在劳动中创造美

人与自然和谐共处是劳动创造美的前提。人类通过动物皮毛生产美丽的服饰、用木材生产一次性用品等，这些通过无节制掠夺大自然所生产出来的产品并不具备真正的美。人类热爱大自然，为欣赏美景踏遍江山川河流，为探寻珍稀动物涉足险地，更能为人与自然和谐相处贡献力量。所有人应守住人类创造美的底线，与自然和谐相处、持续共存。

人与社会和谐共处可以创造美。创造美是一种社会活动，是在社会性的劳动中实现的。人类在生产劳动创造美的过程中，既依赖自然环境，又改造自然使其具有社会属性。例如，人在社会中创造了桥梁、公路、诗歌、绘画等产品，这些都是"美"。人类创造美是为了人在社会化的环境中发现美、体验美。

劳动本身即是美。辛勤劳动是中华民族的优良传统，通过辛勤劳动，中华民族不断创造新的文明成果，引领新的潮流。例如，高速铁路、扫码支付、共享单车和网络购物等现代化产物，都凝聚了劳动人民的智慧与精神。这些生产劳动的过程与产品，就是基于辛勤劳动的"创造美"。

拓展阅读

劳动教育是最好的德育[①]

德智体美劳,"五育"并举,劳动教育作为"五育"之一,十分重要!然而当下教育中仍然存在少量"唯分数论"的声音。

在个别家庭中,家长包办一切家务,不让孩子参加家务劳动。个别学校虽然开设了劳动教育课,但是劳动教育课要么被视为杂课,要么被叫作"豆芽课",要么被语文、数学所取代。导致一些学生离劳动越来越远了。

一个不懂得劳动的人,既很难尊重劳动者,又很难体会到生活的艰辛与来之不易。《朱子家训》中有语:"一粥一饭,当思来处不易;半丝半缕,恒念物力维艰。"一个面对新时代、面向未来的学生,需要的不是简单知识的识记,枯燥知识的拥有,而需要的是德智体美劳的全面发展,需要的是懂得奋斗,依靠自己的努力,能够自食其力、养家糊口、造福于社会的劳动者。

陶行知先生曾说过:"滴自己的汗,吃自己的饭,自己的事情自己干,靠天靠地靠祖上,不算是好汉。"陶先生还提出:破即补,污即洗,劳即谦,乱即理……劳动的价值和意义,不是简单的知识学习,也不是为了抽象的记忆,更不是为了乏味的说教而说教,而是让学生用身体去丈量物理和心灵的世界,用整个的感官去理解和演绎现实的生活,用全部的心思与智慧去诠释人性的本质和人生的真谛。也就是说,劳动让孩子在身、心、灵三个维度上去学习,去认知,去体验,因而对孩子品格的发展和核心素养的形成,作用巨大,影响深刻。

图 4-1 劳动是最好的德育

通过实施劳动教育,不仅能够让学生掌握劳动知识,学会劳动技能,而且能够帮助他们树立劳动观念,端正劳动态度,养成良好的劳动习惯。通过加强劳动教育,不仅能够培育他们的劳动品质,塑造他们的劳动思维,增进他们与劳动大众的情感,而且能够磨炼他们顽强的意志,历练他们奋进的勇气,锤炼他们坚毅不屈、坚韧不拔的操守,涵养他们吃苦耐劳、忍辱负重、从容不迫的精神。更重要的是,学生在劳动中,不仅能够加深对"劳动创造财富,劳动丰盈人生"的理解,而且能够有效去掉慵、懒、散、漫等人性的弱点。不仅如此,还能够唤醒沉睡的自尊自信自爱,让他们拥有责任,懂得担当。

[①] 劳动教育是最好的德育[EB/OL]. [2020-02-17]. http://www.360doc.com/content/20/0217/11/16279346_892648505.shtml,原文有删改。

大禹治水,是两千多年的智慧,更是劳动人民的结晶[①]

大禹,是我国古代最有名的治水英雄。

当尧还在世的时候,中原地带洪水泛滥,无边无际,淹没了庄稼、山陵,淹没了人们的房屋,人们流离失所,很多人背井离乡。水患给人们带来无边的灾难。在这种情况下,尧决心要消灭水患,于是就开始访求能治理洪水的人。

大禹带领着伯益、后稷和一批助手,跋山涉水,风餐露宿,走遍了当时中原大地的山山水水,穷乡僻壤,人迹罕至的地方都留下了他们的足迹。大禹左手拿着准绳,右手拿着规矩,走到哪里就量到哪里。他吸取了父亲采用堵截方法治水的教训,发明了一种疏导治水的新方法,其要点就是疏通水道,使得水能够顺利地东流入海。大禹每发现一个地方需要治理,就到各个部落去发动群众来施工,每当水利工程开始的时候,他都和人民在一起劳动,吃在工地,睡在工地,挖山掘石,披星戴月地干活。

大禹根据山川地理情况,将中国分为九个州,就是:冀州、青州、徐州、兖州、扬州、梁州、豫州、雍州、荆州。他的治水方法是把整个中国的山山水水当作一个整体来治理,他先治理九州的土地,该疏通的疏通,该平整的平整,使得大量的地方变成肥沃的土地。

图 4-2 大禹治水

然后他治理山,经他治理的山有岐山、荆山、雷首山、太岳山、太行山、王屋山、常山、砥柱山、碣石山、太华山、大别山等,疏通水道,使得水能够顺利往下流去,不至于堵塞。山路治理好了以后,他就开始理通水脉,长江以北的大多数河流都留下了他治理的痕迹。

[①] 大禹治水(中国古代的神话传说故事)[EB/OL]. https://baike.baidu.com/item/大禹治水/121970. 原文有删改。

他治水讲究的是智慧,如治理黄河上游的龙门山就是如此。龙门山在梁山的北面,大禹将黄河水从甘肃的积石山引出,水疏导到梁山时,被龙门山挡住了去路。大禹察看了地形,觉得这地方非得凿开不可,但是偌大一个龙门山又如何凿开,大禹经过勘测选择了一个最省工省力的地方,只开了一个80步宽的口子,就将水引了过去。因为龙门太高了,许多逆水而上的鱼到了这里,就游不过去了。许多鱼拼命地往上跳,但是只有极少数的鱼能够跳过去,这就是我们后人所说的"鲤鱼跳龙门",传说只要能跳过龙门,鱼马上就变成了一条龙在空中飞舞。

大禹治水一共花了13年时间,在他的治理下,咆哮的河水失去了往日的凶恶,驯驯服服地平缓地向东流去,昔日被水淹没的山陵露出了真容,农田变成了粮仓,人民又能筑室而居,过上幸福富足的生活。

人们感念大禹的功绩,为他修庙筑殿,尊他为"禹神",我们中国也被称为"禹域",也就是说,这里是大禹曾经治理过的地方。

怎样通过劳动增强体质
——苏霍姆林斯基:《给校长的建议》第26条[①]

体力劳动在完美体魄的培养中所起的作用,同运动一样重要。人不经受正常的极大疲劳,就不可能充分领略休息的愉快。

有许多劳动过程,人体在其中的协调优美动作可以同体操相媲美。这类劳动(如手工割草、用砖砌墙)的动作,就动态和美的表现力来讲,都不比体操逊色。年轻人很乐意干这种体力活,特别是集体去干。同运动相比,这种劳动甚至还有它的优越之处:里面有更多的细微差异可以显示体力与技巧和技能的多种多样的结合。青年男女为这种劳动任务做行前准备的时候如同筹办节日一样高兴。每逢暑假,高年级学生都要去用手工割几天草。草场上的这项劳动连同旷郊露宿、野外炊事,真有妙不可言的美!学生对集体进行的栽植树苗、嫁接果木和掩埋葡萄等手工劳动,都很喜欢干。高年级学生每年都参加生产用房和文化生活用房建筑的手工砌砖劳动。

在整个上学期间从事这种劳动的学生都显示出一些特点,他们身体发育良好,体型美观、匀称和谐,善于根据动作目的使用体力。他们身体发育的突出特点是,身材匀称,体态端正,动作优美,体魄强壮。他们在各种体力劳动中寻求美,力求使劳动过程完美。我们在谈论劳动的快乐时,就要知道这种情感首先来自劳动的美。而人在劳动中也在创造自身的美。

高年级学生夏天至少在野外生活劳动两三周。冬季在天气不太寒冷(-15 ℃以上)的时节,高年级学生要在户外劳动10~12天。在这些日子里,他们不仅在户外劳动,而且也在户外吃饭、休息和度过工余时间,只是夜里才在室内。我们从学龄初期开始就吸收孩子参加这种劳动。这种劳动对于呼吸和血液循环器官的发育,对于新陈代谢的增强,都有

---

① 经典阅读:怎样通过劳动增强体质[EB/OL].[2020-04-09]. https://mp.weixin.qq.com/s/NP1G6rM2JLfN3qKfAQuAEQ.原文有删改。

重大的意义。在营养良好的情况下,这种劳动能增进机体的所有功能,强化神经系统,神经细胞,特别是脑细胞的营养会增强,睡眠的恢复作用会提高。这是锻炼身体的极好手段。春季,白天时间增长的时候,许多高年级学生都在园子里的凉亭下做家庭作业。即使冬季,遇有好天气时他们也在户外新鲜空气中看书。

伤风感冒在我校已经很少见了。我们掌握着有关26名学生身体发育的资料,这些学生在入学的头两三年中都是常患感冒的,其中4人患有非开放性的肺结核。由于专门为他们制定了特殊的作息制度,特别是由于昼夜都在靠近茂密树木的新鲜空气中度过,由于日光浴和水浴以及高热量的营养,他们的肺部情况大大好转,各方面的结核症状完全消失。

敦煌壁画内和壁画外的劳动者[①]

敦煌石窟的营造者

自公元366年,乐僔和尚在莫高窟开凿第一个洞窟至今,在敦煌这片土地上,经历了朝代更迭,繁荣衰败。无数不知名的工匠、画师,用他们的智慧和双手,营造了敦煌石窟——这份举世瞩目的文化艺术宝库。

一个石窟从始建到完成,大体经过整修崖面、凿窟、绘制壁画塑像、修造并装饰窟檐或殿堂等一系列营造程序。

莫高窟的营造者主要是由窟主、施主、工匠三方面组成的。工匠在窟主或施主的雇佣下从事洞窟的营造活动,依其分工,分为劈岩凿窟的"良工"和绘制塑画的"巧匠"两部分。

石窟营造工程一开始就有比较细致的职业分工。参与石窟营造的工匠主要有五种:石匠、泥匠、木匠、塑匠和画匠。

图4-3 石窟营造的工匠

从文献和各时代的艺术风格上分析,主要有四个原因促使这些良工巧匠来到敦煌:

随着佛教传播,从西域而来;

跟随移民实边时被贬的官员大户而来;

随着不同时期到敦煌上任的官吏而来;

[①] 敦煌壁画内和壁画外的劳动者[EB/OL].[2018-05-02]. https://mp.weixin.qq.com/s/1zT8U-NGQx1u2bF8kdFrxw.

第四章 劳动与大学生的全面发展

吐蕃、西夏、元代几个少数民族统治时期,到达此地的少数民族画师。

壁画上的劳动者

作为戈壁滩上的一方绿洲,迢迢丝路上的关隘重镇,敦煌拥有发达的农业、畜牧业、手工业和商业。唐朝时,敦煌粮食不但能够自给,还成为边疆军粮的储备基地。

正是在这种历史背景下,敦煌壁画中出现了约八十幅农作图,我们从专家的统计和文章中撷取部分,透过壁画来一窥当时社会的劳动者。

图4-4 壁画上的劳动者——雨中耕作

天上乌云密布,电闪雷鸣,雨下如注。农夫头戴席帽,正在耕地。另一农夫上着半臂衫,下穿犊鼻裈,肩挑麦束行进。边上有一家三口席地在田间餐饮。

两农夫戴席帽,着齐膝襕衫、小口裤,手持镰刀正在割麦。一农夫手持木锨在扬场,农妇梳发髻,上襦下裙,手持长把芨芨草扫帚在扫场。

坊内架子上用钩子挂满了待售的肉,桌子上下也摆满了肉,显得货色丰富。门前设两张肉案,一张放着一只已宰杀的整羊,另一张放着肉块,主人正操刀割肉。案下一只狗正啃着扔下的骨头,另一只狗则翘首仰望,等待着主人的恩赐。

图4-5 壁画上的劳动者——农耕收获

087

图 4-6 壁画上的劳动者——肉坊　　　　图 4-7 壁画上的劳动者——良医授药

患者在病坊内,一旁有亲人扶持,一旁有医工送药。

思考 实践

1. 党的十八大提出,倡导富强、民主、文明、和谐,倡导自由、平等、公正、法治,倡导爱国、敬业、诚信、友善,积极培育和践行社会主义核心价值观。富强、民主、文明、和谐是国家层面的价值目标,自由、平等、公正、法治是社会层面的价值取向,爱国、敬业、诚信、友善是公民个人层面的价值准则。不难发现,在社会主义核心价值观的每个层面都体现出劳动在践行社会主义核心价值观中的重要意蕴。请从国家、社会和个人三个角度,分组讨论如何在劳动中践行社会主义核心价值观。

2. 自古以来,我国就有大量描写劳动场景的诗歌。唐代诗人白居易的《观刈麦》生动地刻画了一幅割麦者与拾麦者在夏收时辛勤劳碌的场景,诗人有感于当地人民劳动艰苦,表达了对劳动人民的深切同情。请你阅读这首叙事诗,以绘画作品的形式描绘出浮现在你脑海中的古代劳动人民辛勤劳动的画面。

观 刈 麦
[唐] 白居易

田家少闲月,五月人倍忙。
夜来南风起,小麦覆陇黄。
妇姑荷箪食,童稚携壶浆,
相随饷田去,丁壮在南冈。
足蒸暑土气,背灼炎天光,
力尽不知热,但惜夏日长。
复有贫妇人,抱子在其旁,
右手秉遗穗,左臂悬敝筐。
听其相顾言,闻者为悲伤。

家田输税尽,拾此充饥肠。
今我何功德,曾不事农桑。
吏禄三百石,岁晏有余粮。
念此私自愧,尽日不能忘。

3. 马克思认为,人的思维是否有客观的真理性,这并不是一个理论的问题,而是一个实践的问题。我们所学习的书本知识,要将其放置于劳动实践中检验才能进一步内化为个体知识。结合自身学习生活经验,你如何理解"实践是检验真理的唯一标准"?你认为劳动是如何促进智力提升的?

4. 《国家学生体质健康标准》(以下简称《标准》)的颁布旨在鼓励和推动青年学生积极参加体育锻炼,增强体质,培养共产主义道德品质,更好地为社会主义现代化建设和保卫祖国服务。《标准》规定,大学生体测成绩达到或超过良好,才有资格参与评奖评优。你的体重指数在正常范围内吗?男生引体向上能做几个?女生一分钟仰卧起坐是否达标呢……大学生除日常体育锻炼之外,有计划地合理劳动也是养成个体健康体魄的重要途径。请对照体测的相关标准,根据自己的测评结果,结合大学生日常生活劳动、生产劳动、服务性劳动等劳动类型,制订相应的劳动锻炼计划。

表 4-1 一周劳动打卡

日 期	劳动计划	是否达成
周一		
周二		
周三		
周四		
周五		
周六		
周日		

表 4-2 大学生体重指数(BMI)评分表

等 级	单项得分	大学男生	大学女生
正常	100	17.9～23.9	17.2～23.9
低体重	80	≤17.8	≤17.1
超重	80	24.0～27.9	24.0～27.9
肥胖	60	≥28.0	≥28.0

注:体重指数(BMI)=体重(千克)/身高^2(米^2)。

素养篇

在前进道路上，我们要始终高度重视提高劳动者素质，培养宏大的高素质劳动者大军。劳动者素质对一个国家、一个民族发展至关重要。劳动者的知识和才能积累越多，创造能力就越大。提高包括广大劳动者在内的全民族文明素质，是民族发展的长远大计。面对日趋激烈的国际竞争，一个国家发展能否抢占先机、赢得主动，越来越取决于国民素质特别是广大劳动者素质。要实施职工素质建设工程，推动建设宏大的知识型、技术型、创新型劳动者大军。

——习近平2015年4月28日在庆祝"五一"国际劳动节暨表彰全国劳动模范和先进工作者大会上的讲话

第五章

劳 动 品 质

学习目标

深刻理解辛勤劳动、诚实劳动、创造性劳动的内涵与价值,培养辛勤劳动的行为习惯,掌握诚实劳动的基本准则,树立在劳动中进行创造的意识,运用科学的方法开展创造性劳动。

课堂导入

设立选修课实践周,南京高校劳动教育"火"起来[①]

2020年全国十大教育新闻近日新鲜出炉,"劳动教育"榜上有名。

2020年3月,中共中央国务院出台了《关于全面加强新时代大中小学劳动教育的意见》,要求根据各学段特点,设立劳动教育必修课程,系统加强劳动教育;其他课程也要结合学科、专业特点,有机融入劳动教育内容。

记者了解到,进行厨艺大赛、开设花式选修课、制定培养方案,南京高校的劳动教育已经悄然加强起来。

厨艺大赛、田间种菜,劳动实践丰富多彩

锅勺桶盆响叮当,煎炸烹炒好不热闹。近日,南京工业大学"最美家乡菜"大赛在南苑学生食堂举行。洗菜、切菜、烹饪,比赛现场,所有的参赛队伍都拿出看家本领,有的擅刀工,豆腐上能雕出花;有的擅煎炒,手持铲勺空中舞;有的擅摆盘,炒出的菜像幅画。

法学院研一的参赛选手倪明星做了自己最爱吃的家乡菜茄汁瓦块鱼,她说,自己上大学后才开始和父母学习烧饭做菜,能在这次活动中展示自己的厨艺非常开心。

据介绍,这是该校劳动教育的方式之一。"举办家乡菜大赛能弘扬劳动光荣的精神,展示当代大学生的青春活力,让同学们在亲自'操刀'中倍加珍惜劳动的成果。"该校党委常委、副校长牛生杰说。

12月中旬,南京航空航天大学也组织学生开展了一场很有特色的劳动教育。该校航空学院组织学生一起清洁维护航空航天馆内陈列的宝贝,擦拭直-5、直-6型直升机,歼-8型原型机等机型机身上的灰尘,并将航空航天馆挂牌大学生劳动教育课程实践基地,聘请

[①] 谈洁,赵静.设立选修课实践周 南京高校劳动教育"火"起来[EB/OL].[2021-01-04]. http://www.js.xinhuanet.com/2021-01/04/c-1126943913.htm.

"强-5"副主管设计师、90多岁仍指导学生的乔新教授，C919总设计师吴光辉院士的老师、80多岁的魏志毅教授等11位教师代表作为"航空学院大学生劳动实践指导教师"。

河海大学在江宁校区设立节水园区劳动实践基地，组织学生进行土地开垦、瓜果育苗、耕地播种、锄草灌溉等田间劳动，采用"小组责任制"，明确各小组的负责区域和相应作物，增强同学们的团队合作精神以及劳动责任感，促进学生形成良好的劳动习惯。

开选修课、设劳动周，课程体系正在构建

除了各具特色的活动，记者了解到，不少高校有关劳动的选修课、劳动周等也开了起来。

南京医科大学后勤服务中心联合教务处开设了公共选修课"后勤生活课堂"，包括"厨艺大讲堂"和"生活小课堂"，总计30课时。"理论学习以网络课程的形式授课，涵盖后勤体系介绍、烹饪技术、宿舍内务整理、艺术插花、手工缝补等方面，学生可自主选择时间段报名参加实验课程。"南医大后勤服务中心的聂莉老师说。

记者看到，"厨艺大讲堂"由学校饮食服务中心提供场地、灶具，餐厅员工采买食材，餐厅厨师进行教学。作为一门"实践课"，课前预习、现场演示、学生实操、老师点评四个步骤一个不少。"生活小课堂"中，宿管阿姨"变身"教学老师，手把手教学生学会收纳整理、手工缝补等。

南京科技职业学院在全校学生中组织劳动教育，并将其纳入人才培养方案，设立了专门的劳动实践周。完成为期一周的劳动教育实践课程，才能拿到相应学分顺利毕业。

上个月，化工装备技术专业大三学生罗益所在的班级开展劳动实践周。罗益和他的5位同学选择了最"苦"的差事——打扫公共卫生间。刺鼻的味道、泛黄的污渍，让他们感到"崩溃"。在劳动教导员、宿管阿姨的指导下，经过两个小时的奋战，公共厕所焕然一新。"真是不容易。"罗益说，从此他与同学们自觉担任起了校园环境的守护者。

南京交通职业技术学院则在加强劳动精神学习宣传，在让劳动光荣根植于心方面下了功夫。该校定期邀请大国工匠、劳动模范开展专题辅导报告，让学生近距离感受工匠精神和劳模风范。

南京工业大学专门做了一个平台，学校各类劳动活动都在上面发布，比如校园马拉松的志愿者、新生开学志愿者等，由学生自愿报名。"我们想要将劳动教育做精细化，设立平台就是为了让学生身处在真实的劳动场景中，有指导、有交流、有劳动精神的传递。"该校学生事务部李慧老师说。

"劳动素养"一词最早由苏联教育家苏霍姆林斯基提出，他认为劳动教育的最终目标是提高人的劳动素养，成就真正完整的人。劳动教育于目的而言是为了培养具有端正的劳动态度，具备较强的动手能力，拥有良好的劳动习惯，且能为社会和谐健康发展服务的人。什么是劳动素养？劳动素养是指经过生活和教育活动形成的与劳动有关的人的素养，包括劳动的价值观（态度）、劳动的知识与能力等维度[1]。对于大学生而言，劳动素养

---

[1] 檀传宝.劳动教育的概念理解——如何认识劳动教育概念的基本内涵与基本特征[J].中国教育学刊,2019(02),82-84.

就是其在劳动过程中与之相匹配的劳动心态和劳动技能的综合概括[1]。具体来说,劳动素养包括具有良好的劳动品质、具备一定的劳动能力以及健康的劳动心理三个方面。

劳动品质是指一定社会的劳动原则和规范在个人思想和行为中的体现,是一个人在一贯的劳动心理和行为中表现出来的稳定特质。劳动品质是一个综合性范畴,由劳动认知、劳动情感、劳动意志、劳动行为等基本要素组成。劳动认知是个体对劳动及劳动工具的基本认知情况,包含对劳动动机、代价及意义等的评估和理解。劳动情感是个体对劳动、劳动者、劳动成果持有的情绪情感状态,既包含正向情感又有负向情感。劳动意志是个体在完成劳动过程中,自觉克服困难、排除障碍而进行行为抉择的努力态度和坚持精神。劳动行为是个体付诸劳动的具体行为及具备的良好劳动习惯。

习近平在全国教育大会上指出:"要在学生中弘扬劳动精神,教育引导学生崇尚劳动、尊重劳动,懂得劳动最光荣、劳动最崇高、劳动最伟大、劳动最美丽的道理,长大后能够辛勤劳动、诚实劳动、创造性劳动。"[2]这是对新时代大学生劳动品质最深刻的诠释。

一、辛勤劳动

辛勤劳动是劳动实践的基础,是诚实劳动、创造性劳动的基本前提。习近平强调,"'人生在勤,勤则不匮。'幸福不会从天降,美好生活靠劳动创造。"只有坚持辛勤劳动的劳动情怀,才有幸福美好的明天。

(一)辛勤劳动既有"辛"也有"勤"

辛勤劳动,既有"辛"也有"勤"。"辛"是"辛苦","勤"则是"勤劳"。顾名思义,无论脑力劳动还是体力劳动,都需要我们辛苦、勤劳的付出才能终有所得。新时代,辛勤劳动有勤学和勤劳两方面的内容。勤学,强调的是锐意进取、勤勉为人。勤劳,强调的是脚踏实地、奋发干事。回溯历史,任何一点进步、任何一次成功都是由人民的艰苦奋斗、辛勤劳动创造出来的。越是美好的未来,越需要我们不畏艰辛、不辞辛苦。新时代面对各种新挑战,我们需要苦干笃行,愈挫愈勇。

辛勤劳动是劳动实践的基础与根本。"任何一个民族,如果停止劳动,不要说一年,就是几个星期,也要灭亡。"[3]从古至今,人类一直以"有付出才有回报"作为最基本的生存法则。从人类文明的出现开始,人类的每一个进步都是基于人类勤勉的劳作之上,从原始人的打磨工具,到现在最先进的科学技术,其背后都离不开劳动者的辛苦付出。2013年,习近平发表了对劳动模范的"五一"国际劳动节讲话,讲话中他回忆了各行各业的劳动模范们在社会主义革命、建设和改革中的重要贡献。中国特色社会主义进入新时代,全面建成小康社会,实现中华民族伟大复兴的中国梦离不开各行各业劳动人民的辛勤劳动。辛勤劳动就是中华民族繁荣发展的基石。

---

[1] 徐洁,楼幸琳.培育劳动素养:新时代劳动教育的核心指向[J].教育科学论坛,2020(19):5-10.
[2] 张烁.在学生中弘扬劳动精神[N].人民日报,2020-04-02(05).
[3] 马克思,恩格斯.马克思恩格斯选集:第4卷[M].北京:人民出版社,2012:368.

辛勤劳动是实现自我发展、展现人生价值的必经之路。习近平总书记说过，"劳动是一切成功的必经之路"。人的成功需要付出劳动，付出辛勤的汗水，只有劳动过，才会有收获，实现所追求的人生价值。从国家、民族的层面来看，辛勤劳动创造了中华民族的辉煌历史，铸就了新中国成立75周年来的伟大成就，未来实现中华民族伟大复兴的中国梦，同样离不开全体中国人民的辛勤劳动。所以，无论是小到个人，还是大到国家，想要获得自我发展，实现自身的进步，务必付出辛勤的劳动。

辛勤劳动是我国劳动人民宝贵的精神财富。早在春秋时期，便有"民生在勤，勤则不匮"的箴言；东汉张衡曾发出"人生在勤，不索何获"的诘问；民间亦有"一分耕耘，一分收获"的谚语。在中国古代，大量的诗歌民谣、谚语警句和故事传说阐释了劳动的重要价值，表达了辛勤劳动创造美好生活的价值取向。从古至今，我国一向尊敬劳动者，中华民族以吃苦耐劳、勤劳勇敢、富于智慧著称于世，热爱劳动是中华民族的传统美德。五千多年的灿烂文明、辉煌历史，是由世世代代中华儿女的艰苦劳动积累起来的，是劳动的产物和结晶。当代大学生应该传承自古以来我国劳动人民辛勤劳动的精神财富，以自己的双手创造属于自己的美好生活。

辛勤劳动是实现国家长远发展的国之大计。我国是一个发展中的大国，而且是一个人口大国、劳动力大国。解决中国一切问题的关键是发展，而发展最根本的是要靠劳动。要加强对广大青少年的教育，树立"以辛勤劳动为荣、以好逸恶劳为耻"的劳动荣辱观，让他们从小热爱劳动、热爱创造，通过劳动和创造播种希望、收获果实，也通过劳动磨炼意志、提高自己，不要养成贪吃懒做、好逸恶劳、游手好闲、投机取巧、坐享其成等错误观念，这是真正关系我们民族发展的一个长远大计。

2020年年初，突如其来的公共卫生事件给我们带来了巨大考验，也正是因为全国人民坚守岗位的辛勤劳动，才能使我国取得重大战略成果，仍然保持经济正增长。习近平总书记在给郑州圆方集团全体职工的回信中讲道："从一线医务人员到各个方面参与防控的人员，从环卫工人、快递小哥到生产防疫物资的工人，千千万万劳动群众在各自岗位上埋头苦干、默默奉献，汇聚起了战胜疫情的强大力量。希望广大劳动群众坚定信心、保持干劲，弘扬劳动精神，克服艰难险阻，在平凡岗位上续写不平凡的故事，用自己的辛勤劳动为疫情防控和经济社会发展贡献更多力量。"[1]大学生青年不论是在校学习，还是将来走上工作岗位，也应该用辛勤劳动创造实现人生价值，为把我国建成社会主义现代化强国添砖加瓦。

（二）动脑动手，知行合一

首先，要发自内心地热爱劳动、崇尚劳动、尊重劳动，树立"劳动最光荣、劳动最崇高、劳动最伟大、劳动最美丽"的价值观念。只有从心底深植劳动情怀，不断深化劳动体知，才能够树立自己正确的劳动观，才能够发自内心地选择用自己的双手辛勤劳动，努力奋斗。

其次，需要树立不怕吃苦、勤劳肯干的意识。伏尔泰曾说，坚持意志伟大的事业需要

---

[1] 习近平给郑州圆方集团全体职工的回信[N].人民政协报，2020－05－01(01).

始终不渝的精神。辛勤劳动是辛苦的,要克服种种困难,付出无数汗水最终才能收获甜美的果实。在此过程中,如若没有不怕吃苦的意志品质,是无法真正实现辛勤劳动的。

要实现辛勤劳动,还需要知行合一,用于实践。辛勤劳动的实现要真正地"动起手来,走进劳动"。如果将劳动教育与实践分离,则容易出现"没有劳动的教育"的情况。要实现辛勤劳动,必须要真正地"动起手来",锻炼劳动技能,养成辛勤劳动的劳动习惯,在体会辛苦、挥洒汗水中塑造坚强的心理素质,在艰苦奋斗、顽强拼搏中磨炼自我意志,从而逐渐实现自觉劳动,主动劳动。作为大学生,辛勤劳动的实践就是勤奋学习,勤奋学习是大学生的首要任务,勤奋学习是大学生的青春标配。学习的过程实际上就是大学生进行劳动的过程,在学习中激发头脑风暴、吸收知识、深入思考,是进行脑力劳动的过程。而在课堂中学习到的理论知识还应在日常生活、课外实践、实习实训中得到落实。一方面,大学生通过实践能够更深入地理解课堂中习得的理论知识,使理论知识得以内化;另一方面,大学生在实践中自身劳动素质也得以提高,从而为成为新时代劳动主力军积蓄力量。

二、诚实劳动

诚实劳动,是辛勤劳动的延伸和表现,是创造性劳动的重要前提。"人世间的美好梦想,只有通过诚实劳动才能实现;发展中的各种难题,只有通过诚实劳动才能破解;生命里的一切辉煌,只有通过诚实劳动才能铸就。"用诚实劳动创造幸福人生和美好生活是中国人民共同的价值追求。

(一) 诚实劳动是"实干"

诚实劳动是"实干","诚实"代表的是"内心与言行一致",所以"诚实劳动"中的"劳动"是指在各种法规、各项政策允许的范围内所从事的各种有益于社会发展的体力和脑力劳动。诚实劳动是以合法劳动为基础的辛勤劳动、智慧型劳动。它既是劳动者品质的体现,又是创造美好生活的必由之路。

诚实劳动是我国的传统美德。诚信是中华民族自古以来的传统美德,做一个诚信的人,是传承中华民族美德的要求,也是社会主义核心价值观的要求。诚信即诚实守信,孔子曰:"人而无信,不知其可也。"意思是说人若不讲信用,在社会上就无立足之地,什么事情也做不成。"曾子杀猪"的故事是一则经典的诚信小故事,曾子深受孔子的教导,不但学问高,而且为人非常诚实,从不欺骗别人,对于自己孩子的承诺也是说到做到。诚信也是社会主义道德建设的重点内容,它强调诚实劳动、信守承诺、诚恳待人。做一个诚信的人也是当前社会对每一个公民的基本要求。所以,诚实劳动,不弄虚作假,获得实实在在的劳动果实是我国劳动者们的精神追求。

诚实劳动是践行社会主义核心价值观的应有之义。"爱国、敬业、诚信、友善"是社会主义核心价值观对公民个人层面的基本要求,这一要求不仅倡导公民爱岗敬业,而且要互诚互信,实事求是。古语说得好:"民无信不立。""人而无信,不知其可也。"可以说,诚信是每个人立身处世、立足社会的基本品质。诚信的前提是诚实、客观,即每个劳动者秉持诚实劳动的信念,尊重劳动规律,不急功近利;客观对待劳动成果,不虚报浮夸,不贪婪,不以次充好,不造假售假,不欺世盗名,以光明磊落、心底无私的心态,展现于世人面前,赢得公众的认可和信任。"君子养心,莫善于诚。"言必信、行必果,一言九鼎,一诺千金,这是社会主义核心价值观对劳动的吁求,也是走向法治社会、建设法治政府和法治国家的必然。

诚实劳动是财富的源泉,是幸福的源泉。习近平指出:"人世间的美好梦想,只有通过诚实劳动才能实现;发展中的各种难题,只有通过诚实劳动才能破解;生命里的一切辉煌,只有通过诚实劳动才能铸就。"在我国脱贫攻坚、乡村振兴、重大项目建设、生态保护等各项事业中,正是因为有党员干部和众多劳动者努力争做诚实劳动的楷模和"标杆",发扬艰苦奋斗的优良作风,坚持把"三严三实"精神贯穿于干事创业始终,把每件事情干好、干实,我国的脱贫攻坚等众多民生项目才能顺利完成,我国的14多亿人口才过上了如此幸福的生活,我国的综合国力才得以飞速提升。

崇尚诚实劳动、践行劳模精神,乃党旗所指、民心所向。劳动创造伟业,时代呼唤劳模。搭起党的事业"高楼大厦",唯有靠诚实劳动才能实现。新中国成立以来,涌现出了一批被历史所铭记的实干家。有生前两次赴藏,为西藏的建设、发展和稳定做出突出贡献的孔繁森;有在邮政事业战线上兢兢业业、任劳任怨,表现出坚定的信念和追求的王顺友;还有"铁人"王进喜、"两弹元勋"邓稼先、"白衣圣人"吴登云、"杂交水稻之父"袁隆平……这些响当当的时代劳模,都是诚实劳动的忠实代表。实践证明,唯有诚实劳动,才能赢得人民群众点赞;唯有诚实劳动,才能干出无愧于时代的业绩;唯有诚实劳动,才能真正挑起时代重任,在各自岗位发挥作用、贡献正能量。

(二)诚实劳动创造美好生活

要真正做到诚实劳动,首先应当树立诚实劳动的意识。互联网和高科技提供了多种便利,人们的生活变得越来越舒适便捷,一切都更加简单、容易,一些人因此丧失了对未来美好生活追求的动力,也由此开始追求"不劳而获"。美国学者亚力克·福奇说:"一个充满消费和投机者的国家,这是很危险的。"所以,应当在劳动者的心中树立诚实劳动的意识,树立"诚实劳动光荣,不劳而获可耻"的道德理念。尤其对于青少年来说,更应当自觉践行社会主义核心价值观,立足岗位踏实劳动,求真学问,练真本领。同时,实事求是地对待劳动成果,摒弃虚假之风,反对一切不劳而获和投机取巧的思想,积极弘扬劳动精神、劳模精神和诚信文化,依靠诚实劳动实现人生梦想。

要真正做到诚实劳动,需要在全社会营造诚实劳动的劳动氛围。应当在社会中大力推进劳模精神和工匠精神,对广大劳动者进行正面的引导。正确的舆论引导是全方位的,是劳动者明确方向、坚定用诚实劳动实现中华民族伟大复兴信念的基础。正确的舆论会形成一种氛围,潜移默化地渗透人们的思想,使人们在不知不觉中吸收有益的思维,用这种有益的思维支配自己的工作。因此,一方面,要使诚实劳动的氛围在基层蔚然成风,延伸到每一个角落,让劳动者在所有的工作、学习、生活场所都能潜移默化地受到教育;另一方面,还要讲求积极有效的方式,不要单纯把舆论宣传简单化,生搬硬套式地灌输教育。

要用普通群众喜闻乐见又容易接受的东西加以引导,大力提倡诚实劳动光荣,以诚实劳动取得诚实的劳动成果。引导劳动者明确方向,坚定用诚实的劳动在实现中华民族伟大复兴的征程上迈出新的一步。

要真正做到诚实劳动,还需要提升劳动者的个人素质和劳动技能。劳动者思想素质的提高,劳动者专业技能的增强,劳动者对诚实劳动的理解,系统的、全方位的培训非常重要。因为"人不能皆好学,必待教而后学"。诚实劳动需要品质、需要专业、需要能力和水平、需要不断进取。作为大学生,诚实劳动表现在日常生活的方方面面,如在校园中遵守校规校纪;在课堂上不逃课、认真听讲;在课下诚实对待每一次作业,做到按时交、不抄袭;严肃对待每一场考试,检测自己的真实水平,坚决不作弊;等等。当代大学生要接受思想政治教育,树立正确的世界观、人生观、价值观,养成良好的思想政治素养;自觉学习科学文化知识提升自己的知识储备,并将此运用到专业领域加以劳动实践,以诚实劳动服务于社会,为实现社会主义现代化强国贡献自己的力量。

习近平指出"空谈误国,实干兴邦",实干首先就是要脚踏实地地诚实劳动。如果劳动者驰于空想、骛于虚声、投机取巧,那中国梦永远都只是黄粱一梦。唯有诚实劳动,才能最好地保障和实现人的自由本质,创造体面劳动和全面发展的"资本"。唯有诚实劳动,才能提升综合国力,捍卫国格。

三、创造性劳动

创造性劳动是一种劳动人民在学习和掌握前人积累的知识基础上,充分调动智力与体力,发现与开辟事物之间新的联系而产生新的知识成果的劳动实践。习近平总书记指出:"创新是一个民族进步的灵魂,是一个国家兴旺发达的不竭动力,也是中华民族最深沉的民族禀赋。"①在新的时代条件下,创造性劳动已然成为劳动实践发展的必然方向。

(一) 创造性劳动是"巧干"

创造性劳动是"巧干",是指人充分利用其劳动技能、科学知识通过技术、知识、思维的创新,创造新的生产条件、方式、劳动成果和社会需求的劳动。创造性劳动是通过人的脑力劳动萌发出技术、知识、思维的革新,从而高效提升劳动效率、产生出超额社会财富或成果的劳动。

创造性劳动是劳动者发挥主观能动性的体现。习近平对此引用许多古语名言,强调人的主观能动性在改造客观世界中的能动作用。例如,"志之所趋,无远弗届,穷山距海,不能限也""为有牺牲多壮志,敢教日月换新天""不畏浮云遮望眼""芳林新叶催陈叶,流水前波让后波"。他还说:"中华民族是勤于劳动、善于创造的民族。正是因为劳动创造,我们拥有了历史的辉煌;也正是因为劳动创造,我们拥有了今天的成就。"②"人世间的一切

---

① 习近平. 在欧美同学会成立100周年庆祝大会上的讲话[N]. 人民日报,2013-10-22(02).
② 习近平. 在庆祝"五一"国际劳动节暨表彰全国劳动模范和先进工作者大会上的讲话[N]. 人民日报,2015-04-29(2).

成就、一切幸福都源于劳动和创造。"[1]

创造性劳动是劳动者全面发展的本质追求。"人的自由而全面发展"是马克思和恩格斯在《共产党宣言》中确立的奋斗目标,是未来共产主义社会人的存在和发展方式,实际上也是人的基本劳动方式。未来的共产主义社会尽管生产力高度发达,但人的劳动却必不可少,届时劳动不再是人们谋生的手段,而是生活的第一需要,也是人们享受生活的基本方式,而这种劳动就是一种自由的创造性活动,是人的综合素质的运用和全面发展的展现。由此来说,创造性劳动既是劳动的最高境界,也是实现"人的自由而全面发展"的手段和途径。

创造性劳动是提升生产力,促进社会经济发展的不竭动力。在现代社会,无论是工业生产,还是农业生产,简单的手工工具生产劳动已然不能满足社会经济发展的要求,不能适应时代的需要了。创造性劳动的概念就在这个时候应运而生。要想真正提高劳动生产率,增加产品数量,改进质量,改变劳动强度,必须进行创造性劳动活动。在当今社会,只有坚持创造性劳动,才能不断优化、革新技术,从而进一步减少时间和成本,提升生产力,提升劳动的价值和效能,创造更多的财富,成为国家和社会发展的"加速器"。当代劳动者们,必须要真正做到"干一行,爱一行,专一行,精一行",才能有决心和毅力不断探索,以技术创新不断填补空白,推陈出新。我国正处于全力实现中华民族伟大复兴中国梦的关键时代,实现中华民族的强国之梦,亟须劳动者们的智慧和持续不断的"创造性劳动"。

(二)创造性劳动助推强国之梦

创造性劳动首先要树立创新意识,动手先动脑;其次要掌握科学知识,做到科学劳动;最后要创新劳动方式,重视合作劳动。

创造性劳动首先需要的是解放思想,即激发创造性。解放思想是创造性劳动的逻辑起点。着眼当下,要想建成社会主义现代化强国、跑好民族复兴接力赛、在国际竞争中赢得优势,我们必须继续解放思想,"强化问题意识、时代意识、战略意识,用深邃的历史眼光、宽广的国际视野把握事物发展的本质和内在联系,紧密跟踪亿万人民的创造性实践",增强创新劳动思维,从理论联系实践中及时廓清困扰和束缚生产力发展的思想迷雾。

创造性劳动还需要劳动者具有专业的技能和科学知识,科学劳动是进行创造性劳动的支点与前提。创造性劳动并非无根浮萍,而是以劳动者的专业知识技能为基础、以科学知识为依托的独具匠心的实践活动。劳动者的知识和才能积累越多,创造能力就越大。劳动者应尽可能多地具备从事一定劳动所要求的劳动知识、技术、技巧和运用它们的能力,充分发挥主观能动性和主体创造力生产出新的劳动条件、劳动方式、劳动成果和社会需求。只有"找准专业优势和社会发展的结合点,找准先进知识和我国实际的结合点,真正使创新创造落地生根、开花结果",才能造就闪光的人生。

创造性劳动还要有灵活创新的劳动方式。注重培养集体意识和合作精神,在尊重个人创新创造的同时,也要鼓励团队创新、集体攻关。"众人拾柴火焰高","三个臭皮匠顶个诸葛亮"这些提倡合作性劳动的俗语为人们世代相传。而且从"两弹一星"的成功爆破升

---

[1] 习近平. 习近平寄语全国各族少年儿童:美好的生活属于你们 美丽的中国梦属于你们[N]. 人民日报,2015-06-02(01).

空,到新时代以来的"蛟龙"入海、"天眼"落成,中国桥、中国路、中国车、中国港、中国网的全面发展等一系列大规模技术攻关和创新工程成果,绝不是仅凭一人之力就可以完成的,是在发挥集体的力量、集合多领域人才智慧的基础上,才获得的集体创新成就。通过融洽的集体合作,带来超越个体力量的劳动力量,产生"1+1>2"的效果,加快速度的同时又提高质量,实现合作共赢的局面。

  作为大学生,进行创造性劳动实践,首先要牢固掌握专业知识,只有自身有扎实的理论知识积累,才能厚积薄发迸发出具有创造性的灵感。其次,大学生应积极参与学校进行的创新创业讲座与培训,及时了解创新创业政策、创新创业方法与途径等。大学生还可以通过参加"挑战杯"和"互联网+"大学生创新创业大赛等项目积极主动参与到创新创业中去,体验创造性劳动的魅力,从而为之后的职业生涯积累经验,锻炼创新能力。

  习近平指出:"当代工人不仅要有力量,还要有智慧、有技术,能发明、会创新,以实际行动奏响时代主旋律。"这就体现出创造性劳动是当代工人的使命,也是价值所系。所以在当今的劳动过程中,我们需要利用创造性的思维方式,将劳动建立在开放性思维和挑战性实践的基础之上,要以扎实的学识和技能作支撑,力求成为具有知识、技术和创新思维的新时代人才。广大劳动者更要注重塑造创新的劳动品质,应当积极地响应国家号召,以创新驱动发展战略为导向,以"创造最伟大"的价值理念为动力,不断增强创新意识、激发创新激情、释放创新潜能。广大劳动者要在劳动创造过程中磨炼意志、坚定信念。在创造性劳动的过程中,劳动者必然会遇到许多困难和挫折,但信念和毅力能使他们直面困难、迎难而上,不断改进和完善创造性成果。广大劳动者要以主人翁的姿态从事创造性劳动,积极主动地投身于"大众创业、万众创新"浪潮,推动"中国速度向中国质量转变、中国制造向中国创造转变、制造大国向制造强国转变"[①]。

拓展阅读

王羲之潜心苦学墨当饭[②]

  王羲之大约五六岁的时候,就拜卫夫人为老师学习书法。他的书法进步很快,7岁的时候,便以写字而在当地小有名气了,很得前辈的喜爱和夸奖。

  王羲之在11岁的时候,就读了大人才能读懂的《笔说》。他按照《笔说》中所讲的方法,天天起早摸黑地写呀,练呀,简直都入了迷。过了一段时间,看看自己写的字,与以前写的比较,果然有些变化。一天他的老师卫夫人看了后吃了一惊,对人说:"这孩子必定是看到书法秘诀了,我发现他近来的字,已到达成年人的水平了,照这样发展下去,这孩子将来在书法方面的成就必须会淹没我的名声的。"

  王羲之并没有因老师称赞而沾沾自喜,骄傲自满,他临帖更用心、更刻苦了,甚至到达

[①] 李珂.劳动最光荣 奋斗最幸福——深入学习贯彻习近平总书记关于劳动的重要论述[J].求是,2019(09):26-28.
[②] 书法家的故事——潜心苦学墨当饭[EB/OL].[2016-03-29].https://www.51test.net/show/6855222.html.

了废寝忘食的地步。

有一次吃午饭,书童送来了他最爱吃的蒜泥和馍馍,几次催他快吃,他仍然连头也不抬,像没听见一样,专心致志地看帖、写字。饭都凉了,书童没有办法,只好去请王羲之的母亲来劝他吃饭。母亲来到书房,只见羲之手里正拿着一块沾了墨汁的馍馍往嘴里送呢,弄得满嘴乌黑。原先羲之在吃馍馍的时候,眼睛仍然看着字,脑子里也在想这个字怎样写才好,结果错把墨汁当蒜泥吃了。母亲看到这情景,憋不住放声笑了起来。王羲之还不明白是怎样回事呢!听到母亲的笑声他还说:"这天的蒜泥可真香啊!"

王羲之坚持数十年如一日,勤学苦练,临帖不辍,练就了很扎实的功夫,这为他以后的发展奠定了基础,铺平了道路。

王羲之在书法领域的地位是无人超越的,通过上面的小故事,我们也看到,他在自己的书法学习道路上付出了很多心血和汗水。所以,如果你也想学有所成,那么,勤学苦练的学习之路一定要踏实走过。

图 5-1 王羲之及其书法作品

滥竽充数[①]

古时候,齐国的国君齐宣王爱好音乐,尤其喜欢听吹竽,手下有 300 个善于吹竽的乐师。齐宣王喜欢热闹,爱摆排场,总想在人前显示做国君的威严,所以每次听吹竽的时候,总是叫这 300 个人一起合奏给他听。

有个南郭先生听说了齐宣王的这个癖好,觉得有机可乘,是个赚钱的好机会,就跑到齐宣王那里去,吹嘘自己说:"大王啊,我是个有名的乐师,听过我吹竽的人没有不被感动的,就是鸟兽听了也会翩翩起舞,花草听了也会合着节拍颤动,我愿把我的绝技献给大王。"齐宣王听得高兴,不加考察,很痛快地收下了他,把他也编进那支 300 人的吹竽队中。

这以后,南郭先生就随那 300 人一块儿合奏给齐宣王听,和大家一样拿优厚的薪水和丰厚的赏赐,心里得意极了。

[①] 《国学典藏》丛书编委会. 文字上的中国 成语[M]. 北京:中国铁道出版社,2018.

其实南郭先生撒了个弥天大谎,他压根儿就不会吹竽。每逢演奏的时候,南郭先生就捧着竽混在队伍中,人家摇晃身体他也摇晃身体,人家摆头他也摆头,脸上装出一副动情忘我的样子,看上去和别人一样吹奏得挺投入,还真瞧不出什么破绽来。南郭先生就这样靠着蒙骗混过了一天又一天,不劳而获地白拿薪水。

可是好景不长,过了几年,爱听竽合奏的齐宣王死了,他的儿子齐湣(mǐn)王继承了王位。齐湣王也爱听吹竽,可是他和齐宣王不一样,认为300人一块儿吹实在太吵,不如独奏来得悠扬逍遥。于是齐湣王发布了一道命令,要这300个人好好练习,做好准备,他将让这300人轮流来一个个地吹竽给他欣赏。乐师们知道命令后都积极练习,想一展身手,只有那个滥竽充数的南郭先生急得像热锅上的蚂蚁,惶惶不可终日。他想来想去,觉得这次再也混不过去了,只好连夜收拾行李逃走了。

像南郭先生这样不学无术靠蒙骗混饭吃的人,骗得了一时,骗不了一世。假的就是假的,最终逃不过实践的检验而被揭穿伪装。我们想要成功,唯一的办法就是勤奋学习,诚实劳动,只有练就一身过硬的真本领,才能经受得住一切考验。

图5-2 滥竽充数

华为的自主创新之路[①]

在过去的30年时间里,大多数中国民营科技企业总是逃脱不了"各领风骚三五年"的宿命,我们也听到和看到太多关于中国民营企业崛起、衰落、倒闭的悲伤故事。但是华为技术有限公司却成功了!华为从2万元起家,用25年时间,从名不见经传的民营科技企业,发展成为世界500强和全球最大的通信设备制造商,创造了中国乃至世界企业发展史上的奇迹!

华为成功的秘密就是创新。创新无疑是提升企业竞争力的法宝,同时它也是一条充满了风险和挑战的成长之路。尤其在高新技术产业领域,创新被称为一个企业的生存之本和一个品牌的价值核心。

"不创新才是华为最大的风险",华为董事兼CEO任正非的这句话道出了华为骨子里的创新精神。"回顾华为20多年的发展历程,我们体会到,没有创新,要在高科技行业中生存下去几乎是不可能的。在这个领域,没有喘气的机会,哪怕只落后一点点,就意味着逐渐死亡。"正是这种强烈的紧迫感驱使着华为持续创新。

华为虽然和许多民营企业一样从做"贸易"起步,但是华为没有像其他企业那样,继续沿着"贸易"的路线发展,而是踏踏实实地搞起了自主研发。华为把每年销售收入的10%

---

① 自主创新案例——华为[EB/OL].[2016-04-14]. https://wenku.baidu.com/view/8d875d9a25c52cc58ad6beeb.html.

投入研发,数十年如一日,近10年投入的研发费有1 000多亿元人民币,在华为15万名员工中有近一半的人在搞技术研发。为了保持技术领先优势,华为在招揽人才时提供的薪资常常比很多外资企业还高。

华为的创新体现在企业的方方面面,在各个细节之中,但是华为不是为创新而创新,它打造的是一种相机而动、有的放矢的创新力,是以客户需求、市场趋势为导向,紧紧沿着技术市场化路线行进的创新,这是一种可以不断自我完善与超越的创新力,这样的创新能力才是企业可持续发展的基石。

江西图书馆机器人吵架背后涉及的人工智能技术[①]

近段时间,江西图书馆里两个机器人为了争抢粉丝而"拌嘴"。这是非常有趣的一件事,也折射出人工智能产业如火如荼的发展现状。

首先,机器人要能识别人类的语言,并把对方说话的语音音频信号转换成电脑文本(我们每天往Word里输入的东西),这就是语音识别技术。全球有很多种语言,中国有很多种方言。电脑需要先通过神经网络、深度学习,建立各种语言、方言的语音声纹样本库。然后通过麦克风,实时采集另一个机器人说话的音频信号,过滤掉背景噪声(四周人类的笑声),切分成句子,用样本库匹配,转成文本。最后用自然语言处理(NLP)技术,调整识别结果,使之成为一句通顺的、高置信度的话。

反之,机器人在"思考"后,得知对方抢走了自己的粉丝,需要把"不满"的思考结果"说"出来,这就是语音合成技术。为了能让机器人开口说话,预先要建立声纹样本库,把电脑文本转换成人类语音音频信号,再通过音箱播放出来。这步看似比识别容易,但要能实现多语言、男女声、方言、多音字、音调、语气等说话效果,就不那么容易了。

神经网络是人工智能技术的基石,它模拟人脑神经元的工作原理,通过深度学习等训练方法,调整神经元之间的联系权重,模拟人脑的处理机制,实现近似效果。深度学习是训练神经网络的一种方法。早期的训练方法,需要人类去建立大量样本库,比如手写数字0~9的图片与标签,告诉机器输入图片的含义、图片的样本特征、图片的识别结果。最难也最重要的是定义样本特征。深度学习通过多层网络等技术,自动提取样本特征,效果远好于早期算法。

预先建立人类说话的常用表达、词槽、词典、前置语境、后置语境等,形成交互语料库。自然语言处理(NLP)是把人类语言的文本段落、句子,依靠知识图谱,按照联合概率,分解成词,判断词性、语气、情绪。通过语料库与自然语言处理技术,机器人识别出另一个机器人说话的意图,结构化分解成多个关键词,再从话术库里提取最正确的作答信息,组建出反馈的话。最后通过语音合成技术播放出去。

最后提一提计算机视觉。计算机视觉是通过机器人的前置摄像头,实时采集前方画面,并对画面内容进行分析,做出合理的反馈。这也是"自动驾驶汽车"等应用的最核心部件。

图书馆这"二位",一边像人类那样去"拌嘴",一边根据吵架内容去调整自己的屏幕朝

[①] 江西图书馆机器人吵架背后涉及的人工智能技术[EB/OL].[2021-01-07]. https://baijiahao.baidu.com/s?id=1688194432805654969&wfr=spider&for=pc.

向,的确彰显出人工智能产业与技术比较成熟的信号。

未来,期待人工智能、机器人、高科技带来的巨大生产力进步与变革,愿人工智能技术可以解决人类面临的饥荒、环境、争端等诸多问题!

思考 实践

1. 《荔枝蜜》是当代散文名家杨朔的代表作之一,作者以借物喻人的写作手法,借歌颂蜜蜂,表现蜜蜂高尚品质,进而来歌颂勤劳勇敢的劳动者精神。通过对本章的学习,相信你一定对劳动品质有了新的感悟。再读《荔枝蜜》,写一篇800字左右的阅读感悟。

2. 东汉有一少年名叫陈蕃,独居一室而龌龊不堪,受到其父之友薛勤的批评:"为何不打扫干净屋子以迎接宾客?"他回答说:"大丈夫处世,当扫除天下,安事一屋乎?"对此,后世读者反驳道:"一屋不扫,何以扫天下?"以"一屋不扫何以扫天下"VS"一屋不扫可以扫天下"为主题,开展一场辩论赛。

3. 不再穿的旧T恤不要丢掉,来试试DIY不用手缝的T恤环保袋吧。你还能想到哪些变废为宝的创意?试着动手让你的奇思妙想变成现实。

材料工具:旧T恤、剪刀、彩色胶带、标尺或卷尺。

第一步:为了使剪裁均匀,将T恤对半折叠。

第二步:将两只袖子剪去。

第三步:剪去领口,建议剪出略呈椭圆形的形状,而不是圆形。

第四步:把T恤内外翻过来。确定你想要手提袋的深度,沿水平线贴上胶带,胶带底部位置就是环保袋底部位置。

第五步:将T恤底部向上剪到贴胶带处,等间距剪开。

第六步：将上下两层的布条绑起来。

第七步：取下胶带，把手提袋内外翻回来，在手提部分系结。T恤环保袋就完成了。

第六章
劳 动 能 力

学习目标

掌握大学生应具备的一般性劳动能力。能根据自身情况,掌握一般性劳动能力,了解自身职业兴趣,并逐步掌握提升性劳动能力。

课堂导入

卫生差、自理能力差、有安全风险 大学生租房频遭房东"嫌弃"[①]

毕业季将近,租房市场渐渐热了起来,20日,记者走访大学校园附近多个房产中介发现,目前已有大批大学生前来咨询租房事宜,虽然房租与往年变化不大,但租房成交率却很低。很多房东不愿意租给大学生,认为大学生房客不注意居住卫生,不爱惜家电家具,不会基本生活技能,尤其是女大学生因安全问题,成为合租群体中的"困难户"。"我当初租给了几个考研的大学生,一开始说三个人,最后住进去五个,太阳能管一星期坏了两根,我联系好维修工进门一看,卫生间里都长黑斑了。"郑女士说道,她当初真没想到,大学生们这么不注意卫生,她已经向中介明确表示,今后租客不能为大学生,不接受合租。采访中,还有房东表示,大学生租客没有生活经验,水电费不会交,需要房东帮忙交,跳闸后不知道电闸在哪里,也要给房东打电话来合电闸。

劳动能力是个体在相应的工作岗位上表现出来的能够胜任工作需求的能力,包括知识储备、技能掌握、探索创新等[②]。劳动能力可以划分为一般性劳动能力、职业性劳动能力、提升性劳动能力。一般性劳动能力是指日常所需的劳动能力,包括为自己及他人服务的体力及脑力劳动,如生活劳动(打扫卫生、洗衣做饭、种植花草等)、生产劳动(专业实验、数据分析、市场调研、撰写论文等)、服务劳动(支教扶贫、志愿服务等)。职业性劳动能力,指通过专门的训练,具备专门知识的劳动能力;也包括有特殊与岗位匹配的能力,如从事飞机驾驶员工作的人需要动作协调能力强;从事律师工作的人需要逻辑思维能力及语言

[①] 俞荣.卫生差、自理能力差、有安全风险 大学生租房频遭房东"嫌弃"[EB/OL].[2018-05-22].http://www.dezhoudaily.com/dzsh/p/1395527.html.

[②] 夏永庚,崔佳丽.实施"大劳动教育":现实诉求、基本逻辑与路径选择[J].当代教育论坛,2020(06):28-34.

表达能力强等。提升性劳动能力,是指在完成某项任务后获得的可迁移的,对劳动者未来发展起关键作用的能力。

一、一般性劳动能力

一般性劳动能力是指日常所需的劳动能力,包括具备为自己及他人服务的体力及脑力劳动技能。体力劳动主要包括完成日常家务(洗晒衣服、打扫卫生、储物收纳、厨房烹饪)、农业耕种、植物种植、饲养家禽等。脑力劳动包括组织思维(条理性思维、综合性思维、创造性思维、尊重性思维、道德性思维)和进行表达(口头表达、书面表达)。对于大学生而言,需要在家务技能、农耕技能、思维和表达等方面有针对性加强。

(一)体力劳动技能

体力劳动是劳动者以运动系统为主要运动器官的劳动,与"脑力劳动"相对。日常家务、农业耕种、植物种植、饲养家禽都属于体力劳动。

1. 日常家务

洗晒衣服。洗衣前要浸泡20～30分钟,可以有效地去除污渍。还要注意分类洗,按内衣、外衣,颜色深浅及布料的粗硬细柔分类。会褪色的服装或毛衣、毛巾最好单洗,以免给其他织物染色,或粘上毛粒。袜子有味道或脏,要先另外洗掉脏垢,再放入洗衣机内跟其他衣物一起洗。踏脚布分类洗,如厨房、浴室、门口的踏脚布都要分开洗。洗好的衣物,晾的时候要分类挂,不可挤在一起。天气好时晾在外面晒太阳,最要将织物的里层翻在外面,以防深色衣料会褪色。若是阴天或下雨天,衣物晾在室内不容易干,厚一点几天才会干。干了之后,还会有点湿气,尤其是冬天。北方可以悬挂在暖气管上方,南方需要用烘干机烘一二十分钟,再摊开10分钟左右后折叠整齐收到衣柜。以上晒洗衣物的处理方法,是为了避免衣物潮湿、发霉。

打扫卫生。原则上,打扫首先要从四面角落开始。角落常易被忽略,但它其实是最容易藏污纳垢的地方。所以不管打扫哪里,先从旁边角落开始清扫,再向中部集中,先难后易,既彻底干净还不累。玻璃窗用专门的工具刷洗,会省时、省力又省水。先取下能装卸的纱窗或玻璃窗,擦洗干净,然后再将固定的纱窗或玻璃窗自上而下擦洗完毕,最后擦洗窗框。一切清刷干净后再装回去。窗帘脏了或是有味道,要拿下来洗。百叶窗上面有灰尘,先将百叶窗拉平,用湿布擦干净,再反方向拉平擦另外一面。

储物收纳。衣柜的分类整理很重要。要按季节、按人员、按配套分类保管,并及时将用不上的衣物转送或捐赠给需要的人。春、夏、秋、冬寝具折叠整齐、分类放置,折叠时四个角拉平,再对角折成四方形,折叠后放在架上不占空间。棉被、毛毯、毛垫等比较厚的装回原包装套中,又好找又干净。寝具使用前要日晒去湿消毒。其他有放文具、医药的储物柜,平常要保持整齐清洁。药品要常常查看是否过期。外用药品盖子要盖紧,有些外用药是油性的,用后要将瓶口擦干,并且另外放,最好分类,容易找也整齐。放工具、清洁用品、清洁用具、纸袋、包装用品(具)等,平常随手放整齐,并且要养成归纳的习惯,下次用时容易找寻,整理时不用花太多时间。

厨房烹饪。菜肴原料多种多样,有老、有嫩、有硬、有软,烹调中的火候运用要根据原料质地来确定。软、嫩、脆的原料多用旺火速成,老、硬、韧的原料多用小火长时间烹调。数量越少,火力相对就要减弱,时间就要缩短。原料形状与火候运用也有直接关系,一般来说,整体大块的原料在烹调中由于受热面积小,需长时间才能成熟,所以火力不宜过旺。而碎小形状的原料因其受热面积大,急火速成即可成熟。小火烹调的菜肴,如清炖牛肉,是以小火烧煮的。烹制前先把牛肉切成方块,用沸水焯一下,清除血沫和杂质。这时牛肉的纤维处于收缩阶段,要转中火,加入辅料,烧煮片刻,再转小火,通过小火烧煮,使牛肉收缩的纤维逐渐伸展。当牛肉快熟时,再放入调料炖煮至熟,这样做出来的清炖牛肉,色香味形俱佳。中火适用于炸制菜,凡是外面挂糊的原料,在下油锅炸时,使用中火下锅,逐渐加油的方法,效果较好。旺火适用于爆、炒、涮的菜肴。一般用旺火烹调的菜肴,主料多以脆、嫩为主,如葱爆羊肉、涮羊肉、水爆肚等。要烹制水爆肚,焯水时,必须沸入沸出,这样涮出来的才会脆嫩。原因在于旺火烹调的菜肴,能使主料迅速承受高温,纤维急剧收缩,使肉内的水分不易浸出,吃时就脆嫩。

2. 农业耕种

水稻、小麦是我国常见的农业种植物。我国是最早开始种植水稻的国家,下面以水稻为例,简要介绍其耕种步骤。

整地:种稻之前,必须先将稻田的土壤翻过,使其松软,这个过程分为粗耕、细耕和盖平三个阶段。过去使用兽力和犁具,主要是水牛来整地犁田,但现在多用机器整地了。

育苗:农民先在某块田中培育秧苗,此田往往会被称为秧田,在撒下稻种后,农民多半会在土上撒一层稻壳灰;现代则多由专门的育苗中心使用育苗箱来使稻苗成长,好的稻苗是稻作成功的关键。在秧苗长高约8厘米时,就可以进行插秧了。

插秧:将秧苗仔细地插进稻田中,间格有序。传统的插秧法会使用秧绳、秧标或插秧轮,来在稻田中做记号。手工插秧时,会在左手的大拇指上戴分秧器,帮助农民将秧苗分出,并插进土里。插秧的气候相当重要,如下大雨则会将秧苗打坏。现代多有插秧机插秧,但在土地起伏大、形状不是方形的稻田中,还是需要人工插秧。秧苗一般会呈南北走向。还有更为便利的抛秧。

除草除虫:秧苗成长的时候,得时时照顾,并拔除杂草;有时也需用农药来除掉害虫(如福寿螺)。

施肥:秧苗在抽高,长出第一节稻茎的时候称为分蘖期,这段时间往往需要施肥,让稻苗成长得健壮,并促进日后结穗米质的饱满。

灌排水:水稻比较依赖这个程序,旱稻的话是旱田,灌排水的过程较不一样,但是一般都需在插秧后,幼穗形成时,还有抽穗开花期加强水分灌溉。

收成:当稻穗垂下、金黄饱满时,就可以开始收成,过去是农民将稻穗一束一束用镰刀割下,再扎起,利用打谷机使稻穗分离,现代则有收割机,将稻穗卷入后,直接将稻穗与稻茎分离出来,一粒一粒的稻穗就成为稻谷。

干燥、删选:收成的稻谷需要干燥,过去多在三合院的前院晒谷,需时时翻动,让稻谷干燥。删选则是将瘪谷等杂质删掉,用电动分谷机、风车或手工抖动分谷,利用风力将饱满有重量的稻谷自动筛选出来。

3. 植物种植

植物是我们生活中不可缺少的一部分,不同的植物其生长方式不一样。那么植物的种植过程大概是什么样的呢?首先要根据植物习性选择合适的种植地,一般来说,需要土壤肥沃、土层深厚。有些植物喜欢沙质土,有些植物喜欢偏酸性的土壤。选好种植地之后,我们要对土地进行翻耕,去除杂物,如有需要还要开沟,然后根据植物品种确定施加的基肥。一般来说是进行种子种植,这就需要我们选择完好无病害的种子,有些植物种子不易发芽,需要进行催芽处理;还有的植物可用种苗、块茎进行种植。植物生长期间,需要定时进行水肥的供给。有些植物喜肥,氮磷钾肥要追施及时,有些植物耐干,土壤干了再浇水即可。在种植过程中,都需要注意排水问题。如果是开花、结果的植物,还要施好营养肥料。一些枝繁叶茂的植物需要对其进行修剪,像果树就需要疏花疏果、修剪树冠,促进果实生长。植物生长过程中避免不了一些病虫害侵蚀,这就需要我们根据不同情况来选用药剂进行防治。

4. 饲养家禽

常见的家禽有鸽、鸡、鸭、鹅等。家禽喂养人员应注意预防禽流感,工作时需佩戴口罩、穿工作服,减少人体直接接触家禽的概率。接触污物时应佩戴口罩和手套、穿防护服,处理后应及时洗手、消毒。

家禽喂养日常管理要点:

① 饲料配比合理。一是保证饲料成分明确、干净卫生,没有不良添加剂;二是保证饲料新鲜,如果放置时间过长,要及时处理,不能拿来喂养家禽;三是保证营养均衡,特别是家禽在产蛋期间,可以在饲料中加入钙元素等。

② 饮水合理。要提供充足、干净的水,定期更换饮水,防止饮水污染。

③ 保证卫生。一是环境要卫生、通风、干燥,定期使用的器具要卫生,保证每天清洗,定期消毒;二是防止外来人员携带病菌。

(二)脑力劳动技能

脑力劳动(Mental labour),与"体力劳动"相对。以脑力消耗为主的劳动,其特征在于劳动者在生产中运用的是智力、科学文化知识和生产技能,故亦称"智力劳动"。脑力劳动技能包括思维能力、表达能力等。

1. 思维能力

思维能力指人们在工作、学习、生活中每逢遇到问题,总要"想一想",这种"想",就是思维。它是通过分析、综合、概括、抽象、比较、具体化和系统化等一系列过程,对感性材料进行加工并转化为理性认识来解决问题的。我们常说的概念、判断和推理是思维的基本形式。思维能力包括记忆能力、观察能力、注意能力、理解能力、想象能力、算术能力、逻辑思维能力和空间判断能力等。

记忆能力。记忆是人类心智活动的一种,属于心理学或脑科学的范畴。记忆代表着一个人对过去活动、感受、经验的印象累积,有相当多种分类方式,主要因环境、时间和知觉来分类。根据记忆持续的时间将其分为三种不同的类型:瞬时记忆、短时记忆和长时记忆。

观察能力。观察能力是指大脑对事物的观察、发现、认知能力,如通过观察发现新奇的事物等,在观察过程对声音、气味、温度等事物有一个新的认识。敏锐的观察力可以使我们避免受表面现象的迷惑,而真正地看到事物的本质和变化的趋势。观察力,可以使一个人变得更加的睿智、谨严,发现许多人所不能发现的东西。

● 测一测:

测测你的观察力

请观察下图,这些横线是不是平行的?

图6-1 测观察力

注意能力。注意是心理活动对一定对象的指向和集中,是伴随着感知、记忆、思维、想象等心理过程的一种共同的心理特征。注意的广度、注意的稳定性、注意的分配和注意的转移,这是衡量一个人注意力好坏的标志。

理解能力。理解能力是指一个人对事物乃至对知识的接受能力。理解,有三级水平:低级水平的理解是指在知觉水平的理解,就是能辨认和识别对象,并且能给对象命名,知道它"是什么";中级水平的理解是在知觉水平理解的基础上,对事物的本质与内在联系的揭露,主要表现为能够理解概念、原理和法则的内涵,知道它是"怎么样";高级水平的理解属于间接理解,是指在概念理解的基础上,进一步达到系统化和具体化,重新建立或者调整认知结构,达到知识的融会贯通,并使知识得到广泛的迁移,知道它是"为什么"。

想象能力。想象能力是人在已有形象的基础上,在头脑中创造出新形象的能力。比如当对方说起汽车,马上就能想象出各种各样的汽车形象来。因此,想象一般是在掌握一定的知识面的基础上完成的。想象力是在头脑中创造一个念头或思想画面的能力。

算术能力。算术能力是指迅速而准确地运算的能力。大部分职业都要求人们有一定的算术能力,但不同职业对人的算术能力的要求程度不同。对于会计、出纳、统计师、建筑师、工业药剂师等职业来说,工作人员必须具有较强的计算能力;对于法官、律师、历史学研究者、护士、X光技师等职业来说,要求工作人员具备中等水平的计算能力;对于演员、话务员、招待员、厨师、理发师、导游、矿工等职业来说,对运算能力要求则较低。

逻辑思维能力。逻辑思维能力是指正确、合理思考的能力。即对事物进行观察、比较、分析、综合、抽象、概括、判断、推理的能力,也包括采用科学的逻辑方法,准确而有条理地表达自己思维过程的能力。

空间判断能力。空间判断能力是指能看懂几何图形、识别物体在空间运动中的联系、解决几何问题的能力。这方面的能力可以从中学时期一个人对平面几何和立体几何学习成绩的好坏看出来。与图纸、工程、建筑等打交道的人,对空间判断能力要求很高;而对于裁缝、电工、木工、无线电修理工、机床工来说,必须有一定的空间判断能力。

● 测一测:

趣味移动火柴

下面是一个倒着缺一条腿的椅子,请你移动两根火柴棍,把它正过来,并且看起来没有缺腿,你会吗?

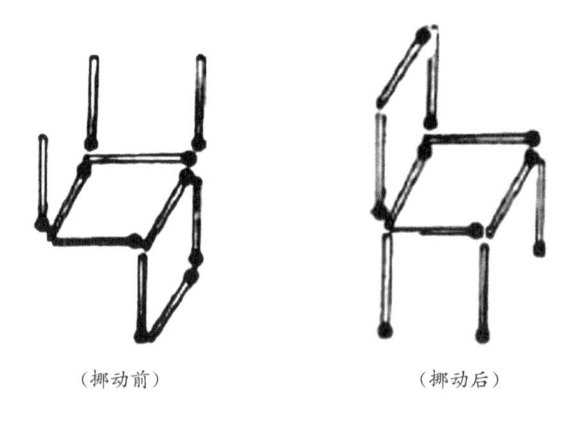

(挪动前)　　　　(挪动后)

图6-2　趣味移动火柴图

学习链接

几种常见问题分析方法

一、SWOT 分析法

SWOT 是英文单词的缩写,它们分别是:Strength(优势)、Weakness(弱势)、Opportunity(机会)、Threat(威胁)。就是将与研究对象密切相关的各种主要内部优势、劣势和外部的机会和威胁通过调查列举出来,并依照矩阵形式排列,然后用系统分析的思想,把各种因素相互匹配起来加以分析,从中得出一系列相应的结论,而结论通常带有一定的决策性。

比如,当我们在进行职业生涯规划时,SWOT 分析法是一种检查个人技能、能力、职业喜好和职业机会的有用工具。通过这个方法,可以很容易知道自己的优点与缺点在哪里,随之评估出自己感兴趣的不同职业道路的机会和威胁(困难)在哪里。

表6-1 运用SWOT分析法评估职业发展道路(例)

内部环境分析(S.W.) \ 外部环境分析(O.T.)	机会(Opportunity) (1)来自人力资源管理部门逐渐受到企业的重视的竞争; (2)入世后,外资企业的进入导致人力资源管理人才需求量的增大; (3)心理学在人力资源管理中的重要性逐渐凸显出来	威胁(Threat) (1)来自人力资源管理方向的毕业生的竞争; (2)MBA的兴起; (3)人力资源管理在很多企业中仍然处于刚起步阶段,其运作很不规范; (4)比起学历,我国许多企业更看重工作经验
优势(Strength): (1)硕士学历,成绩优秀; (2)丰富的学生干部管理经历; (3)大型公司半年实习的经历; (4)具有心理学的知识背景	优势机会策略(S.O.) (1)继续学习心理学知识,将心理学知识运用到人力资源管理中; (2)发挥担任学生干部的管理特长	优势威胁策略(S.T.) (1)强调自身心理学背景的优势; (2)强调大型公司半年的实习经验; (3)强调较强的学习能力和适应力
劣势(Weakness): (1)师范院校毕业; (2)没有丰富的工作阅历; (3)专业不对口; (4)性格急躁,容易冲动	劣势机会策略(W.O.) (1)利用较强的学习能力,自学人力资源管理课程,加强英语的学习; (2)继续加强自己在师范院校中所培养的口语交流、文字书写等优势	劣势威胁策略(W.T.) (1)训练克制自己的冲动个性; (2)结合两个不同的专业,培养宽阔的视野和创新能力; (3)积极寻找重视员工潜能的企业
分析后的整体结论:职业发展道路应定位在大中型的外资企业人力资源管理部门		

二、5W2H分析法

该分析法广泛用于企业管理和技术活动,对于决策和制定执行性的活动措施也非常有帮助,也有助于弥补考虑问题的疏漏。提出疑问于发现问题和解决问题是极其重要的。创造力高的人,都具有善于提问题的能力,众所周知,提出一个好的问题,就意味着问题解决了一半。提问题可以发挥人的想象力。连续以几个"为什么"来自问,可借此从多角度探究其根本原因。很多问题都是系统性的,是牵一发而动全身。真正影响大局的不是表面的问题,这种方式可以帮助我们找到问题根源。选定的项目、工序或操作,都可以从这几个方面去思考。

表6-2 5W2H分析法

项 目	思考方向及内容
Why	为何在这个时候、这个时间点出事?为何出事的当事人是这些人?为何必须在这个时间、日期才能解决问题?
What	什么是解决问题的必要条件?什么是解决问题的助力或者阻力?什么是解决问题的挑战?

续 表

项 目	思考方向及内容
Who	谁与此问题最相关？谁可能解决此问题？
When	问题发生的时间、时段、期限是什么？解决问题的时间、时段、期限是什么？
Where	问题发生在哪个地点？问题的范畴有多大？解决问题的着力点在何处？
How	事情发生的经过是如何？事情发生的频率如何？环境改变,事情本身如何变化？
How much	指标是多少？成本是多少？销售额是多少？

三、鱼骨图分析法

鱼骨图分析法又名因果分析法,是一种发现问题"根本原因"的分析方法,现代工商管理教育(如 MBA、EMBA 等)将其进一步划分为问题型、原因型及对策型鱼骨分析等几类先进技术分析方法。问题的特性总是受到一些因素的影响,我们可以通过头脑风暴找出这些因素,并结合其特征值及相互的关联性进行整理,形成层次分明、条理清楚的分析图。因其形状如鱼骨,所以叫鱼骨图。鱼骨图原本用于质量管理。

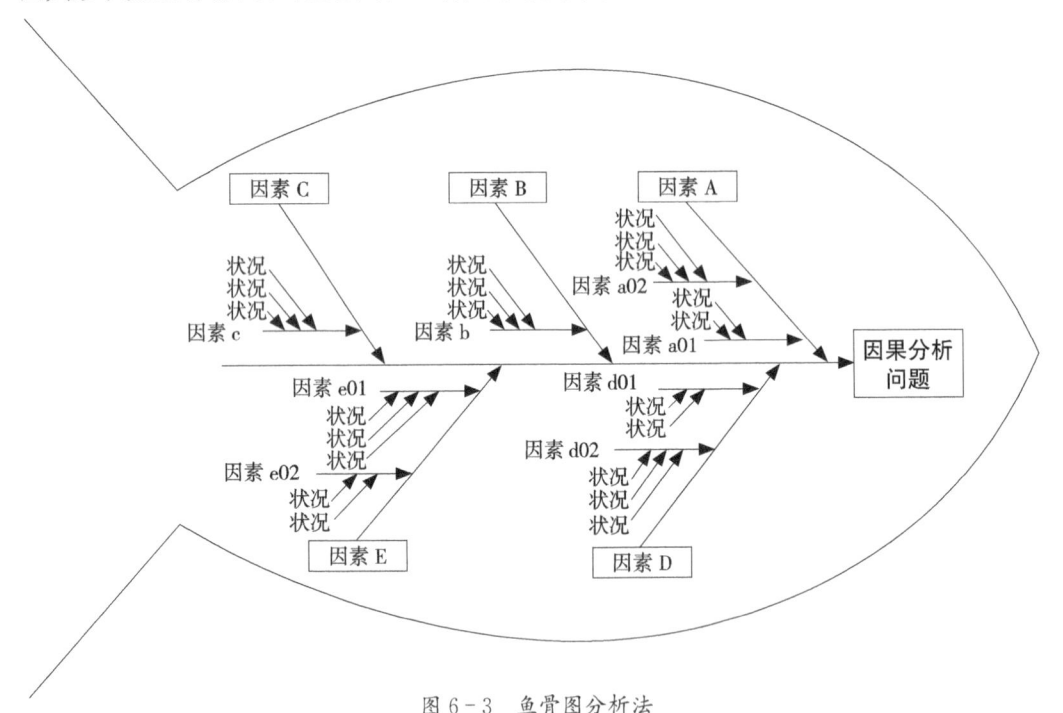

图 6-3　鱼骨图分析法

四、麦肯锡七步分析法

麦肯锡七步分析法又称"七步分析法",是麦肯锡公司根据他们做过的大量案例,总结出的一套对商业机遇的分析方法。它是一种在实际运用中,对新创公司及成熟公司都很重要的思维工作方法。具体包括：陈述问题、分析问题、去掉所有的非关键问题、制订详细的工作计划、进行关键分析、综合调查结果建构论证、讲述来龙去脉(图 6-4)。

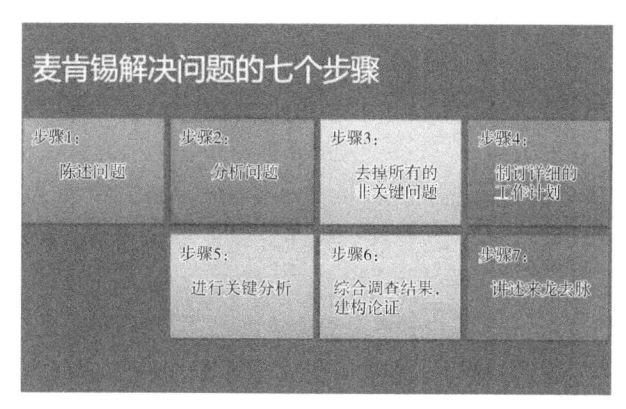

图 6-4 麦肯锡七步分析法

2. 表达能力

表达能力又叫作表现能力或显示能力,它是指一个人把自己的思想、情感、想法和意图等,用语言、文字、图形、表情和动作等清晰明确地表达出来,并让他人理解、体会和掌握的能力。表达能力包括口头表达能力、文字表达能力、数字表达能力、图示表达能力等形式。数字表达能力、图示表达能力属于专业范围内的基本技能。这里我们主要强调口头表达能力和文字表达能力。

(1) 口头表达能力

口头表达能力是指用口头语言来表达自己的思想、情感,以达到与人交流的目的的一种能力。口头语言比书面语言起着更直接的、更广泛的交际作用。现代社会的发展,对人的口头表达能力提出了越来越高的要求。

随着即时通信的发展,面对面的交流变得越来越少。有的人因此忽略了个人口头表达能力的训练,在与人沟通时会遇到困难。中国青年报社社会调查中心联合问卷网(wenjuan.com),对1 981名受访者进行的一项调查显示,49.6%的受访者害怕或厌恶当众发言。为提升表达能力,64.1%受访者被建议积极参加需要进行口头表达的活动。[1]

常见的口头表达方式有:

即席发言。这种发言不是事先准备好的,而是在发言过程中受到某些事物的刺激或在谈话时联想和诱发出来的,属于临时性的发言。即席发言,首先要注意观察周围事物的变化,在认真听取别人发言的基础上,取之精华,展开思想,有言可发;其次,要思维敏捷,善于逻辑归纳整合,通过他人的发言,迅速形成自己的发言提纲,谈吐要有条理;最后,要有广博知识,能够引用丰富的材料,旁征博引,举一反三,语言活泼,内容生动。

凭记忆讲。这是指将事先写出的稿子,记在脑子里,最后用语言表达。这需要讲究记忆的方法,花费相当大的功夫用脑子记。这种表达的优点是眼光始终注视观众,可观察到

---

[1] 王品艺,李丹妮.如何提高口头表达能力[N].中国青年报,2019-01-17(08).

观众的表情和态度并做适当调整,不足的是,演讲时精神可能较为紧张,担心讲错、遗忘、卡壳,造成影响。这种方式一般不适用于大型会议或工商界专题报告等。

有准备的脱稿演讲。这种演讲不必写出稿子,只是写个提纲就可以。其提纲主要包括论点、事例和必要的数字,不受书面词句的限制,可避免因记忆错误使演讲出现卡壳。在主要论点的基础上演讲,可较自由地发挥,讲起来也会生动、形象、深刻。这种演讲要准备认真,思维和反应要快,提纲要字迹清楚,能一目了然,要按页排好,切勿遗失。

照稿宣读。这种演讲一般适用于重大的会议或技术性很强的会议,是指按照已准备好的稿子或讲稿进行宣读,通常用于正式场合或需要准确传达信息的场合。这种宣读方式可以确保信息的准确性和一致性,避免因口头表达失误而导致的误解或混淆。

(2) 书面表达能力

书面表达是指通过文字形式来传递信息、表达观点或描述事物的过程。它是一种与口头表达相对应的表达方式,主要通过写作、文章、报告、邮件等形式来实现。书面表达要求语言准确、清晰、连贯,并能够在文字中展现出作者的思想、情感和态度。

书面表达的优势在于其直观明确性,因为表达者有足够的时间去构思和润色,避免了口头表达中可能出现的遗漏、逻辑性差等缺点,使得内容更加深刻和全面。任何一个书面表达都是表达者深思熟虑的结果。在实际应用中,根据需求和情境选择合适的表达方式是非常重要的。书面表达是一种重要的沟通方式,无论是在学术、商业、社交等各个领域,都扮演着有效沟通的关键手段之一。

常见的书面表达问题有:

条理不清晰,描述比较随意。这种情况常见于各种书面沟通的形式中,很多人对自己表达内容的描述很随意,也不会分点列明。

不分场合,使用同一种语言风格。书面沟通有很多场合,常见的有汇报、工作总结、会议纪要、系统上线公告等,在不同的场合及情况应该有着不同的语言风格。

内容太过专业,对方很难读懂。这个类似于"用户视角"和"企业视角"的辨析,从内容输出者的角度来讲,输出的内容都是自己在工作中经常接触到的,一看就明白,但是这并不意味着对方像你一样对你所写的东西这么了解。

有错别字。这一点是非常不能容忍的,在对方看来,错别字不仅代表你的不重视,还会代表你的不专业。

● 测一测:

下列各句中,语义明确、没有歧义的一句是(　　)。

A. 小王回到了宿舍,发现老朱和他的朋友仍然坐在那里聊天

B. 在《我的首长》这篇文章中,他写了许多感人的故事

C. 我眼看着他进了自己的屋子,就跟着走了进去

D. 董事长看到总经理非常高兴,不由分说地把他拉到了办公室里

答案:B

学习链接

公 文 写 作

公文,全称公务文书,是机关团体、企事业单位等依法成立的社会组织用来办理公务、有特定效力和规范格式的应用文。《党政机关公文处理工作条例》(以下简称《条例》)经党中央、国务院同意,由中共中央办公厅、国务院办公厅于 2012 年 4 月 16 日印发,自 2012 年 7 月 1 日正式施行。《条例》中的第八条将公文分为 15 个大类,分别是:**决议**。适用于会议讨论通过的重大决策事项。**决定**。适用于对重要事项作出决策和部署、奖惩有关单位和人员、变更或者撤销下级机关不适当的决定事项。**命令(令)**。适用于公布行政法规和规章、宣布施行重大强制性措施、批准授予和晋升衔级、嘉奖有关单位和人员。**公报**。适用于公布重要决定或者重大事项。**公告**。适用于向国内外宣布重要事项或者法定事项。**通告**。适用于在一定范围内公布应当遵守或者周知的事项。**意见**。适用于对重要问题提出见解和处理办法。**通知**。适用于发布、传达要求下级机关执行和有关单位周知或者执行的事项,批转、转发公文。**通报**。适用于表彰先进、批评错误、传达重要精神和告知重要情况。**报告**。适用于向上级机关汇报工作、反映情况,回复上级机关的询问。**请示**。适用于向上级机关请求指示、批准。**批复**。适用于答复下级机关请示事项。**议案**。适用于各级人民政府按照法律程序向同级人民代表大会或者人民代表大会常务委员会提请审议事项。**函**。适用于不相隶属机关之间商洽工作、询问和答复问题、请求批准和答复审批事项。**纪要**。适用于记载会议主要情况和议定事项。

公文的一般格式。用纸格式方面,公文用纸采用《印刷、书眉和绘图纸幅面尺寸》(GB/T 148—1997)中规定的 A4 型纸(210 mm×297 mm),张贴的公文用纸大小,根据实际需要确定。公文用纸天头(上白边)为 37 mm±1 mm,公文用纸订口(左白边)为 28 mm±1 mm,版心尺寸为 156 mm×225 mm。印装格式方面,文字符号一律从左到右横写、横排。在少数民族自治地方,可以并用汉字和通用的少数民族文字。公文要双面印刷,左侧装订。字体和字号方面,如无特殊说明,公文格式各要素一般用 3 号仿宋体字。特定情况可以做适当调整。文字的颜色方面,如无特殊说明,公文中文字的颜色均为黑色。行数和字数方面,一般每面排 22 行,每行排 28 个字,并撑满版心。特定情况可以做适当调整。

为了阅读和使用的方便,《党政机关公文格式》(GB/T 9704—2012)中将版心内一篇完整的公文各要素分为版头、主体、版记三大部分。版头部分是指公文首页红色分隔线以上的部分,包括份号、密级和保密期限、紧急程度、发文机关标志、发文字号、签发人以及红色分隔线等要素。主体部分是指公文首页红色分隔线(不含)以下、公文末页首条分隔线(不含)以上的部分。包括公文标题、主送机关、正文、附件说明、发文机关署名、成文日期、印章、附注、附件等要素。版记部分是指公文末页首条分隔线以下、末条分隔线以上的部分。包含分隔线、抄送机关、印发机关和印发日期、页码等要素。

通知写作要点及范文[1]

通知通常是下行文,是运用最为广泛的一种公文。根据适用范围,可以分为:批转性通知、转发性通知、发布性通知、事务性通知、任免通知、告知性通知。主要要素如下:

标题。通知的标题一般采用公文标题的常规写法。由"发文机关+事由+文种"组成,如《中共中央办公厅、国务院办公厅关于严禁用公费变相出国(境)旅游的通知》。也可以省略发文机关,直接由"事由+文种"组成标题,如《关于印发〈规范国有土地租赁若干意见〉的通知》。

主送机关。通知的发文对象一般都是比较明确,因此需要有主送机关。需要注意的是,如果主送机关较多,应按机关单位的级别高低排列。

正文。正文主要包括通知缘由、通知事项和执行要求。通知缘由,事务性、任免性、告知性通知主要写明有关背景、根据、目的和意义;批转性、转发性通知可以在开头表述通知缘由,但多数以直接表明转发对象和转发决定为开头,无须说明缘由;发布性通知多数情况下无明显的开头部分,一般不交代缘由。通知事项,需要写明发布的指示、安排的工作,提出的发放、措施和步骤等具体内容,便于收文机关知晓和执行。执行要求,发布性、事务性和告知性通知可以在结尾处提出有关要求,如无必要,也可以没有这一部分。篇幅短小的通知一般不需要有专门的结尾部分。

发文机关署名和成文日期。通知的发文机关署名和成文日期无特别之处,按党政机关公文的一般要求编排在最后即可。

范文:告知性通知

国务院办公厅关于××××年部分节假日安排的通知
国办发明电〔××××〕××号

各省、自治区、直辖市人民政府,国务院各部委、各直属机构:

根据《国务院关于修改〈全国年节及纪念日放假办法〉的决定》,为便于各地区、各部门及早合理安排节假日旅游、交通运输、生产经营等有关工作,经国务院批准,现将××××年元旦、春节、清明节、劳动节、端午节、中秋节和国庆节放假调休日期的具体安排通知如下。

一、元旦:1月1日至3日放假公休,共3天。

二、春节:2月2日(农历除夕)至8日放假调休,共7天。1月30日(星期日)、2月12日(星期六)上班。

三、清明节:4月3日至5日放假调休,共3天。4月2日(星期六)上班。

四、劳动节:4月30日至5月2日放假公休,共3天。

五、端午节:6月4日至6日放假公休,共3天。

---

[1] 岳海翔.党政机关公文标准与格式应用指南:解读、案例、模板[M].北京:人民邮电出版社,2019:112.

六、中秋节:9月10日至12日放假公休,共3天。

七、国庆节:10月1日至7日放假调休,共7天。10月8日(星期六)、10月9日(星期日)上班。

节假日期间,各地区、各部门要妥善安排好值班和安全、保卫等工作,遇有重大突发事件发生,要按规定及时报告并妥善处置,确保人民群众祥和平安度过节日假期。

国务院办公厅

(加盖公章)

××××年×月×日

3. 常见办公软件使用

计算机已经在我们工作、生活的各个方面普及,作为一名职场人,只要一打开电脑,基本上处理90%以上的工作事务都需要使用办公软件,无论是起草文件、撰写报告还是统计分析数据,办公软件已经成为我们工作必备的基础软件。在校期间掌握办公软件的使用方法,会让你更快适应未来的工作世界。

(1) 文字处理软件

在使用计算机办公软件的过程中,我们通常会使用 Microsoft Office Word 软件。这是一款文本编辑软件,可以让你快速轻松地整理各种需求。一份文件,通过编辑文档,可以使打印出来的文档更加美观大方。Word 软件能满足人们对文本编排的需求,也是最基本的办公软件。文字处理软件在企业办公自动化中具有重要意义。一方面,文字处理软件可用于文字编辑、排版、校对和印刷;另一方面,文字处理软件占用较小的存储空间,而且是可移植的。移动存储空间可用于文件传输和备份,有利于提高工作效率。

(2) 图像处理软件

为了更快地实现对图片、图像、平面广告等各种包装设计应用的处理,开发和应用了图像处理技术。Photoshop(PS)软件是应用最广泛的图像处理软件,其功能强大,能够满足不同人群的需求,如图像修复、图片剪裁、图像大小处理、美化等。

(3) 数据处理软件

计算机具有强大的数据处理功能,可以处理各种数据材料,因此在办公过程中有着广泛的应用。在计算机数据处理的帮助下,办公变得更加方便和高效,从而有效地实现了办公自动化。数据处理主要包括数据的收集、存储、处理、整理、检索和发布过程。数据处理软件的使用有利于科学管理,大大提高了办公效率。例如,使用 Microsoft Office Excel 软件可以实现表单设计,办公人员可以更方便地处理数据。

（4）演示文稿软件

Microsoft Office PowerPoint 是微软公司的演示文稿软件。用户可以借助该软件在投影仪或者计算机上进行演示，也可以将演示文稿打印出来，制作成胶片，以便应用到更广泛的领域中。

利用 Microsoft Office PowerPoint 不仅可以创建演示文稿，还可以在互联网上召开面对面会议、远程会议或在网上给观众展示演示文稿。2010 及以上版本中可将会议过程保存为视频格式。演示文稿中的每一页被称为幻灯片。

二、职业性劳动能力

职业性劳动能力，指通过专门的训练，具备专门知识的劳动能力，通常也就是我们说的专业能力，本书在此不做赘述。职业性劳动能力也包括与岗位匹配的基础能力，如从事飞机驾驶员工作的人需要动作协调能力强，从事律师工作的人需要逻辑思维能力及语言表达能力强等。不同职业类型对应不同的基础职业能力，详见表 6-3。

表 6-3 基础职业能力与适宜职业类型表

基础职业能力	含　义	适宜的职业类型
语言理解与表达能力	指对词的理解和适应能力，对词、句子、段落、篇章的理解能力，以及清楚而准确地表达自己观点的能力	教师、营业员、服务员、护士等
算术能力	指迅速而准确地运算的能力	会计、出纳、统计师、建筑师、药剂师等
空间判断能力	指能看懂几何图形、识别物体在空间运动中的关系、解决几何问题的能力	医生、裁缝、电工、木工、无线电修理工、机床工等
形态知觉能力	指对物体或图像的有关细节的知觉能力，如对于图形的明暗、线的宽度和长度做出视觉的区别和比较，能看出细微的差异	生物学家、建筑师、测量员、制图员、农业技术员、动植物技术员、兽医、药剂师、画家等
细节知觉能力	指对文字或表格式材料细节的知觉能力，发现错字或正确地校对数字的能力	设计人员、出纳、会计、文秘等
动作协调能力	指迅速准确和协调地做出精确的动作及运动反应的能力。例如，有的职业需要手指、手腕能迅速准确操作小物体	驾驶员、飞行员、运动员、舞蹈家、外科医生、雕刻家、画家、纺织工等

职业性劳动能力要求将基础职业能力和专业素养融为一体。它要求从业者有较高的专业技能，熟知工作流程中任何一个环节，能快速发现并合理解决问题，工作效果好。随着科学技术的进步，从业者面临的将是一个充满变化的工作环境，这就要求从业者有较强的适应专业变化的能力，熟知专业发展现状，并能合理预测专业发展的趋势等。

通过以下职业能力倾向自我评定量表，可以大致了解自身职业性劳动能力与职业匹配情况。

学习链接

职业能力倾向自我评定量表

	强 1	较强 2	一般 3	较弱 4	弱 5
1. 一般学习能力倾向(G)					
(1) 快而容易地学习新的内容	( )	( )	( )	( )	( )
(2) 快而正确地解决数学题目	( )	( )	( )	( )	( )
(3) 你的学习成绩总的来说处于	( )	( )	( )	( )	( )
(4) 对课文的字、词、段落和篇章的理解、分析和综合的能力	( )	( )	( )	( )	( )
(5) 对学习过程中材料的记忆能力	( )	( )	( )	( )	( )
各等级被选中的频数	( )	( )	( )	( )	( )
	×1	×2	×3	×4	×5

总计分数( ) = ( ) + ( ) + ( ) + ( ) + ( )
自评等级( ) = 总计分数( ) ÷ 5

	强 1	较强 2	一般 3	较弱 4	弱 5
2. 言语能力倾向(V)					
(1) 善于表达自己的观点	( )	( )	( )	( )	( )
(2) 阅读速度快,并能抓住中心内容	( )	( )	( )	( )	( )
(3) 掌握词汇量的程度	( )	( )	( )	( )	( )
(4) 向别人解释难懂的概念	( )	( )	( )	( )	( )
(5) 你的语文成绩	( )	( )	( )	( )	( )
各等级被选中的频数	( )	( )	( )	( )	( )
	×1	×2	×3	×4	×5

总计分数( ) = ( ) + ( ) + ( ) + ( ) + ( )
自评等级( ) = 总计分数( ) ÷ 5

	强 1	较强 2	一般 3	较弱 4	弱 5
3. 算术能力倾向(N)					
(1) 做出精确的测量(如测量长、宽、高等)	( )	( )	( )	( )	( )
(2) 笔算能力	( )	( )	( )	( )	( )
(3) 口算能力	( )	( )	( )	( )	( )
(4) 打算盘	( )	( )	( )	( )	( )
(5) 你的数学成绩	( )	( )	( )	( )	( )
各等级被选中的频数	( )	( )	( )	( )	( )
	×1	×2	×3	×4	×5

总计分数( ) = ( ) + ( ) + ( ) + ( ) + ( )
自评等级( ) = 总计分数( ) ÷ 5

	强	较强	一般	较弱	弱
	1	2	3	4	5

4. 空间判断能力倾向（S）
(1) 解决立体几何方面的习题　　　　　（　）（　）（　）（　）（　）
(2) 画三维的立体图形　　　　　　　　（　）（　）（　）（　）（　）
(3) 看几何图形时的立体感　　　　　　（　）（　）（　）（　）（　）
(4) 想象盒子展开后的平面形状　　　　（　）（　）（　）（　）（　）
(5) 想象三维度和三维的物体　　　　　（　）（　）（　）（　）（　）

　　　各等级被选中的频数　　　　　　（　）（　）（　）（　）（　）
　　　　　　　　　　　　　　　　　　　×1　 ×2　 ×3　 ×4　 ×5
　　　总计分数（　）＝（　）＋（　）＋（　）＋（　）＋（　）
　　　自评等级（　）＝总计分数（　）÷5

	强	较强	一般	较弱	弱
	1	2	3	4	5

5. 形态知觉能力倾向（P）
(1) 发现相似图形中的细微差异　　　　　　（　）（　）（　）（　）（　）
(2) 识别物体的形状差异　　　　　　　　　（　）（　）（　）（　）（　）
(3) 注意到多数人所忽视的物体的细节部分　（　）（　）（　）（　）（　）
(4) 检查物体的细节　　　　　　　　　　　（　）（　）（　）（　）（　）
(5) 观察图案是否正确　　　　　　　　　　（　）（　）（　）（　）（　）

　　　各等级被选中的频数　　　　　　（　）（　）（　）（　）（　）
　　　　　　　　　　　　　　　　　　　×1　 ×2　 ×3　 ×4　 ×5
　　　总计分数（　）＝（　）＋（　）＋（　）＋（　）＋（　）
　　　自评等级（　）＝总计分数（　）÷5

	强	较强	一般	较弱	弱
	1	2	3	4	5

6. 职员能力倾向（Q）
(1) 快而准确地抄写资料（诸如姓名、
　　日期、电话号码等）　　　　　　　　　　（　）（　）（　）（　）（　）
(2) 发现错别字　　　　　　　　　　　　　（　）（　）（　）（　）（　）
(3) 发现计算错误　　　　　　　　　　　　（　）（　）（　）（　）（　）
(4) 在图书馆很快地查找编码卡片　　　　　（　）（　）（　）（　）（　）
(5) 自我控制能力（如较长时间地抄写资料）（　）（　）（　）（　）（　）

　　　各等级被选中的频数　　　　　　（　）（　）（　）（　）（　）
　　　　　　　　　　　　　　　　　　　×1　 ×2　 ×3　 ×4　 ×5
　　　总计分数（　）＝（　）＋（　）＋（　）＋（　）＋（　）
　　　自评等级（　）＝总计分数（　）÷5

	强	较强	一般	较弱	弱
	1	2	3	4	5

7. 眼-手运动协调(K)
(1) 玩电子游戏　　　　　　　　　　　(　) (　) (　) (　) (　)
(2) 打篮球或打排球一类的运动　　　　(　) (　) (　) (　) (　)
(3) 打乒乓球或羽毛球　　　　　　　　(　) (　) (　) (　) (　)
(4) 打算盘　　　　　　　　　　　　　(　) (　) (　) (　) (　)
(5) 打字　　　　　　　　　　　　　　(　) (　) (　) (　) (　)

　　　　各等级被选中的频数　　　　　(　) (　) (　) (　) (　)
　　　　　　　　　　　　　　　　　　×1　×2　×3　×4　×5
　　　　总计分数(　)=(　)+(　)+(　)+(　)+(　)
　　　　自评等级(　)=总计分数(　)÷5

	强	较强	一般	较弱	弱
	1	2	3	4	5

8. 手指灵巧(F)
(1) 灵巧地使用很小的工具(如镊子等)　(　) (　) (　) (　) (　)
(2) 穿针眼、编织等使用手指的活动　　(　) (　) (　) (　) (　)
(3) 用手指做一件小手工艺品　　　　　(　) (　) (　) (　) (　)
(4) 使用计算器的灵巧程度　　　　　　(　) (　) (　) (　) (　)
(5) 弹琴　　　　　　　　　　　　　　(　) (　) (　) (　) (　)

　　　　各等级被选中的频数　　　　　(　) (　) (　) (　) (　)
　　　　　　　　　　　　　　　　　　×1　×2　×3　×4　×5
　　　　总计分数(　)=(　)+(　)+(　)+(　)+(　)
　　　　自评等级(　)=总计分数(　)÷5

	强	较强	一般	较弱	弱
	1	2	3	4	5

9. 手的灵巧(M)
(1) 用手把东西分类(如把一大堆苹果分为
　　大、中、小三类)　　　　　　　　(　) (　) (　) (　) (　)
(2) 在推和拉东西时手的灵活度　　　　(　) (　) (　) (　) (　)
(3) 很快地削水果　　　　　　　　　　(　) (　) (　) (　) (　)
(4) 灵活地使用手工工具(如榔头、锤子等)(　) (　) (　) (　) (　)
(5) 在绘画、雕刻等手工活动中手的灵活性(　) (　) (　) (　) (　)

　　　　各等级被选中的频数　　　　　(　) (　) (　) (　) (　)
　　　　　　　　　　　　　　　　　　×1　×2　×3　×4　×5
　　　　总计分数(　)=(　)+(　)+(　)+(　)+(　)
　　　　自评等级(　)=总计分数(　)÷5

统计：在下列括号中填写你的每一职业能力倾向的自我评定等级
职业能力倾向　　　　　　　　自我评定等级
一般学习能力(G)　　　　　　　　(　　)

言语能力倾向(V)　　　　　　　　　(　　)
算术能力倾向(N)　　　　　　　　　(　　)
空间判断能力倾向(S)　　　　　　　(　　)
形态知觉能力倾向(P)　　　　　　　(　　)
职员能力倾向(Q)　　　　　　　　　(　　)
眼-手运动协调(K)　　　　　　　　 (　　)
手指灵巧(F)　　　　　　　　　　　(　　)
手的灵巧(M)　　　　　　　　　　　(　　)

在确定你的每一种职业能力倾向等级后，参阅下面关于职业对人的职业能力倾向等级的要求。

在等级数字下有"·"的职业能力倾向等级，表示此职业所必须达到的职业能力倾向水平，从中可以了解部分职业对人的职业能力倾向要求的高低。

表6-4　各职业对人的职业能力倾向等级要求

职业类别	GVNSPQKFM	职业类别	GVNSPQKFM
生物学家	111223323	大学教师	113323444
建筑师	111123333	中学教师	223433444
测量员	222223333	小学和幼儿园教师	223333333
测量辅导员	444444343	职业学校教师（职业课）	222333333
制图员	232223223	职业学校教师（普通课）	223433444
建筑和工程技术专家	222223333	内科、外科、牙科医生	112123222
建筑和工程技术员	233333333	兽医学家	112123222
物理科学技术专家	222223333	护士	223333333
物理科学技术员	233323333	护士助手	344443333
农业、生物、动物、植物学的技术专家	222423323	工业药剂师	111323333
农业、生物、动物、植物学的技术员	233423333	医院药剂师	222423333
数学家和统计学家	111332444	营养学家	222333444
系统分析和计算机程序编制者	222233444	配镜师（医）	222223333
经济学家	111442444	配眼镜商	333334323
社会学家、人类学者	113223444	放射科技术人员	333333333

续 表

职业类别	GVNSPQKFM	职业类别	GVNSPQKFM
心理学家	1 1 2 2 2 3 4 4 4	药物实验室技术专家	2 2 2 3 2 3 3 3 3
历史学家	1 1 3 4 4 3 4 4 4	药物实验室技术员	2 3 3 3 3 3 3 3 3
哲学家	1 1 4 3 3 3 4 4 4	画家、雕刻家	2 3 4 2 2 5 2 1 2
政治学家	1 1 3 4 4 3 4 4 4	产品设计和内部装饰者	2 2 3 2 2 4 2 2 3
家政经济学家	2 2 2 3 3 3 3 3 3	舞蹈家	2 3 3 2 3 4 2 3 3
社会工作者	2 2 3 4 4 3 4 4 4	演员	2 2 4 3 4 4 4 4 4
社会服务助理人员	3 3 3 4 4 3 4 4 4	电台播音员	2 2 3 4 4 3 4 4 4
法官	1 1 3 4 3 3 4 4 4	作家和编辑	2 1 3 3 3 3 4 4 4
律师	1 1 3 4 4 3 4 4 4	翻译人员	2 1 4 4 4 3 4 4 4
公证人	2 2 3 4 4 3 4 4 4	体育教练	2 2 2 4 4 3 4 4 4
图书馆管理学专家	2 2 3 3 4 2 3 4 4	体育运动员	3 3 4 2 3 4 2 2 2
图书馆、博物馆的档案管理员	3 3 3 2 2 4 3 2 3	秘书	3 3 3 4 3 2 3 3 3
职业指导者	2 2 3 4 4 3 4 4 4	打字员	3 3 4 4 4 3 3 3 3
记账员	3 3 3 4 4 2 3 3 4	农民	3 3 3 3 3 3 3 4 3
出纳员	3 3 3 4 4 2 3 3 4	饲养动物者	3 4 4 4 4 4 4 4 4
统计员	3 3 2 4 3 2 3 3 4	渔民	4 4 4 4 4 5 3 4 3
声讯台及电话接线员	3 3 4 4 4 3 3 3 3	矿工和采石工人	3 4 4 3 4 5 3 4 3
一般办公室职员	3 4 3 4 4 3 3 4 4	纺织工人	4 4 4 4 3 5 3 3 3
商业经营管理	2 2 3 4 4 3 4 4 4	机床操作工	3 4 4 3 3 4 3 4 3
售货员	3 3 3 4 4 3 4 4 4	锻工	3 4 4 4 3 4 3 4 3
警察	3 3 3 4 3 3 3 4 3	电器修理工	3 3 3 3 2 4 3 3 3
门卫	4 4 5 4 4 4 4 4 4	精细木工	3 3 3 3 4 3 4 4 4
厨师	4 4 4 4 3 4 3 3 3	其他一般木工	3 4 4 3 4 4 3 4 3
招待员	3 3 4 4 4 4 3 4 3	电工	3 3 3 3 3 4 3 3 3

续　表

职业类别	GVNSPQKFM	职业类别	GVNSPQKFM
理发师	3 3 4 4 2 4 3 3 3	裁缝、服装设计	3 3 4 3 3 4 3 2 3
导游	3 3 4 4 4 4 3 4 3		
驾驶员	3 3 4 3 3 5 3 3 3		

三、提升性劳动能力

提升性劳动能力是一种迁移能力，是对劳动者未来发展起关键作用的能力，主要有时间管理能力、人际沟通能力、终身学习能力和生涯规划能力。

（一）时间管理能力

1. 时间管理的概念

在日常生活中始终如一、有的放矢地使用行之有效的方法，组织管理好自己生活的方方面面，最有意义、最大限度地利用自己所拥有的时间，这就是时间管理。时间管理的对象不是"时间"，它是指面对时间而进行的"管理者的自我管理"。

如果想在一定的时间内，高效率高质量地完成一项工作，就必须善于利用自己的工作时间。工作内容是很多的，时间却是有限的。时间是最宝贵的财富。没有时间，计划再好，目标再高，能力再强，也是空的。时间是如此宝贵，但它又是最有伸缩性的——它可以一瞬即逝，也可以发挥最大的效力。

不管是中国传统的时间管理观念，还是当代的时间管理理念，以下六个概念贯穿整个时间管理的过程中。

（1）消费与投资

消费与投资包含多个概念，时间如果用于工作、学习，就是一种投资，因为它是有回报的。如果用于陪家人聊天、外出旅游、彻底放松，就属于消费，所以时间管理要多投资、少消费，达到投资和消费的平衡。

（2）主动与被动

在时间管理中，要主动地选择，而不是被动地等待。主动可以带来机遇，等待则只能处于盲目状态，不能将人生时间利用率尽可能提高。

（3）应变与制变

应变就是当问题发生时，去被动地做出反应；制变则是去控制住事情，能够主动地预防，让事情最大可能地朝着自己把握的方向发展。

（4）效率与成效

在时间管理中，如果有很高的时间利用率，那么时间利用的成效大多是可见的、是优质的、是与奋斗目标相一致的，而不是南辕北辙的。

(5) 紧要与重要

要处理好紧要问题与重要问题的关系,具体做法有:对于重要且紧要的问题立即处理;对于重要但不紧要的问题优先处理;对于紧要但不重要的问题最后处理;对于不重要也不紧要的问题则予以回避。

(6) 反应与预防

当问题发生后,要能及时做出反应,采取必要的措施。对于未发生的问题,则防患于未然,提前做出预防,使问题有良好的预警处理机制。

2. 时间管理的方法

(1) 80/20 法则

20 世纪意大利经济学家帕累托(Pareto)发现:80%的财富掌握在20%的人手中。从此这种80/20法则在许多情况下得到广泛应用。一般表述为:在一个特定的组群或团体内,这个组群中一个较小的部分通常相对比大部分拥有更多的价值。在时间管理中,在优先顺序里,也有一个 Pareto 时间原则,也称80/20法则。假定工作项目是以某价值序列排定的,那么往往80%的价值来自20%的项目,而20%的价值则来自80%的项目。时间管理的重要意义在于能经常以20%的付出取得80%的成果。因此,在你的工作或生活中,你应该把十分重要的项目挑选出来,专心致志地去完成,即把时间用在更有意义的事情上。

Pareto 时间原则（80/20法则）	
投入	产出
使用时间的80%（"次要的多数"问题）	成果的20%
使用时间的20%（"重要的少数"问题）	成果的80%

图 6-5 Pareto 时间法则(80∶20 法则)

你使用或投入的时间占80%,即在次要的多数问题占80%,产出的成果只占所有成果的20%;而使用或投入的时间占20%,即在重要的少数问题占20%,产出的成果却占80%。例如,作为销售人员推销时,你打50个电话,可能只有10个顾客愿与你相约见面,就是说你花了80%的时间约见客户,但是只有20%的客户跟你见面。作为一名经理,可能你花了两个小时的时间做准备,但是会议进行可能不到30分钟,也就是说用80%的时间做准备,造成的结果是20%,但是这20%的结果需要80%的准备。

(2) 四象限法则

把事件按紧急性和重要性的程度分成 ABCD 四类,形成时间管理的优先矩阵。如果按照紧急程度的轴来标记横坐标,按照重要程度的轴来标记纵坐标,可以构成 ABCD 四个象限,A 象限是又重要又紧急的事情,B 象限是重要但不紧急的事情,C 象限是紧急但不重要的事情,D 象限是不重要也不紧急的事情。

```
                              ↑ 重要
    1. 防患未然        B        1. 领导交办           A
    2. 身体健康                 2. 危机处理
    3. 改进产能                 3. 紧迫问题
    4. 人际关系                 4. 有期限压力的事
    5. 规划、休闲                                      紧急
    ─────────────────────────────────────────────→
    1. 某些日常工作    D        1. 某些电话           C
    2. 某些会议                 2. 某些领导交办的事
    3. 某些好玩有趣的活动       3. 不速之客
    4. 烦琐的工作               4. 某些会议
    5. 某些电话、信件           5. 受欢迎的事情
```

图 6-6　时间管理事件分类示意图

A类工作：又重要又紧急的事情。假设要用四象限法则把所有的工作任务做明确清晰的划分，然后对 ABCD 四大类的工作做一个排序，显而易见，首先应做 A 类工作，因为 A 类是又紧急又重要的，且这类工作一般属于突发事件。当工作中出现了突发事件的时候，应该放下手头所有的工作，全身心地去解决，这种行为被形象地称为"救火行动"。例如，119 消防队接到警报，就要马上去处理现场。

B 类工作和 C 类工作：当重要又紧急的突发事件被处理之后，接下来是应该处理 C 类紧急但不重要的工作，还是 B 类重要但不紧急的工作呢？有人认为 C 类工作很紧急，应先处理，也有人认为 B 类工作很重要，应先处理。按照时间占用的顺序来划分，也就是按照时间的紧急程度来说，专家认为应先处理 B 类工作。

为了对 B 类工作和 C 类工作完成时间进行分析，可通过分析假设不做 C 类工作，会导致整个时间管理出现怎样的状况，而如果不做 B 类工作，又会导致整个时间管理出现怎样的状况。通过对这两种状况的比较，就可以清晰地看到两种选择的差别。

B 类工作重要但不紧急，如果不做的话，B 类工作会随着时间的进一步推移，越来越紧急，直到突破一定的极限，变成 A 类工作。所以，B 类重要不紧急的工作一旦被拖延下去，就会变成突发事件。C 类工作如果不断地被拖延，随着时间的不断推移，它也会变得越来越紧急，当越过一定的极限以后，C 类工作就可能因为失去时机而消失，由此就会遭受一定的损失，承担一定的责任。

如果在 B 类和 C 类工作之间做冲突性的分析，如下午只有一段时间，只能做一件事，要么做 B 类工作，要么做 C 类工作，两者不可兼得，那时就应该扔掉 C 类工作，保住 B 类工作，因为 B 类工作的价值更大，它的重要程度更大。

D 类工作：D 类工作相对于 A 类、B 类、C 类的工作，在重要性还是紧急性上都不及前者。在日常的工作中，应该在认真处理好其他类型的工作后，再花一定的时间来处理 D 类工作，从而达到合理、高效的工作状态。

（3）PCPA 时间管理法则

PCPA 时间管理法则基于目标，即在确定目标的基础上合理安排时间，以达到时间管理的目的。Purpose（目的），要求在安排各项事项的时间前，首先要明确目标，以此确立优先顺序;Cancel(取消),在安排各项事项时,围绕自己必须实现的目标,将与目标无关或与个人实现目标不必要和不合适的事项在时间安排中取消并删除;Plan(计划),围绕目标,做好每天、每周时间的使用计划;Arrange(安排),合理安排和利用个人时间。

(4) GTD 时间管理法

GTD 就是 Getting Things Done 的缩写,翻译过来就是"把事情做完",是一个管理时间的方法。GTD 时间管理的五个步骤为:收集、处理、组织、回顾、执行。

第一步:收集。在这个步骤中,需要一个"收集篮",就是用工具来记录最原始的信息、未经加工的信息。可以用记事本、手机 App、思维导图软件等。

第二步:处理。对"收集篮"的每条信息逐条做判断,打标签。判断这些信息是否可执行或者不可执行,是否 2 分钟就可以搞定。

第三步:组织。组织是把"收集篮"中的信息移出,按其标签,分类处置。准备几张纸,写上愿望清单、项目清单、执行清单、等待清单;需要准备存放资料的文件夹或一本日历本。

第四步:回顾。它是执行前的最后准备工作,GTD 时间管理法要求的回顾频率是在每周一次,通常是在周末抽出一段时间。当然,我们也可以每天花 5~10 分钟回顾。就像我们出差前,最后一步是检查行李是否整理完整、所需资料是否齐全等。回顾的内容包括:检查"收集篮"是否清空;检查待办清单是否有条目需要执行;检查每张项目清单,了解项目进度,并保证每个项目至少有一个已经开始行动;检查待办清单是否有条目需要尽快转化成行动,也就是催促;检查各清单是否有已完成、已作废的条目,需要立刻删除;分析时间日志,检查有哪些流程可优化。

第五步:执行。根据价值判断和四象限工作法选择下一步行动。

3. 时间管理能力评估

时间哪里去了?现在很多时间管理者惊呼"谁动了我的时间?"每天的 24 小时、每小时的 60 分钟,似乎都特别容易逝去。导致我们时间损失的因素有哪些?一般来说,时间的损失不外乎由于以下几个方面的因素:设定目标方面的时间损失;制订计划方面的时间损失;做出决定方面的时间损失;在工作组织方面的时间损失;工作开始前的时间损失;每日安排上的时间损失。

研究者们通过对人们日常消耗时间原因的归类,大致将这些因素及其表现划归为以下几个方面。

表 6-5　时间损失因素

划分因素	具体表现
外在因素与内在因素	外在因素:电话干扰、不速之客、沟通不良、资料不全、文件复杂、工作搁置等 内在因素:计划欠妥、事必躬亲、条理不清、欠缺自律、无力拒绝、做事拖延
有形和无形浪费	有形浪费:开小差、资源不足、电话、程序烦琐、间断、等待、沟通不足 无形浪费:计划不周、不懂说"不"、拖延、不分轻重缓急、善忘、犹疑不决、欠缺组织、健康欠佳

如何避免这些负面表现呢?

(1) 设定目标,做好计划

目标设定以后,要开始把目标转化为行动,把蓝图变成现实,这时就需要制订计划。但是在计划与行动之间经常有两个极端:第一是拖拖拉拉、不慌不忙;第二是贸然进行、马上行动。而正确的做法是要制订计划,"慢慢计划,快快行动"永远是取得成功的捷径。目标一旦确定是不能轻易变更的,目标要清晰、明了,是可以写下来的,而且是要符合SMART(Specific——明确的;Measurable——可以衡量的;Achievable——可以达成的;Realistic——实际可行的;Time-bound——有时间性的)原则的。

把目标正确地分解成工作计划,通过采取适当的步骤和方法,最终达成有效的结果。究竟该怎样做计划呢? 大致的步骤如下:

步骤一,确立目标;

步骤二,探寻完成目标的各种途径;

步骤三,选定最佳的完成方式;

步骤四,将最佳途径转化成月/周/日的工作事项;

步骤五,编排月/周/日的工作次序并加以执行;

步骤六,定期检查目标的现实性以及完成目标的最佳途径的可行性。

(2) 处理好拖沓心态

时间管理的专家们总结出 8 种最典型的拖沓的原因,见图 6-7。做事拖沓的原因中有 4 个(图中阴影部分)从根本而言属于内因,很大程度上是由于拖沓者的心理问题造成的。当我们具有这种倾向和性格特点时,它们就会在不同场合突显出来。譬如,如果你总是害怕失败,那么任何可能导致你失败的工作,你都会拖拖拉拉。即使你通常情况下做事并不拖沓,你周围的环境也会迫使你拖沓行事。图中无阴影的框中显示了 4 种典型的做事拖沓的外在因素。当然,有了这些外在因素,并不表示心理因素的原因不存在,一定会有一些。但是面对令人厌烦的或繁重的工作,以及不明确的目标或模糊的工作流程,这些就足以令人想拖延这些工作了。

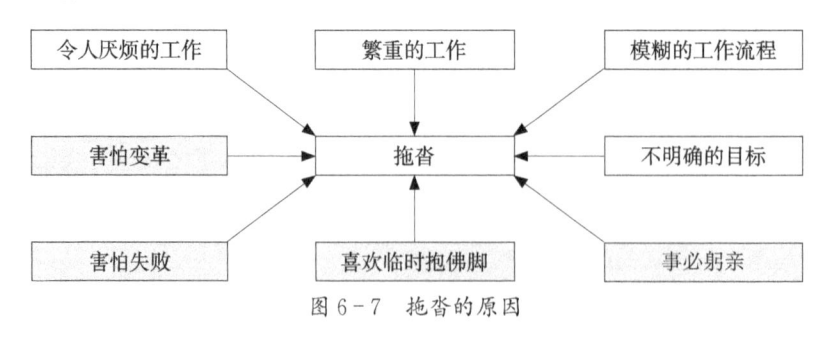

图 6-7 拖沓的原因

改善拖沓的方法:

①接纳自己拖沓的事实:接受自己可能会拖沓并不是一种罪恶或失败,意识到拖沓是一种常见的现象,并理解背后的原因有助于减少对自己的压力和焦虑,从而更容易克服拖沓的现象。

②制定明确的任务目标：将目标分解成小任务或具体步骤，这样更容易执行，可以让自己更清晰地了解需要做的事情，并减少拖延的倾向。例如，如果要写一篇文章，可以分解成几个小任务，如收集资料、写出大纲、撰写初稿等。

③调闹钟固定时间：设定固定的时间来完成任务，并使用闹钟来提醒自己，可以增加对时间的掌控感，更容易集中精力去完成任务。例如，可以设定每天早上8点开始工作，并在闹钟响起时提醒自己不要拖沓。

④消除外界干扰：找到一个安静、舒适的工作环境，减少外界干扰，关闭手机、电视、社交媒体等可能分散注意力的因素，让自己专注于任务。如果容易受到干扰，可以尝试使用番茄工作法等时间管理技巧来提高专注力。

⑤经常自我暗示：经常给自己积极的暗示和鼓励，提醒自己克服拖沓的好处。这种正面的自我对话可以保持动力和决心，从而更好地克服拖沓的现象。例如，可以告诉自己能够克服拖沓，将有助于自己更好地完成任务和实现目标。

(3) 应对外界不速之客的干扰

不速之客会造成你时间管理不当。对于突然造访的不速之客或由于敞开门户而来的不速之客，有不同的解决方法。一个高效率的现代人，要学习如何去应对不速之客。

应对这种情况可以有以下几个解决方法：①延后处理。遇到不速之客干扰时，如果可能则应另外安排谈话的时间，即延后处理。你可以说："对不起，我们改天或者什么时候再来讨论这件事情。"你可以当场把约定的谈话时间记在记事本上，表示你会守信用。②把访客转交给别人。如果是访客来找到你，要讨论的明明不是你的事情，那你可以转交给别人来处理。如果可能，鼓励部属自己去寻找答案，或寻求其他同事的帮助。

(二) 人际沟通能力

人际沟通能力，是指通过情感、态度、思想、观点的交流，建立良好协作关系的能力。一般来说，在与同级成员之间交往时，人际沟通能力要为相互了解、沟通思想、交换意见、协调一致服务；在与下属交往时，人际沟通能力要为传达意图、掌握情况、调动下属积极性服务；在与上级交往时，人际沟通能力要为了解上级精神、反映本级情况、取得上级支持服务。人际沟通能力的核心环节是要善于理解他人的立场观点，并善于说服别人。人际理解能力是沟通能力的基础。要想理解他人，必须有换位思考的能力，要站在对话者的角度，认真思考他的立场和观点的合理性。对不同立场和观点，要有包容能力，能够求同存异。在理解基础上展开的说服工作，才容易让人接受。只从一个角度看问题，观点往往是片面的，这样的立场和观点难以形成有效的说服力。所以，理解他人是说服他人的基础。人际沟通和组织协调能力较强的表现之一是知人善任；另一个表现是能够调动下属人员参与决策。管理心理学的研究发现，参与是在人的行为中起重要作用的过程，人们对于自己参与的活动，容易在态度和情绪上采取正面的评价。

1. 人际关系

人际关系是指人与人在相互交往过程中所形成的心理关系。它包含以下三层含义：第一，人际关系属于社会心理学的范畴，主要指的是人与人之间的心理关系。第二，人际关系由一系列心理成分构成。首先是认知成分,反映个体对人际关系状况的认知和理解。其次是情感成分,最后是行为成分,它是双方实际交往的外在表现和结果。第三,人际关系是在彼此交往的过程中建立和发展起来的。所以,积极地进行交往,是建立、巩固和发展良好人际关系的重要条件。

● 测一测:

你的人际关系健康吗?

根据你的情况,选择对应选项。

1. 在人际关系中,我的信条是(　　)。
    A. 大多数人是友善的,可与之为友
    B. 人群中有一半是狡诈的,一半是善良的,我选择与善良者为友
    C. 大多数人是狡诈、虚伪的,不可与之为友

2. 近来我新交了一群朋友,这是因为(　　)。
    A. 我需要他们
    B. 他们喜欢我
    C. 我发现他们很有意思,令人感兴趣

3. 外出旅游时,我总是(　　)。
    A. 很容易交上新朋友
    B. 喜欢一个人独处
    C. 想交朋友,但又感到困难

4. 已经约定好要去看望一位朋友,但因为太累而失约了。在这种情况下,我感到(　　)。
    A. 这是无所谓的,对方肯定会原谅我
    B. 有些不安,但又总是在自我安慰
    C. 我很想了解对方是否对自己有不满的情绪

5. 我结交朋友的时间通常是(　　)。
    A. 数年之久
    B. 不一定,与合得来的朋友才能长久相处
    C. 时间不长,经常更换

6. 一位朋友告诉我一件很有趣的个人私事,我总是(　　)。
    A. 尽量为其保密
    B. 根本没有考虑过要继续扩大宣传此事
    C. 当朋友一离去,随即与他人议论此事

7. 当我遇到困难时,我通常(　　)。
    A. 靠朋友解决
    B. 找自己认为可信赖的朋友商量此事
    C. 不到万不得已决不求人

8. 当朋友遇到困难时,我觉得( )。

   A. 他们大多数喜欢来找我帮忙

   B. 只有那些与我关系密切的朋友才来找我商量

   C. 他们一般都不愿来麻烦我

9. 我交朋友的一般途径是( )。

   A. 经过熟人的介绍

   B. 在各种社交活动中

   C. 必须经过相当长的时间,而且还相当困难

10. 我认为选择朋友的最重要的品质是( )。

    A. 具有能吸引我的才华

    B. 可以信赖

    C. 对方对我感兴趣

11. 我给人们的印象是( )。

    A. 经常会引人发笑

    B. 经常会启发人们去思考

    C. 和我相处时人会感到舒服

12. 在晚会上,如果有人提议让我唱歌或表演时,我会( )。

    A. 婉言谢绝

    B. 欣然接受

    C. 直截了当地拒绝

13. 对于朋友的优缺点,我喜欢( )。

    A. 诚心诚意地当面赞扬他(她)的优点

    B. 会诚实地对他(她)提出批评意见

    C. 既不赞扬也不批评

14. 我所结交的朋友( )。

    A. 只能是那些与我的利益密切相关的人

    B. 通常能和任何人相处

    C. 有时愿与同自己相投的人和睦相处

15. 如果朋友们和我开玩笑(恶作剧),我总是( )。

    A. 和大家一起笑

    B. 很生气并有所表示

    C. 有时高兴,有时生气,依自己当时的情绪和情况而定

16. 别人依赖我的时候,我通常是这样想的:( )。

    A. 我不在乎,但我自己却喜欢独立于朋友之中

    B. 这很好,我喜欢别人依赖于我

    C. 要小心点,我愿意对一切事物持冷静、清醒的态度

评分方法：

题目	选项及得分 A	选项及得分 B	选项及得分 C	题目	选项及得分 A	选项及得分 B	选项及得分 C
1	3	2	1	9	2	3	1
2	3	2	1	10	3	2	1
3	3	2	1	11	2	1	3
4	1	3	2	12	2	3	1
5	3	2	1	13	3	1	2
6	2	3	1	14	1	3	2
7	1	2	3	15	3	1	2
8	3	2	1	16	2	3	1

将评分相加，然后结合总分得出以下评价：38~48分，你的人际关系很融洽，受人欢迎；28~37分，你的人际关系不稳定，相当多的人不喜欢你，如想改变，需做很大努力；16~27分，你的人际关系欠佳，有待改善。

2. 建立健康的人际关系途径

（1）与他人有效地沟通

与其他因素相比，低效的沟通方式对人际关系中出现的问题要负更大的责任。有效的沟通需要把思维、语言和社交技巧结合在一起。为了参与有效的讨论，你必须清楚地表达自己的观点，认真地聆听他人的反应，并在此基础上或做出回答、或进行提问，以便更好地了解对方的观点。当两个人以这种方式进行对话时，他们就处于一种彼此尊重的气氛之中，这样一来，就能进行有效的沟通。人们还需要对不同的沟通风格有所了解。

有效沟通的另一个方面是清楚和准确地使用语言。如果某人在沟通中使用的语言很含糊、不准确，那么对方一般就无法准确地把握说话者的真正意思，往往会因此而导致沟通不畅，出现麻烦。误解是良好人际关系的大敌，它往往在一开始并不显眼，但如果不注意，慢慢就会像滚雪球一样发展成危害彼此关系的大问题。

（2）换位思考

大多数亲密关系——恋人关系、家庭关系和朋友关系的成功，都直接与你能否做到移情或换位思考有关。健康的人际关系应该建立在利益共享、互相帮助，而不是一方付出、一方获得。了解他人、体恤他人，这是你应该具备的能力，这样做可以激发你对他人的爱、同情和理解，而这些情感是形成健康的人际关系的核心。

一旦你与他人的关系出现紧张状况，你可以采取这样一种对策，即作为一个批判的思考者，通过问对方为什么他或她会得出那样的观点，使自己能做到从不同的角度看问题，然后把自己置于对方的位置上。接下来，你可以问对方："如果你处于我的位置，你会如何看问题，你将如何做？"用这样的方法交换角色，移情思考，就能使讨论有效地进行下去，避免彼此间的敌意，使双方能够相互了解，和谐相处，愉快合作。

（3）建立信任

人们不会无端地表现某种行为，人是有理性的动物，人们每做一件事情都有其自身的考虑，你的自信和对他人的信任就是建立在这种认识的基础上。假定和你关系很密切的某人做的一件事深深地伤害了你，当你遇见他，问他为什么要那样做时，如果他对你说："我伤害了你，我非常抱歉——当时，我只考虑自己，而没有意识到会伤害你；是我错了，今后我不会再犯这样的错误了。"那么，你就有可能和这个朋友的关系在未来进一步发展。但是，如果他说："我伤害了你，我不知道以后是否还会发生类似这样的事。"那么，你就很难继续信任他，继续保持这样的关系，就会伤害你的心。

理性是使人际关系成为可能的框架，人际关系越亲密，理性在其中发挥的作用也就越大。理性是一张安全网，它能给你一种"高空走钢丝"的勇气。你之所以能建立起对他人的信任，是因为你认为他们的选择是由理性控制的，或至少受理性的影响，你依靠的就是这个信念。虽然感情可能会爆发，暂时地压倒你的理性能力，但是，你的意志和决心能再次把事情调整好，重新把理性放在首位，用理性来指导你的感情，这样，你的选择就能反映你最高的价值观。

（4）解决人际关系中存在的问题

在人际关系中会遇到大量问题，关键是你应该如何处理必然要遇到的问题，即对待问题时应抱何种态度。有的人看见问题就感到恐惧和厌恶，被问题所吓倒，使人际关系受到破坏。有的人则用批判的、思考者的自信来对待问题，把解决问题看成是澄清事实、改善与他人关系的机会。尼采曾经说过："未被逆境摧垮的人会变得更坚强。"这句话也可以说明人与人之间的关系。在人与人的关系中，最强大和最有活力的关系是那些经过考验、战胜逆境、患难与共的关系；而最脆弱的关系则是那些未经过考验的关系。因此，在后者这样的关系中，人们很难具备处理问题的技能和自信，所以一遇挫折，双方的关系就会出现裂痕甚至中断，也就不足为奇了。只有不断地努力去解决或大或小的问题，才能对自己解决问题的能力产生自信，与他人建立健康的关系。

（三）终身学习能力

终身学习是指社会每个成员为适应社会发展和实现个体发展的需要，贯穿于人的一生的、持续的学习过程。即我们所常说的"活到老学到老"或者"学无止境"。

1. 终身学习的特征

终身学习具有下列特征：第一，连续性。终身学习是贯穿人的整个一生的过程，包括人的发展的各个阶段和各个方面。第二，多元整合性。终身学习不仅是纵向地贯穿人的一生，而且也是横向地贯穿于学习的各个层面、各个空间，是学校学习、家庭学习、社会学习及其他场合学习的统一，是立体的多元的整合。第三，目的性。终身学习强调个体在终身学习过程中的作用，即有需求、有意识的学习更有价值，是个体有意安排的。第四，公平性。学习不再是部分人的特权，而成为人们普遍的权利。无论是政府还是社会都应保障这一基本权利。第五，开放性。终身学习强调除学校以外的非正规情境中学习的重要性，不仅拓展了学习内容的范畴与时空范畴，同时强调终身教育与终身学习的整合。第六，主体性。终身学习强调个体有意识的学习活动,强调学习者自主学习。它是学习者根据自己的需要选择学习的时间、地点和方式,以学习者为中心,以学习者的需求为导向。

2. 具备终身学习能力的方法

如何才能具备终身学习能力？主要是要具有主动学习能力及一定的学习方法。

（1）拥有主动学习能力

主动学习,意指把学习当作一种发自内心的、反映个体需要的活动。它的对立面是被动学习,即把学习当作一项外来的、不得不接受的活动。主动学习,本质上是视学习为自己的迫切需要和愿望,坚持不懈地进行自主学习、自我评价、自我监督,必要的时候进行适当的自我调节,使学习效率更高、效果更好。

（2）养成主动学习的习惯

把学习当成自己的事情。这主要体现在处理好学习的每个细节,尽量不需要别人的提醒,做好自我管理。当然,不是每个人都是天生的"爱"学习者,所以培养主动学习的习惯,有时也需要别人的提醒和帮助。

对学习有如饥似渴的需求,有随时随地只要有一点时间就要用来学习的劲头。鲁迅说,他只是把别人喝咖啡的时间用在了读书上。他还说,时间就像海绵里的水,只要愿意挤总会有的。事实上,一个人如果养成了主动学习的习惯,他就永远不会抱怨时间不够用,因为随时随地,只要有空闲,他首先想到的事情总会是学习,这样就能把零散的时间都利用起来。

对自己的学习及时有效地进行评价。一个人在学习过程中,不仅学习水平在不断变化,其兴趣和爱好也在不断地变化。对这些方面进行评价和审视,不仅有利于保证学习的速度和质量,更重要的是能保证学习方向的正确。

主动调节自己的学习行为,以适应不同的环境和需要。我们身边的环境并不由我们自己决定,当一个人总在抱怨周围的环境是多么不公的时候,他的注意力十有八九已经脱离了学习本身,他的能力也将浪费在抱怨中。适应不同的环境,不仅是主动学习的表现,也是锻炼多种能力和丰富人格力量的机会。

遇到困难坚持不懈。多数人的学习不会一帆风顺,遇到困难能够坚持下去,是主动学习的重要内容。

正确对待别人的帮助。常常有人抱怨自己的学习成绩不好是因为父母帮助得不够,或者是父母没给自己请到好家教之类。其实,如果我们稍微细心观察,就能发现,越是学习好的学生,越是有思想的人,对别人直接帮助的需求就越少,越能更多地自己埋头钻研。别人的帮助,对他们来说主要是提供不同的信息,拓展自己的视野。

（3）掌握学习方法

终身学习的途径有很多种,这里介绍常见的几种方法。

课堂学习。课堂学习包括最常见的学历进修,比如,读在职研究生、在职博士、MBA、工程硕士等。这种学习的好处是,有老师的指导以及最终的文凭,比较容易坚持;课程设计往往是系统性的,各种课程相关联,可以给自己一个全局观,并有考试和作业加深和巩固;有同学可以一起探讨,不仅从课堂学,还能从别的同学那里学习。培训是另一种形式的课堂学习。有的培训针对行业知识,也有的针对软技能,如沟通、谈判、领导力等。培训的特点是针对性强、实用性强,效果好的培训往往是立竿见影,很快见到效果,对于个人能力的提升很有帮助。还有一种常见的课堂学习是各种行业会议,特点是与工作的关联性比较强,学以致用,可遇到不少业内人士,相互之间有共同语言,可以了解行业的进展和知识,相互间的交流往往有更多的共鸣和思想火花。

自学。首先推荐的是网络课程。现在各大名校都有免费的网上课程,搜索一下都可以找到。很多国外名校的课程,也有人做了中文翻译。网易公开课、TED、慕课等,都是优质的网络学习资源。其次是从书本上学。书本是我们学习的最好的工具,只是现在多媒体越来越发达,不少人开始渐渐脱离了书本。仔细阅读书本,尤其是经典书籍,必会获益良多。很多我们百思不得其解的问题、困扰我们许久的烦恼,当阅读经典的时候,会发现前人全部都思考过了,并且给出了精辟的解答。静下心来好好读书,从书本上学习,这可能是我们自学的一个最重要的途径。

向别人学习。首先可以向本行业的有经验的前辈或者比自己强的人学习。在同一个行业中,相互之间较为了解,背景也一样,容易沟通;行业内做的工作类似,大家讨论容易产生共鸣,学习起来会比较快。在杰出的公司工作的一个好处是,可以遇到许多出类拔萃的人。看再多的书,学再多的知识,都比不上真真切切地看到一个能作为自己楷模的人影响深刻。有时只有亲眼看见别人的眼界、思维和胸襟才会信服,才能明白自己的不足。很多时候遇到某个人后,生命轨迹从此改变;但看完一本书后就改变命运的似乎很少。其次可以向其他行业的人学习。虽然行业不同,但抛开具体操作,在某些能力方面彼此是相通的。做到一定的高度,行业不再是壁垒,越往上,越是战略、格局、领导力方面的事情,越是接近。向别的行业学习的好处是,换一个视角看问题,了解世界的多样性,跳出自己思维的局限,让眼界更开阔。从不同行业融会贯通地学习,领悟更深,可以从更高的层次看待和思考问题。

(四)生涯规划能力

1. 职业生涯及生涯规划

无论是企业员工,还是刚毕业的学生;无论是拥有高等学历,还是初中毕业,人人都期望事业成功。俗话说"上进之心,人皆有之",这是人的本性。然而,事业的成功,并非人人都能如愿,问题何在呢?如何做才能使事业获得成功呢?职业生涯规划为我们提供了一条走向成功的路径。

要谈职业生涯规划,首先我们得理解一下什么叫生涯和职业生涯。从广义上来说,生涯即指一个人的一生从始至终的经历。而我们在职业方面所说的生涯,更多的是指狭义的生涯(Career)概念。在国内,生涯通常用职业生涯来具体指代。美国职业生涯管理专家 Super D. E(萨珀)认为:生涯是个人终其一生所扮演角色的整个过程,生涯的发展是以人为中心的。

那么什么是职业生涯规划呢?职业生涯规划是指个人发展与组织发展相结合,通过对职业生涯的主客观因素分析、总结和测定,确定一个人的奋斗目标,并为实现这一职业目标而预先进行生涯系统安排的过程,职业生涯规划也被称作职业生涯设计,分个人职业规划(设计)和组织职业规划(设计)两个方面。在任何社会、任何体制下,个人职业规划(设计)都更为重要,它是人的职业生涯发展的真正动力和加速器。其实质是追求最佳职业生涯发展道路的过程。

2. 职业生涯规划步骤

(1) 自我评价

自我评价也就是要全面了解自己。一个有效的职业生涯设计必须是在充分且正确认识自身条件与相关环境的基础上进行的。要审视自己、认识自己、了解自己,做好自我评估,包括自己的兴趣、特长、性格、学识、技能、智商、情商、思维方式等。即要弄清我想干什么、我能干什么、我应该干什么、在众多的职业面前我会选择什么等问题。

(2) 确立目标

确立目标是制定职业生涯规划的关键,通常目标有短期目标、中期目标、长期目标和人生目标之分。长期目标需要个人经过长期艰苦努力、不懈奋斗才有可能实现,确立长期目标时要立足现实、慎重选择、全面考虑,使之既有现实性又有前瞻性。短期目标更具体,对人的影响也更直接,也是长期目标的组成部分。

(3) 环境评价

职业生涯规划还要充分认识与了解相关的环境,评估环境因素对自己职业生涯发展的影响,分析环境条件的特点、发展变化情况,把握环境因素的优势与限制。了解本专业、本行业的地位、形势以及发展趋势。

(4) 职业定位

职业定位就是要为职业目标与自己的潜能以及主客观条件谋求最佳匹配。良好的职业定位是以自己的最佳才能、最优性格、最大兴趣、最有利的环境等信息为依据的。职业定位过程中要考虑性格与职业的匹配、兴趣与职业的匹配、特长与职业的匹配、专业与职业的匹配等。职业定位应注意:① 依据客观现实,考虑个人与社会、单位的关系;② 比较鉴别,比较职业的条件、要求、性质与自身条件的匹配情况,选择条件更合适、更符合自己特长、更感兴趣,经过努力能很快胜任、有发展前途的职业;③ 扬长避短,看主要方面,不要追求十全十美的职业;④ 审时度势,及时调整,要根据情况的变化及时调整职业目标,不能固执己见,一成不变。

(5) 实施策略

要制定实现职业生涯目标的行动方案,需要有具体的行为措施来保证。没有行动,职业目标只能是一种梦想。要制定周详的行动方案,更要注意去落实这一行动方案。

(6) 评估与反馈

整个职业生涯规划要在实施中去检验,看效果如何,及时诊断生涯规划的各个环节出现的问题,找出相应对策,对规划进行调整与完善。

由此可以看出,整个规划流程中正确的自我评价是最为基础、最为核心的环节,这一环做不好或出现偏差,就会导致整个职业生涯规划的各个环节出现问题。

拓展阅读

职业兴趣测试

要求：

请根据你对每一题目的第一印象作答，不必仔细推敲，也不必考虑是否具有相应的技能，与你实际情况相符的选择"是"（得2分）；不符合的选择"否"（得0分）；难以回答的选择"难以确定"（得1分），在你选择的项目中画"√"。对于那些你没有机会从事的工作，你也可以在"假设"从事过这些工作的情况下做出判断。

职业兴趣测试表

题 号	条 目	是	难以确定	否
1	你曾经将钢笔全部拆散加以清洗并能独立地将它装起来吗？			
2	你会用积木搭出许多造型或小时候常拼七巧板吗？			
3	你在中学里喜欢做实验吗？			
4	你对一些动手较多的技术工作（如电工、修钟表、印照片、织毛线、绣花、剪纸等）很感兴趣吗？			
5	当你家里有些东西需要小修小补时，常常是由你来做吗？			
6	你常常偷偷去摆弄不让你摆弄的机器或者机械装置（如打字机、摩托车、电梯、机床等）吗？			
7	你是否深深体会到如果身边有一把镊子或者老虎钳等工具，会给你提供许多便利吗？			
8	看到老师傅在做活，你能很快、准确地模仿吗？			
9	你喜欢把一件事做完后再做另一件事吗？			
10	做事情前，你经常因为害怕出错，而对工作安排反复检查吗？			
11	你喜欢亲自动手制作一些东西，并从中得到乐趣吗？			
12	你喜欢使用锤子、斧头一类的工具吗？			
13	如果能掌握一门手艺，并以此为生，你会感到非常满意吗？			
14	你曾经渴望当一名汽车司机吗？			
15	小时候，你经常把玩具拆开，把里面看个究竟吗？			
16	你喜欢修理自行车、电器一类的工具吗？			
17	你喜欢跟各类机械打交道吗？			
18	你亲手制作或修理的东西经常令你的朋友们满意吗？			
19	你对电视或单位的智力竞赛很感兴趣吗？			

续 表

题号	条目	是	难以确定	否
20	你经常到新华书店或图书馆翻阅图书（文艺小说除外）吗？			
21	学生时代你常常会主动地去做一些有趣的习题吗？			
22	你对一件新产品或新事物的构造或工作原理感兴趣吗？			
23	当有人向你请教某件事如何做时，你总喜欢讲清内部原理，而不仅仅是操作步骤吗？			
24	你常常会对一件想知道但又无法详细知道的事物想象出它是什么或将怎么变化吗？			
25	看到别人在为一个有趣的难题争论不休时，你会加入争论或者独立思考，直到解决为止吗？			
26	看推理小说或电影时，你常常分析、推理谁是罪犯，并且这种分析时常与最后结果相吻合吗？			
27	你喜欢玩一些需要运用智力的游戏吗？			
28	相比而言，你更喜欢独自思考问题吗？			
29	你的理想是当一名科学家吗？			
30	你经常不停地思考某一问题，直到想出正确的答案为止吗？			
31	你喜欢抽象思维的工作吗？			
32	你喜欢解答较难的问题吗？			
33	你喜欢阅读自然科学方面的书籍或杂志吗？			
34	你能够做那种需要持续集中注意力的工作吗？			
35	你喜欢学数学吗？			
36	如果要独自在实验室里做长时间的实验，你能坚持吗？			
37	你对戏剧、电影、文艺小说、音乐、美术等其中的一两个方面较感兴趣吗？			
38	你常常喜欢对文艺界的明星评头论足吗？			
39	你参加过文艺演出、绘画训练或是经常写写诗歌、短文吗？			
40	你的朋友经常赞扬你把自己的房间布置得比较优雅并有品位吗？			
41	你对别人的服装、外貌以及家具摆设等能做出比较独特的评价吗？			
42	你认为一个人的仪表美主要是为了表现一个人对美的追求，而不是为了得到别人的赞扬或羡慕吗？			

续表

题 号	条　目	是	难以确定	否
43	你觉得工作之余坐下来听听音乐、看看画册或欣赏戏剧等,是你最大的乐趣吗?			
44	遇到有美术展览会、歌星演唱会等活动,你常常去欣赏吗?			
45	音乐使你陶醉吗?			
46	你喜欢成为人们注意的焦点吗?			
47	你喜欢不时地夸耀自己取得的成绩吗?			
48	你喜欢做戏剧、音乐、歌舞、摄影等方面的工作吗?			
49	你能较为准确地分析美术作品吗?			
50	你爱幻想吗?			
51	看情感电影或小说时,你常禁不住热泪盈眶吗?			
52	当接受一项新任务后,你喜欢以自己独特的方法去完成吗?			
53	你有文艺方面的天赋吗?			
54	与推理小说相比,你更喜欢言情小说吗?			
55	你常常主动给朋友写信或者打电话吗?			
56	你能列出五个你自认为够朋友的人吗?			
57	你很愿意参加学校、单位或者社会团体组织的各种活动吗?			
58	你看到不相识的人遇到困难时,能主动去帮助他(她)或者向他(她)表示同情与安慰吗?			
59	你喜欢去新场所活动并结交新朋友吗?			
60	对一些令人讨厌的人,你常常会由于某种理由原谅、同情甚至帮助他(她)吗?			
61	有些活动没有报酬,但你会因为觉得这些活动对社会有好处,就积极参加吗?			
62	你很注意你的仪容风度,这主要是为了让人产生良好的印象吗?			
63	大家公认你是一名勤劳踏实、愿为大家服务的人吗?			
64	旅途中你喜欢与人交谈吗?			
65	你喜欢参加各种各样的聚会吗?			
66	你很容易结识同性朋友吗?			
67	你乐于解除别人的痛苦吗?			
68	对于社会问题,你很少持中立的态度吗?			
69	听别人谈"家中被盗"一类的事,很容易引起你的同情吗?			

续 表

题 号	条 目	是	难以确定	否
70	你通常不喜欢一个人独处吗?			
71	在工作中,你喜欢听取别人的意见吗?			
72	和一群人在一起的时候,你经常能找到恰当的话题吗?			
74	当你有了钱后,你愿意用于投资吗?			
74	你常常能发现别人组织活动时的某些不足,并提出建议让他们改进吗?			
75	你相信如果让你去做个体户就一定能成为富裕户吗?			
76	你在上学时曾经担任过某些职务(如班干部、课代表等),并自认为干得不错吗?			
77	你有信心说服别人接受你的观点吗?			
78	你对一大堆的数字感到头疼吗?			
79	做一件事时,你常常事先仔细考虑它的利弊得失吗?			
80	在别人跟你算账或者讲一套理由时,你常常换一个角度考虑,而发现其中的漏洞吗?			
81	你曾经渴望有机会参加探险吗?			
82	你认为在管理活动中以个人的意志影响别人的行为是很有必要的吗?			
83	如果待遇相同,你宁愿当一名商品推销员,而不愿当一名机关办事员吗?			
84	当你开始做一件事后,即使碰到再多的困难,你也执着地干下去吗?			
85	你总是主动地向别人提出自己的建议吗?			
86	你更喜欢自己认定的比赛或游戏吗?			
87	和不熟悉的人交谈对你来说毫不困难吗?			
88	和别人谈判时你不愿放弃自己的观点,是吗?			
89	在集体讨论中你不愿保持沉默,是吗?			
90	你不愿意从事虽然工资少但比较稳定的职业,是吗?			
91	你能够用一两个小时坐下来抄写一份你不感兴趣的材料吗?			
92	你能按领导或老师的要求尽自己的能力做好每一件事吗?			
93	无论填报什么表格,你都非常认真吗?			
94	在讨论会上,如果不少人已经讲的观点与你的不同,你就会不发表自己的观点了吗?			

续 表

题 号	条 目	是	难以确定	否
95	你常常觉得在你周围有不少人比你更有才能吗?			
96	你喜欢重复别人已经做过的事情而不喜欢做那些要自己动脑筋摸索着干的事吗?			
97	你喜欢做那些已经很习惯了的工作,同时最好这种工作责任小一些,工作时还能聊聊天、听听歌曲吗?			
98	你经常将非常烦琐的事情整理好吗?			
99	你总留有充裕的时间去赴约吗?			
100	对别人借你的和你借别人的东西,你都能记得很清楚吗?			
101	你喜欢经常请示上级吗?			
102	你喜欢按部就班地完成要做的工作吗?			
103	对于急躁、爱发脾气的人,你仍能以礼相待吗?			
104	你是一个沉静而不易动感情的人吗?			
105	你喜欢把一切安排得整整齐齐、井井有条吗?			
106	你经常收拾房间,保持房间整洁吗?			
107	你办事常常思前想后吗?			
108	每次写信你都要好好考虑,写完后至少重复看一遍吗?			

表格中每18题为一组,依次为:RIASEC(计算出画"√"的个数,作为得分。看看你得分最高的是哪种职业兴趣类型,再对应看一看所对应的劳动者特点以及所适合的职业有哪些)。

类 型		题目序号	得 分
R	现实型	1~18	
I	研究型	19~36	
A	艺术型	37~54	
S	社会型	55~72	
E	经营型	73~90	
C	常规型	91~108	

六种类型的劳动者特点与对应职业：

类　型	劳动者特点	职　业
现实型	① 愿意使用工具从事操作性工作； ② 动手能力强，做事手脚灵活，动作协调； ③ 不善言辞，不善交际	主要从事各类工程技术工作、农业工作。通常需要一定体力，需要运用工具或操作机器。 主要职业：工程师、技术员；机械操作、维修、安装工人、矿工、木工、电工、鞋匠等；司机、测绘员、描图员；农民、牧民、渔民等
研究型	① 抽象思维能力强，求知欲强，肯动脑，善思考，不愿动手； ② 喜欢独立的和富有创造性的工作； ③ 知识渊博，有学识才能，不善于领导他人	主要从事科学研究和科学实验工作。 主要职业：自然科学和社会科学方面的研究人员、专家；化学、冶金、电子、无线电、电子、飞机等方面的工程师、技术人员；飞机驾驶员、计算机操作员等
艺术型	① 喜欢以各种艺术形式的创作来表现自己的才能，实现自身的价值； ② 具有特殊艺术才能和个性； ③ 乐于创造新颖的、与众不同的艺术成果，渴望表现自己的个性	主要从事各类艺术创作工作。 主要职业：音乐剧、舞蹈、戏剧等方面的演员、艺术家、编导、教师；文学、艺术方面的评论员；广播节目的主持人、编辑、作者；画家、书法家、摄影家；艺术、家具、珠宝、房屋装饰等行业的设计师等
社会型	① 喜欢从事为他人服务和教育他人的工作； ② 喜欢参与解决人们共同关心的社会问题，渴望发挥自己的社会作用； ③ 比较看重社会义务和社会道德	主要从事各种直接为他人服务的工作，如医疗服务、教育服务、生活服务等。 主要职业：教师、保育员、行政人员、医护人员；衣食住行服务行业的经理、管理人员和服务人员；福利人员等
经营型	① 精力充沛、自信、善交际，具有领导才能； ② 喜欢竞争，敢冒风险	主要从事那些组织与影响他人并需要共同完成组织目标的工作。 主要职业：经理、企业家、政府官员、商人、行业部门和单位的领导者、管理者等
常规型	① 喜欢按计划办事，习惯接受他人指挥和领导，自己不谋求领导职务； ② 不喜欢冒险和竞争； ③ 工作踏实，忠诚可靠，遵守纪律	主要从事各类与文件档案、图书资料、统计报表之类相关的各类科室工作。 主要职业：会计、出纳、统计人员；打字员；办公室人员；秘书和文书；图书管理员；旅游外贸职员、保管员、邮递员、审计人员、人事员等

思考 实践

1. 请与班级同学 3～5 人组队，围绕"大学生劳动意识与劳动能力"主题，面向校内外开展主题调研，并将调研结果做一个展示与介绍，完成下列任务。

(1) 围绕"大学生劳动意识与劳动能力"主题,设计调查问卷 1 份;

(2) 面向校内外师生开展发放电子/纸质问卷,并对结果做统计分析;

(3) 将调研的情况用 PPT 做展示,汇报时间为 5~8 分钟。

2. 仔细阅读"拓展阅读:职业兴趣测试",根据自身情况,测一测你的职业兴趣是哪一类?

3. 根据自身情况,填写下表,给自己做一个职业生涯规划。

认识自我	个人基本情况	姓名: 性别: 年龄: 职业目标:
	职业兴趣	(可根据"拓展阅读:职业兴趣测试"测试结果,选择其中一项,在□中打"√") □ 现实型　　□ 研究型　　□ 艺术型 □ 社会型　　□ 经营型　　□ 常规型 该类型劳动者特点:
	个人性格	(可以通过职业性格测试显示)
	职业能力	职业能力倾向测试结果:
职业生涯 条件分析	家庭条件分析	(可借鉴 SWOT 分析法,分别从优势、劣势、机遇、威胁四个方面分析)
	学校环境分析	
	社会环境分析	
	职业环境分析	
职业目标定位	总体目标	
	近期目标	中期目标	远期目标
	时间: 目标: 计划内容:	时间: 目标: 计划内容:	时间: 目标: 计划内容:

续 表

实施途径	大一	实施计划：
	大二	实施计划：
	大三	实施计划：
	大四	实施计划：

第七章
健康的劳动心理

学习目标

了解劳动心理与劳动者工作效率密切相关,在面对常见的压力、疲劳、职业倦怠时,能理解其基本概念和所带来的影响,并能掌握基本调节方法。

课堂导入

白领七大亚健康症状,你躺枪了吗?

工作压力大,精神紧张,经常睡眠不足……随着现代生活节奏加快,亚健康已经成为城市"流行病"。白领一族更是亚健康的重灾区,好好想一想,你有多久没有放松身心地休息了?如果你的身体出现以下这些信号,小心亚健康在向你靠近哦。

1. **指甲有白点**

指甲上有白点,预示消化吸收功能不好,脏腑功能失调,身体缺乏营养,需要注意平衡膳食。

2. **指甲有竖纹**

指甲上的竖纹就是身体疲劳的信号,预示精神状态严重失调。需要及时调节作息,放松心情。

3. **经常手脚冰冷**

这类人大多是凉性体质,一般伴有血淤、气滞、阳虚,身体末梢循环不好。日常生活中要注意保暖,晚上可用热水泡脚。

4. **脸上有色斑**

色斑也与内分泌和情绪有关哦,平时月经失调,以及精神紧张、压力大的女性,很容易出现色斑,或者脸色发黄暗淡。

5. **体重突然下降**

是不是在窃喜自己突然瘦了呢?千万要小心了,如果没有刻意减肥,半年内体重严重下降,甚至达到十几二十斤的,就要到医院检查了,因为这是某些严重疾病的初期症状。如果不是疾病因素,那么就要留意压力和情绪了。

6. 经常口干

不要以为口干要就是多喝水哦,如果经常口干就是津液亏损和阴虚的表现,津亏、阴液不足,以及痰阻、血淤等都会引起口干舌燥。

7. 总感觉疲惫

很多疾病也是以莫名疲倦为主要症状,要引起注意。从中医角度来说,气虚、阴虚、血虚的人容易感到疲劳。

劳动心理是指劳动者在劳动过程中表现的认知、意志、情感等。对劳动心理的研究起始于20世纪初,最初源于美国心理学家布莱恩关于专业人员劳动技能的报告,他将心理学推广至工业生产领域,倡导研究"日常生活中的具体活动和功能"。劳动者的劳动心理,直接影响着工作效率、劳动者自身健康等。因此,劳动心理得到了前所未有的重视。劳动心理学的关注领域也主要集中于如何提高劳动中的效率与劳动心理健康问题。[①] 健康的劳动心理将有助于劳动者提升工作主动性与适应性,反之,劳动者长此以往将出现疲劳、抑郁等症状,严重者甚至会危及生命。大学生应学会如何正确面对和处理在劳动、工作中出现的影响身心健康的压力、疲劳和职业倦怠。

一、正确处理压力

(一)压力概述

提到压力的时候,通常会涉及两方面的内容。第一是压力源。现实生活要求人们去适应的事件,比如考试、失恋、找工作等通常会造成压力。第二是压力反应。它指的是主体察觉到压力后,出现的心理、生理和行为反应,比如紧张、窒息的感觉。因此,压力是压力源和压力反应共同构成的一种认知和行为体验过程。

那么压力会对我们的生活造成什么样的影响呢?首先会对我们的身心健康造成一定的影响,当我们长期处在紧张状态下的时候,免疫系统会受到一定的损伤,人际关系也会出现一定的退步。那么压力是不是只会对我们的生活造成负面影响呢?其实还有研究表明,学习表现与压力程度呈现倒U型的关系曲线(图7-1)。

我们可以看到,当压力程度处在过高的水平时,我们的学习表现是比较低的,这与我们大家的体验是一致的,比如在面临重要的考试时,太过紧张可能会让我们发挥失常。

那么是不是完全没有压力就是好的呢?其实大家从图中也可以看出,压力程度处在较低的水平时,学习表现也是比较低的。例如,大家放假之前都迫切地想回家,回到家以后觉得挺惬意、挺放松的,但是回到家一段时间以后,就会开始觉得无聊、没有成就感,又想要回学校,在学校虽然很累很紧张,但是每天都有新收获,每天都有新进步,觉得还是这样的生活更加充实、更加有意思。当没有什么压力的时候就会觉得自己没有太大的价值。

---

① 陈国维. 大学生劳动教育[M]. 北京:高等教育出版社,2020:94.

图 7-1　学习表现与压力程度倒 U 型曲线

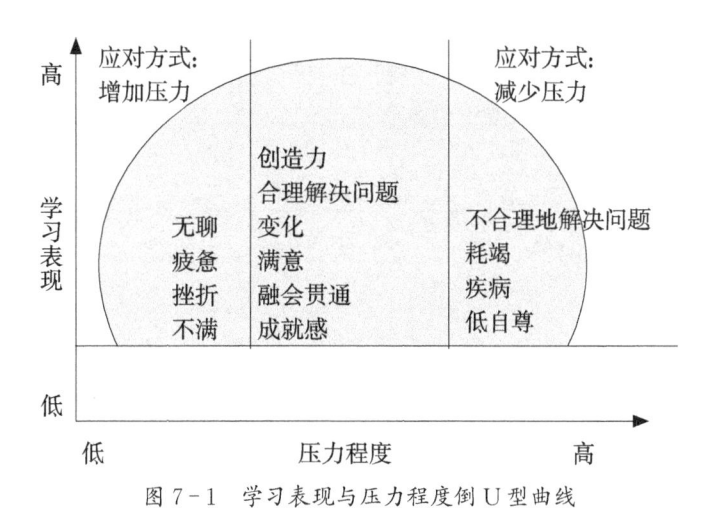

什么样的压力条件下学习成绩是最好的呢？就是适度的压力环境，适度的压力环境使我们可以集中精力面对我们要解决的问题、提高创造力，在解决问题的过程中获得成就感。常见的压力信号如表 7-1 所示。

表 7-1　压力信号表

	生理信号	情绪信号	精神信号	行为信号
1	头痛的频率和程度在不断增加	容易烦躁或喜怒无常	缺乏注意力	睡眠容易被打搅
2	肌肉紧张，尤其是发生在头部、颈部、肩部和背部的紧张	消沉和经常性的忧愁	优柔寡断，对无关紧要的事情也是一样	比平常更多地饮酒、吸烟
3	皮肤干燥、有斑点和刺痛	丧失信心或自负自大	忘记许多事情、数字、朋友的名字	积极性减弱
4	消化系统问题，如胃痛、消化不良或胃溃疡	感觉精力枯竭且缺乏积极性	判断力下降，造成某些过错	无法应付人际交往
5	心悸和胸部疼痛	有疏离感，感到无力应付生活	对自己及周围环境持消极态度	很难放松，经常坐立不安

（二）工作压力来源

工作压力的来源有许多，概括地讲，有以下几个方面。

1. 工作时间过长或不灵活

在现实生活中有许多岗位由于其特殊性，员工不得不长时间工作，经常加班加点，由于长时间地从事一种工作，人们产生了厌烦心理，开始讨厌工作，工作压力也随之产生了。

2. 太多或太少的工作责任

委以员工一定的责任，员工会有受到重视的感觉，但责任太多又会给员工造成一定的压力，如何合理安排责任是一个组织应该考虑的问题。

3. 工作内容单一，缺乏兴趣

有许多公司对工作岗位的设计不合理，不注重员工的工作丰富化，只注重工作业绩，殊不知时间一长，反而使工作效率下降，员工对工作失去了兴趣。

4. 培训不足，学习提升的机会不多

许多公司在招聘来员工以后，就会让员工高强度地工作，可如今社会知识和技术更新换代很快，好多员工在工作一段时间之后，就会发现自己的知识水平已经老化，可是公司没有意识到这一点，没有派员工去参加足够的培训，这样无形中就给员工造成了一种压力。

5. 工作和生活不平衡

当今社会，人们的工作节奏快了，好多人为了工作放弃了休闲和娱乐，生活中有好多事情都来不及处理，这样工作和生活就出现了矛盾，许多人都为之苦恼。

6. 缺乏来自同事的支持，和同事沟通不够

每一个员工都是在一定的环境中工作的。周围环境的和谐与否直接关系到员工工作心情的好坏。如果整个团队能和谐共处，互相支持，遇到事情及时沟通，那么团队中的员工就会开心工作，工作压力就会减轻。

7. 工作前景不明朗

一个人的发展和公司有很大的关系。个人的工作目标和公司的工作目标息息相关。公司领导要经常与员工描述公司的发展目标和发展前景，这样，员工可以根据公司的规划来调整自己的目标。如果员工对公司的发展一无所知，就会觉得没有归属感，这样无形中就形成了一种压力。

8. 组织混乱、公司重组、工作变动

由于公司管理不善，可能会引起组织混乱，员工工作没有头绪；如果公司重组也可能造成员工不能尽心工作；一旦员工的工作变动，就需要去适应新的工作环境和岗位，这样也会引发员工的工作压力。

（三）压力调节

1. 缓解压力策略

无策略。也就是我们产生压力的时候，自己没有意识到，或者即便是意识到自己有压力了，但是并不去采取措施释放压力，而是让压力自行消退或者慢慢积累。这种方法有时候有效，压力会逐渐消退，有时候却会造成更大的伤害。

情绪中心策略。自己感觉压力大的时候主动找朋友帮忙解压，可以一起去吃喝玩乐；也可以找心理咨询师学习放松技术。我们所做的一切都是为了让自己感受好一些，以自己的情绪为中心，所以叫作情绪中心策略。这种方法对一些无法逆转的事情有很好的减压效果，比如亲人去世，事情无法改变，只能接受，找朋友帮忙或者找咨询师帮助大都能解

决问题。

事件中心策略。我们能意识到什么造成了自己的压力，于是我们努力地改变这件事情，比如当我们考试失败造成压力的时候，我们会努力学习去减轻压力。我们所做的就是要改变造成压力的事件而不是改变我们的情绪，所以叫作事件中心策略。这种策略适合于那些可以改变的事情。

2. 压力调节具体方法

练习冥想。冥想的意思就是闭目冥思，通常的方法就是调整自己的坐姿，让身体舒适，然后慢慢闭上眼睛，想象一种场景，比如在海滩晒太阳。你可以想象一种静止的场景，场景中所有的物体都是静止的，你可以通过改变观察的角度来看这个场景的不同的物体；另一种就是活动的场景，你可以在想象的场景里散步，或者做其他的事情。长期坚持冥想可以缓解压力，放松身心。

呼吸训练。能够缓解压力的呼吸方法是使用腹部肌肉呼吸。也就是说，在呼吸的时候保持胸腔肋骨不动，通过腹部的肌肉运动来呼吸。通常所说的深呼吸其实是胸腔和腹腔同时扩张的呼吸方法，也能起到快速缓解压力的作用。

睡眠。美国疾病控制与预防中心调查发现，充足睡眠不仅有益美容，也能改善健康状态，减轻心理压力。克瑞顿大学心理研究所的研究报告指出，有慢性压力积累症的人，睡眠时间短浅；而睡眠不足的人更容易有压力。要断绝这种恶性循环，就要设法早睡，保证充足睡眠时间。

运动。运动能减少皮质醇的分泌，有助于缓解压力。皮质醇是人在感觉不安、愤怒或恐怖时，由肾上腺分泌的一种激素，累积后或会伤到内脏。此外，运动还能刺激大脑下垂体分泌内啡肽，这种神经递质能令人产生快感，放松心情。

写日记。美国国立卫生研究院调查显示，写日记能减轻心理压力。例如，当天发生了不开心的事情，通过把心情写在日记里，可以宣泄不良情绪，也有助于分析事情缘由及前因后果。坚持这样做，日后回顾以往的日记，就能了解自己心理压力产生的模式，有助于以后事前采取对策预防。

开怀大笑。开怀大笑也适用于缓解压力。美国洛玛连达大学研究发现，参试者看了喜剧片后，皮质醇以及肾上腺素的分泌都会减少，内啡肽的分泌则会增加。同时，牛津大学的研究也发现，笑能促进内啡肽的分泌，增强人对疼痛的耐受性，缓解肉体疼痛对人造成的心理压力。

● 小活动：

趣味心理测试"压力面前你最需要什么"

1. 如果21世纪最壮观的流星雨将会来临，你会选择在哪里看这场流星雨呢？
   A. 海边　　　　B. 山上　　　　C. 草地上　　　　D. 屋顶

[选项解析]

选A，海边。对你来说，当生活中出现挫折或者失败的时候，最好的安慰是爱情。所以，找到真心相爱的人，是你追求成功的同时必须要考虑的。

选B,山上。你是一个很乐观的人,相信再大的问题都会过去。对你来说,拥有一帮能够倾吐苦水的朋友是最重要的。

选C,草地上。你有些喜欢靠幻想来排解压力和焦虑。这样的排解可以顶一时之需,但从长远来看,你还需要自我成长、锻炼自己应对现实和挫折的力量。

选D,屋顶。你通常喜欢把自己的生活安排得满满的,让工作占据你大多数时间,这样的你比较容易出现人际问题。所以,你最需要的,是扩大社交圈,融入群体之中。

二、合理调节疲劳

(一) 疲劳及分类

疲劳是主观上一种疲乏无力的不适感觉,会在过度的体力或脑力活动后出现。很多疾病也可引起疲劳,很少有患病后更觉浑身是劲的情况。不同疾病会引起不同程度的疲劳,有些疾病表现更明显,有时可作为就诊的首发症状。

随着现代生活节奏的加快,社会竞争的加剧,工作、学习的压力等,疲劳成为困扰很多人的健康问题。疲劳一般可分为体力疲劳、脑力疲劳、心理疲劳和病理疲劳,也有非单一因素的综合性疲劳。

体力疲劳。体力疲劳又叫躯体性疲劳,当人持续做长时间、大强度的体力活动时,体内产生了大量的代谢物,如乳酸、二氧化碳、血尿素氮等,这类物质在体内积聚,刺激人体组织细胞和神经系统,就会使人产生疲劳感。

脑力疲劳。脑力疲劳是人们长时间用脑后,引起大脑血液和氧气供应不足导致的,具体可出现注意力不集中、头昏眼花、反应迟钝、四肢乏力或嗜睡等症状,严重的可引起失眠、多梦、恶心、呕吐、性格改变等诸多问题。

心理疲劳。心理疲劳是现代生活中最常见和较复杂的一种疲劳,由于持续性的紧张和压力产生。人长期从事一些单调、机械的工作、学习活动,中枢局部神经细胞由于持续紧张而出现抑制,致使人对工作与生活的热情和兴趣明显降低,直至产生厌倦情绪。产生心理疲劳的人,轻者出现厌恶、逃避工作、学习、生活的症状,重者还可出现抑郁症、神经衰弱、强迫行为以及诸如开始吸烟、酗酒等生活习惯改变的现象。

病理疲劳。病理疲劳是由于某些疾病所造成的人体虚弱、无力等症状。疲劳是这些病的先兆之一。比如病毒性肝炎、肺结核、糖尿病、心肌梗死、贫血、血液病和癌症等都可使患者感到莫名其妙的疲劳,这种疲劳与体力、脑力、心理疲劳性质完全不同,它有三个特点:一是在健康人不应该出现疲劳时出现;二是疲劳的程度严重,消除得也慢;三是这种疲劳常伴有其他症状,如低热、全身不适、食欲不振或亢进等。只有在疾病治愈后,疲劳才会消除。

综合性疲劳。现代生活导致的疲劳往往不是单一原因引起的,它既有体力、脑力的原因,也有心理、社交的原因,也可能还夹杂着疾病的原因,使各种单一疲劳的症状反而不显得突出和典型,这种非单一因素引起的疲劳被称为综合性疲劳。

表7-2 疲劳部位与职业的关系

部位	职业、作业及环境
头部	写作、谈话、讲课、听课等用脑程度强的工作;环境充斥CO、CO_2,换气不良
眼部	监视作业、计算机作业,显微镜作业,透视、校正、焊接;在低照度条件下作业
颈部	上下观察作业
耳部	听诊作业、铆接等噪音大的作业
肩部	搬运,肩及上肢作业
腕部	手连续动作的作业;钳工、打字、手工研磨等手工作业
肘部	小臂连续性的作业
胸部	吹气以及胸部支承性作业
腹部	摩托车、三轮车驾驶,腹部牵引及推挡作业
腰部	反复前屈、举重向上的作业
臀部	坐位不适、坐位时间长的作业
背部	前屈及蹲下作业
手指部	打字、包装、写字、敲击、剪纸等长时间用手指的作业
膝部	蹲下过久的作业
大腿部	蹲下及重体力劳动作业
下腿部	站立作业及下肢劳动作业
手掌部	锤工、石工等用力握紧的作业
足部	站立作业,步行作业

(二) 疲劳调节

1. 合理设计作业的用力方法

搬起重物时,不弯腰比弯腰少消耗能量,因此可以利用蹲位。假若弯腰可以搬起6 kg的重物,同样体力消耗的蹲位可以搬起10 kg的重物。提起重物时,手心向肩可以获得最大的力量。肩挑是最佳负荷方式,而单手夹持要比最佳方式多消耗40%能量。向下用力的作业,立位优于坐位,立位可以利用头与躯干的重量及伸直的上肢协调动作获得较大的力量。推运重物时,两腿间角度大于90°最为省力。

2. 合理安排作业休息制度

要按作业能力的动态变化适时安排工间休息时间;不能在作业能力已经下降时才安排休息。休息开始时间,最好在进入疲劳期之前。因为当劳动时间按等差级数递增时,恢复体力的时间按等比级数增加。延长劳动时间不利于消除疲劳。要科学界定休息时间。生理学研究认为,积极休息相比消极休息能使工作效率恢复快约60%～70%。脑力劳动疲劳后,可以做些轻便的体力活动或劳动,可使过度紧张的神经得到调节。

3. 克服工作内容单调感

单调作业是指内容单一、节奏较快、高度重复的作业。单调作业所产生的枯燥、乏味和不愉快的心理状态,称为单调感。避免单调的方式有:培养多面手,变换工种,从事基本作业的工人兼辅助作业或维修作业,工人兼做基层管理工作;工作延伸,按工作进程延续扩展工作内容,如参与研究、开发、制造等,激发工作热情和创造力;操作再设计,在操作设计上根据人的生理和心理特点进行重组,如合并动作、合并工序,使工作多样化、丰富化。作业内容分解。设立作业的阶段目标,使作业者意识到单项操作是最终产品的基本组成。中间目标的达成,会给人以鼓舞,增强信心。

三、有效应对职业倦怠

(一) 职业倦怠定义及表现

1. 职业倦怠定义

"职业倦怠"又称"职业枯竭",它是一种由工作引发的心理枯竭现象,是上班族在工作的重压之下所体验到的身心俱疲、能量被耗尽的感觉,这和肉体的疲倦劳累是不一样的,而是源自心理的疲乏。如果人对所从事的工作缺乏兴趣,却又不得不为之时,就会感到厌烦,产生一种身心俱疲的心理状态,导致自身潜能难以充分发挥,工作能力和工作效率下降,这种状态就是职业倦怠。

1961年,英国作家格林出版了一本小说,名为《一个燃尽自我的病人》,书中的主人公是一名事业有成的建筑师,在功成名就之后,他突然发现工作带给他的不再是一开始的热情和满足,而变成了日复一日不堪忍受的精神压力。在历经了痛苦和折磨之后,他终于放弃了自己的工作,逃往非洲原始丛林,开始了与世无争的生活。这本小说是有关职业倦怠现象最早、最明显而直接的描述,引起了当时西方职业人的广泛共鸣,人们开始关注这一由社会发展所产生的心理现象。

2. 职业倦怠的表现

职业倦怠的最常见表现为:对工作丧失热情,情绪烦躁、易怒,对前途感到无望,对周围的人、事物漠不关心;工作态度消极,对服务或接触的对象越发没耐心、不温和,如教师厌倦教书,无故体罚学生,或医护人员对工作厌倦而对病人态度恶劣等;对自己工作的意义和价值评价下降,常常迟到早退,甚至开始打算跳槽甚至转行。

职业倦怠特征一般包括以下三方面:

情感衰竭,即没有活力,没有工作热情,感到自己的感情处于极度疲劳的状态。它被认为是评估职业倦怠的核心维度,并成为最明显的症状表现。

去人格化,即刻意在自身和工作对象间保持距离,对工作对象和环境采取冷漠、忽视的态度,对工作敷衍了事,个人发展停滞,行为怪僻,提出调度申请等。

无力感或低个人成就感,即倾向于消极地评价自己,并伴有工作能力和成就感的下降,认为工作不但不能发挥自身才能,而且是枯燥无味的烦琐事物。

(二) 职业倦怠评估

世界卫生组织将职业倦怠[①]添加到第十一次修订本(2019)的《国际疾病分类》(ICD-11)中,将它作为一种职场上的现象。马斯拉奇从职业倦怠的特征出发,以情绪衰竭、工作态度以及工作效能感三个维度编制了工作倦怠量表,被广泛使用。

表7-3 工作倦怠量表 MBI-GS

请您根据自己的感受和体会,判断它们在您所在的单位或者您身上发生的频率,并在合适的数字上画"√"							
项目	从不	极少(一年几次或更少)	偶尔(一个月一次或者更少)	经常(一个月几次)	频繁(每星期一次)	非常频繁(一星期几次)	每天
情绪衰竭	(该维度的得分=所有题目的得分相加÷5)						
1 工作让我感觉身心俱疲	0	1	2	3	4	5	6
2 下班的时候我感觉精疲力竭	0	1	2	3	4	5	6
3 早晨起床不得不去面对一天的工作时,我感觉非常累	0	1	2	3	4	5	6
4 整天工作对我来说确实压力很大	0	1	2	3	4	5	6
5 工作让我有快要崩溃的感觉	0	1	2	3	4	5	6
工作态度	(该维度的得分=所有题目的得分相加÷4)						
1 自从开始干这份工作,我对工作越来越不感兴趣	0	1	2	3	4	5	6
2 我对工作不像以前那样热心了	0	1	2	3	4	5	6

[①] 国家卫生健康委编译为"体力耗尽",编码为 QD85。

续表

请您根据自己的感受和体会,判断它们在您所在的单位或者您身上发生的频率,并在合适的数字上画"√"								
项 目		从不	极少(一年几次或更少)	偶尔(一个月一次或者更少)	经常(一个月几次)	频繁(每星期一次)	非常频繁(一星期几次)	每 天
工作态度 || (该维度的得分＝所有题目的得分相加÷4)							
3	我怀疑自己所做工作的意义	0	1	2	3	4	5	6
4	我对自己所做工作是否有贡献越来越不关心	0	1	2	3	4	5	6
成就感 || (该维度的得分＝反向计分后,所有题目的得分相加÷6)							
1	我能有效地解决工作中出现的问题	0	1	2	3	4	5	6
2	我觉得我在为公司做有用的贡献	0	1	2	3	4	5	6
3	在我看来,我擅长于自己的工作	0	1	2	3	4	5	6
4	当完成工作上的一些事情时,我感到非常高兴	0	1	2	3	4	5	6
5	我完成了很多有价值的工作	0	1	2	3	4	5	6
6	我自信自己能有效地完成各项工作	0	1	2	3	4	5	6

得分在50分以下,工作状态良好;得分在50～75分,存在一定程度的职业倦怠,需进行自我心理调节;得分在75～100分,建议休假,离开工作岗位一段时间进行调整;得分在100分以上,建议咨询心理医生或辞职,不工作,或换个工作也许对人生更积极。

（三）职业倦怠的应对

组织层面。从组织的层面来加以应对，对管理者来说是重要的。作为一个机构、一个单位、一个部门的管理者，对自己的员工必须要做到任务分配要明确，角色和责任必须要清晰，沟通的渠道必须要畅通，绩效考核的体系必须要科学、完整，同时，要对员工的职业生涯，以及在职业过程中的教育和培训进行计划并将计划落实。

个体层面。首先，个人认知需要调整，如果有职业倦怠，那要通过认知的调整来尽量地减少因为错误的认知而对情绪和行为的影响；其次，归因训练，要建立内控型归因的思维方式。不管什么问题产生，都不能够一味地投向客观空间，认为这些事情跟自己没关系，而应该要从自己的内部去寻找原因，要注意用自己内部建立起来的良好的应对和控制的模式，包括良好的内控型的归因的思维方式，这样建立的思维方式对克服职业倦怠是更有效的。

应对训练。成熟的应对方式包括积极地向外界求助，积极地改善自己的人际关系等。如果你确实不能够有效地应对的话，那可以向心理专家和老师求助，请他们帮助你设计一套克服职业倦怠的训练方法。

拓展阅读

阳光心理：劳动者如何防范和化解职业倦怠[①]

中国工作倦怠指数调查报告显示，七成的中国"打工人"有轻微职业倦怠，13%的人有重度职业倦怠。研究表明，长期职业倦怠会对个人身心健康造成损害，诱发诸如身体疲惫、头疼、失眠等身体不适状况，以及焦虑、抑郁、自尊心受损、自信心下降等心理状况。另外，从组织层面来看，长期职业倦怠引发"磨洋工、效率低"等行为，助长组织中的形式主义，部门协同能力下降，服务意识淡薄，担当意识不强等，进而损害单位的利益。如果是公职人员有长期职业倦怠，很有可能影响服务效率和政府形象。

那么，应该如何去防范和化解职业倦怠呢？

一、正面反馈法

1993年，加拿大的一家银行聘请了一位股票销售员，他在18个月内创下了500万美金的业绩，一年之后，以年薪20万被其他公司挖走，而他事业成功的很重要的一个奥秘就在于他每天在盒子里放120个回形针。每次打完一个陌生电话，就把一个回形针拿到另外一个盒子，因为这个有"仪式感"的动作，"哐当"一声的成就感，让他每天重复120次电话陌生拜访却能坚持下去。这其实就是运用心理学上的"正面反馈法"，面对简单重复的事情，给自己一个正面的仪式，这有效防止了因为重复单调的工作内容而带来的"情绪性疲劳"，从而防止职业倦怠。

[①] 广州日报.打工人如何避免职业倦怠？[N/OL].[2021-01-31]. https://www.gzdaily.cn/site2/pad/content/2021-01/31/content_1484044.html. 原文有删改。

二、寻求资源支持

当我们感到职业倦怠时,千万不要自己一个人纠结痛苦,要主动沟通,向身边的人寻求帮助。中国的职场对于上司来说常常是敬畏的,多数时候处于被动做领导交代的任务的境况。而在一些关键时期,这些能够成为团队负责人的领导,其实是愿意帮助下属去改善这些问题的,尤其是在你感到自己工作缺乏价值的时候,与领导的沟通也可能帮助你获得更多工作场景下的认可和正向激励。

三、保持成长性

所谓保持成长性,既是要不断为自己设定工作、学习或生活的小目标,然后投身其中实现它。成长性既是一个不断学习和自我发展的过程,更是一个不断为自己施加心理刺激,保持心理活力的过程。有的人可能多年在一个单位或一个岗位默默工作,工作没热情、学习没意愿、生活没乐趣,久而久之,工作上找不到存在感和价值感,生活中感到单调、乏味,缺乏愉悦感和新鲜感,心理世界的活动质量自然不高。相反,有的人尽管在同样的岗位上,甚至年龄已经很大,但依然保持着成长性,不断给自己设定小目标,钻研业务工作、培养兴趣爱好等,心理状态也更为积极向上。因此,不断自我突破和成长,也是防范和化解职业倦怠的根本所在。

思考 实践

1. 当你学习、生活面临压力的时候,你会如何做?请考虑若干方法并写下来,实施一周后,看看效果如何,并做出总结。

方法一:		
方法二:		
方法三:		
…		

一周后的总结:

2. 无论是从事体力劳动还是脑力劳动,时间久了都会感觉到身体疲劳。就算是非常刻意地休息一两天,都没有很明显的效果。要想知道自己的身体疲劳指数有多高,做完这套自测题就清楚了。

(1) 是否经常感觉到疲劳?
(2) 是否一直想要休息更长的时间?
(3) 是否在白天也会有昏昏欲睡的感觉?
(4) 是否在做事的时候有力不从心的感觉?
(5) 是否在开始做事的时候感觉良好,但是当要继续工作的时候却感到相当吃力?
(6) 是否经常有体力不够的感觉?

(7) 是否从事体力劳动时,感觉体力大不如从前?

(8) 是否感觉身体很虚弱?

(9) 是否经常有注意力不集中的感觉?

(10) 是否在思考问题时感觉思维不如以前敏捷?

(11) 是否在讲话时感觉语言组织能力不如以前?

(12) 是否在开会时讲了上半句,不知道如何接下半句?

(13) 是否感觉记忆力大不如从前?

(14) 是否过去习惯做的事情现在不太愿意去做?

这套自测题总共14题,每题一分,回答"是"计1分,回答"否"则为0。

前面第(1)题到第(8)题的分值相加起来就是身体的疲劳指数,分数越高则显示身体越疲劳。第(9)题到第(14)题则为脑力疲劳指数,也是分值越高则代表着脑力越疲劳。

如果身体的疲劳指数与脑力的疲劳指数都相对比较高,就需要对自己的工作与生活状态进行调整,适量休息,注意劳逸结合,保证充分的睡眠,多进行适量的社交活动,让身体与大脑进行适量的放松。

实践篇

必须坚持崇尚劳动、造福劳动者。劳动是财富的源泉，也是幸福的源泉。人世间的美好梦想，只有通过诚实劳动才能实现；发展中的各种难题，只有通过诚实劳动才能破解；生命里的一切辉煌，只有通过诚实劳动才能铸就。劳动创造了中华民族，造就了中华民族的辉煌历史，也必将创造出中华民族的光明未来。"一勤天下无难事。"必须牢固树立劳动最光荣、劳动最崇高、劳动最伟大、劳动最美丽的观念，让全体人民进一步焕发劳动热情、释放创造潜能，通过劳动创造更加美好的生活。

全社会都要贯彻尊重劳动、尊重知识、尊重人才、尊重创造的重大方针，维护和发展劳动者的利益，保障劳动者的权利。要坚持社会公平正义，排除阻碍劳动者参与发展、分享发展成果的障碍，努力让劳动者实现体面劳动、全面发展。全社会都要热爱劳动，以辛勤劳动为荣，以好逸恶劳为耻。

——习近平2013年4月28日在同全国劳动模范代表座谈时的讲话

第八章
大学生劳动实践概述

学习目标

掌握大学生劳动实践的基础知识,树立正确的劳动观念。了解如何培养必备的劳动能力,能够结合日常生活中的实例掌握大学生劳动实践的具体分类。了解大学生如何分类、分阶段参与劳动实践,能够主动参与到劳动实践中去,养成良好的劳动实践习惯。

课堂导入

2020年3月,中共中央、国务院印发了《中共中央 国务院关于全面加强新时代大中小学劳动教育的意见》(以下简称《意见》),全面部署劳动教育工作。不久,教育部又印发了《大中小学劳动教育指导纲要(试行)》(以下简称《指导纲要》),加强对劳动教育的专业指导。两个重要文件都指出,劳动教育具有鲜明的思想性、突出的社会性和显著的实践性。新时代大学生的劳动教育应以习近平新时代中国特色社会主义思想为指导,全面贯彻党的教育方针,坚持在劳动教育和实践中培育和践行社会主义核心价值观,紧密结合经济社会发展变化和大学生发展特点,与德、智、体、美四方面协同并进,积极开展日常生活劳动、生产劳动和服务性劳动。

图8-1 《中共中央 国务院关于全面加强新时代大中小学劳动教育的意见》

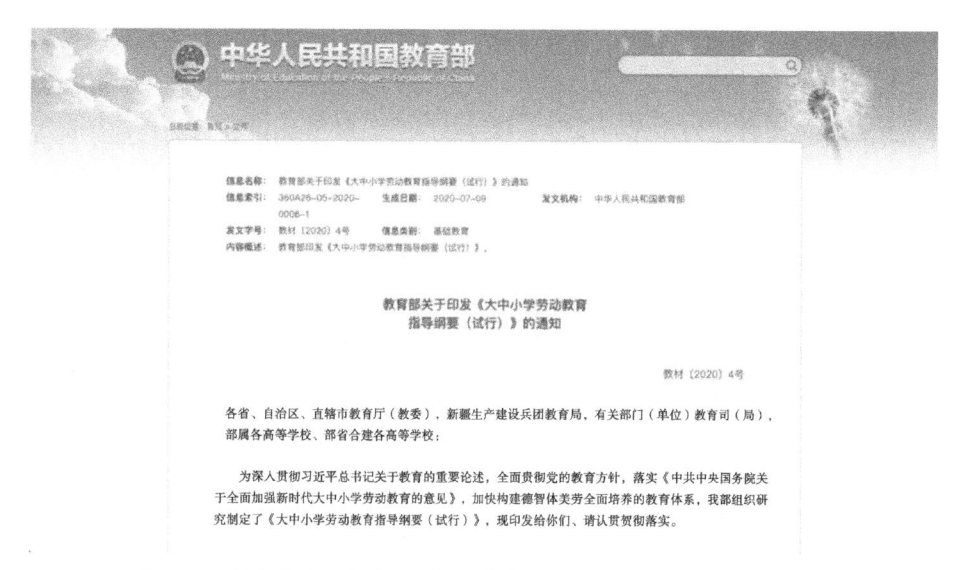

图 8-2　教育部关于印发《大中小学劳动教育指导纲要(试行)》的通知

大学生劳动实践可以分为日常生活劳动实践、生产劳动实践和服务性劳动实践三个种类。日常生活劳动实践是立足个人生活事务处理，培养良好生活习惯和劳动习惯，强化自立自强意识的劳动实践。生产劳动实践是在专业学习的基础上，亲身体验工农业生产过程、增强产品质量意识、体会平凡劳动中的伟大的实践活动。服务性劳动实践是大学生利用所学知识技能服务他人和社会的实践活动。

大学生可以分种类参加劳动实践，按日常生活劳动实践、生产劳动实践和服务性劳动实践参与不同种类的劳动实践；可以分场所参加劳动实践，在大学生学习与生活的主要场所——家庭、学校、社会中进行劳动实践；可以分阶段参加劳动实践，根据大学阶段各年级的不同专业基础完成相应的劳动实践。

一、大学生劳动实践的种类

实践是人类主客体相互作用的基本形式，是人能动地改造世界的对象化活动。劳动是人类主体维持自我生存和自我发展，对生活生产资料进行加工、制作和改造的活动，是人类最为基本、最为普遍、最为崇高的实践活动。因此，大学生不仅需要具备广博的知识，更要树立正确的劳动观念、具有必备的劳动能力、培育积极的劳动精神、养成良好的劳动习惯和品质，通过劳动实践认识世界、改造世界。

《意见》《指导纲要》中明确规定，劳动教育内容分为日常生活劳动教育、生产劳动教育、服务性劳动教育，高校可以结合实际制定更为具体的劳动教育清单，切实解决劳动教育教什么的问题。在此基础上，根据社会发展需求、学校专业特色和学生成长特点，本书将大学生劳动实践分为日常生活劳动实践、生产劳动实践和服务性劳动实践三个方面。

(一) 日常生活劳动实践

日常生活劳动实践主要是指立足个人生活事务处理，培养良好生活习惯和劳动习惯，强化自立自强意识,寓劳动教育实践于日常生活的实践活动。大学生在校期间可以将劳动实践融入校园生活和日常活动的各方面,具体可以分为个体性劳动实践和群体性劳动实践。

日常生活中的个体性劳动实践主要是指一些为自己日常生活服务的最简单的劳动实践,如自己日常三餐洗刷碗筷、洗涤衣服和鞋袜、清洗被单、整理床铺等。群体性劳动实践主要是指大学生为宿舍或班级集体的学习和生活服务而从事的简单劳动实践,如寝室、教室、实验室、图书馆和食堂卫生的打扫、草坪花圃和操场的简单护理、校园道路的清扫等。

大学生还可以参加学校开设的家政、厨艺、服装、插花等课程,以此提升生活技能。新时代劳动教育要在继承传统劳动教育的基础上,着眼于现代生活需要,加入人工智能、垃圾分类等现代生活技能课程,将现代生活理念融入劳动教育之中。

通过日常生活劳动实践,大学生应当了解劳动是安身立命的社会责任,辛勤劳动、安生乐业、勤俭持家是每个大学生应尽的义务,只有通过劳动才能促进个人成长、家庭和谐、社会发展。

(二) 生产劳动实践

生产劳动实践是在专业学习的基础上,大学生亲身体验工农业生产过程、增强产品质量意识、体会平凡劳动中的伟大的实践活动。生产劳动实践是连接专业学习与实践锻炼的重要纽带,有利于帮助大学生加深对专业的热爱和兴趣,达到掌握一技之长的培养目标,同时有利于在劳动实践中提升专业素养、领悟专业知识。根据高校第一课堂学习和第二课堂活动,可以将生产劳动实践分为专业性劳动实践和创新性劳动实践。

专业性劳动实践将劳动实践与专业培养有机融合,在勤奋劳动和学习中养成认真敬业、自信自律的良好素质。一方面,专业学习本身就是一种脑力劳动,学习的过程本质上也是一种劳动教育;另一方面,专业学习的最终目标,也是劳动的根本需要。大学生在学校学习专业课程、专业劳动知识,养成专业劳动技能,成为具有创新精神和实践能力的高级专门人才,有助于进入相对专门的劳动岗位,发展科学技术文化,促进社会主义现代化建设。

大学生参与专业性劳动实践既可通过校外劳动实践基地参加专业课程教学要求的相关实习实训,也可以通过校内外专业实践教育基地参加岗位实习,一方面,学生可以在企业师傅的指导下参与企业生产,掌握相关技术,在高新企业体验现代科技条件下劳动实践新形态、新方式,提升专业劳动能力;另一方面,可在实习实训中感受企业文化,认识工匠名人,参观劳动成果,进一步培养敬业爱岗、吃苦耐劳的敬业精神。

在大力推进创新创业教育背景下,创新性劳动实践已成为生产劳动实践的重要组成部分,是启迪创造能力的源泉。创新性的生产劳动实践主要表现为在劳动中具有擅于变革、勇于创新的品格,具有善于运用科学原理和技术技能以及专业学科知识进行劳动实践的方法与能力,能够在劳动中发现真实的问题并创造性地加以解决,能够积累劳动经验并使其结构化,进而有所发现、有所发明。在校大学生可以积极参加"挑战杯"创业大赛和自主创新创业活动,在亲身实践中培养创新精神和创造能力,涵养劳动情怀;可以结合互联网以及当前人工智能、机器人技术、量子信息技术、虚拟现实、生物技术等新兴战略性产业发展的趋势,不断加大创新力度,积极利用社会资源,培养创新性生产劳动的意识和能力。

综上所述，大学生的专业基础和能力只有通过生产劳动才能显现其价值，没有辛勤劳动的付出，就不可能收获过硬的专业素质。通过生产劳动实践，要让大学生深刻体会到辛勤劳动和执着钻研的劳动精神，在专业化、全面化发展的道路上进行实践探索。

（三）服务性劳动实践

服务性劳动实践是指大学生利用所学知识技能，服务他人和社会的实践活动。习近平总书记说过，"一种价值观要真正发挥作用，必须融入社会生活"。他还多次强调"空谈误国，实干兴邦"，强调"人世间的美好梦想，只有通过诚实劳动才能实现"。对新时代大学生而言，更要立志成为能够应对重大挑战、善于创新创造、勤于实践、乐于奉献的高素质劳动者。大学生应在社会实践中勇于创新，在志愿服务中乐于奉献，深化对劳动创造人、劳动创造世界的认识。

大学生可以充分结合校园第二课堂平台和活动开展服务性劳动实践。在校园内，大学生可以参与力所能及的校园劳动实践活动，将劳动实践与学校资助、后勤等有机融合，积极参与校园清洁绿化、社区文化建设、维护就餐环境等工作。在服务过程中体验校园里各种事务性劳动的繁杂性、琐碎性、辛苦性，体验到学校管理之不易，后勤服务劳动之艰辛，培养"我为人人，人人为我"的劳动服务意识，在劳动中达到育人效果并且实现劳有所得，增强劳动热情、劳动习惯和劳动能力。在校外，大学生可以结合"全国大中专学生志愿者暑期文化科技卫生'三下乡'"等社会实践工作，在社会实践中受教育、长才干、做贡献。还可以充分借助学生会、青年志愿者协会、学生科协等学生组织的平台，做好志愿服务活动和社区义务劳动，建立志愿服务基地并不断优化志愿服务品牌项目，在火热的社会劳动中去历练，培养志愿精神、服务意识和奉献品格。此外，大学生应当积极拓宽社会实践途径，参与专业见习、实习，在此获得对职业劳动、职业生活的真切理解，发挥自己的专业特长，培养职业兴趣，明确职业目标，做好职业规划，树立正确的劳动观念和人生志向，塑造岗位需要的职业素养和道德品质。

学习链接

浙江大学——湖州长兴农业试验站劳动教育[①]

为响应《中共中央 国务院关于全面加强新时代大中小学劳动教育的意见》（以下简称《意见》）的号召和《大中小学劳动教育指导纲要（试行）》（以下简称《指导纲要》）对普通高等学校的要求，浙江大学求是学院紫云碧峰学园（简称云峰学园）赴湖州长兴农业试验站社会实践团开展了为期七天的劳动教育活动。在湖州长兴农业试验站中，这支由23名学生组成的队伍开展了播种、插秧、检测葡萄甜度等多项农业劳作，并在抖音App上进行了全程直播。

团队指导老师赵嵩表示，实践团队下属的劳动教育小组在基地工作人员的指导下开

[①] 谭梦佳,陈乐凯,张子妍. 以劳强体,以劳育美——浙大社会实践团探索劳动教育试点[EB/OL].[2020-07-24]. https://www.sohu.com/a/409565105_670710?_trans_=000011_hw_llq_sy.

展了多项种植劳动,亲身体验了劳动的育人作用,并以此为试点探索一套适合大学生的劳动教育方案。这项尝试获得了浙江大学求是学院云峰学园的支持。

"老师,这是什么品种?""这个葡萄品种是巨玫瑰,吃起来有玫瑰的香味,在市场上几乎见不到。"李坤峰老师是长兴农业试验站的管区主管,他正在试验站的葡萄根域限制栽培技术示范基地为浙江大学的社会实践团队讲解基地内葡萄品种和种植技术的相关情况,身边穿着实践团服的学生奋笔记录,也时不时提出一些问题。讲解完毕,实践团队的队员们在老师的指导下学习了一些园艺修剪技巧,然后带着试验站统一分发的剪刀等器具,开始给各个品种的葡萄串剪除果皮有损坏的葡萄。

由于基地面积大,并且剪枝条和烂果时需要高举手臂,所以劳动任务多、强度大,不一会儿大家便汗流浃背了。这些晶莹的汗珠都被手机摄像头记录了下来,呈现在账号为"浙江大学暑期长兴社会实践团"的抖音直播间中。

图 8-3 同学们正在进行网络直播

这样的画面是这群学生长兴农业试验站之行每天例行工作的缩影。不管是基于无土栽培技术的植物播种,还是插秧、给无花果授粉、采摘番茄并分拣包装等劳作,学生们都亲力亲为,并且全程直播拍摄。在闷热的大棚中,往往不到一刻钟的劳动就会使衣服被汗水浸湿。参加劳动的周佳盈同学表示:"在活动中,我们感受到了播种的不易,体会到了劳作的艰辛,但是感受到了前所未有的充实。"

为了让劳动教育活动顺利展开,实践团的成员们事先对试验站进行了实地考察,做了充足的准备。在试验站的李坤峰、李玉、权晓康、杨平等基地老师的带领下,学生队伍考察了主要的试验棚,包括现代植物工厂基地,葡萄根域限制栽培技术示范基地,果桑设施栽培技术示范基地等,了解到了每个基地所采用的新型种植技术以及新型栽培模式。为了能够更加直观地感受到新技术新模式带来的好处,学生们在大棚里直接试吃了各个基地内的农作物。考察的目的在于因地制宜制定更加完善的计划、方案,同学们综合当地的天气情况和硬件水平,调整了事先制定的劳动教育方案,为之后的劳动教育做好了充足的准备。

在劳动期间,团队成员们遇到了许多困难,有移栽播种等技术上的操作困难,也有行动上的体力不支,更有精神上的毅力考验等。赵嵩老师对实践团成员们的劳动表示了肯定:"虽然本次实践中,同学们遭受了诸多困难,但也不得不承认,'千淘万漉虽辛苦,吹尽狂沙始到金'。"

整个团队之所以能够有序推进本次劳动实践,得益于渐趋巧妙的团队配合以及不断合理化的实践计划。在晚饭后,成员们都会聚在一起开会,总结成果、指出不足、撰写报告以及讨论制定劳动教育方案,会议常常持续到凌晨。

此外,长兴农业试验站也给予了热情支持。管区主管李坤峰老师说:"劳动与教育的结合,让同学们从有汗水、有疲乏的体力劳动中,获得技能、意志的提升。学校在劳动育人的实践中不断开拓创新,我们教师团体也要在这方面发挥引导作用。"

实践团队队长彭朕表示,经多次的亲身实践以及理论上的不断打磨,本支社会实践团队在制定初步的劳动实践指导手册的道路上有了一定的方向,为大学生的劳动教育探索一个新的形式,希望能够有效发挥劳动育人对学生成长的多方面作用,如改善整体劳动精神面貌、养成良好的劳动价值取向和提升劳动技能水平等。

不久前,中共中央、国务院颁布的《意见》提出:劳动教育是中国特色社会主义教育制度的重要内容,直接决定社会主义建设者和接班人的劳动精神面貌、劳动价值取向和劳动技能水平。而这支大学生社会实践团队的初衷正是基于积极响应国家的号召,贯彻落实劳动教育,紧密跟进国家新青年教育的时代步伐。

我为武大扫校园[①]

为促进学生树立"劳动最光荣、劳动最崇高、劳动最伟大、劳动最美丽"的劳动审美观,在劳动创造中形成发现美、体验美、鉴赏美、创造美的意识和能力,从而提高学生审美能力和人文素养,被称为"最美校园"的武汉大学的50多位国际学生在国际学生联合会的带领下,开展了"我为武大扫校园"活动。

图 8-4 国际学生清扫校园

这也是第12届珞珈金秋国际文化月系列活动之一,旨在调动国际学生的积极性,提升

---

① 武汉大学国际教育学院."我为武大扫校园"[EB/OL].[2016-11-14]. http://sie.whu.edu.cn/info/1010/2380.htm.

互帮互助的意愿,促使他们更好地融入武大校园和中国文化,收获"珞珈山主人"的感觉。

国际学生们领取了保洁工具后,分批次、分区域地对梅园小操场周边地区进行了细致的打扫。他们有的清扫情人坡满地的枯叶,有的拾取"奥场"跑道上的垃圾,有的擦拭李达老校长塑像及周边设施,有的帮助环卫工人一起清理自强大道的下水道淤泥……

在近两小时的清扫工作后,看着干净清爽的校园,国际学生们拥抱、欢笑,用自己的方式表达了喜悦和庆祝。

来自乌干达的罗杰说:"很多中国学生不认识、不熟悉我们,以为国际学生都只管自己。其实我们很热爱武大,也希望能为学校和中国同学做一些事情。不仅仅是清扫校园,以后我们还会做得更多。"

来自阿富汗的柯木迪说:"这是一个特别好的活动,很享受这种帮助他人的感觉,也谢谢一直以来清洁校园的工作人员,希望国际学生的努力能让他们感受到快乐。"

正如国际学生所说,他们都是武汉大学的学子,热切地希望融入这个美丽的校园,与中国学生一样去努力、去奉献,消除语言的隔阂,冲破民族的界限,不仅爱自己,也爱同学、爱学校,爱生活中赐予的一切。

"所有人都为着心中的美好和向往付诸行动,这就是国际文化月的真正意义。"国际学生联合会负责人说。

二、大学生劳动实践的参与方式

(一)分场所参与劳动实践

家庭、学校、社会作为大学生学习与生活的主要场所,在大学生劳动实践中起到了重要作用。

家庭在大学生劳动实践中具有基础作用,是日常生活劳动实践的基础场所。大学生应当抓住衣食住行等日常生活中的劳动实践机会,自觉参与、自己动手,随时随地、坚持不懈地进行劳动,掌握洗衣做饭等必要的家务劳动技能,为自己的日常生活进行服务,通过日常生活中的点滴小事树立崇尚劳动的良好家风,养成热爱劳动的习惯。

学校在大学生劳动实践中具有主导作用,在劳动教育中承担着主体责任。通过学校开设的劳动教育等课程引导,大学生可以形成马克思主义劳动观,系统学习掌握必要的劳动技能,积极参加课内外劳动项目。在校期间,大学生可以将专业与劳动实践结合,通过实习实训切身参与劳动实践,通过亲身体会培养创新精神,将劳动实践落到实处。

社会在大学生劳动实践中具有支持作用,为劳动实践提供了必要保障。大学生可以充分利用企业公司、工厂农场等社会各方面资源,参加力所能及的生产劳动、参与新型服务性劳动,与普通劳动者一起经历劳动过程;可以进入高新企业体验现代科技条件下劳动实践新形态、新方式;还可以借助工会、共青团、妇联等群团组织以及各类公益基金会、社会福利组织平台,深入城乡社区、福利院和公共场所等参加志愿服务,开展公益劳动,参与社区治理。此外,大学生还应该主动为全社会营造崇尚劳动、尊重劳动、热爱劳动的社会主义先进文化,弘扬劳动精神,传播正确的劳动价值观,让劳动文化成风化人,让劳动精神在全社会形成价值共识、文化认同,进而成为教育自觉和行动自觉。

(二) 分阶段参与劳动实践

大学生分阶段参与劳动实践的主要原则是:低年级以培养学生独立生活和志愿服务、公益活动为主,高年级将劳动教育拓展到学生的专业教育领域,为大学生创造条件,将所学知识应用于实践,增加提高实践能力的环节,使得劳动教育不仅仅局限在学习生活技能上,还能让大学生发挥专业学习优势,积极参与解决社会问题,使学生在道德修养、学科专业水平、交流能力、动手能力、创新能力和社会适应能力等都得到提升,促进大学生专业素质和个人素质的协调可持续发展,进一步丰富劳动教育实践服务活动的形式和内容,激发大学生参与活动的热情,寓教于劳、寓教于行、寓教于乐,在活动过程中使学生受到教育,得到启发。

大一主要侧重开展义务清扫等日常生活劳动,培养学生基础的劳动思维和劳动素养,强化诚实合法劳动意识,培养科学精神;大二主要侧重开展校内外志愿服务活动、"青年红色筑梦之旅"、"三下乡"等服务性劳动,培育学生良好的劳动习惯和公共服务意识;大三、大四主要侧重开展实训实习、创新创业等生产性劳动,帮助学生积累职业经验,提升就业创业能力,树立正确择业观,具有到艰苦地区和行业工作的奋斗精神。具体可以参照下表分阶段开展劳动实践。

表 8-1 大学生分阶段参与劳动实践表

年级	活动名称	劳动实践类别	学习目标
大一	中华传统文化劳动思想讨论分享会	劳动理论学习	了解中华传统文化中的劳动思想
	承担家务劳动	日常劳动实践	掌握基本家务劳动技能
	特色宿舍申报活动	日常劳动实践	营造整洁干净的宿舍环境
	职业生涯规划讲座	生产劳动实践	掌握生涯规划基础知识
	劳动法律书籍主题读书会	劳动法律	了解劳动保护相关法律法规
	"致敬劳动者"主题活动	劳动素养	了解当代劳动者故事,提升自身劳动素养
大二	"讲述劳模故事,传承劳模精神"主题班会	劳动理论学习	了解劳模事迹,学习劳模精神
	垃圾分类知识竞赛	日常劳动实践	掌握垃圾分类生活常识
	校园绿色环保劳动	服务性劳动实践	提升劳动技能,培养服务意识
	校园文化建设主题活动	服务性劳动实践	提升劳动技能,培养服务意识
	职业生涯规划测评	生产劳动实践	认识自我与职业,初步建立职业生涯规划意识
	劳动权益案例分析	劳动法律	了解劳动法在案例中的运用

续 表

年 级	活动名称	劳动实践类别	学习目标
大三	主题志愿服务活动策划	服务性劳动实践	提升劳动技能,培养奉献精神
	创新创业基础指导	生产劳动实践	掌握创新创业基础知识
	创新创业项目申报	生产劳动实践	提升创新创业能力
	劳动实践权益保障调研报告	劳动法律	了解劳动权益相关法律并运用
	专业热点问题研究与汇报	劳动素养	初步探索职业世界
	完成职业生涯规划书	劳动素养	提升生涯规划能力
大四	职前就业指导讲座	生产劳动实践	进一步探索职业世界
	基本职业技能培训	劳动素养	掌握办公软件使用、公文写作等基础职业技能
	专业课程劳动实践	生产劳动实践	掌握专业知识在实际生产过程中的应用
	劳动合同改错	劳动法律	掌握劳动法律在实际工作中的应用

拓展阅读

用专业知识践行大学生劳动实践的深刻内涵
——第六届中国国际"互联网+"大学生创新创业大赛冠军团队负责人宋哲[1][2]

在第六届中国国际"互联网+"大学生创新创业大赛中,来自北京理工大学的 2019 级博士生宋哲带领"星网测通"项目勇夺总决赛冠军。

卫星互联网是重要的太空基础设施,是由成千上万颗通信卫星组成的新型互联网。2020 年 4 月,国家发改委将卫星互联网纳入"新基建"范围。测量是卫星的"体检",是卫星互联网建设和运用中至关重要的一个环节。而来自北京理工大学的宋哲带领团队完成的"星网测通"项目则打破了国外对我国航天领域测量技术的严格封锁,解决了制约我国通信卫星发展的卡脖子问题。宋哲团队针对现有产品功能单一、性能不足、价格高昂等痛点问题,开拓创新,发明了系列卫星通信测量仪,用一台仪器就能测数百种场景,测量效率提升 100 倍,为客户节省 90% 的成本,真正做到测得了、测得快、测得起。

团队负责人宋哲在 2005 年进入北理工信息工程实验班开始本科阶段学习,毕业后保送至北理工通信与网络实验室攻读硕士研究生,2019 年她再次回到北京理工大学攻读博

---

[1] 袁建胜.北京理工大学光电创新教育实验基地 理论结合实践 培养高层次创新型人才[EB/OL].[2010-04-27].http://news.sciencenet.cn/sbhtmlnews/2010/4/231529.html.原文有删改.
[2] 吴楠.宋哲:卫星互联网时代的技术攻坚者[EB/OL].[2020-12-10].https://www.bit.edu.cn/xww/zhxw/jxky1/20fef9b9b601431abfed0873e97b0aab.htm.原文有删改.

士,在卫星通信测量领域不断笃行、开拓。

从本科二年级开始,宋哲就进入学校光电创新教育实验基地学习,跟着已经75岁高龄的实习基地创始人张忠廉教授学习科学研究方法及科学写作方法。张忠廉老师说:"这里所有的仪器都可以随便摆弄、操作,不动手就没有创造力,即使犯错也有价值。"每个周一,张忠廉指导他们进行一些简单的电路制作与调试,而到周三晚上,宋哲运用周一学到的知识,帮助没有完成电路的同学进行调试。理论与实践的结合让宋哲有了飞快的进步。

经过两个学期的实践学习,她在本科三年级开始自主进行一些创新设计,参加了一系列学科竞赛。宋哲说:"在实验基地里,我收获了很多。首先我跟张忠廉老师学习理论和参与实践,掌握了科研的基本方法;其次通过学科竞赛,我增强了自己的综合素质、开阔了眼界;最重要的是,我在张忠廉老师身上学到了面对科研应有的态度——诚实、执着、严谨。在大一的迷茫期,是实践基地让我找到了方向。"

思考 实 践

1. 你参加过哪些劳动实践?它们分别属于日常生活劳动实践、生产劳动实践和服务性劳动实践的哪一类?请把它们填入下列表格中。

日常生活劳动实践			
生产劳动实践			
服务性劳动实践			

2. 请联系实际,谈一谈大学生如何养成家庭生活劳动的习惯。

3. 企业公司、工厂农场、社区街道等社会资源都可以成为大学生参与劳动实践的场所,请结合你所学的专业谈一谈,大学生在社会中可以开展哪些生产劳动实践。

第九章
日常生活劳动实践

学习目标

深入理解大学生日常生活劳动实践的必要性和目标,掌握大学生日常生活劳动实践的内容和途径,进行个人卫生保洁、主动承担家务、积极参与勤工助学等劳动实践,提高大学生自立自强能力,树立正确的劳动价值观,培养良好的劳动品质。

课堂导入

拒绝脏乱差,看看别人的大学寝室[①]

"落叶与袜子齐飞,废纸共墙壁一色"是很多人对大学寝室的印象。

图 9-1 "脏乱差"宿舍

现在,越来越多的大学生开始注意寝室环境,有的同学发挥自己的专业特长来装饰寝室,黑科技、小清新让人目不暇接。

[①] 新华网. 拒绝脏乱差,看看别人的大学寝室[EB/OL]. [2018-03-28]. http://m.xinhuanet.com/ah/2018-03/28/c_1122602066.htm.

图9-2 "小清新"寝室　　　　图9-3 "粉色系"寝室

清新的高尔夫草坪、精美的波斯地毯、温暖的木质地板、温馨的暖黄灯光……浙江财经大学的四名男生打造了一个"绿野仙踪"特色寝室。他们自己网购原材料,大家一起动手完成,寝室阳台上设置了"高尔夫草坪"。青绿色的草皮地板,柔软清新,别具一格。

重庆大学四位理工科男生突发奇想,将自己的寝室装扮成粉红色的海洋。连辅导员都忍不住点赞:"第一次见到男生寝室有这么干净温馨的。"

看了这些整洁、特色寝室的例子,是不是跃跃欲试,也想大显身手了呢?

日常生活劳动实践是大学生劳动实践中基础且重要的一个环节。大学生日常生活劳动实践的内容包括个人生活事务处理及卫生清洁、主动承担家务劳动和参与勤工助学等校园劳动实践岗位。在系统的文化知识学习之外,通过在日常生活中动手实践、出力流汗,独立处理个人生活事务,或参加勤工助学活动、参与校内日常劳动实践,让学生接受锻炼、自食其力,有利于大学生树立正确的劳动观,培养良好生活习惯和劳动习惯,强化自立自强意识。家务劳动是学生需要学习的生活基本技能之一,在家庭中主动承担家务,进行家居保洁、烹饪等家务劳动,不仅可以增强学生的家庭责任感,也有利于传承崇尚劳动的优良家风。

一、日常生活劳动实践的必要性

日常生活劳动实践是大学生劳动教育的重要组成部分,能够有效提高学生们的生活自理意识及动手能力,使他们在日常劳动过程中形成正确的劳动观,培养生活能力和良好的卫生习惯,树立自立自强意识;家庭中的日常生活劳动实践有利于培养大学生的感恩意识和责任意识,传承优良家风;校园内开展日常生活劳动实践是落实劳动教育的重要举措,能够更好地引导学生养成爱护环境的优秀品质,培育主人翁意识。

(一)日常生活劳动实践是大学生正确劳动观形成的基础

当今社会上存在着大量的劳动观念淡薄、劳动态度不端正、劳动行为功利化的现象,这些都是对劳动和劳动者不尊重的表现。人们劳动观存在明显的偏差,例如将劳动分为体力劳动和脑力劳动,认为体力劳动是低级的,脑力劳动比体力劳动高级,轻视体力劳动和体力劳动者。这些错误的劳动观在大学生中传播,深深地影响着大学生劳动观的形成,使大学生难以树立"劳动光荣、劳动伟大"的观念。

参与日常生活劳动实践就是让大学生重新再认识马克思主义劳动观的真正含义,这将有助于大学生明辨是非,形成正确的劳动观。在日常生活劳动实践方面,大学生应当从身边小事做起,比如打扫宿舍、参与家务劳动、独立处理个人事务等。有些大学生自理能力较差,寝室脏、乱、差,垃圾在角落堆积,只有在学校检查寝室卫生时才会突击打扫,打扫的清洁程度往往不能符合学校的规定。从打扫寝室这个普通的一件小事上就能看出,一些大学生对劳动是不热衷的。因此,参与日常生活劳动实践可以使大学生树立正确的劳动观,促使大学生热爱劳动、崇尚劳动,在日常生活劳动实践中养成良好的劳动习惯、锻炼其劳动意志,引导其热爱劳动、诚实劳动、尊重劳动,进而尊重劳动者,珍惜劳动成果,继承和发扬"吃苦耐劳"的宝贵精神。

"一等人创造环境,二等人跟随环境,三等人抱怨环境",这是一个创造创新的时代,能够创造干净环境的人一定也能创造自己美好的人生。新东方董事长俞敏洪大学期间为宿舍同学打了四年水,他后来创业需要帮助的时候,同学们因为相信他的人品从世界各地回来帮助他。一个人的成长离不开一个良好的环境,别人不能给我们,我们就去创造,如果能坚持四年创造干净的宿舍,这也是能力,最终受益的一定是创造的这个人。

(二)家庭劳动教育是日常生活劳动实践的核心内容

家务劳动,也即家庭劳动教育,是日常劳动实践的基础与核心。首先,家务劳动有助于改掉学生懒惰的毛病,养成整洁的习惯。优越、舒适的生活易让人变得好吃懒做,也容易消磨人的意志、削减奋斗精神,这样无益于学生的成长。家务劳动可以让学生变得吃苦耐劳,还能通过学会分类摆放不同的物品,养成整洁、做事有条理的习惯。其次,家务劳动可提高学生的认知能力和应变能力。从小开始学做家务,劳动中多变的条件和复杂性能很好地锻炼学生适应生活的能力。再次,家务劳动能让人学会感恩和珍惜,培养责任心。当身体上受到适当的劳累和痛苦时,学生们才能知道一切都来之不易,才能学会感恩和珍惜。此外,参与家务劳动能让学生意识到自己也是家庭的一员,有责任和义务与父母一起分担家庭责任,而不是心安理得地认为父母和家人所有的付出都是理所当然的。最后,家务劳动还可增加自信心。学生会在劳动中感受快乐,体会自我的贡献力和重要性,继而产生成就感、增强自信心。在学生进行家务劳动时,其动手能力和各种技能也会得到提高,而自我能力的提高则进一步增强学生的信心。

(三)日常生活劳动实践与常见传染病预防息息相关

2019年年底,新冠疫情暴发,这是近百年来人类遭遇的影响范围最广的全球性大流行病。此次疫情是新中国成立以来我国遭遇的传播速度最快、感染范围最广、防控难度最大的一次重大突发公共卫生事件。高校的常见传染病预防与学生的个人卫生习惯息息相关。进入21世纪以来,突发公共卫生事件特别是新发传染病的暴发与流行引起社会广泛关注。高校的寄宿制、大班教学、课室流动、开学时集中返校及新生报到等增加了学生聚集流动的客观条件,使高校不可避免地成为常见传染病暴发的高危区域。

在校生应当积极配合高校的常见传染病预防工作,卫生状况差的宿舍,必然会影响学校整体传染病防治工作的进展。一旦个人卫生不达标,宿舍也会滋生细菌和病毒,人生活在这种环境中,难免会受到影响。每一个人都想生活在干净的环境里,没有人想被病毒困扰。因此,远离病毒,做好个人卫生,进而做好宿舍卫生,是每一个大学生的责任。

学习链接

校内防护　从我做起[1]

2020年秋,居家隔离半年左右,同学们终于回到了心心念念的校园。但疫情尚未结束,防控也不能松懈。这些校园中的疫情防控小贴士你都知道了吗?

1. 戴口罩,注意防护

北京市疾控中心2020年发布的日常防疫指引中这样写道:"市民在户外活动时可不戴口罩,当与同伴以外的人近距离接触时,需佩戴口罩。"对于我们来说,密集的学习生活决定了我们的防疫措施更不能松懈。在遵守日常防疫指引的基础上,出校门一定要佩戴口罩;在与校外人员接触的时候也要做好个人防护。遵守学校规定,进出校园自觉刷卡。

2. 常通风,勤打扫

在人员高度密集的宿舍、教室等场所需要每天至少三次通风透气。每天上课前宿舍可以根据情况留窗,及时清理宿舍垃圾。干净整洁的宿舍环境也会让我们的心情更加舒畅。另外,保持室内场所的空气流通,在秋冬季也能有效预防流感的传播。

3. 早就医,勿瞒报

根据学校要求,每位同学都需要每天按时测量并汇报体温;如果有其他不适症状也要及时联系辅导员。及时就医和汇报,遵守学校和大学所在地相关的隔离政策,既是对自己负责,也是对身边人负责。

4. 吃熟食,防口入

肉类、蛋类一定要煮熟后吃。无论是从营养角度还是从安全角度,吃熟食都十分必要。熟食更有利于人体消化吸收,也从一定程度上切断了疾病的传播。不新鲜的食物不吃,过期的食物不吃。不仅是疫情期间要注意,疫情结束后也要注意食品卫生哦。

---

[1] 红雨新闻社,北京理工大学. 劳动教育 | 健康防疫小科普[EB/OL]. [2020-10-08]. https://www.sohu.com/a/423233783_120067425.

5. 多锻炼，莫轻视

疫情期间居家隔离的时候，你是否看着自己日益增长的体重而感到烦恼？走出宿舍、迈开双腿，去感受运动带来的多巴胺吧。运动可以使免疫细胞数量短暂升高，长期的规律性运动可以提高免疫功能活性，还可以少量提高安静状态下免疫功能细胞的数量。

二、日常生活劳动实践内容

（一）个人生活事务处理及卫生清洁

《指导纲要》提到，日常生活劳动教育主要是让大学生立足个人生活事务处理，结合开展新时代校园爱国卫生运动。因此，大学生日常生活劳动实践最基础且重要的部分就是个人生活事务处理及卫生清洁。个人生活事务处理涉及日常吃、住、行等各方面生活能力，不仅需要大学生学会独立完成，还应当树立自立自强意识，摒弃对父母的依赖，培养良好的生活能力。在大学生活中，卫生清洁不仅是保持个人干净、健康，还包括宿舍卫生清洁。宿舍是个集体，需要每位成员的共同努力才能做好宿舍卫生，达到"文明宿舍"的要求。这就要求大学生们做好个人卫生的同时，及时对宿舍进行通风、地面清洁、擦拭座椅、清理垃圾等。

（二）主动承担家务劳动

主动承担家务劳动也是大学生日常生活劳动实践的一项重要内容。日常家务劳动包括家居保洁、衣物的洗涤、熨烫和保管以及家庭烹饪、日常家用电器的正确使用等，详细内容可见表9-1，其中家居保洁在家务劳动中涉及面最为广泛，而家庭烹饪是集购买、保管、加工、制作等多项工作于一体的劳动。大学生应当在假期主动承担部分家务劳动，这不仅是家庭责任感的体现，也有利于增强大学生的劳动能力。

表9-1 普通家庭家务事明细

频 率	项 目(举例)
日常	买菜、做饭
	洗碗筷
	饮水
	倒垃圾
	卫生——厨房(屋顶、墙、地面、餐桌、橱柜、碗筷、饮水机、油烟机等)
	卫生——厕所(屋顶、墙、地面、洗衣机、镜子、毛巾、热水器等)
	卫生——房间(屋顶、墙、地面、床铺、衣柜、桌椅)
	卫生——门、窗
	洗衣服、晒衣服、收衣服、叠衣服、收纳

续表

频 率	项 目(举例)
日常	被褥、窗帘
	消毒灭菌
	养花
	养鱼
	养宠物
一年两次	燃气、暖气、有线电视、网络(维护)
不定期	备用药品
	水、电、气检修维护
	理财、保险

(三) 参与勤工助学等校园劳动岗位

大多数高校都设有勤工助学校园劳动岗位,因此参与校园劳动也是大学生日常生活劳动实践的内容之一。勤工助学岗位一般是校园里的服务岗位,如图书馆书籍管理、档案室整理工作、校园卫生检查等,看似简单的工作背后实则并不轻松,只有真正深入去实践才能体会到服务岗工作人员的不易,同时勤工助学岗位还能提供一定的报酬,可用来补贴日常开销,减轻家庭负担。

学习链接

日常防疫小知识

1. 七步洗手法

需要及时洗手的时刻包括:从公众场所返回后、咳嗽手捂之后、饭前便后、接触口鼻眼后、不确定手是否清洁时、接触公共物品(电梯、扶手、打卡机等)后、打喷嚏或咳嗽后。七步洗手法如下图 9-4 所示。

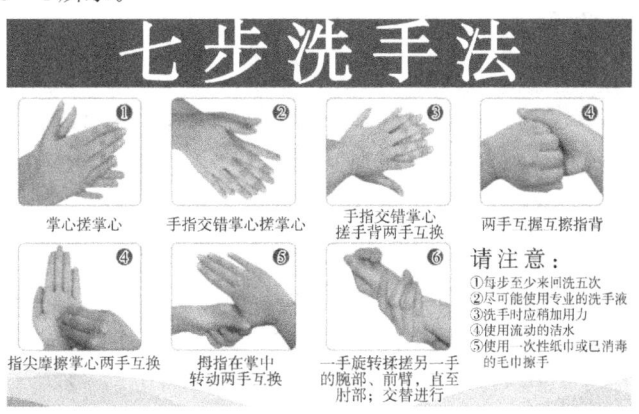

图 9-4 七步洗手法图解

2. 日常防护——口罩的正确使用

戴口罩时，一次性使用医用口罩颜色深的一面朝外，颜色浅的一面正对面部，或褶皱朝下。医用口罩上有鼻夹金属条，金属条在口罩的上方。用双手压紧金属条，要求不留有褶皱，口罩覆盖口、鼻、下颌。

三、日常生活劳动实践目标

（一）巩固良好的日常生活劳动习惯

充分发挥劳动的育人功能，在系统的文化知识学习之外，通过日常生活中简单、基础的劳动实践，从家庭家务劳动、校园宿舍清洁、个人生活事务处理等方面出发，体会劳动创造美好生活，理解劳动不分贵贱从而热爱劳动，让学生动手实践、出力流汗、接受锻炼、自食其力，使学生巩固良好的日常生活劳动习惯，让劳动真正成为一种习惯。

（二）提高劳动自立自强能力

苏霍姆林斯基认为："劳动使人心地正直、身强力壮。"日常生活劳动实践的目的就是引导受教育者走向自立自强，"知是行之始，行是知之成。"如果说成长是自立自强的过程，那么劳动实践则是帮助实践者在精神上立起来的引导与扶助。当实践者变得自立、自信，他们就能够在风雨中砥砺前行，为国家做出更多贡献，甚至自身也能成为榜样，激励更多的人重拾信心，一同前行。这是劳动实践的意义，也是劳动教育的价值所在。

（三）树立正确劳动价值观，培养良好的劳动品质

加强对学生的日常劳动教育，让学生掌握通用劳动知识，培养劳动习惯，弘扬劳动精神，不仅可以深刻理解马克思主义劳动观和社会主义劳动关系，全面推进劳动教育，还可以培养学生热爱劳动的意识和精神，引导学生崇尚劳动、尊重劳动，进而促进其综合素质养成。做一些力所能及的事情，能够培养学生关爱他人的高尚品德，让他们不仅仅只享受别人的服务，也能主动建立起为他人服务的思想意识。

（四）树立崇尚劳动的家风

家庭教育的本质特点是生活教育，生活教育的核心内容之一就是劳动教育。如著名教育家陶行知所说，好的生活就是好的教育，坏的生活就是坏的教育。《意见》中指出，"家庭要发挥在劳动教育中的基础作用。注重抓住衣食住行等日常生活中的劳动实践机会，鼓励孩子自觉参与、自己动手，随时随地、坚持不懈进行劳动，掌握洗衣做饭等必要的家务劳动技能，每年有针对性地学会1至2项生活技能。鼓励学校（家委会）和社区等组织开展学生生活技能展示活动。"[①]因此，家庭劳动教育可以让学生参与日常生活劳动实践，培养劳动习惯，增强家庭责任感，更好地树立崇尚劳动的家风。

[①] 新华社. 中共中央 国务院关于全面加强新时代大中小学劳动教育的意见[EB/OL]. [2020-03-26]. http://www.gov.cn/zhengce/2020-03/26/content_5495977.htm.

四、日常生活劳动实践途径

（一）做好个人和宿舍卫生保洁

古人云："斯是陋室,惟吾德馨。"干净的仪容、整洁的屋子,能映射出一个人对生活的热情。爱干净的人,不仅尊重自己,通常也有本事把自己的生活过得有声有色。人有净气,风度自来。从上学开始,老师就教导我们要注意个人卫生,良好的个人卫生不仅可以保持个人的仪容整洁,有利于建立良好自我形象,还可以增强个人体魄,健康生活。个人卫生对一个人的社会交往和职业生活也很重要,人们更愿意与那些看起来干净得体的人交往。不良的卫生习惯可能会给同学、同事留下邋遢的印象。大学生个人卫生,除了早晚刷牙、洗脸、每日更换清洗衣物等日常个人卫生外,还要注意勤扫地、擦桌子,注重环境卫生,以及保持良好的生活习惯,如早睡早起、保持心境开朗、均衡饮食、注意饮食卫生和加强锻炼等。

大学宿舍是校园文化的窗口,是大学生学习、生活的重要场所,是对学生进行思想政治工作和素质教育的重要阵地,对个人的成长至关重要。宿舍卫生能够反映成员的精神面貌,良好的宿舍卫生有助于保持良好的学习心情,有助于成绩的提高。宿舍环境状况对寝室成员的生活方式、学习态度、行为规范、价值理念等的塑造都有着深刻的影响,因此,建立一个安全、舒适、卫生、整洁的宿舍对同学们来说就显得尤为重要。为了保持宿舍的干净卫生,每天要进行2～3次开窗通风,一次至少半小时,保证宿舍空气流通。定期对宿舍进行清洁和消毒,尤其是门把手和桌面应当重点擦拭进行消毒。每天及时清扫,保持地面干净清洁、无污物、污水、浮土,保持门窗干净、无尘土,玻璃清洁、透明,窗台无灰尘。定期清理卫生间,保持洗手池内无污垢,干净清爽。卫生工具用后及时清洁整理,摆放整齐,水龙头及时关闭。每日的生活垃圾应当及时分类倾倒,尤其是废弃的口罩,一定要放入指定垃圾桶。

学习链接

南京市垃圾分类小常识[①]

从2020年11月1日开始南京正式实施《南京市生活垃圾管理条例》,实行垃圾分类。全市近3 528个小区实现了定点分类投放,15 143个单位实行了垃圾分类。个人不分类,最高罚200元。

条例将生活垃圾分为:可回收物、厨余垃圾、有害垃圾、其他垃圾,共四类,既延续现有分类方式,也方便市民快捷分类。

（1）可回收物:指废纸类、塑料类、玻璃类、金属类、织物类等适宜回收和可循环再利

[①] 南京垃圾分类图文详解[EB/OL].[2020-11-05]. https://zhuanlan.zhihu.com/p/273550296？utm_source=wechat_timeline.

用的生活垃圾。

图 9-5 可回收物种类

（2）有害垃圾：指废充电电池、废扣式电池、废灯管、弃置药品、废杀虫剂（容器）、废油漆（容器）、废水银产品等含有对人体健康或者自然环境造成直接或者潜在危害物质的生活垃圾。

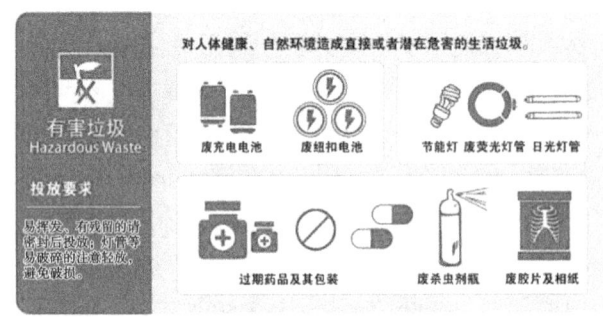

图 9-6 有害垃圾种类

（3）厨余垃圾：指居民在日常生活中废弃的剩菜、剩饭、果蔬、瓜果皮核、腐肉、蛋壳、过期食品、花坛绿植、中药药渣等有机易腐垃圾。

图 9-7 厨余垃圾种类

(4) 其他垃圾：指除可回收物、有害垃圾、厨余垃圾和餐厨垃圾之外的其他生活废弃物。

图 9-8 其他垃圾种类

（二）主动承担家务劳动

2014年，中国教育科学研究院对北京、黑龙江、江西和山东四省市2万名小学生进行家庭教育状态调查。结果显示：会做家务的孩子学习成绩更好。做家务的孩子比不做家务的孩子，成绩优秀的比例高了27倍。调查发现，那些自幼参与做家务的孩子，学习能力、实践能力和自主能力都比较强，他们长大后的工作效率高，人际关系更融洽。一个愿意在家庭中承担自己责任并且乐于分担父母责任的孩子，其自主生活和面对社会竞争的抗压能力就会越来越强，而在未来的社会竞争中将会获得更多成功的机会。

由此，主动承担家务不仅是大学生日常生活劳动实践的途径之一，也是承担家庭责任的重要表现。家务劳动是家庭中一项以家庭为单位、能够体现家庭成员彼此关怀和家庭责任意识的活动。做家务的背后，更多的是家庭责任感和付出的意义。家庭责任感的形成是责任主体在无数次的内化与外显的交替中逐步形成的，因此大学生的自我教育非常重要。当前大学生大部分都是独生子女，有着不同的个性和强烈的自我意识，但家庭责任感较弱，所以大学生应该以主动承担家务劳动为起点，不断强化自身的家庭责任感。由于大学生大多只能在假期进行家务劳动，因此更应该珍惜在家里与父母相处的时间。同时，做家务也是和父母建立非学习话题的机会，因此假期期间大学生应与父母共同承担家务，融入家庭生活，而不是换一个场所继续学习。

其次，适当的家务劳动能锻炼大学生基本生活技能，为其独立生活打下重要基础。大学生可以通过基本的家务劳动增强劳动能力，如扫地、擦地、洗衣、做饭等。在琐碎家务劳动中提高对劳动的认识，熟悉如何做简单的家务劳动，对简单家务有所了解。同时，承担家务劳动可培养自我管理能力，如整理自己房间、打理衣着仪容、正确使用家用电器等。提高自我管理能力有利于独立生活，在自我管理中增强劳动意识的培养，建立主动劳动的意识，而不是被动劳动。

学习链接

日本超火收纳师：教你怎么让家变大[①]

大家应该都没想过，整理家里的杂物、收纳衣物这类再日常不过的事情，居然变成了现在一项超火爆的职业——收纳师。

日本收纳女王近藤麻理惠独创的"怦然心动整理收纳法"，使得她曾荣登美国《时代》周刊"2015 年全球最具影响力百人榜"，是当年唯一入围的日本女性，同入围的日本人还有著名作家村上春树，榜单上还有奥巴马、默克尔、雷军、诺兰等让人耳熟能详的名字。

收纳师的厉害之处到底在哪里呢？她们和我们普通人整理家物的方式到底有什么区别呢？

收纳的目的是让家里一切都井井有条，所有的东西都根据习惯、功能分类，方便取用，避免需要使用的时候找不到在哪里。但是当收纳被运用到极致呢？所有角落全部被完美使用起来，让家里不再出现无用的搁置。空间的使用率提升，原本的空间在视觉上就显得更大更宽敞了。

图 9-9 日本收纳女王近藤麻理惠

其实，整理只是方法和过程，并非目的。想要获得令人满意的整洁空间，关键是找到整理房间的目的。然后根据自己的目的按步骤整理房间。

同类物品应集中、按物品类别整理，大部分人的房间，同一类的东西往往分散在两个及以上的收纳空间，这样的分散状态下完全不能掌握现有物品的数量，东西就会持续不断增加。

家里面还有一些小物件和纪念品，也是需要整理的，由于小物件、纪念品等这些东西相对来说，很多人都舍不得丢弃，但是不得不提防，这些小物件可能会出现遗漏，所以在整理的时候一般建议放到最后进行整理。

收纳其实就是一个筛选生活中的需要和放弃的过程。好的收纳习惯可以让生活更加美好。如果忙于工作，把生活交给专业的人打理也是很好的选择。选择收纳师帮助整理是现在越来越多上班族的选择，回到家中不再会为了整理而烦心，尽可能更多地享受来自家中的舒适感。

（三）独立处理个人生活事务

自己处理自己的事务，能够自给自足，就是独立和自主的生活。自立意识是从儿童逐步走上成人之路、适应现代社会环境所必须具备的品质。生活道路不可能总是一帆风顺，

[①] 日本超火收纳师：教你怎么让家变大 [EB/OL]. [2020-09-23]. https://new.qq.com/rain/a/20200922a0dzww00.

没有坎坷。只有自立自强,才能在未来的生活道路上敢于搏击生活,主宰自己的命运。相反,如果缺乏自立能力,就会常常表现出没主见,胆怯怕事,依赖性十足,意志薄弱,经不起一点小小的挫折。可见,自立能力对于成长的重要性。自立作为成长的过程,是劳动能力的锻炼过程,也是养成良好道德品质的过程。"独立自主、自力更生",即培养学生独立自主的意识和独立自主的能力,这两点哪一点离开劳动都不能实现。因此,大学生日常生活劳动实践可从独立处理个人生活事务做起,在生活上能自己处理日常生活琐事,比如卫生、购物、学习等。大学生有意识地列出每日个人生活计划并独立完成,有利于锻炼自己的劳动能力,培养自立精神。

(四)参加勤工助学活动

为锻炼大学生的实践能力,培养正确的劳动观,大学生可积极参加勤工助学活动。参加勤工助学活动的意义很多,首先,高校勤工助学可以获得一定的报酬,这是勤工助学最直接的现实意义,也是对贫困学生最为有效的经济支持。在高校中设置勤工助学岗位,一方面能够最大限度地保证学生的学业;另一方面也避免了在校外上当受骗的可能,对学生的工作性质、安全都有一定的保障,是许多学生的首选。其次,高校勤工助学是锻炼当代大学生思想品格的重要途径。当下"90后""00后"大学生普遍害怕吃苦,缺乏服务精神和团队意识,责任意识不强,且对父母有依赖思想。因此,参加勤工助学能够让学生感受到生活的艰辛,体会到自立自强的真正内涵,帮助他们树立自信心,培养服务精神和责任意识。在团队中学会面对激烈的竞争,提高他们的心理承受能力,培养危机意识。与此同时,由于高校勤工助学工作基本以学期为单位,因此,在长期的工作中,能够培养学生的自我约束能力、劳动意识和职业道德。

学习链接

勤工助学的历史

在中国,勤工助学起源于20世纪初,当时有志救国青年在新思想的影响下,到国外去寻找救国真理,在留学期间,"试验节俭之生活",一时"俭学风"兴起。1914年,李广安、张秀波、齐云卿等人总结实践,提出"勤工俭学"口号,并于1915年以"勤以工作,俭以求学,以进劳动者之智识"为宗旨发起成立留法勤工俭学会,来帮助更多的中国人走出国门学习西学。当时参加勤工俭学运动的留学生,包括周恩来、邓小平、张振华等著名人士。早期的勤工俭学和爱国救国活动联系一起,爱国人士为求改变中国弱势和引进西方科学文化而赴洋留学。

抗战期间,限于条件,"抗大"(全称"中国人民抗日军事政治大学")学生是一面学习,一面生产,实行教育与生产劳动相结合。1934年,毛泽东在中央苏区《中华苏维埃共和国中央执行委员会与人民委员会对第二次全国苏维埃代表大会的报告》中,把"教育与劳动联系起来"作为苏维埃文化教育的总方针明确地提了出来,为我党以后各个历史时期实行教育与生产劳动相结合开了先河。

新中国成立后,刘少奇了解到美国大学生有三分之一半工半读,认为中国可以试办,还亲自为《中国青年报》撰写《提倡勤工俭学,开展课余劳动》的社论。1958年,共青团中央发布《关于在中学生中提倡勤工俭学的决定》,第一次明确提出,勤工俭学是具体实现知识分子与工农相结合,脑力劳动和体力劳动相结合的一个重要途径。其后在召开的第四次全国教育行政会议上,肯定了勤工俭学的意义和作用。同年9月,毛泽东在视察武汉大学时指出,"学生自觉地要求实行半工半读,这是好事情",应该给予"积极的支持和鼓励"。

随着生活条件的迅速提高和国力的迅猛发展,逐渐形成"勤工者未必俭学者"的转变。20世纪80年代初,复旦大学学生提出将"勤工俭学"改为"勤工助学",改变了致力于俭省学费的"勤工"初衷,而是提倡自学成才,将所从事劳动与专业学习和个人全面发展结合起来,这在某种程度已经超越了经济利益的追求,赋予学生"勤工"的新的时代内涵。1993年和1994年原国家教委、财政部先后发出《国家教育委员会 财政部关于进一步做好高校勤工助学工作的通知》和《国家教育委员会 财政部关于在普通高等学校设立勤工助学基金的通知》,对勤工助学做出一系列原则性、指导性意见。继承了勤工俭学的内涵,勤工助学的发展跳出了原先陈旧的体制和形式,做出结合实际的改进。

21世纪,学生、教师、学校对勤工助学的期待进一步提高,学生不仅希望改善生活,还希望得到锻炼,带来实践的提高、思想的磨砺,增强对社会的认识,于是国家对勤工助学做出进一步规范。2018年8月教育部、财政部颁布的《高等学校学生勤工助学管理办法(2018年修订)》规定,勤工助学活动"由学校统一组织和管理","应坚持'立足校园、服务社会'的宗旨,按照学有余力、自愿申请、信息公开、扶困优先、竞争上岗、遵纪守法的原则,由学校在不影响正常教学秩序和学生正常学习的前提下有组织地开展"。勤工助学随之发展成为社会实践的形式之一,也将原有"俭学"内涵完全更新成"助学",帮助学生在校知识的学习、能力的学习、实践的学习等,在一定程度上也促进了学生的创业活动。

(五)参加校内日常劳动岗位

1. 校园文明监督岗

岗位内容:

(1)负责该周校内安全监督、处理和报告。一旦发现学生中有不安全行为,特别是学生之间发生纠纷且不能阻止,或者发现校舍出现安全隐患,应立即报告学校保卫或当周的值周领导、值周老师或学校其他领导和老师。

(2)负责校内卫生保洁和监督工作。对于寝室、教室清洁卫生保持较差的班集体,有权提出整改意见,若该班不能按正确的整改意见办理,有权建议值周老师对该班扣分处罚;对于公共区域清洁卫生要做到地面干净,无果皮纸屑等;对那些乱扔乱丢果皮纸屑的同学,有权做出令其从事义务劳动、小额罚款等处罚;对于未能发现具体人的乱扔乱丢,由负责该地区的文明监督员和该清洁区的班集体负责清扫干净;负责校内垃圾桶的清理工作。

(3)负责校园内课余活动的纪律监管。对于课余课间活动的校园纪律进行监督和管理,发现轻微违纪行为,要进行批评教育,并做好记录;发现重大违纪事件,应立即报告学校保卫或值班领导和老师。

（4）"文明监督岗"的执勤人员执勤时，要佩戴学校统一发放的"监督岗"牌。举止文明，值岗规范，认真履行职责，积极为校园文明建设服务；按时到岗，不迟到、早退，更不可缺岗。

（5）协助学校集会的纪律监督和会场布置工作。

（6）协助学校值周老师做好路队制的监督管理工作。

（7）做好学校安排的其他工作。

对文明监督岗成员的工作失误，采取过错责任追究制。若有下列情形之一的，可处以撤销文明监督员资格，并追究其责任：玩忽职守，不负责任；监督工作有失水准，不公平公正。

2. 校园文明整治岗

① 岗位职责：清理体育馆、各宿舍楼、图书馆、教学楼、取款机、宣传栏、墙面、电线杆上的广告；悬挂警示牌。② 清理工具：手套、铲刀、刀子、刷子、水桶、抹布、扫把、板凳、垃圾袋等工具若干。③ 岗位安排：发放工具；负责人通告注意事项；根据分工，清除小广告，并悬挂警示牌；活动过程中，指派相关人员采集照片，为活动总结做好准备。④ 注意事项：参加活动的志愿者须遵守活动纪律，确保活动有序进行；考虑天气情况，确保活动顺利进行；注意强调持"刀、铲"人员的安全问题；统一穿着志愿者服装，戴志愿者帽；为防止清理过程中发生的意外受伤情况，工作前提醒大家工具的使用，并配备创可贴。

3. 校园卫生清洁岗

岗位内容：全校划分卫生包干区，落实到学院和责任人，各学院负责每日清扫；紧密结合学校卫生工作现状、保护校园环境卫生，密切贴近大家的实际生活，以清洁校园为主，主要负责区域为宿舍至食堂、食堂至教学楼路段；开展清理校园角落里垃圾的活动。

4. 考勤督导岗

岗位内容：督导员定期进行学生寝室卫生检查，不定期地对当天服务岗同学上岗情况进行检查督导。

学习链接

他们是校园里的"就餐监督员"[①]

中午 11 点半，天津科技大学人工智能学院学生彭木德穿上志愿者马甲，来到学校美膳食堂，开始了当天的文明就餐监督员志愿服务工作。看到有同学的餐盘上还有剩饭剩菜，他会礼貌又不失风趣地提醒道："同学，今天的饭菜不好吃吗？还剩这么多呢！""同学，今天是不是没胃口呀，吃得有点少哦！"

本学期，天津科技大学青年志愿者协会积极响应"厉行节约，反对浪费"的号召，专门

[①] 陈欣然. 他们是校园里的"就餐监督员"[EB/OL]. [2020-10-21]. https://baijiahao.baidu.com/s?id=1681164224229431894450&wfr=spider&for=pc.

成立了"光盘行动"文明就餐监督员志愿者小组。180名文明就餐监督员,每天12人,分布在天津科技大学各个食堂,站在收餐盘处,随时提醒大家减少剩饭。

学校招聘志愿监督员时,彭木德第一个报了名。在农村长大的他从小就深知农民种粮食的不易,也希望同学们都能养成勤俭节约的好习惯。"'光盘行动'利国利民,意义重大,能为此做些力所能及的事,我觉得特别有意义。每天晚一些吃饭也不要紧,看到同学们吃得干干净净的餐盘,我就特别有成就感。"彭木德说。

据调查,在天津市的很多高校里,都有彭木德这样的大学生就餐监督员,他们已成为食堂里一道动人的风景。在他们的监督下,如今,"把饭菜吃光最光荣""浪费可耻"等观念在校园里已深入人心。

图9-10 "俭以养德"宣传海报

天津机电职业技术学院学生国昌茂也是活跃在学校食堂里的一名就餐监督员。了解同学们的用餐情况,询问剩饭剩菜的原因并进行记录,提醒饭量小的同学以后可以买小份菜,如果是菜品问题则向老师汇报情况沟通,提高饭菜质量……每天中午一小时的志愿服务,让国昌茂和他的"同事"们过得紧张而充实。

一次,一名同学剩饭较多,国昌茂看到后对他进行了耐心的教育和劝导,这名一开始有些不服气的同学最终心服口服,表示以后不会再这样了,并且此后真的再也没出现过用餐浪费的情况。"这就是对我们付出的回应,让我们觉得自己的服务是值得的、有意义的,也是我们坚持下去的动力。"国昌茂笑着说。

拓展阅读

"最美教师"刘秀祥:曾经背着母亲上大学[①]

刘秀祥,出生在贵州省一个偏远贫穷的小山村。他的童年并没有像其他小朋友那样无忧无虑、充满童趣,而是很早就扛起家庭的重担。

在刘秀祥四岁时,父亲不幸病故,母亲精神受到重创,从此精神失常,患上了间歇性精神病,生活不能自理。哥哥和姐姐不堪窘迫的家庭生活,没过几年就相继离家,至今杳无音讯,生活的重担一下全落在幼小的秀祥身上。他与患有精神分裂症的母亲相依为命,每天都要为母亲洗脸、梳头、洗衣、做饭等。

---

① 老K生活杂谈.贵州第一大孝子."千里背母上学"感动中国的他现在过得怎么样?[EB/OL].[2020-05-13]. https://baijiahao.baidu.com/s?id=16665876261287477058&wfr=spider&for=pc.

图 9-11　刘秀祥与患病母亲

20 岁那年,刘秀祥毅然带着患病的母亲来到了山东省临沂大学(原临沂师范学院)。在学校,他参加竞选,担任了学生会宣传部部长和团委宣传部部长,积极参与学校的学生管理工作,并取得了一定的成绩,受到学院领导及师生的好评。这期间,他一边照顾母亲,一边打四五份工来维系母子俩的生活,同时他还帮助许多贫困学生联系校外兼职。

此外,他还积极参与社会公益活动,先后到临沂大学各校区、临沂四中、临沂八中、山东省潍坊师范学校和潍坊海洋化工学校(现两校合并至潍坊职业学院)、沂南县大王庄中学及贵州省兴义天赋中学等作"自立自强、孝老爱亲"报告,还在天赋中学等设立了"爱心助学金",筹集资金达到 110 000 多元。在这些活动中,他极力宣传自强不息、孝老爱亲和乐于助人的精神。先后为贫困患儿筹措 40 000 多元的善款,挽回了一条生命,也挽回了一个家庭的幸福。并且刘秀祥从初中开始就默默资助三名贫困学生,其中两人已于 2009 年和 2010 年考取了大学。

图 9-12　刘秀祥在课堂授课

刘秀祥大学毕业后,有来自北京、西安、南京、深圳等多家企业向他伸出橄榄枝,他最终都拒绝了。他说，因为家乡教育还不发达，他要回去做一名教师，为家乡的教育事业做一点力所能及的事。于是，他又带着母亲回到了望谟。

回到望谟，他开展了助学走乡村活动，利用自己的影响力和外面的朋友关系，牵线资助山区的孩子，目前牵线资助了15个小学生，从小学一年级到五年级都有，每人一年资助800元，直到小学毕业。同时，他还为山区的贫困学生和贫困农民募集衣物、文具和书籍，收到来自山东临沂大学、山东临沂阳光财产保险有限公司、上海大学及山东曲阜师范大学等捐赠物资4000余件。刘秀祥还在县委、县政府的安排下到各学校作励志演讲报告，全县12个乡镇都演讲了一圈，用自己的人生经历去鼓舞和感染更多的人。

图9-13 与学生们在一起的刘秀祥

2018年，刘秀祥入选了"中国好教师"，可他谦虚地表示只是自己幸运。2020年4月28日，共青团中央、全国青联共同颁授第24届"中国青年五四奖章"，决定授予刘秀祥第24届"中国青年五四奖章"。

"00后"准大学生兴起勤工助学热[①]

"通过自己的劳动为爱好、梦想买单，更有成就感"

在北京师范大学辅导员李力看来，准大学生利用假期参加勤工助学是有必要的，既可以帮助减轻家庭经济负担，也可以提前了解社会，提升人际沟通与社会适应的能力。她建议，在选取工作岗位时，准大学生们尽量与自己的专长相结合，并利用自己高中扎实的知识储备优势，多看多思多想，从简单的工作中总结为人处事的道理。

18岁的木洋是一名艺考生，学习的专业是影视编导方向，在刚刚过去的高考中取得了不错的成绩。

今年暑假，他应聘到一家婚纱摄影馆做摄影助理，"工资虽然不高，但有很多专业摄影师，我可以学到布景、打光、构图技巧等技术，而且还可以结识到更多行业'大牛'，这样的

[①] 郑娟.高考结束后"00后"准大学生兴起勤工助学热[EB/OL].[2018-08-06]. https://edu.163.com/18/0806/09/DOH3L6CM00297VGM.html.

实践经验是用钱买不到的。"

最近,木洋接下了兼职公司的一项新活动——免费给周边社区的老年人拍婚纱照。"很多老人一辈子没有拍过婚纱照,在他们那个年代,一张结婚证就代表了双方的爱情。"社区的小花园里,一对对老夫妻在等待木洋拍照时,不时议论、夸赞着眼前这位年轻的摄影师。

家住河南新乡的陈瑜,也是一名"千禧宝宝"。高考结束后,她在一家教育机构担任助教工作。

"今天的课大家还有什么疑问吗?不懂的地方可以来前面单独问老师。放学回家要注意安全,过马路记得看红绿灯……"每次讲完课,刚满18岁的陈瑜都很负责地提醒学生。她对师范类专业比较感兴趣,高考填报志愿时也偏向这个方向,所以想当助教提前感受一下教学氛围,学习一些职场知识。

陈瑜告诉记者,她特别喜欢旅行,但如今自己已经成年了,不好再向父母伸手要钱,所以打算在兼职积累经验的同时,也能顺便攒些钱出去旅游,用自己的劳动成果去开阔眼界。

勤工助学,更能体会父母辛苦

并非所有勤工助学的"00后"都在社会上"打拼",有时帮助家人劳动,也能让他们体会到父母的辛苦。

曹卓生长在浙江温州的一个小镇上,祖辈都靠海生活,父母在镇上经营一家渔业生意的小店。高考后,他身边的很多朋友都去附近工厂打工,但他却选择留在家里帮父母照看生意。

暑假是渔业旺季,曹卓家的小店生意也很火爆。他常常凌晨3点起床,跟父母亲一起盘点货物、核对订单和账目、调度产品货物等。这些工作看似简单,但实际上手操作时,却要考虑很多问题,这让他真切地感受到父母平日赚钱的辛苦。

"高三时因为学业繁忙,我每个月只放假回家一次。如今已经成年了,完全可以帮父母多分担一些,体会父母养家的不容易。"曹卓说,读大学后肯定会离家遥远,所以也想趁着这个暑假,多在家里陪陪父母。

北京师范大学辅导员徐淑琳认为,高考结束后,有些准大学生们选择进行勤工助学,是一个好的现象,"一方面,说明现在的准大学生们社会参与意识比较强,愿意主动去了解社会,通过勤工助学参与到社会实践中;另一方面,说明现在孩子的家庭责任感增强了,能够体会父母辛苦,愿意通过自己的劳动赚钱减轻家庭经济负担"。

当然,因为准大学生们大多还是年轻的"00后",社会生活阅历少,经验不足,参加勤工助学时仍然存在一些隐患。徐淑琳提醒,面对一些勤工助学的机会,他们应该多问几个"是什么,为什么,怎么办",尽量多方面了解相关信息,"例如对方单位的信息是否真实,了解工作内容、地点、时间以及薪酬等,要注意保护自己的合法权益,如果权益受到侵害,要知道如何寻求帮助"。

思考 实践

为加强学生社区文化建设,促进学生的专业学习、科学研究、兴趣爱好及社团建设,激励学生创建整洁、和谐、文明、向上的生活和学习环境,推动学风建设,展示学生宿舍的个性风采,学校将开展"特色宿舍"评选活动,请以宿舍为单位,自定义一个特色主题进行宿舍布置,并填写"特色宿舍"申请表。

附评选标准:

(一)基本标准

1. 宿舍成员思想进步,爱国、爱党、爱校,诚实守信;
2. 宿舍成员具有良好的社会公德和文明行为,遵纪守法;
3. 宿舍成员严格遵守校规校纪及公寓管理方面的规章制度;
4. 宿舍成员团结友爱、乐于助人、和谐相处。

(二)特色标准

各类型"特色宿舍"除满足基本标准外,还要符合以下标准:

1. 学业示范宿舍

(1)宿舍成员学习态度端正,形成比、学、赶、帮的浓厚学习氛围;

(2)宿舍成员无课程重修记录,无考试违纪行为,每人平均绩点在4.0以上(5分制绩点);

(3)宿舍成员有两人以上获得过校级及以上学业类奖学金;

(4)宿舍成员参加英语、计算机等级考试成绩优良;

(5)宿舍成员有在国内外公开发行的刊物上发表论文或文章者及在各类重大学习竞赛中获奖者可优先考虑;

(6)宿舍成员有获免试推荐研究生资格者可优先考虑。

2. 党员示范宿舍

(1)宿舍成员60%以上为党员或预备党员;

(2)宿舍成员热爱祖国、热爱班集体,思想进步,积极参加党校学习和党团组织活动;

(3)宿舍成员有两人以上在社区、班级以及学校其他学生组织中起到了模范带头作用,并做出了突出成绩。

3. 科技创新宿舍

(1)宿舍成员有两人以上参加过校级及以上大学生科技创新、发明创造、科技实践等活动且作品获得名次,或在国内外公开发行的刊物上发表过科技或专业论文,或在学术会议上宣读过论文;

(2)宿舍成员有获专利项目者可优先考虑。

4. 文体标兵宿舍

(1)宿舍成员积极参加社区、学院、学校组织的各项文体活动并有突出表现;

(2)宿舍成员有两人以上获得过校级及以上文体活动奖项,或者宿舍成员有两人以上获得过校级及以上社会工作或社会实践类奖项。

5. 环保宿舍

(1) 宿舍全体成员具有保护环境、节约资源的意识;

(2) 宿舍成员有两人以上能够积极参加各种环保公益活动,表现突出;

(3) 宿舍布置能够体现出"绿色环保"的主题。

6. 爱心宿舍

(1) 宿舍成员遵守社会公德,富有爱心;

(2) 宿舍成员有两人以上积极参加青年志愿者服务或社会公益活动,表现突出,受到社会或学校表彰;

(3) 宿舍成员关系融洽,没有出现过调换寝室现象,在互帮、互助、互学方面有突出事迹;

(4) 宿舍成员与相邻寝室同学和班级同学之间关系融洽、和睦相处。

"特色宿舍"申请表

宿舍成员	姓　名			
	学　号			
申报类型	（　）学业示范宿舍　　（　）党员示范宿舍 （　）科技创新宿舍　　（　）文体标兵宿舍 （　）环保宿舍　　　　（　）爱心宿舍 （　）其他类型（　　　　　　宿舍） 注:限选一种			宿舍名称、创建口号
创建计划				

2. 一周每日计划

请在下表中列出一周每日个人生活事务,记录完成情况,并完成一份不少于800字的感想。

每日计划表

年　　月　　日

序　号	个人生活事务	完成情况(是/否)
1	起床后整理床铺	
2	打扫宿舍卫生	
3	清洗个人衣物	
4	进行垃圾分类	
5	……	

3. 整理一份菜谱,利用假期在家为父母烹饪一次午餐或晚餐。请填写家庭烹饪计划表,并拍摄照片或者一段视频记录过程。

家庭烹饪计划表

菜肴名称	
食材种类	
烹饪步骤	

第十章
生产劳动实践

学习目标

深入理解大学生生产劳动实践的必要性和目标,掌握大学生生产劳动实践的内容和途径,熟悉和掌握大学生开展专业性劳动实践和创新性劳动实践的路径和方法,认真完成专业实习实训,积极参与创新创业培训和比赛,感受劳动创造价值,体会平凡劳动中的伟大。

课堂导入

首届"青年红色筑梦之旅"优秀项目心得体会:"小满粮仓"的故事[①]

大家好!很荣幸能作为创业代表参加本次活动。我叫张旺,毕业于西安电子科技大学。我们的项目叫"小满粮仓",是通过电商服务农业,帮助农民脱贫致富。

去年7月,我们在母校西安电子科技大学的组织下前往延安,参加了第三届中国"互联网+"大学生创新创业大赛"青年红色筑梦之旅"活动。

在延安,我们参加了宝塔山现场教学,重走了长征路。让我印象最深的就是在梁家河学习习近平总书记的青年经历,那天晚上,大家一起住窑洞睡大通铺,一起聊天。有小伙伴就提到说,看到总书记当年也在梁家河建设沼气池,和他们团队目前的项目很相似,他们也是在推广新型的农村沼气池。我也说,习近平总书记开设代销店,其实就是我们目前农业电商在做的事,用新渠道新方法改造现有的销售模式。接着我意识到,习近平总书记在梁家河的经历就是一个青年创业者的经历。延安精神就是一种创业精神,为人民服务,就是用户和需求;艰苦朴素,自力更生,就是面对困难的方法论;实事求是,是强调用数据说话,要有执行力。

习近平总书记在梁家河7年的经历,让我下定决心,一定要深入农村,只有这样,我们才能更好地了解中国,了解到农村最真实的用户和需求。也正是因此,我们产生了给总书记写信汇报的想法。把我们在梁家河的体会,我们对延安精神的理解,以及我们目前的创业成绩,向总书记汇报。

---

① 全国大学生创业服务网. 首届"青年红色筑梦之旅"活动优秀代表项目心得体会——"小满粮仓"[EB/OL].[2018-04-17]. https://cy.ncss.cn/redactivity/2c92f8ef62b896990162d16fddc70024.

非常荣幸,我们在2017年8月15日收到了总书记的回信。让我印象最深的是习近平总书记在回信中,要求我们要做有理想、有追求、有担当的青年人。在未来的创业路上,我们定会用延安精神武装自己,让自己变得更有韧性。勇于担当社会责任,用我们青年人的力量,让我们的祖国更加繁荣富强。

中国"互联网+"大学生创新创业大赛,不仅使我们的项目得到了关注和投资,也因为"青年红色筑梦之旅"让我们的创业精神得到了锻炼。同时,大赛让我们这些项目间有了很多的沟通交流,发现很多项目都有不少的结合点可以有机整合起来。所以,在大赛组委会和各个学校的支持下,我们在延安成立了"青年创客红色筑梦联盟"。半年以来,我们的这些乡村项目进行了多次有机的整合,针对乡村的精准扶贫、环境治理、生态改造、文化挖掘等各个方面,进行合作,用大学生的力量助力乡村振兴。去年年底,我们就和其他几个团队合作,帮助西北的贫困农户销售了累计5 000余万元农产品。

未来,我们计划在延川县梁家河建立青年红色筑梦基地,推动农业创业项目落地,让创业项目能够更好地深入农村了解农村,用互联网去服务农村。同时,我们也希望开发青年红色文创项目,挖掘革命老区优秀的精神财富。在当代青年中,更好地传承红色文化精神,让这些精神力量融入我们的创新创业之中。做有理想、有追求、有担当的新时代青年人!

生产劳动实践是连接专业学习与实践锻炼的重要纽带,通过生产劳动实践,大学生可以将专业知识应用到劳动实践中,有利于帮助大学生加深对专业的热爱和兴趣、达到掌握一技之长的培养目标,同时有利于在劳动实践中提升专业素养、领悟专业知识。本章将生产劳动实践分为专业性劳动实践和创新性劳动实践。大学生在生产劳动实践中要强化生产劳动实践认知,培养生产劳动实践情感,掌握生产劳动实践技能。

一、生产劳动实践的必要性

生产劳动是唯物史观的基本范畴,生产劳动即创造财富和价值的劳动。2019年3月18日,习近平在京主持召开学校思想政治理论课教师座谈会上指出,新时代贯彻党的教育方针,教育要同生产劳动和社会实践相结合。对高校来说,劳动教育不能脱离专业。教育与生产劳动相结合,是增长劳动技能的需要,也是为各行各业培养合格建设者的需要。新时代高校劳动教育要进课程、进教材,与思政教育相结合,与专业教学相结合,与实习实训相结合,与就业指导相结合,贯穿人才培养的全过程。

在高校各类专业设置中强化丰富的劳动属性和劳动指向。在自然科学领域,如大学物理实验、大学化学实验、数理统计、气象观测、地质测量、金工实习等都带有鲜明的劳动色彩。在社会科学领域,大家熟知的"田野调查",同学们走入乡村、走入田间地头,也确有劳动属性。在美学范畴,艺术创作、建筑设计、音乐和动画制作等都可以归属于创造性劳动,以上这些都是教育和生产劳动相结合的鲜活实践。

（一）教育与生产劳动相结合是我国教育的基本方针

1958年《中共中央、国务院关于教育工作的指示》明确将"教育与生产劳动结合"确定为党的教育工作方针。20世纪90年代，教育"必须与生产劳动相结合"的提法被写进《中华人民共和国教育法》，并在2015年的修订稿中被修改为"必须与生产劳动和社会实践相结合"。2018年9月10日，习近平总书记在全国教育大会上的讲话，将劳动教育提到一个新的高度，从促进青少年全面发展的有效途径提升为与德智体美并举的、全面培养的教育体系的专门一部分。这种新的提升既是对国民教育体系的进一步完善，也是对新时代国家发展与个体发展所面临的新问题的主动回应。

因此，高等教育不能脱离社会实践，必须与生产劳动相结合。走进社会、走进工厂、走进农村，这是教育与生产劳动相结合的唯一正确的方向。劳动创造知识，劳动创造财富，劳动创造幸福。

（二）生产劳动实践是高校人才培养的必由之路

习近平在党的十九大报告中指出，到21世纪中叶，在基本实现现代化的基础上，把我国建成富强民主文明和谐美丽的社会主义现代化强国。这对高等教育的人才培养提出了新的要求，劳动教育要顺应新时代社会经济发展，以服务社会发展为导向，致力于构建培养专业知识过硬、劳动技能全面、创造力强、适应力强的高素质复合型人才的教育教学体系。

生产劳动实践是高校人才培养的必由之路，坚持教育与生产劳动和社会实践相结合是党的教育方针的重要内容。高校生产劳动实践必须与专业学习相结合，与服务社会相结合，与勤工助学相结合，与择业就业相结合，与创新创业相结合。但必须看到，生产劳动实践目前依然是高校人才培养过程中薄弱的环节，劳动实践教育在高校发展中的"短板效应"依然突出，在大学生中甚至有看不起劳动、不愿劳动、不会劳动的现象。提高大学生生产劳动认知，促进他们形成正确的劳动观和积极的生产劳动态度，显得尤为必要。

（三）生产劳动实践是人的全面发展的实现路径

对高校大学生来说，生产劳动实践与专业教育相得益彰。专业教育的最终目标是满足劳动的根本需要：传授专业劳动知识，培育专业劳动技能，培养具有创新精神和实践能力的高级专门人才，输送到相应的劳动岗位，发展科学文化技术，促进社会主义现代化建设。

教育与生产劳动教育相结合是马克思主义经典论述，新时代促进人的全面发展和社会全面进步更加要求强调劳动的重要意义。习近平在全国教育大会的讲话中强调"要努力构建德智体美劳全面培养的教育体系"，在同全国劳动模范代表座谈时从哲学的视角提出，"劳动是推动人类社会进步的根本力量"。进入新的历史时期，随着社会分工的发展和新技术革命的兴起，"劳动"也被赋予了新的内涵和外延。探索真实的劳动世界和重视创新实践成为新时代劳动教育的重要特征。

学习链接

返乡创业,带领乡亲们富起来[①]

生产劳动实践是连接专业与实践的重要环节,通过生产劳动实践,大学生可以将专业知识应用到劳动实践中,积极参与创新创业,感受劳动创造价值,解决实际生产中的社会问题。

常年扎根基层的鲁曼,是来自江苏盐城的一名全国人大代表,同时也是青年返乡创业大学生中的一员。鲁曼大学学习的是动物科学专业,大学毕业后,她放弃年薪10万元的国企白领工作,和丈夫一起怀揣创业的梦想回到农村养起了火鸡,创业致富后她不忘乡邻,带领乡亲们一起养殖火鸡。

作为一名"85后",鲁曼最常被问到的问题就是"为什么选择返乡创业?"

"因为爱情,因为热血,我希望能够通过自己的努力让更多守在家乡的乡亲们富起来,让乡村'活'起来。"鲁曼坚定地说道。

创业以来的这十年,经年往事历历在目。每次的"柳暗花明又一村"都在她心里种下一颗感恩的种子,她说:"我特别感谢当地政府的帮助和支持,在我每每几乎走投无路时向我伸出援助之手,让我在创业的曲折路上,能够有勇气跌倒再爬起,并愈挫愈勇。"

功夫不负有心人,经过不断努力摸索和尝试,在当地政府的帮助指导下,鲁曼的火鸡养殖逐渐形成了一套科学的方法体系。随着养殖规模的不断扩大,当年的火鸡养殖场如今已成为年销售额8 000万元的现代智慧农业企业。然而,在自己创业成功的同时,她始终心系群众,带领广大乡亲们共同致富。鲁曼透露,截至目前,村民的人均年收入也有了大幅提升,由养殖火鸡前的12 000元增加到26 000元。

2018年鲁曼当选为第十三届全国人大代表,为了不辜负群众的希望,她用实际行动诠释了一名基层人大代表的使命和担当,亲自走访社区、田间地头等,深耕农村,问计于民,并结合自己的实践,深入浅出地向广大干部群众宣讲国家政策和有关精神。

鲁曼说,在今年(2020年)的全国两会上,她将围绕如何推动农村电商高质量发展,让农民在互联网中能够获得红利,以及就如何推动国企助力乡村振兴,加强村集体组织建设,破解村集体组织薄弱、资源浪费等难题提出建议。

"作为一名基层代表,我个人也是天天在学习调研中,我一直都在思考如何和新型年轻农民打交道,我不希望他们在农村失望伤心,或者消耗了他们原本的创业基金,我一直都在探索一条如何能够走得更好,让乡村'活'起来的路。"鲁曼说。

新冠疫情的暴发,让很多农户产生了担忧,养的火鸡卖不出去怎么办?面对疫情带来的危机,鲁曼做的第一件事是,不论产品是否达标,全部承诺回收广大农户成品火鸡,同时以订单生产等形式解决农户销售难题,切实稳定农户收入来源,让老百姓安心。疫情期

[①] 鲁曼:让乡村"活"起来,成为人人向往的地方[EB/OL].[2020 - 05 - 23]. http://www.js.xinhuanet.com/2020 - 05/23/c_1126020920.htm.

间,宅在家里的鲁曼也思考了很多问题,例如如何更好地使农商旅相结合,让乡村不仅产业兴旺,还要变成一个美丽乡村。

一代人有一代人的"长征",一代人有一代人的担当。站在新的起点上,鲁曼立志要做一名有理想、有本领、有担当的青年,她的梦想是帮助更多人实现自己的梦想。

"作为身在农村的基层代表,我一直有一个梦想,希望通过带动更多人共同努力,让乡村真正'活'起来,让乡村成为人们向往的地方。"鲁曼说道。

二、生产劳动实践内容

根据《大中小学劳动教育指导纲要(试行)》(以下简称《指导纲要》)中的相关内容,高校的生产劳动教育要让学生在工农业生产过程中直接经历物质财富的创造过程,体验从简单劳动、原始劳动向复杂劳动、创造性劳动的发展过程,学会使用工具,掌握相关技术,感受劳动创造价值,增强产品质量意识,体会平凡劳动中的伟大。根据《指导纲要》中所定义的劳动教育的不同侧重点,本书将生产劳动实践分为专业性劳动实践和创新性劳动实践。

专业性劳动实践将劳动实践与专业培养有机融合,要求掌握专业知识和实际使用工具的操作能力,增加产品质量意识,在勤奋劳动和学习中养成认真敬业、自信自律的良好素质。创新性劳动实践主要表现为在劳动中具有擅于变革、勇于创新的品格,具有善于运用科学原理和技术技能以及专业学科知识进行劳动实践的方法与能力,能够在劳动中发现真实的问题并创造性地加以解决,能够积累劳动经验并使其结构化,进而有所发现、有所发明。

(一)专业性劳动实践

劳动实践与专业教育在内在上具有一致性和统一性。一方面,专业教育也是一种脑力劳动,学习的过程本质上也是一种劳动教育;另一方面,专业教育的最终目标,也是满足劳动的根本需要:高校通过专业课程的开设,传授专业劳动知识,培育专业劳动技能,培养具有创新精神和实践能力的高级专门人才,输送到相应的劳动岗位,发展科学文化技术,促进社会主义现代化建设。特别是在高校的各类专业课程的教育中,有不少课程本身就具有劳动属性和劳动要素,特别是工科院校的建筑、工程、水利、土木等学科,都是劳动实践和专业教育相结合的生动体现。

在高等教育体系中,具体来说,实习实训是完成专业性劳动实践的重要组成部分,包括了专业认知实习、专业课程实习、专业实验等。高校依托实验平台、实验设备,有计划、有组织地针对学生所学专业开展实操性强的教学实习实训。作为高校教育教学环节设计的重要补充,实习实训有利于培养学生对专业的正确认知,激发其主动思考、主动探索的精神,扎实推进劳动教育与实习实训相结合,不断提升学生的职业精神,使其获得丰富的劳动体验。实习实训作为专业知识课堂教育的延伸,是将"知道"转变为"运用"的过程,是培养学生就业竞争力的关键教学环节。

学习链接

大学生专业性劳动实践案例[①]

法学是一门实践性极强的科学。它来源于社会生活,其持久生命力更在于回到实践中去。它有一整套概念、原理和学科体系,而其中的原理和概念是需要验证的,这就需要法律实践。湖北师范学院(后更名为湖北师范大学)政法学院(2019年合并为经济管理与法学院)结合法学教育工作的具体特点,经过多年的工作和探索,在黄石市公、检、法系统、律师事务所等部门密切配合下,已经形成了一整套管理科学、运行有效的法学实训基地模式。学生可通过以下方式参与专业实习实训。

一、实习与见习

① 基地每年7—8月接受湖北师范学院法学系大三学生见习,每年9—12月接受湖北师范学院法学系大四学生实习。② 每次实习、见习启动2个月前,相关单位负责人与湖北师范学院法学实验示范中心共同商定当次实习、见习的人数和岗位要求,法学实验示范中心挑选成绩优秀、组织纪律强的学生后,由双方共同对其进行岗前业务培训、纪律培训和安全教育。培训合格后,由接收单位对学生进行统一分配至各职能部门,并为学生指派业务能力强、法律执业经验丰富的人员作为指导老师。③ 实习、见习中期,双方共同进行检查走访工作,了解学生情况,与指导老师交流,协助解决工作中存在的问题。④ 实习、见习结束后,法学实验示范中心组织校检双方指导老师共同对学生进行成绩评定,邀请指导老师代表和学生代表召开总结大会,并定期对优秀指导老师、优秀实习生进行表彰和颁发证书。

二、"资深法律从业人员进课堂"活动

① 在政法学院相关任课教师的配合下,每学期安排部分课程章节由资深法官、检察官、律师讲授;② 邀请资深法官、检察官、律师参与法学专业毕业生的本科生论文指导、答辩工作;③ 在条件成熟时,聘任符合资格的资深法官、检察官、律师担任本校法学本科生、硕士生的指导教师。

三、"资深法律从业人员讲坛"

该讲坛围绕法学理论与实务,邀请知名法学教授、资深法官、检察官、律师及一线办案人员以及其他法律职业从业人员主讲,并安排点评、互动交流等环节,激发主讲人、点评人、观众的思想碰撞。本讲坛计划每季度举办一次。

四、参与旁听庭审

双方共同组织湖北师范学院法学系学生旁听典型案件的庭审,近距离接触真实的开庭过程,开庭结束后,组织学生代表与法官、检察官、律师进行交流,以此使学生们直观地理解所学到的法律知识,培养法律思维模式,并亲身感受法律的神圣与严肃,增强对司法程序的感性认识。

[①] 湖北师范学院. 政法学院大学生实习实训基地建设典型案例[EB/OL]. [2012-11-02]. http://www.pl.hbnu.edu.cn/2012/1102/c882a36335/page.htm.

五、大型模拟法庭活动

湖北师范学院法学综合实验中心每年组织大型模拟法庭活动1~2次,每次在位于湖北师范学院政法学院的模拟法庭中进行,选取具有典型意义的案件,活动过程分为案件再现表演环节、庭审环节、专家点评环节。开庭活动邀请校检双方人员和其他法学专家进行指导、点评,该活动能够促进学生与法官、检察官、律师的互动,激发他们对法律职业的热情。

(二)创新性劳动实践

面对全球科技革命和产业变革的挑战,党中央、国务院从国家战略高度提出创新驱动发展战略和"大众创业,万众创新"战略的决策部署。在新时代,打造"双创"教育的升级版是高校面临的新任务,其中"双创"教育与劳动实践的全方位融合是培养全面发展的创新型人才的重要举措。创新创业教育中,劳动扮演着重要的角色;相应的,高校作为国家和社会的"智库",作为人才培养重要一环的劳动教育不仅需要思想观念的教育、劳动技能的教育,更需要的是具有创新精神的,助力大学生成才、求职、就业创业的劳动实践,也就是我们这里说到的创新性劳动实践。

当前,高校的创新性劳动实践教育主要依托创新创业指导课和各类创新创业比赛来实现,包括创新创业意识的引导与培养,创新创业的行业选择与定位,商业计划书的撰写与路演答辩,创新创业项目的孵化与培育。

三、生产劳动实践目标

生产劳动实践是连接专业学习与实践锻炼的重要纽带,通过生产劳动实践,同学们可以将专业知识应用到劳动实践中,加深对专业的热爱和兴趣、掌握一技之长,在劳动实践中培养团队合作的意识和能力,提升专业素养、领悟专业知识。卢晓东教授认为,劳动本身就是面向"事实"去"求是"的实知、实做,人工智能时代,这种"实"的要求显得更加重要,它是年轻一代摆脱"幻象"回归"真实"的重要指引。

(一)强化生产劳动实践认知

德国的哲学家雅斯贝尔斯曾说:"大学是研究和传授科学的殿堂,是教育新人成长的世界,是个体之间富有生命的交往,是学术勃发的世界。"在近代历史上,科学发现和技术发明的革命性突破,促进了社会生产力的发展和工业文明的兴起,也成为世界竞争格局改变、强国崛起与更替的关键因素。先进生产力的发展在于科技创新,科技的创新在于创新人才。高校学生作为社会生产实践的"预备军",不仅要尊重劳动、懂劳动,更要爱劳动、会劳动,其中"会劳动"主要体现在学好专业知识,探索和把握专业研究的规律上。由此可以看出,高校的劳动实践教育,特别是生产劳动实践,具有不可替代性。通过生产劳动实践,能够加深对本专业知识的理解,掌握本专业的实践规律和操作技艺,深刻领会本专业本行业对国计民生、对实现中华民族伟大复兴的中国梦的作用。

（二）培养生产劳动实践情感

高校既是培养人才的摇篮，又是知识创新的源头。在知识创新的过程中培养出优秀人才，在培养人才的过程中产出创新成果。高校在人才培养方面承担着社会更高的期待。高校要以专业课程为依托，为学生提供科研资源，打造科创平台，最大限度地发挥学生的创造性。高校在劳动教育的过程中，教育学生在实践中体验和厚植劳动情感是大学生劳动教育的必要环节。因此在加强专业学习过程中，要培养学生生产劳动实践情感，要以巩固专业思想为切入点树立职业理想，以培育工匠精神为抓手培养职业精神，以加强职业体验为抓手厚植职业素养。例如，在学前教育专业，引导学生充分认识到学前教育是终身学习的开端，关系党和国家事业未来，从而坚定做一名人类灵魂工程师的信心；在制造类专业，引导学生充分了解中国制造以及"中国智造"取得的成就，充分认识加快建设制造强国的紧迫性，自觉成为适应工业转型升级需要的技术技能人才；在涉农专业，引导学生充分认识农业的基础地位和实施乡村振兴战略的需求。着力引导学生在自身专业领域内掌握一技之长，努力成为大国工匠。

（三）掌握生产劳动实践技能

劳动教育是国民教育体系的重要内容，具有树德、增智、强体、育美的综合育人价值。高校的生产劳动实践，就是要让学生动手实践、开动脑筋、出力流汗、接受锻炼、磨炼意志，通过生产劳动实践掌握专业技能，更好地掌握专业，培养正确劳动价值观和良好劳动品质，为步入职业世界做好准备。

劳动教育既是"德育"又是"能育"。培养出大批具有劳动精神、掌握劳动技能的人才，是劳动教育的根本。高校培养的学生应当有热爱劳动、勇于探索的精神，同时也要有扎实的专业知识、劳动技能，特别是从事创造性劳动的知识与技能。我们已经迈入信息化时代，人工智能已经开始进入我们的生活。新的社会发展赋予"劳动"一词新的内涵。第一，劳动是动手和动脑紧密结合；第二，劳动必须直面真实场景、真实世界，掌握劳动技能，解决实际问题。为适应新时代的机遇和挑战，我们要转变思路，帮助学生在掌握职场一般性劳动技能和行业所求、专业所需的劳动技能之外，掌握网络技术，用好网络平台，在完善既有的专业相关劳动课程的同时，让高校学生在经济新形态、行业新业态下的相关劳动技能培训方面有更多的平台和机会。

四、生产劳动实践途径

（一）参与专业性劳动实践

1. 立足专业，为步入职业做好准备

高等教育是培养各行各业劳动者的重要环节。高校人才培养的目标、内容和模式与社会需求对接，与各行各业对劳动者的素质要求有效衔接是高校人才培养的关键一环。因此，大学生要立足专业，进行科学的生涯规划，加强专业理论学习，通过反复实习实训提升专业实际操作能力，同时积极参与社会实践调研，了解行业前沿需求和行业职业精神，

全面提升自我能力发展,为步入职业做好准备。

2. 完成专业实习实训

专业实习实训作为大学生参与专业性劳动实践的途径,具有丰富的劳动属性和劳动指向,主要可分为以下几种:

(1) 自然科学实验

自然科学实验是科学研究的基本方法之一。根据科学研究的目的,尽可能地排除外界的影响,突出主要因素并利用一些专门的仪器设备,而人为地变革、控制或模拟研究对象,使某一些事物(或过程)发生或再现,从而去认识自然现象、自然性质、自然规律。

高校开设的实验课(Laboratory Course/Laboratory Work)是指学生在教师指导下学习使用一定的仪器、设备、材料和手段,就某些特定问题进行有关的观察、测量、数据处理与分析,并得出或验证某些科学结论的课程。目的在于培养学生运用实验方法观察、了解各种运动现象并研究、探索其运动规律的技能。一般在实验室、实验农场及其他实验场所进行。实验题目及所用仪器、设备、材料、手段等可由教师根据教学大纲规定。部分实验亦可允许学生自定题目、自行设计,经教师同意后进行,这类实验有时称开放实验[1]。

(2) 社会调查

了解社会调查的基本四要素:①明确的调查目的;②具有社会意义的调查对象;③科学的调查方法;④实际的调查效果。

能够按照社会调查的不同阶段,做好相关工作。社会调查的各阶段如下:

选题阶段:求益,求实,求教;

准备阶段:准备调查内容、准备调查工具、准备调查对象;

调查阶段:收集资料,实施调查;

分析阶段:审核、整理、统计、分析;

总结阶段:完成调查报告。

(3) 工程实践

工程实践主要包括工程社交礼仪、工程差旅事项整理与安排、实验室安全与整理、报告与图件规范装订四个主要环节。

学会基本的社会交往礼仪,理解工程师对公众的安全、健康和福祉,以及环境保护的社会责任。了解工程项目差旅准备清单、出行物品整理技巧,体验高效衣物收纳,学习差旅安全事项。学习实验室安全规章,实验室物品摆放规则,实验室保洁规则,实验废弃物处置方法,分小组完成实验室器材整理工作。学习报告与图件的手动装订规范与方法,掌握不同尺寸图件折叠规范、报告手动装订规范、报告机器打印装订规范。

(4) 文学艺术创作

2020年6月29日,教育部办公厅引发了《教育部办公厅关于严格核查2020届高校毕业生就业数据的通知》,其中,首次明确将"以个体劳动为主的一类职业,如作家、自由撰稿人、翻译工作者、中介服务工作者、某些艺术工作者、互联网营销工作者、公众号博主、电

---

[1] 顾明远.教育大辞典(增订合编本)[M].上海:上海教育出版社,1998:47.

子竞技工作者等"纳入大学生就业的"自由职业"范畴,从中我们可以看出对文学艺术创作作为一项专业能力的肯定和鼓励。2019年4月,教育部印发《教育部关于切实加强新时代高等学校美育工作的意见》指出,学校美育是培根铸魂的工作,提高学生的审美和人文素养,全面加强和改进美育是高等教育当前和今后一个时期的重要任务。

文学艺术创作是一种特殊的复杂的精神生产,是作家和艺术家对生命的审美体验,是运用一定的创作方法,通过对现实生活的观察、体验、研究、分析、选择、加工、提炼生活素材,经过艺术加工创作出可供读者欣赏的文学艺术作品的创造性劳动。

(二)参与创新性劳动实践

在大力推进创新创业教育背景下,创新性劳动实践成为生产劳动实践的重要组成部分,是启迪创造能力的源泉。创新性劳动实践主要表现为在劳动中具有擅于变革、勇于创新的品格,具有善于运用科学原理和技术技能以及专业学科知识进行劳动实践的方法与能力,能够在劳动中发现真实的问题并创造性地加以解决,能够积累劳动经验并使其结构化,进而有所发现、有所发明。作为在校大学生,可以积极参加"挑战杯"创业大赛和自主创新创业活动,在亲身实践中培养创新精神和创造能力,涵养劳动情怀;可以结合互联网以及当前人工智能、机器人技术、量子信息技术、虚拟现实、生物技术等新兴战略性产业发展的趋势,不断加大创新力度,积极利用社会资源,培养创新性劳动的意识和能力。

1. 参加创新创业比赛

面对全球科技革命和产业变革的挑战,党中央、国务院从国家战略高度提出创新驱动发展战略和"大众创业,万众创新"战略的决策部署。大众创业、万众创新是新时代的主旋律,在"双创"政策的号召下,产生了众创空间,从而推动了实体经济转型升级。众创空间、科技企业孵化器、企业加速器以及国家高新区等创新创业生态环境正在逐步优化,形成了创新服务体系,为促进就业发挥着积极的作用。政府、社会、学校有必要联合起来,为大学生提供新的、贴近实际的科技创业环境,提升大学生创业质量,促进创新创业趋向于高质量发展,倡导全民创新创业。

创新引领创业,创业推动创新。在创新创业教育中,劳动扮演着重要的角色。创新创业实践教育是通过教育与劳动实践赋予学生一种探究新知识领域的意识,一种敢闯敢试的精神,一种勇于创新创业的能力。而参与高质量的创新创业比赛,是高校大学生提升创新性劳动实践能力的重要平台。

(1)中国"互联网+"大学生创新创业大赛

中国"互联网+"大学生创新创业大赛,是由时任总理李克强2015年倡导发起,由教育部等12个中央部委和地方省级人民政府共同主办的重大创新创业赛事。大赛旨在深化高等教育综合改革,激发大学生的创造力,培养造就"大众创业、万众创新"的主力军;推动赛事成果转化,促进"互联网+"新业态形成,服务经济提质增效升级;以创新引领创业、创业带动就业,推动高校毕业生更高质量创业就业。

以赛促学,培养创新创业生力军。大赛旨在激发同学们的创造力,激励广大青年扎根中国大地了解国情民情,锤炼意志品质,开拓国际视野,在创新创业中增长智慧才干,把激昂的青春梦融入伟大的中国梦,努力成长为德才兼备的有为人才。

以赛促创,搭建成果转化新平台。推动赛事成果转化和产学研用紧密结合,促进"互联网+"新业态形成,服务经济高质量发展,努力形成高校毕业生更高质量创业就业的新局面。

大赛分为多个赛道。高教主赛道面向普通高等学校师生,分为创意组、初创组、成长组和师生共创组。要求参赛项目能够将移动互联网、云计算、大数据、人工智能、物联网、下一代通信技术等新一代信息技术与经济社会各领域紧密结合,培育新产品、新服务、新业态、新模式;发挥互联网在促进产业升级以及信息化和工业化深度融合中的作用,促进制造业、农业、能源、环保等产业转型升级;发挥互联网在社会服务中的作用,创新网络化服务模式,促进互联网与教育、医疗、交通、金融、消费生活等深度融合。"青年红色筑梦之旅"赛道面向普通高等学校学生,须为参加"青年红色筑梦之旅"活动的项目,分为公益组、商业组。公益组要求参赛项目以社会价值为导向,在公益服务领域为具有较好的创意、产品或服务模式的创业计划和实践;商业组参赛项目以商业手段解决农业农村和城乡社区发展的痛点问题,助力精准扶贫和乡村振兴,实现经济价值和社会价值的融合。国际赛道面向全球高等学校创新创业优秀青年,分为商业企业组、社会企业组、命题组。其中商业企业组要求参赛项目具有较新的创意、技术、产品、商业模式等,有明确的创业计划。社会企业组要求参赛项目以商业手段解决社会问题,形成正向、良性、可持续运行模式,服务于乡村振兴、社区发展、弱势群体,或以增益可持续发展为宗旨和目标,并有机制保证其社会目标稳定,其社会影响力与市场成果是清晰的、可测量的。命题组持续征集全球大型企业、政府机构、公益机构等就自身发展或社会共性问题设立参赛题目,符合参赛条件的个人、团队、企业均可参赛。

(2)"挑战杯"全国大学生课外学术科技作品和创业计划竞赛

"挑战杯"是由共青团中央、中国科协、教育部和全国学联、承办高校所在的省政府举办的一项全国竞赛活动,每届由一所高校承办,需要向主办单位申办、答辩。大赛以院校为单位进行报名,由一名指导老师和四名在校学生组成参赛团队。所有参赛人员一经报名,不得更换。大赛分为校内选拔赛、省市预选赛、区域半决赛以及全国总决赛四段赛事。其中,校内选拔赛由各参赛院校自行组织;省市预选赛由大赛组委会统一组织,并根据竞赛晋级规则选出优胜团队晋级区域半决赛;区域半决赛决胜团队将晋级全国总决赛。总决赛将根据综合成绩排名,分别颁发一等奖、二等奖、三等奖。一等奖队伍将进入"创业之星"争夺赛,冠军将获得10万元创业基金。

2. 正确认识创业,做时代的弄潮儿

对大学生来说,创业也是一种职业选择。一个人实现理想的基本途径就是在现实社会中谋取适合自己的职业岗位。在当前高校毕业生人数屡创新高的背景下,社会就业岗位有限,就业压力巨大,创业便成了解决就业问题的有效途径。

"饿了么"创始人张旭豪在上海交通大学读研期间,一边完成导师的项目,一边创业。在创业过程发展到关键时期时,考虑到学业和创业无法同时兼顾,张旭豪决定休学创业。但是,张旭豪和学校并没有脱离联系,在导师和学院的推荐下,他带着自己的创业梦想参加了很多创新创业大赛,也获得了初期重要的启动资金,这为他后期的创业成功打下了坚实的基础。2015年时任总理李克强在考察吉林大学时对创业大学生寄语:"把学习搞好,学习是第一的,大学生第一位任务是学习。在学习的过程中,不但要向书本学习,还要向实践学习,创业实际就是在实践中学,这会让知识学得更扎实有用。"

大学生有想法、有干劲,乐于接受新生事物,有着过硬的综合素质和拼搏奋斗的动力,是创业的生力军。然而,创业并非易事,在某种程度上来说,创业是更高阶的就业。创业的成功要克服很多新的困难和挑战,也一定会遇到挫折和风险。对怀揣创业理想的年轻人来说,首先要学会正视困难,有攻克难关的勇气,长期与困难作斗争的毅力;要有较好的心理素质,遇到挫折,要学会主动寻求帮助,缓解各方压力。另外,有一个好的创业团队也至关重要,团队成员的相互鼓励和优质互补,是创业路上一路前行的重要支撑。大学生创业,不只是一时激情,更多的应该是在充分了解自己基础上的理性决策。

拓展阅读

"互联网+"大赛梦之队的夺冠故事:从好创意到好产品[①]

大学生应该积极参与创新型生产劳动实践,将劳动教育拓展到专业领域,将所学知识应用于实践,积极解决实际生产中的社会问题。

在第三届中国"互联网+"大学生创新创业大赛总决赛冠军争夺赛上,浙江大学博士生、杭州光珀智能科技有限公司CEO兼创始人白云峰和他的团队研发的全新三维成像技术产品,得到全场最高的740分,夺得冠军。这款产品为何能战胜众多对手,最终夺冠?这款产品怎样从一个"好创意"成为一件"好产品"?这样一支高校创新创业比赛的梦之队如何组建?本案例将带你寻找答案。

"我们的产品可以在二维平面相片中精确展现出'三维世界':除被摄物体外形之外,可实时展现被摄物体与相机的距离。"白云峰这样概述自己的产品。

颠覆三维测距方式

当需要分析犯罪分子影像时,如何获取其中的身高信息?当顾客走进商场,如何通过其行走路线和拿取的商品,分析用户偏好?

这些信息的获得,少不了要用三维测距"眼睛"来观测。

市场现有的三维测距方式主要有激光、双目视觉、三维扫描仪器和深度相机等,这些方式各有利弊。

白云峰展示的这款深度相机,能克服现有技术处理速度慢、拍摄距离近、不能在强光下运行等弊端,可在大量场景中得到应用,是全球三维测距方式的颠覆性突破。"我们研发的产品固态面阵激光雷达,可以说是结合了深度相机和激光雷达的各自优势,提高相机

[①] 李薇薇. 浙江大学"杭州光珀智能科技有限公司"项目夺冠 用机器"眼睛"改变世界[N]. 中国教育报,2017-09-18.(原文标题已修改)

分辨率的同时又能降低成本。"白云峰介绍,正是因为有了这双"好眼睛",光珀目前已与一家公司合作,制造出了世界上第一台纯视觉引导的无人搬运车。

志同道合成"光珀"

目前,在哈佛大学校史馆,已经装有光珀与该校及Facebook联合开发的产品,用于分析游客在校史馆中驻留情况等信息。

"线下消费行为分析,是目前非常流行的研究方向。"白云峰介绍,"利用深度相机,用顾客在商场里走一圈的时间,我们就能分析出他最感兴趣的商品是什么,运用大数据处理后获得的数据对商场商品的设置将有重要的决策作用。"

自2013年初次创业至今,白云峰越来越明白一个道理:技术是创业的最核心支点,追求创新驱动,才能创业成功。而在创业过程中,他也做了很多努力和尝试。"首次创业,是我到浙江一家平面片材生产企业调研时发现,人工检测产品受到很多限制因素,如费眼力、耗体力,导致人工检测成本高、效率低等。"由此,"机器换人"的思想便扎根在白云峰的脑海中。

白云峰找到了同在浙大篮球队打后卫的队友、比他高两届的浙大光电学院(光电科学与工程学院)直博研究生王旭龙琦。两人一拍即合,在学校附近租了一个10平方米的房间,开始了"机器换人"的第一步尝试。

"每天连续工作十几个小时的日子,真是难熬极了。不过,也因此换来了针对平面片材生产企业的第一台检测机得以快速上线。"白云峰说,"这家企业因为新装备可以给出标准的检测报告,拿到了200万美元的外贸订单,扭转了差点倒闭的颓势。"

就这样,白云峰二人看到了用机器"眼睛"改变世界的希望。两人随即成立了第一家公司。

解救实验室"珍藏品"

2015年5月,杭州光珀科技有限公司正式成立,而今,从当初的两个人发展到现在的50人研发团队。

"这些年来,我一直想要做的创业其实是链接大学实验室和市场,填埋两者之间的鸿沟。"而在白云峰的团队中,浙江大学科学家、来自微软和亚马逊等公司的顶级研发人员,撑起了技术研发一片天。

据介绍,本届大赛展现的这款三维相机,最早是根据浙江大学光电学院一位教授发明的三维相机成像方法而制成的。

然而,在白云峰与该教授合作之前,这项技术却被"锁"在实验室两三年。"这是一项很高质量的理论研究,而且教授也和企业谈过,但是最终都没有被成功转化。"

要让实验室的样机变成现实产品,这后面有许许多多的环节,而教授们完成不了的事,白云峰认为,这恰恰是自己可以深入做的工作——通过师生共创,对接实验室到工业生产,消化技术,推进产业化。

比赛答辩中,白云峰说:"创业公司要获得成功不被已有大公司碾压,最重要的是要有技术领先。"而他和伙伴们目前创业的方向,就是专注技术,在这一过程中形成顶尖产品进入市场。

从就业到创业,兽医学专业小伙拥有了自己的宠物医院[①]

2008年是扬州大学兽医学院学生徐云大学毕业前的最后一年,当年暑期实践时,他去了一家宠物医院实习。其间,他发现宠物行业发展相当迅速,市场需求很大,对宠物诊疗行业的从业者需求也很大,这样毕业后创办宠物医院的想法在他心里萌发了。

不过,毕业后,徐云并没有立即创业,而是去了一家连锁宠物医院工作。在工作中,他在努力钻研专业技术,将理论知识与实践操作相融合的同时,积极向宠物医院的创办人请教注册程序、运行流程、管理技巧和风险规避方法等创业知识,并在2010年通过了全国执业兽医资格考试,拿到了正式进入兽医行业的入场券,独立开办宠物医院条件基本成熟。

2011年下半年,工作两年的徐云毅然辞职,经过三个多月的筹备,艾诺宠物医院正式开张,此时的中国宠物市场发展相当迅速,艾诺宠物医院在众多宠物医院中毫不起眼,经营状况一度不理想,徐云几番想打退堂鼓,但每一次都心有不甘。为了破解困局,他想到了自己的母校,母校扬州大学的兽医专业在全国排名靠前,专业技术力量雄厚,如果母校能够给自己提供技术支持,对于破解当前的经营困局,一定会有很大的帮助。他尝试与学校老师沟通,老师很爽快地答应会在技术上全力支持,让他定期到学校参加专业技术培训,提高专业水平,同时在日常诊疗工作中遇到的疑难杂症,老师也会远程指导,帮助分析解决。正是有了母校的强大技术支持,艾诺宠物医院的经营状况逐渐好转,在业内的认可度越来越高。2012年下半年,江苏省组织了史上最严厉的宠物诊疗行业规范化考核,艾诺宠物医院顺利通过,标志着医院发展迈上了新台阶。

经过几年的发展,现在徐云的创业梦想已经实现,但创业成功的徐云并没有躺下来享受,而是把注意力更多地放在更新医疗设备和员工的专业技术培训方面,因为他知道,在这个行业没有谁能永远处于领先地位,只有不断提高设备的质量、掌握先进的技术、提供优质的服务,才能不被淘汰。

思考 实践

1. 请谈一谈你的专业是如何与生产劳动相结合的,它能通过什么方式促进社会发展?

2. 在你所学专业毕业的学长学姐中,访谈一位你尊敬的行业内优秀的劳动者,和他(她)聊一聊这个行业的发展趋势、所需的工作技能和专业背景;在工作中他(她)最看重的一项宝贵品质及其对该项工作的重要性;请他(她)结合自身发展轨迹,针对你的实际情况,对你的个人发展和劳动实践能力提升提出建议。

3. 请根据你所学专业提出一项研究课题,邀请相关老师进行指导;或在专业老师的指导下,从科研、生产、实验、管理等领域的基础性、应用性和研究性项目中细化或转化为能够完成的研究课题,申请一项创新创业项目,并按照科研/创业项目的申请书的范式,完成一份项目申报书,项目完成周期按照4年计,并细化项目实施的具体安排。

[①] 叶柏森.创业有道:大学生创业理论与实务[M].南京:南京大学出版社,2019:1.

第十一章 服务性劳动实践

学习目标

理解大学生服务性劳动实践的内容,明确服务性劳动实践的意义、目标和必要性,科学掌握服务性劳动实践的方法与路径。不仅深入培养大学生劳动技能,更让服务性劳动实践成为一种价值召唤,引导大学生树立奉献精神、集体观念和公益服务意识,提高学生的文明素质和道德水平。

课堂导入

高校要在服务性劳动中践行报国初心[①]

西安电子科技大学智能科学与技术专业本科生宋卓琛在一次去陕西省蒲城县的实践中,发现了当地养殖产业的不足。回到学校后,他和团队发起"奶山羊智慧养殖项目",以人工智能技术为依托,融合物联网、大数据等技术,帮助当地养殖户提高劳动质量、养殖水平,增产增收。目前项目团队已建成陕西省蒲城县奶山羊产业智慧养殖数据中心,建(改)造3座标准化智慧羊舍,带动当地120户共404人参与奶山羊养殖,脱贫户人均年增收1.2万元。他们的项目也荣获第八届"红旅"赛道金奖。

据介绍,5年来,西安电子科技大学将"红旅"实践活动与劳动教育工作紧密结合,设置"红色筑梦实践基础"必修课,打造的课程"'红色筑梦'社会实践理论实践"获批"国家级一流本科课程",课程包含"社会实践概论与选题""社会实践方法与技能"等内容模块,"红色基因""家国情怀""校歌源起""青年红色筑梦之旅""西电电子信息科学发展之路""社会实践精品项目解读"等课程专题,确保实践教学有案可循、有例可依。截至目前,该课程全网浏览量140万次,理论学习3万余人,课程热度排行首位。学校印发《西安电子科技大学劳动教育工作实施方案》,将劳动教育必修课纳入人才培养方案,形成了"理论1学分+实践1学分"的劳育必修课课程体系。

"只坐在教室里、课堂上是无法发现许多现实问题的。以我们的项目为例,只有走进羊舍里,走到农户身边去,通过实地的实践活动,才能发现当地老百姓的需求。同时,在这

[①] 杨枫.上一堂新时代大学生的劳动课[EB/OL].[2023-05-03].http://www.gov.cn/yaowen/2023-05/03/content_5754041.htm.

样的劳动实践中，我们也提高了自己的知识水平和实践技能。"宋卓琛说。

西安电子科技大学创新创业学院副院长尹鹏表示，依托"红旅"活动，高校大学生积极投身巩固脱贫成果、助力乡村振兴伟大实践，通过团队协同配合、需求匹配对接，结合所学发现问题、分析问题、解决问题，整体综合素质得以快速提升。

实践是人们能动地改造客观世界的物质活动，人类历史是由人们的实践活动构成的；劳动是人类特有的社会实践活动，劳动概念是实践概念的具体化。服务性劳动实践，注重让学生利用所学知识技能，服务他人和社会，强化社会责任感。在校园服务性劳动实践和社会服务性劳动中，既有助于学生形成良好的劳动习惯，提升劳动技能，感受劳动所带来的收获乐趣，形成尊重劳动、热爱劳动的真挚情感，又有助于培养学生的社会实践和志愿服务能力，引导学生"做中学"和"学中做"，在实践中不断实现成长进步、能力养成和素质提升。本章节从服务性劳动实践的必要性、内容、目标和途径四个方面展开，扎实推进劳动实践与大学生校园生活、志愿服务、社会实践相结合，不断强化实践育人，积极引领学生参与志愿服务，培养培育学生的劳动情怀、责任意识和奉献精神。

一、服务性劳动实践的必要性

服务性劳动实践是大学生劳动课程的重要教学内容之一，旨在培养学生日常生活所必需的劳动技能和独立生活的能力，也是培养学生勤劳节俭、关心他人、热爱集体、奉献社会的重要途径。大学生服务性劳动实践一般分为校园服务性劳动实践和社会服务性劳动实践两种类型，校园服务性劳动实践与大学生校园生活密切相关，一般包括校园环境、校园文化建设等；社会服务性劳动实践则是指大学生走出校门、服务社会，主要包括日常社会志愿服务劳动实践、暑期"三下乡"社会实践、"青年红色筑梦之旅"、"三支一扶"及志愿服务西部计划等专项劳动实践类型。

（一）服务性劳动实践是大学生认知世界的基本方式

党的教育方针政策一贯坚持劳动教育的理念要与实践相结合。习近平总书记指出："要强化实践育人，坚持教育同生产劳动和社会实践相结合，让广大青少年在投身实践、亲身参与中认识国情、了解社会，在增长才干和磨炼意志中感受劳动所带来的收获和乐趣，进而形成尊重劳动、热爱劳动的真挚情感。"服务性劳动实践就是在劳动实践中不断探索和推进新时代高校劳动教育与校园建设、社会实践、志愿服务等相结合的有效路径。服务性劳动实践准确把握与遵循劳动教育的科学内涵和社会实践的精神实质，也是大学生思想政治教育和承担社会服务职能的载体和结合点，能帮助大学生在实践活动中认识世界、接受锻炼、奋斗实践、增长才干，也更能体现新时期劳动教育活动的丰富性和创造性。

（二）服务性劳动实践是学生与社会对接的直接路径

在社会实践和志愿服务中融入劳动教育，既有助于学生形成良好的劳动习惯，提升劳动技能，感受劳动所带来的收获乐趣，形成尊重劳动、热爱劳动的真挚情感；又有助于培养学生的社会实践和志愿服务能力,引导学生"做中学"和"学中做",在实践中不断实现成长进步、能力养成和素质提升。同时,志愿服务是典型的公益劳动,公益性社会实践可以在志愿服务中强化劳动教育意识,有事半功倍、相得益彰之效。

(三)服务性劳动实践是践行习近平总书记"实干兴邦"劳动实践观的生动体现

习近平总书记多次强调"空谈误国,实干兴邦",强调"人世间的美好梦想,只有通过诚实劳动才能实现"。所以,"要在全社会大力弘扬真抓实干、埋头苦干的良好风尚"。新时代高校的服务性劳动实践是要培养能够应对重大挑战、善于创新创造、勤于实践、乐于奉献的高素质劳动者。高校学生要在社会实践中勇于创新,在志愿服务中践行奉献,从而深化对劳动创造人、劳动创造世界的认识。当学生进入社会、步入就业岗位后,无论从事什么行业,处在什么岗位,都能将认真学习、勤于实践、极致专注、真抓实干的精神转化为辛勤劳动、诚实劳动、创造性劳动的优良品质,确立奋发图强的幸福标准,永葆积极进取的奋斗精神,投身脚踏实地的奋斗实践。

二、服务性劳动实践内容

服务性劳动实践就是让学生利用所学知识技能,服务他人和社会,在公益劳动、志愿服务中强化社会责任感。服务性劳动实践具有突出的社会性,是联系学校教育与社会生产实践、个人成长与社会发展的重要纽带。《中华人民共和国劳动法》(以下简称《劳动法》)第六条中规定:"国家提倡劳动者参加社会义务劳动。"《现代汉语词典》对社会公益劳动的界定,总体来说就是有关公共卫生环境、抢险救灾、帮贫扶弱等群众性福利事业的义务劳动。这种劳动实践是完全建立在劳动者的主动性、自觉性的基础上,体现的是劳动者崇高的社会责任感和高尚的品德,是一种良好的社会风气、一种精神文明的成果。根据学生服务性劳动实践的特点,可以将服务性劳动实践分为校园服务性劳动实践和社会服务性劳动实践。

(一)校园服务性劳动实践

校园是大学生学习、生活的重要场所,校园文明建设直接体现了当代大学生的精神面貌、个人素质,也直接关系当代青年的身心健康。校园服务性劳动实践是让学生在系统的文化知识学习之外,培养学生劳动实践能力的重要途径,同时也提高学生参与学校治理的参与度,服务师生、实现自我的全面发展,让青年学生在志愿服务中凝聚青春力量,用实际行动践行志愿服务精神。现阶段,校园服务性劳动实践主要包括校园环境治理、校园文化建设、校园志愿服务劳动实践等方面。

(二)社会服务性劳动实践

社会服务性劳动实践是学校教学与实践的延伸,是大学生走出校门、接触社会、了解国情、学以致用的重要机会,是大学生投身社会建设、走进人民群众、长才干做贡献的重要渠道,是提升思想觉悟、增强大学生服务社会意识,促进大学生健康成才的有效途径。大学生要以积极的姿态面对社会服务性劳动,在劳动实践中不断历练自己,做到有所学、有所感、有所悟。

三、服务性劳动实践目标

在推动劳动育人的教育和实践过程中,应坚持理论教育与实践教育相结合,充分发挥社会、学校、企业等各类资源,强化社会服务性劳动,结合"三支一扶"、大学生志愿服务西部计划、"青年红色筑梦之旅"、"三下乡"等社会实践活动开展服务性劳动,强化公共服务意识和面对重大疫情、灾害等危机时主动作为的奉献精神,在实践活动中享受劳动过程、提升劳动技能、领会创造劳动价值的成就感,进而学会总结、思考和创新。

(一)树立科学的服务性劳动实践认知

"纸上得来终觉浅,绝知此事要躬行。"大学生在系统的专业知识学习之外,要通过服务性劳动实践,动手参与实践,接受锻炼、磨炼意志,培养正确的劳动实践观和良好的劳动品质。在真正获得劳动体验、习得劳动本领、创造劳动价值、享受劳动成果基础上,通过服务性劳动实践,弘扬奉献的劳动精神,全身心参与,手脑并用,架起学校与社会联结的桥梁,弄清楚做人做事的基本道理、社会主义核心价值观的内在要求、实现中华民族伟大复兴的理想与责任。在奉献社会和服务社会的劳动实践中实现远大理想和个人目标,树立依靠辛勤劳动、诚实劳动,以劳动获取财富、实现人生价值的正确思想观念。

(二)全面提升服务性劳动实践能力

劳动实践是将大学生所学的专业知识、劳动理论转化为专业实践能力、解决问题技能的最重要的环节。大学生的劳动实践能力是学生基于专业知识学习而形成的思维能力、运用能力和实践能力,通过丰富多彩的服务性劳动实践活动,坚持在劳动实践中做、在劳动实践中学、在劳动实践中悟,从而不断提升劳动实践能力。大学生充分利用校园、企业、社区等服务实践基地,实现传统劳动与现代劳动、体力劳动与智力劳动、校园服务性劳动与社会服务性劳动的紧密结合,积极参加家务劳动、校园劳动、志愿服务等形式多样的服务性劳动实践,从而在实践中获取真知,在实干中提升能力,真正实现"以劳树德,以劳增智,以劳强体,以劳育美"。通过服务性劳动实践,培养大学生公共服务意识,强化奉献精神,从而运用专业知识和专业技能回馈社会,帮助大学生实现其自身的潜能,也帮助其实现社会价值,面对复杂而不确定的外部世界,学会重视可持续发展[1]。

四、服务性劳动实践途径

(一)参与校园服务性劳动实践

高校是培养社会主义事业建设者和接班人的殿堂,劳动是财富、幸福的源泉。勤于劳动、乐于奉献是中华民族的伟大品格,当代大学生应当在高等教育的背景下和大学校园的环境中积极参加服务性劳动实践并在实践中提升自己,增强劳动观念和集体主义观念,也

---

[1] 赵鑫全,张勇.新时代大学生劳动教育[M].北京:机械工业出版社,2020:76.

有利于促进校园文明建设。

1. 做绿化环保践行者

做绿化环保践行者,需要我们了解校园环保的内容、树立劳动实践的环保意识,促进形成绿色价值取向和劳动实践习惯,更加自觉地推动校园以及社会绿色发展、低碳发展、循环发展。

推动形成绿色生活方式,需要我们在校园坚持节约优先,强化集约意识,在衣食住行等方面形成节约集约的行动自觉;倡导环境友好型消费,推广绿色服装、提倡绿色饮食、鼓励绿色居住、普及绿色出行、发展绿色旅游,抵制和反对各种形式的奢侈浪费、不合理消费。

倡导低碳校园生活,需要我们借助校园世界环境日活动、社团活动、校日活动、节庆活动等诸多方式,主动宣传绿色低碳生活方式,散播绿色低碳的"种子",带动周围的人形成绿色低碳的生活态度,以实际行动参与低碳校园的建设。除此之外,大学生还应通过发现日常生活中节能减排的难题,运用自己所学专业知识进行发明创造,如新型节能开关电源、厨余堆肥机等小发明,为节能减排做贡献,利用科技创新更好地解决实际问题。

2. 做垃圾分类倡导者

要成为垃圾分类倡导者,需要我们了解垃圾分类标准。"垃圾是放错了地方的资源。"2019年11月15日,新版《生活垃圾分类标志》标准发布,新标准将生活垃圾类别调整为可回收物、有害垃圾、厨余垃圾和其他垃圾四大类,厨余垃圾和其他垃圾又可称为湿垃圾和干垃圾。

要成为垃圾分类倡导者,需要我们协助校园后勤做好垃圾分类操作。进行垃圾分类,首先要掌握分类原则。当发现有混淆模糊、不能准确判断类别的垃圾时,也可以把它归为其他垃圾。另外,垃圾投放要遵守要求,不能随意乱投乱扔。

要成为垃圾分类倡导者,需要我们争做垃圾分类知识宣传志愿者。积极参与学校性或社会性生态环境主题教育宣传和实践活动,通过摆放展板、向过往群众发放宣传资料、讲解垃圾分类知识等方式,向高校师生、社区居民普及环保意识,增加他们对垃圾分类知识的了解,引导其积极参与到垃圾分类的行动中来,倡导大家从日常生活入手,从小事做起,争当垃圾分类的倡导者、参与者,有效处理生活垃圾,促进绿色环保的消费理念、健康环保的生活方式养成。

3. 做校园文化建设者

每个大学校园都由物质环境和精神环境构成,不仅为我们提供了舒适的学习环境,还是校园文化的重要展示场所,需要我们每个人合力维护。在校园生活中,深入挖掘校史中关于开拓创新、奋力拼搏、迎难而上、自强不息的典型人物和故事,并用图片、话剧、视频等手段还原历史,让师生员工深刻领会劳动创造历史、劳动开创未来的道理。推动"以劳树德"的校园文化建设,如在企业工匠进校园、进课堂活动中,展示劳动成果和社会价值,展现劳模精神,让我们真正感受劳动精神、劳模精神、工匠精神的时代意义,树立正确的劳动价值观与人生观。选树学生党员中信念坚定、攻坚克难、默默奉献、奋力拼搏的典型,并以他们的成长经历引导在校大学生正确认识劳动,积极参与劳动。

[优秀案例展示]

校园是我家 文明靠大家[①]

为维护良好的校园秩序,营造一个文明、整洁、健康、高雅的校园环境,建设平安校园、和谐校园,我们应遵循以下校园文明行为规范:

(1) 着装整洁得体,仪容端庄。
(2) 行为举止高雅,谈吐文明。
(3) 爱护学校花草树木,节约用水。
(4) 乘坐电梯遵守秩序,先下后上,相互礼让。
(5) 遵守学校环境卫生的有关规定,保持学校环境卫生,不随地吐痰、不乱扔杂物。
(6) 文明如厕,保持卫生间清洁,爱护其设施。
(7) 上课时遵守课堂纪律,候课时不得在楼道内大声喧哗。
(8) 爱护教室设施,合理使用教学设备,保持干净整洁的教学环境。
(9) 汽车、电动车、自行车停车入位,摆放有序。
(10) 严禁在教学楼内的教室、办公室、楼道楼梯、卫生间等公共场所吸烟。
(11) 观看教学展演展示、视听公共课讲座、参加会议等活动时,主动服从现场管理,遵守秩序,爱护礼堂、会议室等设施。
(12) 进行教学和汇报演出活动时,要合理使用场地及设施设备,降低环境噪音分贝,防止影响学校周围单位和居民正常工作和生活。
(13) 自觉遵守学校的各项规章制度,尊师爱友、团结和睦,共同营造绿色健康的学习氛围和积极向上的工作环境。
(14) 参加学校在本市组织的和赴外省、市教学汇报演出、比赛或游学活动时,保障安全、遵守纪律;尊重当地风俗习惯、文化传统;爱护文物古迹、风景名胜、旅游设施。
(15) 如遇突发事件,应当服从学校统一指挥,配合应急处置。
(16) 遵守网络信息管理的法律法规和有关规定,维护微信群安全和秩序,自觉抵制不良信息,不传播网络谣言。

(二) 参与社会服务性劳动实践

社会服务性劳动实践是大学生思想政治教育的重要组成部分,对促进大学生了解国情、增长才干、奉献社会、磨炼意志、增强社会责任感,起到不可替代的作用。

1. 参与日常社会志愿服务劳动实践

大学生在每学期正常学习的同时,可以利用空余时间前往街道、社区、图书馆、慈善机构等进行日常社会志愿服务劳动实践,主要形式包括助老助残、社区服务、生态建设、抢险救灾等。社区的服务劳动实践具有一定的地域性特点,每个社区的服务需求有一定的差异。社区服务需求调查,是开展社区服务最重要的前期工作。一般来说,可以直接和社区

[①] 袁国,徐颖,张功. 新时代劳动教育教程[M]. 北京:航空工业出版社,2020:82.

工作者沟通或发放调查问卷来了解社区的需求,然后再结合自己的能力和专业优势确定服务项目。同时可以结合学生的专业和特长,帮助策划社区服务活动,从活动目的、目标、时间、地点、流程等程序出发,进行活动策划书的撰写。活动开始前,给社区居民营造一种轻松自然的氛围,从而促进活动的开展;活动过程中,可酌情加入一些引导环节,引导在场的社区居民积极参与;活动结束后,反思并总结社区服务活动的成效,以及哪些地方需要改进,积累经验和教训。

社会服务性劳动实践是劳动教育走出校园、走进社区的重要实践形式,是我们运用知识、施展才华、实践成才的好课堂,也是我们"服务他人、奉献社会"的一个起点。特别是在抗击新冠疫情战斗、参与抗洪抢险的一线志愿者,不但维护了国家和人民的安全,对推进社会的精神文明建设、和谐稳定发展发挥了重要作用,而且有利于提高劳动技能、适应社会、提升道德素养。

学习链接

志愿服务是指在不求回报的情况下,为改善社会,促进社会进步而自愿付出个人的时间及精力所做的服务工作。习近平同志在党的十九大报告中指出,推进诚信建设和志愿服务制度化,强化社会责任意识、规则意识、奉献意识。奉献精神是高尚的,是志愿服务精神的精髓。志愿者通过参与志愿服务,提高了自身的办事能力,促进了社会的进步,同时自身也得到了很大提升。志愿工作具有志愿性、无偿性、公益性、组织性四大特征。志愿服务的精神是:奉献、友爱、互助、进步。

图 11-1 中国青年志愿者标志

2017 年 6 月 7 日,《志愿服务条例》经国务院第 175 次常务会议通过,由国务院于 2017 年 8 月 22 日发布,自 2017 年 12 月 1 日起施行。《志愿服务条例》指出,志愿服务是指志愿者、志愿服务组织和其他组织自愿、无偿向社会或者他人提供的公益服务。开展志愿服务,应当遵循自愿、无偿、平等、诚信、合法的原则,不得违背社会公德、损害社会公共利益和他人合法权益,不得危害国家安全。志愿者,是指以自己的时间、知识、技能、体力等从事志愿服务的自然人。志愿服务组织是指依法成立,以开展志愿服务为宗旨的非营利性组织。

志愿服务的范围主要包括扶贫开发、社区建设、环境保护、大型赛会、应急救助、海外服务等。我国的志愿服务活动是随着改革开放而发展的,开始于 1978 年。1993 年年底,共青团中央开始组织实施中国青年志愿者行动,中国志愿服务进入了有组织、有秩序的阶段。中国青年志愿者行动实施以后,志愿服务日益广泛发展,全社会对志愿服务的认知程度已大大提高。据不完全统计,2008 年累计有超过 506 万名志愿者参加抗震救灾和灾后重建,170 多万名志愿者直接服务北京奥运会[①]。

---

① 志愿者(自愿进行社会公共利益服务的活动者)[EB/OL].[2020-01-25]. https://baike.baidu.com/item/%E5%BF%97%E6%84%BF%E8%80%85/6413? fr=aladdin.

[志愿服务优秀案例展示]

河海大学"水净生活·美境江苏"志愿服务项目①

12月3日,第四届中国青年志愿服务项目大赛暨2017志愿服务交流会在成都落下帷幕。河海大学"水净生活·美境江苏"项目获全国青年志愿服务示范项目创建提名奖。一代又一代的水之子们,将所学所能通过劳动实践服务社会,用实际行动践行了志愿者精神。

"水净生活·美境江苏"志愿服务项目从2015年实施至今,始终坚持面向中小学生进行节水、护水宣传,形成了"水环保小讲堂""河长小助理""水环保主题展"三大模块服务内容。三年来,该项目先后获得了第三届中国青年志愿服务项目大赛金奖,第二届江苏省志愿服务交流会银奖。

暴雨后浑水漫出河岸,散发着怪味,水面漂浮着各种垃圾。这样的河道就在你我所在的城市、在你我的身边。面对此情此景,我们能做些什么呢?

2015年3月,河海大学青年志愿者协会利用河海大学优势专业,借力南京水质监测中心等专业机构,发起了"水净生活,美境江苏"护水行动,走进社区和小学,以居民、中高年级小学生为对象,开展包含理论宣讲和实践体验的节水护水环保行动。

理论宣讲方面,志愿者开展"水态微调查",通过问卷调查了解居民水环保意识,为后续活动和内容设计提供支撑;在节水微课堂上,分享环保节水的理念和实用方法;而在居民、儿童亲手完成的净水微实验中,污水的组分、污染物在净水剂作用下沉淀、絮凝的过程等一目了然。通过多样的课程内容与形式,使大家对水资源、水环境和水保护等有了形象的认识。一次活动中,一位阿姨的询问启发了志愿者:"能不能带我们一起去那些河边走走、看看啊?"行胜于言,带群众一起去河边走走看看更直观、生动!这支由青年志愿者和社区居民自发组成的护水队开启了走河之旅。由表及里、由外而内:先整体了解河岸形貌,观察水体颜色、有无漂浮物,辨识气味;后定点选取河段进行水质测量,检测pH值、含磷量等基础指标,讲解生活用水与水污染的关系。走河过后,志愿者及时制作水质情况统计图,让居民深切感受身边水体的变化。河流信息表填满了,河长手记成篇了,河道景观图展出了……一份份河流档案,既是河流的体检报告,又是节水护水的生动教材。

截至目前,已有250名志愿者参与到活动中,累计服务时间超过900小时,志愿者走访了8个社区、8所小学,开展了90多次环保宣讲,直接覆盖人群达3 000余人,活动先后被人民网、新浪网等媒体报道,活动效果广为传播,受到了居民、学生以及社会的认可。

今后,志愿者将巩固现有基地,扩大活动范围,增加活动受众和参与力量,与学术创新、社会实践等相结合,总结可移植、可推广的项目模式与经验,为实现"水净生活,美境江苏"的美好愿景持续努力。

---

① 刘亚楠. 江苏省河海大学——"水净生活 美境江苏"护水行动[EB/OL].[2017-01-19]. http://www.zgzyz.org.cn/content/2017-01/19/content_15350772.htm.

2. 参与全国大中专生志愿者暑期"三下乡"社会实践

大学生三下乡是指"文化、科技、卫生"下乡,是各高校在暑期开展的一项意在提高大学生综合素质的社会实践活动。每年暑期,数以百万的大学生参与到社会实践活动中,活动成员以志愿者的形式深入农村,传播先进文化和科技,体验基层民众生活,调研基层社会现状。通过一系列实践活动以期提高大学生的社会实践能力和思想认识,同时更多地为基层群众服务。大学生的"三下乡"社会实践活动涉及面广,内容丰富,形式多样,主要可分为考察调研、公益服务和职业发展三个基本类型[①]。

考察调研类社会实践活动是指通过科学的方法观察、调查有关社会现象的真实情况,并对相关材料进行收集、整理、分析、研究,从而阐释某种现象、得出某种结论或揭示某种规律的社会实践活动。考察调研类社会实践活动根据调查性质、内容、要求的不同,可以分为参观考察和调查研究两种。在具体实践过程中,这两种形式往往是相互结合、相互补充的,学生需要深入社会、深入基层、深入群众,通过自身观察和体验,对社会的某些领域或某些现象进行较为全面、客观的了解和学习,从而深化对国情、社情和历史的认识,开阔视野,促进全面发展,形成正确的世界观、人生观和价值观。公益服务类社会实践活动是指具有公益性质和志愿服务性质的社会实践活动,旨在引导学生扎根中国大地,弘扬志愿服务精神,发挥青春正能量,培养社会责任感,加强为人民服务的意识。暑期"三下乡"社会实践活动中的公益服务类活动形式主要包括支教、支农、支医、助残、敬老、关爱留守儿童、义务劳动、环境保护、义务宣传宣讲、走访慰问、大型赛事志愿者活动等。职业发展类社会实践活动是指学生为提升自身职业素养,了解专业领域情况和社会需求,促进职业发展而开展的学习参观、实习锻炼、创业实践、创新发明等实践活动。

社会实践活动主题和类别每年都不同,但大致主要包括理论宣讲、教育帮扶、医疗服务、科技支农、文艺演出、法律援助、环境保护等。

(1) 理论政策主题宣讲。遴选由优秀青年教师、学生骨干和理论社团成员组成宣讲调研团队,走进基层,围绕学习习近平总书记系列重要讲话精神、培育和践行社会主义核心价值观、"一带一路"倡议、二十大精神宣传、马克思主义中国化、"重走习近平总书记当年路"等理论热点开展形式多样的宣讲普及活动。

(2) 专业实习就业见习。鼓励广大学生,特别是研究生、高年级本科生,结合自身专业特色,发挥学科优势,开展各类与专业相关的实习实训、项目攻关、创新创业调研等实践活动,促进理论与实践的有机结合,提高专业知识和技能。结合专业实习和就业见习,组织学生深入社会、水利单位和企业,开展联合培养、合作研究等专业实践活动;组织开展以水利改革发展情况调研、基层单位挂职锻炼、知名机构企业见习等为主要内容的社会实践活动,增进同学对重点行业、重点单位的了解。

(3) "美丽中国"寻访。通过开展传统文化、城市发展、生态文明建设调研等活动,引导学生通过实践活动深刻理解中国梦的丰富内涵。鼓励学生团队运用多媒体手段,用视频、相册、音频和新媒体方式,对社会问题进行记录,深入调研,发现问题,提出解决方案,

---

① 团中央学校部,全国学联秘书处.青春实践路:"三下乡"社会实践活动指南[M].北京:电子工业出版社,2017:6.

知行合一，为国家经济、政治、文化、社会、生态发展贡献青春力量。

(4)"脱贫攻坚"和乡村振兴。聚焦服务"脱贫攻坚"和乡村振兴战略，开展教育帮扶、科技支农、文艺演出、法律援助等活动，支持各地新农村建设和精准扶贫工作。重点组织生源地学生到中西部、苏北地区基础教育薄弱、优质教育资源匮乏的贫困县、乡，开展支教、关爱留守老人和儿童等爱心活动；发挥学校学科优势和专业特长，与各地水利部门、农业部门、学校合作，开展水利科普讲座、先进技术推广等活动；依托文艺类学生社团和学生文艺骨干招募组建服务团，精心编排基层人民群众喜闻乐见、贴近基层生活实际的文艺节目，到城乡基层开展演出，丰富农村精神文化生活。

(5)社会治理创新调研。深入各地开展创新社会治理、加强基层建设情况调研活动，通过实地考察、现场采访、座谈交流和问卷调查相结合的方式，真实了解我国社会治理创新现状，充分运用专业知识摸清情况、理顺思路、拿出政策举措，建言献策、服务地方，为各地社会治理创新贡献河海智慧、河海力量。

(6)革命传统教育。组织大学生到革命纪念地、博物馆、纪念馆、展览馆、烈士陵园等爱国主义教育基地、改革开放前沿和经济社会发展成效显著的地区学习参观，了解中国革命、建设和改革开放的历史和成就，增强大学生对党的感情、对中国特色社会主义的热爱，激发他们全面建成小康社会、实现中华民族伟大复兴的责任感。

(7)"河(湖)长制"宣传调研。结合我校各专业特色，走近江河湖泊，围绕水资源保护、水域岸线管理、水污染防治、水环境治理、水生态修复、执法监管等方面，开展涉及"河长制""湖长制"的河湖治理保护政策宣讲、实地考察调研、科普宣讲、专业实习等相关实践活动，彰显河海学子关注、投身水利事业、治水兴邦的自觉担当。

(8)新生家访与资助育人调研。以县域、市域为单位，组织生源地学生组队走访录取的新生，了解新生家庭状况，将新生入学教育关口前移，宣传学校人才培养特色优势，宣教学校教育教学要求和规章制度。

(9)各类专项活动。鼓励学生组队参加"追寻青春足迹·红色筑梦之旅""井冈情·中国梦""丝路新世界·青春中国梦"等专项活动。

学习链接

1983年秋，团中央、全国学联于纪念"一二·九"运动48周年之际发出了开展"社会实践活动周"的号召，得到了各地高校团组织、学生会的积极响应。1996年12月，中宣部、原国家科委、农业部、文化部等十部委联合下发《关于开展文化科技卫生"三下乡"活动的通知》，以推动提升农村文化、科技、卫生公共服务水平。1997年，为进一步引导青年学生在实践中了解国情、服务社会、大力推进农村"两个文明"建设，中宣部、中央文明办、原国家教委、团中央、全国学联重点组织开展了全国大中专学生志

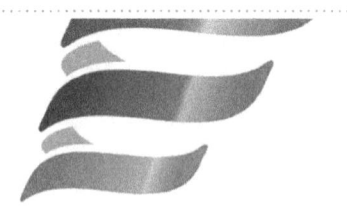

图 11-2 全国大中专学生志愿者"三下乡"社会实践活动标志

愿者暑期"三下乡"社会实践活动①。

自"三下乡"社会实践活动开展以来,始终以引导和帮助学生"受教育、长才干、做贡献"为宗旨,分全国、省、校、院系四个层面开展。全国层面,中宣部、中央文明办、教育部、团中央、全国学联共同下发文件,安排部署和组织实施;省级层面,省级团委、省级学联联合当地宣传、教育等部门共同开展;校、院系层面,学校团委按照上级统一部署要求,结合本校实际工作,组建实践团队,指导实施"三下乡"社会实践活动。经过20年的工作实践,"三下乡"社会实践活动逐渐形成了"目标精准化、工作系统化、实施项目化、传播立体化"的良好局面和"按需设项、据项组团、双向受益"的工作原则。

据统计,每年暑期有超过百万名学生参与到各级"三下乡"社会实践活动中,奔赴祖国的大江南北,广泛开展理论宣讲、教育帮扶、医疗服务、科技支农、文艺演出、法律援助、环境保护等实践活动,充分展现了当代青年学生良好的精神风貌和青春风采。

[暑期"三下乡"社会实践优秀案例展示]

清华学生暑期"三下乡"社会实践:劳动助力乡村振兴建设②

脚沾泥土,手捧湖水,心向苍穹。清华学子通过暑期"三下乡"社会实践,扎根祖国大地,双脚丈量农村的每片土地,深入调研探索乡村治理,助力乡村振兴,在服务国家脱贫攻坚的伟大征程中贡献青春力量。

2017年年底,清华大学建筑学院在全国首创"乡村振兴工作站"模式;在不同地区针对性布点,设计改造闲置房屋,与地方政府共建实体工作站,打造公益性、开放性、长效性的服务平台,并面向国内相关高校,组织青年学生驻点开展"乡村振兴"主题实践,助力当地脱贫攻坚向乡村振兴有效衔接。2020年暑期,清华大学乡村振兴工作站赴济宁支队的队员们以城乡建筑与规划、人居环境改善、村域治理提升等为主题,分列济宁微山岛支队和济宁泗水支队,开展了两次独立的社会实践。支队中来自6所高校11个专业的20名支队成员进行了为期20天的社会实践。20天的时间里他们入户调研了200多户村民,实地走访了120多家个体商户,访谈了政府、村集体、乡村振兴合伙人等近20名,撰写了8份乡村治理方面的调研报告,设计开发了3项应用型技术成果。同时,济宁支队扎实的社会调研,得到了当地政府的好评和认可,提出的多项政策性建议也被采纳和实施。济宁支队扎根乡村,深入实地,以"专业领先、扎实调研"的工作理念积极探索乡村治理密码,为乡村振兴出谋划策。

微山岛位于山东省济宁市微山县境内,地处微山湖东南部,拥有优美的自然风光和悠久的革命传统。为了帮助微山岛解决发展难题,尽快达成5A级景区目标,济宁微山岛支队分为建环与城规组、农渔业组和旅游组三个小组,实地走访,分工合作,对微山岛的发展现状展开综合调研。在对微山岛上的交通状况、旅游景观节点和村域环境进行了实地考

---

① 团中央学校部,全国学联秘书处.青春实践路:"三下乡"社会实践活动指南[M].北京:电子工业出版社,2017:3.
② 清华学生开展社会实践:勾勒乡村美景,助力乡村建设[EB/OL].[2020-12-02]. http://sxx.youth.cn/jxqc/sjjs/202012t/t20201202_12601210.htm. 原文已修改.

察和综合分析的基础上,建环与城规组对微山岛进行了道路的重新规划,旅游景观节点布局调整,并选定具体村落进行"一村一品"建设。

泗水支队在本次暑期实践中同样收获颇丰,他们以圣水峪镇东仲都村为大本营,与村支部书记、合伙人和乡村振兴合伙人指挥部主任依次进行访谈,对乡村振兴合伙人模式进行了深入的探究。在调研的基础上,为促进泗水县圣水峪镇乡村振兴的进一步发展,支队成员从自身专业知识出发,梳理当地"合伙人模式"的整体结构和实施过程,为泗水县圣水峪乡村振兴提供了一系列理论支撑和政策参考建议。

3. 参与"青年红色筑梦之旅"专项社会实践

"青年红色筑梦之旅"是中国"互联网+"大学生创新创业大赛举办的同期实践活动。此活动由教育部组织、承办,负责具体实施。参赛团队通过大学生创新创业项目对接革命老区经济社会发展需求,助力精准扶贫脱贫。实践团围绕"青春之歌""红色记忆""筑梦踏实"三个主题,通过寻访梁家河、走访"八一"敬老院、参观革命旧址、聆听专题辅导、开展青年乡村创客沙龙、举办乡村创客高峰论坛,学习和感受当地的精神财富,实地了解老红军、下乡知青们伟大而艰辛的青春"创业"史,为创业青年提供了一次继承延安精神、涵养创业精神、坚定文化自信的精神飨宴。

中共中央总书记、国家主席、中央军委主席习近平给参加第三届中国"互联网+"大学生创新创业大赛"青年红色筑梦之旅"的大学生回信,信中写道:"得知全国150万大学生参加本届大赛,其中上百支大学生创新创业团队参加了走进延安、服务革命老区的'青年红色筑梦之旅'活动,帮助老区人民脱贫致富奔小康,既取得了积极成效,又受到了思想洗礼,我感到十分高兴。……祖国的青年一代有理想、有追求、有担当,实现中华民族伟大复兴就有源源不断的青春力量。希望你们扎根中国大地了解国情民情,在创新创业中增长智慧才干,在艰苦奋斗中锤炼意志品质,在亿万人民为实现中国梦而进行的伟大奋斗中实现人生价值,用青春书写无愧于时代、无愧于历史的华彩篇章。"

截至2020年,"青年红色筑梦之旅"活动自2017年启动以来已举办三届,累计有170万大学生走进革命老区、贫困地区和城乡社区,接受思想洗礼、加强实践锻炼,为全国青年学生打造了一堂"红色大课"、一堂最大最有温度的国情思政课。三年来,有近38万个创新创业项目参与活动,对接农户近100万户、企业3万余家,签订合作协议2万余项,产生直接经济效益逾100亿元,帮助一大批农村青年解决了就业问题。

["青年红色筑梦之旅"专项社会实践优秀案例展示]

"青年红色筑梦之旅"在中华大地蓬勃开展

——用青春力量服务革命老区建设[①]

"桃醉井冈——红色茅坪奔赴小康筑梦工程"团队获得第四届中国"互联网+"大学生

---

① 刘潇翰. 把激昂的青春梦融入伟大的中国梦[EB/OL]. [2018-10-12]. http://www.moe.gov.cn/jyb_xwfb/s5147/201810/t20181012_351244.html. 原文已修改.

创新创业大赛青年红色筑梦之旅赛道的银奖、公益中国"最具网络影响力"单项奖。2015年,该团队以志愿服务为契机,结缘井冈山市茅坪乡。为积极响应习近平总书记2016年视察江西看望茅坪乡贫困群众时发出的扶贫攻坚的号召,该团队通过打好"技术＋培训＋产业＋营销"的组合拳,开启了与当地村民共同创业的新征程。团队成员陈文彬讲述了团队四年来的足迹遍布井冈山市茅坪乡的每一个角落,栽苗、挂果、摘果、装车,处处活跃着他们的身影,团队助力茅坪乡于2017年2月顺利实现脱贫。2018年,在公益中国平台开展众筹,助力当地的乡亲们提前预订出黄桃近万斤。为进一步巩固脱贫成果,项目组精心打造"桃醉井冈"品牌,通过开发小程序预售、抖音公众号,打造品牌代言人"桃喜",搭建淘宝、拼多多、微信小程序,举办黄桃节、招商会、结合文化旅游共同发展等方式,线上线下齐发力推动农民增收致富,真正让青山上的金果变成了农民口袋中的"致富果"。以红色资源、红色旅游为导向,通过将"桃醉井冈"IP效应延伸,实现多产业联合发展,助力茅坪乡向实现全面小康的目标迈进。

全国大学生时刻牢记并切实践行总书记的嘱托。从2017年106支团队奔赴延安,实地感受老一辈革命家伟大而艰辛的创新创业史,开启"大学生创新创业扶贫"新实践,到2018年,来自全国高校的70万名大学生、14万支团队积极投身乡村振兴,精准扶贫,"青年红色筑梦之旅"队伍日渐壮大,青年人扎根大地,在创新创业中增长智慧才干,在艰苦奋斗中锤炼意志品质的精神追求激荡中华大地。

4. 参与"三支一扶"、西部计划等专项社会服务性劳动实践

"三支一扶"是毕业生基层落实政策,指大学生在毕业后到农村基层从事支农、支教、支医和扶贫工作,是由中央组织部、人事部(现人力资源和社会保障部)、教育部、财政部、农业部(现农业农村部)、卫生部(现国家卫生健康委)、国务院扶贫办、共青团中央联合组织的一项重要政策。实施高校毕业生"三支一扶"计划,是全面落实中央关于做好大学生志愿服务西部、服务基层工作的重要指示精神,引导和鼓励高校毕业生到西部去、到基层去、到祖国最需要的地方去,经受锻炼,健康成长,为促进农村基层教育、农业、卫生、扶贫等社会事业的发展、建设社会主义新农村和构建社会主义和谐社会做出贡献。

大学生志愿服务西部计划,简称"西部计划",是经国务院常务会议决定,由共青团中央、教育部、财政部、人力资源和社会保障部共同组织实施的一项重大人才工程。通过持续实施西部计划,大力支持中西部基层和民族地区,不断推动区域经济社会协调发展。弘扬志愿服务精神,引导高校学生转变就业观念,到基层和人民中去。下大气力推动落实社保等政策,加强改革创新,统筹各类资源,突出示范引导,强化管理服务,不断引导广大青年到祖国最需要的地方奉献青春、建功立业。这一计划是深入贯彻中央党的群团工作会议精神,进一步增强西部计划在凝聚青年、服务大局、当好桥梁、从严治团工作中的重要作用的重要举措。西部计划志愿者服务期为1至3年,服务协议一年一签。同时要继续实施基础教育、农业科技、医疗卫生、基层青年工作、基层社会管理、服务新疆、服务西藏等7个专项。深化研究生支教团工作和扩大基础教育专项规模,不断提升支教扶贫实效。

江苏大学生志愿服务苏北计划,简称"苏北计划",是由省委组织部、省教育厅、省财政厅、省人力资源和社会保障厅、省公务员局和团省委共同组织实施,引导当代大学生以志愿服务的方式到基层去建功成才的一项长期项目。运用当代青年所接受和喜爱的网络、移动传媒等新媒体进行宣传动员,充分利用校园广播电视、校园网、手机报、个人邮箱、微博、微信等,以新闻、专题、公益广告、招贴画等多种形式,全面、准确、及时发布苏北计划相关政策和动态信息。对参与报名的大学生进行审核,选拔结束后派遣志愿者赴徐州、连云港、淮安、盐城、宿迁苏北五市进行志愿服务。

["三支一扶"优秀案例展示]

罗磊:用心"耕耘"边疆的支教老师[①]

2018年8月,四川农业大学研究生支教团的罗磊抵达新疆和田,开始了他的支教生涯。他承担着三、四年级七个班的道德与法治教学工作。谈及这门课的意义,他这样说:"思想教育不能出岔子,他们就是新疆的下一代,我得培养好他们的道德品质、思想觉悟与法治意识,这对于社会稳定、民族团结有重大意义。"在教学中,罗磊从不拘泥于形式,用幽默风趣的语言深入浅出地阐述着教学内容,孩子们总能被他的课堂风格牢牢地吸引住。孩子们到底有多喜欢上他的课?每次课前,都有两个班上的课代表一蹦一跳地跑到办公室把他"领"到班上,生怕他们的罗老师走丢。

工作再苦再累,罗磊的教学质量从不含糊。在和田县第三小学年度教师公开课大赛上,他革新教学思路,受到全校老师一致好评,斩获大赛第一名,被学校选派到巴格其镇参加"说课下乡"示范实验课堂,还被推选参加和田县教育系统说课大赛并取得第二名的好成绩。

在研究生支教团成员选拔中,罗磊以全校第一名的成绩入选并担任四川农业大学研究生支教团团长,他不仅要统筹联系做好新疆和田、四川天全两地的支教工作,还须对接从团中央到服务地各级团委、项目办的工作部署。身处西部边疆,很多困难和工作他都默默记在心里。"一年的时间太短了,我们要力所能及地多做些事,留下川农的印记。"他带领着这个团队,用实际行动回应着此行的初衷。

罗磊是团队的建设员。各级会议精神和文件要求,他总是第一时间组织队员们学习;地震、消防和防恐演练、综治值班、护学站岗、制定应急预案甚至校园绿化建设等,学校的每一项工作都有他们忙碌的身影。

罗磊是活动的组织员。在国防教育日,他讲述红色故事;在合唱比赛里,他带队排练;在沙漠植树中,他挥锄洒汗;在图书捐赠中,他多方奔走;在演讲比赛里,他动情诉说;在体艺活动里,他热情洋溢……有一天班上的孩子提问:"罗老师,奖学金是什么?"为了激励孩子们,他积极联系学校,在和田建立了第一个小学生的奖学金——"川农大奖学金"。努尔兰·巴图尔激动地说:"这是我人生中的第一份奖学金,我今后还要好好

[①] 李彦龙. 罗磊:用心"耕耘"边疆的支教老师[EB/OL]. [2019-06-20]. http://xibu.youth.cn/rwfy/dxrw/201906/t20190620_11988027.htm. 原文已做修改.

学习拿更多的奖学金,我要考上川农大!"就这样,罗磊在孩子们幼小的心灵中埋下了一颗"大学"的种子。

拓展阅读

任杰:这个大学生村官很踏实[①]

任杰是江苏省宿迁市沭阳县沭城镇叶庄村的大学生村官。2007年7月,这个来自贵州遵义的仡佬族大学生作为江苏省第一批选聘的大学生村官到叶庄村任职。

4年来,任杰脚踏实地地为村民服务,已经从最初不懂方言、不被当地人认可的学生娃,成长为如今深得人心的好干部,先后被评为"江苏省优秀共产党员""江苏省大学生村官创业富民先进个人"等。

现在他身兼三职:共青团宿迁市委副书记(不驻会)、沭阳县沭城镇副镇长、叶庄村美好家园社区党支部书记。他说:"当村官是我人生中最宝贵的精神财富,今后无论我走到哪里,将始终保持村官本色,不辜负组织和群众对我们的期望。"

在任杰看来,新时期的农民要的是增收、盼的是致富。2008年,任杰在充分调研的基础上,与邻村两名大学生村官筹资50万元,联合当地种植大户,采取"大户+基地+大学生村官+贫困户"的模式,创办了占地571亩[②]、集瓜果种植和"农家乐"观光休闲为一体的沭城镇大学生村官创业示范园,直接带动300多名村民就业致富。

为带动更多的贫困户脱贫致富,任杰随后又牵头注册成立沭阳县虞美人瓜果专业合作社,吸纳村民入股,对入股农户进行技术培训,并免费提供统一供苗、供肥、技术指导和产品销售等一条龙服务。

在任杰的带动下,叶庄村大学生村官创业示范园已由2008年年底的571亩,扩大到现在的1 500多亩,从业人员达1 100多人。村民人均纯收入也从2007年的5 200元,增长到8 100余元。

2010年11月,宿迁率先面向村官公开选拔市管干部,任杰成为不驻会的共青团宿迁市委副书记,主要协助分管农村和城市社区团建。任杰在镇里开展的"双向互选,党团共建"活动,受到广大党团员的热烈欢迎,据统计,沭城镇136个小区中已有724对党员和团员结对,创办项目572个,带动8 000余人就业创业。

"群众是否满意是检验我们工作的第一标准,多为群众做好事,多让群众得实惠,群众才会支持你、信任你。"任杰说。

[①] 黄欢.任杰:这个大学生村官很踏实[EB/OL].[2012-05-11].http://www.wenming.cn/ddmf_296/dx/201205/t20120511_653780.shtml? COLLCC=1840101687%26.

[②] 1亩≈666.67平方米。

思考 实践

1. 一年一度的南京国际马拉松赛将在每年5月的某周日举行。为了满足广大同学参与大型赛会志愿服务的需求,优化志愿服务项目体系,提高志愿服务水平,传播志愿服务文化,现面向我校全体学生招募马拉松赛道补给组志愿者,招募数量为90名。

招募条件:

(1) 富有社会责任感,道德品质优秀,自愿参加马拉松赛事志愿服务,能够按要求参加赛前的培训及相关活动;

(2) 年龄在18周岁以上(2006年11月1日前出生),身体健康;

(3) 接受马拉松组委会的领导和管理,能够在赛会前认真参加培训,赛会期间承担相应岗位职责,在马拉松组委会安排的时间和岗位全程服务;

(4) 校、院青年志愿者协会或公益类社团成员优先。

如果你符合招募条件并有意向加入此项志愿服务,请谈谈如何准备志愿者面试。可以与同学分享你在策划中的要点、难点以及解决方案,并谈谈自己的心得体会。

2. 为深入学习宣传贯彻习近平新时代中国特色社会主义思想和党的二十大精神,强化实践育人,引领广大青年学生励志勤学、刻苦磨炼、学以致用、知行合一、服务社会,做"有理想、有追求、有担当、有作为、有品质、有修养"的青年学生,学校计划组织开展大学生志愿者暑期社会实践活动。学生可广泛开展理论宣讲、教育帮扶、医疗服务、科技支农、文艺演出、法律援助、环境保护等实践活动,鼓励学生个人或团队,聚焦社会细微之处,创新选题设计,丰富实践方式,争取社会资源,以独特视角认知国情,服务社会,增长才干,培养能力。

请你根据以上社会实践指导材料,思考、设计社会实践申报书,应当包括项目名称、组员、指导老师、项目内容、经费预算、预期成果等。

××××年暑期社会实践团队立项申报书

填写须知:

1. 项目名称需突出项目主题和重点;
2. 项目信息中"项目类别"请对照通知,在参考类别中进行选择或者填写其他;
3. 相关资料请填写完整,以便实践活动有序进行;
4. 如有疑问请咨询校团委实践部或学院团委老师。

申报基本信息				
项目信息	项目名称			
	项目类别		团队人数	
	所属院系		实践省市	
	项目来源	□教师课题;□创训项目;□社会项目;□自主项目		

续 表

申报基本信息				
指导老师信息	姓名		职称	
	联系方式		电子邮箱	
项目负责人信息	姓名		联系方式	
	学号		身份证号	
	电子邮箱		院系专业	
项目其他成员信息(团队成员非特殊需要,不超过8人)				
姓名	学号		院系专业	身份证号
项目初步设想				
初定实践起止时间			初定实践地点(省市县)	
是否已建基地	□是;□否		是否拟建基地	□是;□否
项目简介(300字以内,详细活动方案见附页)				
活动经费预算(列出项目明细)	总额: 明细:			
学院团委意见				
紧急联系人姓名(非负责人)			紧急联系人联系电话	

3. 寻访劳模工匠,理解人间万事出艰辛。越是美好的未来,越需要我们付出艰苦努力。学习劳模,要学习他们身上闪耀的信仰光彩。请你利用专业实习和社会实践等活动,积极采访杰出校友和行业工匠,邀请他们进校园、做报告,分享求学、求职经历,加深对"劳模工匠"的认识,感受身边平凡的人所诠释的不平凡的行业典范。

各级党委和政府要关心和爱护广大劳动群众，切实把党和国家相关政策措施落实到位，不断推进相关领域改革创新，坚决扫除制约广大劳动群众就业创业的体制机制和政策障碍，不断完善就业创业扶持政策、降低就业创业成本，支持广大劳动群众积极就业、大胆创业。要切实维护广大劳动群众合法权益，帮助广大劳动群众排忧解难，积极构建和谐劳动关系。

　　——习近平 2016 年 4 月 26 日在知识分子、劳动模范、青年代表座谈会上的讲话

权益篇

第十二章
劳动权概述

学习目标

学习和劳动相关的法律法规,认识到劳动合同的重要性,为大学生就业、创业拥有良好的法律观念提供思想基础,让大学生意识到合法权益是受保护的,增强大学生法律意识,清楚了解自己的权利和义务。

课堂导入

求职陷阱有多坑,莫要混淆实习和试用[①]

小常7月份从某大学毕业了,参加了大大小小的招聘会不下10余场。不少公司在面试时告知他,上班前必须要全职实习一段时间,时间3到6个月不等,没有底薪,只有一定的车补和餐补,实习期满再根据他的表现决定是否签订劳动合同。

小常有些疑惑:"劳动合同法不是规定劳动者在试用期的工资不得低于本单位相同岗位最低档工资吗?"面试人员忽悠说,"你刚毕业,没有任何工作经验,只能先从实习生做起,实习合格后才能签劳动合同,领取工资。"

小常通过查阅资料,才发现试用期和实习期是两个完全不同的概念,那些企业利用大学生刚毕业社会经验少,忽悠他了。

那么实习期和试用期有什么区别呢?

案例解读:实习期:指在校学生充分结合自己的理论知识,参加社会实践工作,以充分提高自身综合素质和工作适应能力的一段时期。实习期间在校生和实习单位签订的是实习生协议。

试用期:指包括在劳动合同期限内,劳动关系还处于非正式状态,用人单位对劳动者是否合格进行考核,劳动者对用人单位是否符合自己要求也进行考核的期限,这是一种双方双向选择的表现。

对于已经拿到毕业证求职的大学生来说,用人单位显然不能为其设立实习期。

其中,劳动合同法对试用期的期限有明确规定:劳动合同期限3个月以上不满一年的,试用期不得超过1个月;劳动合同期限1年以上不满3年的,试用期不得超过2个月;

---

① 求职陷阱有多坑,莫要混淆实习和试用[EB/OL].[2017-8-15] https://www.sohu.com/a/341981860_99901357.

3年以上固定期限和无固定期限的劳动合同,试用期不得超过6个月,且劳动者在试用期的工资不得低于本单位相同岗位最低档工资或者劳动合同约定工资的百分之八十,并不得低于用人单位所在地的最低工资标准。

对学生实习的报酬,没有专门的法律法规做出具体的规定,但依据"参照最相类似"的法律适用原则,可以依照教育部、财政部制定的两部法律来加以确定。

1.《中等职业学校学生实习管理办法》第8条规定:实习单位应向实习学生支付合理的实习报酬。

2.《高等学校学生勤工助学管理办法》第26条规定:校外勤工助学酬金标准不应低于学校当地政府或有关部门规定的最低工资标准。

依据上述规定,可以看出,在校生实习的劳动报酬应达到两个基本标准:一是根据学生所付出劳动量与劳动成果,支付与之相应的"合理的实习报酬";二是最低劳动报酬底线是"不应低于学校当地政府或有关部门规定的最低工资标准"。

劳动权是宪法赋予公民的一项重要权利,它不仅涉及公民的生存,更涉及其全面自由的发展。党的二十大报告指出,"健全劳动法律法规,完善劳动关系协商协调机制,完善劳动者权益保障制度,加强灵活就业和新就业形态劳动者权益保障"。在推进法治中国建设进程,加强重点、新兴领域的立法工作中,加快推动基本劳动标准立法具有迫切的社会需要与时代意义。

一、劳动权的内容

(一) 劳动权的目的性

我国宪法中的劳动权是目的性权利而非工具性权利,这是由我国的宪法结构、权利客体的目标价值以及权利主体与客体的内在关系所共同决定的。在社会主义国家中,以私有制为主的资本运作不再是主流的生产方式,劳动权被写入《中华人民共和国宪法》。在社会主义结构下,人与人之间的关系不再是束缚在资本运作中的对立关系,而是自我完善的合作关系。劳动权不再是为了生存的工具性权利,而是自我完善的目的性权利。

劳动权是一种人权,同时兼有自由权、社会权的权利属性。换言之,劳动权是一种具有自由权与社会权双重属性的基本人权。

从权利的内容上看,劳动权兼有自由、社会双重属性。一方面,这些权利主要反映公民对国家的抵抗关系,个人权利需要受到尊重;另一方面,就业援助权以及由其派生的职业安全卫生权、职业培训权、社会保险权等社会权属性让公民处于积极地位,国家应公民的请求为其应为的行为而使公民受益,国家活动的内容受公民的请求所支配。

(二) 劳动权的内容结构

劳动权是由一系列权利所构成的权利系统,在这个系统中,各种劳动权按照一定的分工紧密地结合在一起,发挥出权利系统的合力。从逻辑结构来看,工作权是基础和前提,报酬权是核心,其他权利是保障。

1. 工作权

工作权也可以称为就业权,其内容包括职业获得权、自由择业权和平等就业权。职业获得权在积极的意义上表现为要求国家和社会提供工作机会的权利;在消极意义上是对抗用人单位无理解雇的权利。为劳动者提供就业机会,是国家不可推卸的义务。一个国家的经济繁荣稳定、结构平衡、人口适量,劳动者积极的职业获得权的实现就有了可靠的保证。劳动者积极的职业获得权的实现状况可以通过社会就业率体现出来。但是在劳动者处于失业状态、积极的职业获得权未能实现的情况下,虽然国家未能充分履行提供工作机会的义务,但是劳动者也不能启动诉讼程序,将国家告上法庭。因此积极的职业获得权属于不可诉的劳动权。劳动者积极的职业获得权未能实现,虽然不能通过诉讼程序追究国家的责任,但是可以转化为国家的另外一种责任而获得补偿。这种责任就是作为社会保障制度内容的失业保险制度。消极的职业获得权是已就业的劳动者对抗用人单位无理解雇的抗辩性权利,它的功能是对既得工作岗位的保有和维持,同时也是对用人单位用工自主权滥用的限制。在劳动关系已实现契约化的今日,侵犯劳动者消极的职业获得权的行为通常表现为用人单位违反劳动契约的无理解雇行为。对此劳动者可以通过仲裁和诉讼程序实现救济,劳动关系的特殊性决定了,裁定用人单位赔偿损失似乎更为实际可行。

自由择业权是劳动者可以依自己的意愿,自主选择职业的权利,包括是否从事职业劳动,从事何种职业劳动,何时从事职业劳动,进入哪一个用人单位从事职业劳动等方面的选择权。劳动者享有自由择业权是劳动者人格独立和意志自由的法律表现。法律肯定了劳动者的择业自由,也就否定了就业上的行政安置和强迫劳动的合法性。平等就业权是指平等地获得就业机会的权利,是社会平等在就业方面的必然要求。其要义是,劳动者不分性别、年龄、民族,在就业机会面前一律平等。维护平等就业的权利,就必须反对就业上的歧视现象。平等就业并不否定和排斥法律对女职工、未成年工和少数民族人员所规定的特殊保护和促进就业的制度措施。

2. 报酬权

报酬权即取得劳动报酬的权利。广义的劳动报酬包括工资、奖金和津贴三种收入形式。报酬权包括报酬协商权、报酬请求权和报酬支配权。报酬协商权是劳动者与用人单位通过劳动契约协商确定劳动报酬的形式和水平的权利。其核心是协商劳动报酬的水平,即协商确定自己劳动力的价格。在劳动报酬的协商方面,劳动者的自由权利受到来自集体合同和国家最低工资标准的双重约束。劳动者与用人单位所协商的劳动报酬不能低于集体合同的标准,更不能低于国家的最低工资标准。报酬请求权是指劳动者付出了职业劳动之后,请求用人单位按时、足额支付劳动报酬的权利。报酬请求权在性质上属于债权,不过与一般的债权不同,报酬请求权具有法定优先性。这是法律根据劳动报酬具有生活保障价值所赋予的优先于一般债权获得清偿的属性。报酬请求权因此在实现上具有了更大的优势。报酬支配权是指劳动者独立支配自己劳动报酬的权利。报酬支配权具有物权的属性,劳动者可以据此维护自己劳动报酬的完整性,使其不受侵犯。

3. 休息权

休息权即获得休息和休假时间的权利。休息权是我国宪法规定的基本劳动权,是确保劳动者得以恢复劳动力、实现个人全面发展的权利。休息权的价值表现在:第一,休息使人享受闲暇,获得真正的自由;第二,对于人类来说,在相当长的历史时期内,劳动都不会直接成为人生目的,而只是谋生和实现个人价值的手段,人类除了职业劳动的生活方式以外,还有许多生活方式,如家庭生活、文化生活等,都需要在工作以外的自由时间里进行;第三,合理的休息时间是确保劳动的人道性和伦理性所必需的。确保并不断扩充休息时间,是社会文明和进步的标志之一。应该看到,休息与工作有统一的一面,也有矛盾的一面。就统一方面而言,休息有助于更好地工作,是提高工作质量和效率的保证。就矛盾方面而言,人的时间是有限的,工作时间的延长,必然会缩短休息时间,影响劳动者的身心健康。在劳动法律制度上,休息权通过休息、休假制度来保障。其核心是规定最高工时标准和禁止或限制加班加点。在实践中,侵犯劳动者休息权的行为有三种:在自愿幌子下的延长工作时间;在强迫劳动状态下的延长工作时间;延长工作时间而不支付法定高额报酬。

4. 职业安全权

职业安全权是指劳动者在职业劳动中人身安全和健康获得保障,免遭职业伤害的权利。职业安全性质上属于人身安全的范畴,是人身安全在职业劳动中的要求和体现。劳动关系是一种紧密的社会关系,这种关系兼有财产和人身双重属性,劳动者对用人单位负有忠诚的义务,同时,用人单位对劳动者也负有保护的义务。用人单位的保护义务突出表现为,要避免或减少职业伤害,确保劳动者的职业安全。劳动者的人身安全权在劳动关系中已经特定化为具有确定义务人的职业安全权。任何职业都伴有一定的职业危险,产业部门中的职业危险相对较多。劳动者享有职业安全权,可以要求用人单位提供安全、卫生的劳动条件,建立、健全劳动安全卫生管理制度,严格执行国家劳动安全卫生规程和标准,防止职业危害。劳动者的职业安全权还包含一项拒绝劳动的权利,即当用人单位不提供安全卫生的劳动环境和条件时,或者用人单位强令职工冒险作业时,劳动者可以拒绝从事劳动。

5. 职业培训权

职业培训权是劳动者获得职业训练和教育的权利。职业培训作为国民教育体系的组成部分,对于提高劳动者的职业素质和技能,促进社会生产力发展具有重要意义。职业培训之所以成为一种权利,就在于其对劳动者工作权、报酬权和职业安全权的实现具有一种现实的保障功能,能够间接地为劳动者带来利益,因为职业培训有助于增强劳动者的就业竞争能力,扩大择业领域,获取较高的劳动报酬,并可以减少职业伤害。职业培训分为就业前培训和在职培训。就业前培训的义务主体是国家和社会。国家和社会能在多大程度上满足劳动者的职业培训要求,不仅受制于国家的经济发展水平所支撑的财力状况,而且也与国家的福利制度类型和水平密切相关。尽管国家应该创造一切条件以扩大职业培训的规模和水平,满足劳动者获得职业培训的权利要求,但是在立法操作上却难以确定一个量化的标准,来判断国家的义务履行状况,劳动者也不可能起诉国家以实现职业培训权。与此相反,在职培训的义务主体是特定的,在通常情况下都是用人单位。根据有关劳动法律规定,用人单位负有在职工在职期间进行安全生产教育的法定义务。由于有了特定的义务主体和法定义务内容,劳动者在职培训的权利具有了现实性。

6. 民主管理权

民主管理权是劳动者可以对本单位的生产经营管理工作进行监督和提出建议的权利。民主管理权不同于企业经营权和投资人的股东权,它实质上是市场经济条件下经济民主在企业内部权利结构上的表现。一般情况下职工行使民主管理权利有坚实的物质基础,劳动者可以通过职工代表大会或职工大会行使民主管理权利。

7. 团结权

团结权是宪法和劳动法确认的劳动者的基本权利,是指劳动者组织和参加工会并保证工会自主运行的权利,属于结社权。团结权虽为劳动权的组成部分,但与一般劳动权具有不同的法律功能,它是一般劳动权实现的一种保障力量。通过组织和参加工会,劳动者由分散走向团结,由弱小走向强大,从而实现劳动与资本力量的平衡,实现劳动关系的协调。团结权又包含了团体交涉权(也称集体谈判权),在我国称为集体协商权,即由工会代表劳动者与雇主进行集体谈判签定集体合同的权利。

8. 社会保障权

作为劳动权的社会保障权是指劳动者获得社会保险和福利的权利。社会保险保障劳动者在生育、年老、疾病、伤残和失业等劳动风险发生时从国家和社会获得一定的帮助以维持生计。福利是一种生活上的利益,往往特指劳动者在工资以外所获得的收入或所享受的待遇。劳动者的福利分为单位福利和国家福利。过去众所关注的重心是单位福利。改革开放以后,中国福利制度已逐渐从单位福利型向国家和社会福利型转变。这是对市场经济公平竞争和福利保障安全的双重要求。社会保障权具有确保社会实现公正和促进社会稳定的制度功能。从当今世界各国的劳动权结构来看,社会保障权的差别不是有无问题,而是该项权利的具体类型和水平上的差异问题。我国宪法、劳动法及其配套法律法规已明确确认了劳动者的社会保障权。

二、大学生劳动权的法律保障

(一)大学生实训实习期间劳动权益保障

从法理层面、宪法规定及法律解释等角度,论证实习期间的大学生属于劳动法意义上的劳动者,其劳动权益应得到保障。

1. 保障大学生实习期间的劳动权益,是公平这一法治理念的必然要求

从大学生实习实践来看,实习单位对大学生在岗位及职责、规章制度等方面,往往与其单位职工要求一致,大学生在实习期间,付出了与正式职工、学徒工、试用期间员工同样的劳动义务。诚然,大学生参与实习的最主要目的在于锻炼动手能力,是为了将书本知识转化为就业能力或职业能力。因为欠缺经验,其劳动质量客观上可能会略逊于正式职工。在获得的劳动报酬方面低于正式职工,基于按劳付酬原则也是较为公平的。但实习的大学生除了"实习津贴"低于同岗位职工的工资外,他们并不享受社会保险待遇。如果由于养老保险和失业保险的特殊性可以不缴纳,但工伤保险作为有效转移工作期间风险的保险,有理由也完全应该强制实习单位为实训实习期间的大学生购买。

2. 保障大学生实习期间的劳动权益,是保障人权、尊重宪法的必然要求

依据我国宪法第四十二条规定:"中华人民共和国公民有劳动的权利和义务。"大学生作为中华人民共和国的公民,当然享有劳动的权利与义务。参加实训实习的大学生符合劳动者的基本条件:从年龄上看,都年满18周岁,具备法律上的劳动权利能力和劳动行为能力;从意思表示角度看,大学生到实习单位实习与用人单位接纳并提供实训实习机会,二者之间的情况为劳动法律关系的构建奠定了基础。因此,保障实习期间大学生的劳动权益是对宪法的尊重及人权的保障。

3. 保障大学生实训实习期间的劳动权益,符合法律解释规则和法律逻辑要求

原劳动部未将大学生列入不适用劳动法的情形。依据原劳动部《关于贯彻执行〈中华人民共和国劳动法〉若干问题的意见》(劳部发〔1995〕309号)(以下简称《意见》)第四条规定"公务员和比照实行公务员制度的事业组织和社会团体的工作人员,以及农村劳动者(乡镇企业职工和进城务工、经商的农民除外)、现役军人和家庭保姆等不适用劳动法"。该《意见》以除外的方式界定了劳动者:即除了国家公务员等特定的5种人及与其地位相当的人之外,均应纳入适用范畴。参加实习的大学生,显然不在这5种人的范围内,应该纳入劳动者的范畴。

(二)大学生兼职期间劳动权益保障

从20世纪90年代末开始,我国大学开始扩大招生规模,国家对大学生的补贴也改为以奖学金和助学贷款的形式进行,大学生"勤工助学"的理念和实践开始盛行。近几年,随着市场经济的进一步发展,在校大学生开始参与各种社会实践活动,成为兼职队伍的一分子。但是,由于大学生与用人单位相比处于弱势、法律意识淡薄等原因,不少兼职大学生都曾遭遇被用人单位无故克扣工资、加班加点无法获得相应对等的劳动报酬,甚至在发生事故后无法得到相应赔偿等问题,其兼职权益屡遭侵害。

1. 大学生兼职的含义界定

大学生兼职一般分为三类:第一类是指大学生的勤工助学;第二类是指大学生的实习;第三类是指大学生利用寒暑假或者课余时间在校外开展的各类打工活动。第一类勤工助学,主要是指学生在学校的组织下利用课余时间,通过劳动取得合法报酬,用于改善学习和生活条件的实践活动;第二类实习,一般认为属于高等学校教学活动的重要组成部分,包括无偿的教学实习和带薪实习两种形式;第三类是指利用寒暑假或者课余时间在校外从事各类社会实践的活动。这种社会实践的驱动力既包括降低家庭负担,也包括通过社会实践提高自身经验,达到就业的目的。通过这种实践,大学生既能锻炼自己的实践能力,又能赚取生活费用、贴补家用。

2. 实习兼职的在校大学生可以认定为劳动行为的主体

若要判断自然人可否成为劳动者,必要条件就是看其是否拥有劳动权利能力和劳动

行为能力,要想拥有劳动者的主体资格就务必具备上述条件。劳动行为能力是公民依据劳动法规享有的在法律调整范围内进行劳动的能力,健康、智力等都是我国公民能否拥有劳动行为能力的影响因素。大学生有自我支配劳动的权利和能力,健康、知识等因素也通过了实习兼职用人单位的考核,符合用人单位的标准,能够胜任工作要求。《中华人民共和国劳动法》(以下简称《劳动法》)中年龄的相关规定可见,只要年满十六周岁即可成为劳动者,无其他特殊规定。参与实习兼职活动的大学生群体具备劳动权利能力、劳动行为能力,那么也应该是我国劳动法律的适用对象。随着近年来高校扩招、分配工作制度的取消、劳动力市场的日趋完善、市场经济的不断发展、大学生就业压力的不断加大、校外兼职实习机会的增加,社会对学生实习经验的要求等都在发生变化。提前走入社会参加实习兼职的在校大学生越来越多,这也是他们走入社会求职就业的主要途径之一,所以,将实习兼职大学生纳入劳动者的范畴是大势所趋。在校大学生实习兼职行为应适用我国的劳动法,使他们不因学生身份而失去劳动者权利,既可以与学校形成被管理与管理的关系,也可同时与用人单位形成劳动关系。

3. 大学生兼职劳动权益保障的途径

法律赋予公民维护自己合法权益的权利。兼职中的大学生更应该注意提高自我保护意识以及加强维权意识。要知法守法用法,尤其是已经建立劳动关系的学生,更要运用法律武器维护自己权益。

(1) 进行平等、自愿和等价有偿的兼职,选择诚实有信用的用工单位

随着市场经济的建立和完善,劳动关系中平等、自愿、等价有偿的原则将发挥更大的作用。兼职大学生应了解用人单位的诚信情况,以保障自己的权益不受损害。现实生活中,个别单位对兼职大学生承诺了很多,但当完成工作后,一些承诺不兑现或不完全兑现,损害了劳动者权益。这表明,在与用人单位签订协议前,了解其诚信情况就显得尤为重要。

(2) 大学生在兼职中要注重对用人单位主体资格的辨别

目前,社会上企业种类繁多,良莠不齐,其中不乏一些公司从事违法经营。所以大学生要在兼职之初有所准备,对兼职工作单位有了全面了解后,再进行兼职活动。首先应主动认真地去了解企业法人的主体资格,若该单位无主体资格,则权益受损的概率较大,是否要去兼职则要仔细衡量。判断用人单位是否具有主体资格,一个简便的方法就是看其有无合法营业执照,若无则应警惕。另外还要核实下该单位是否依法核准登记,是否有公开的字号、固定的住所,经营范围是否合法等。总之,一定要弄清雇工单位的合法性和工作的具体内容,要记住用人单位的详细地址和法人代表的姓名,以便在发生纠纷时,在司法解决的过程中提供有力的证据。

(3) 要签订书面协议

书面协议在大学生兼职权益保护中意义重大。因为无论大学生在兼职时建立的是劳动关系还是雇佣关系,在维权过程中首先要证明与雇主已经建立了法律关系,显然书面合同是最有利的证据。书面合同还可明确双方权利义务,尤其是对工作内容的描述和劳动报酬的支付,这样可以避免一些雇主找各种借口克扣兼职学生工资,而兼职学生又无法证明自己应履行哪些义务而使得权益受损。

如若雇主不愿签订书面合同,则要注意保留能证明与用人单位发生劳动关系的凭证。一旦发现雇佣劳动方有侵权、违约、强迫打工者从事违法行为时,应立即向有关部门反映,以保证自己的合法权益不受侵害。

(三)大学生就业中劳动权保障

1. 大学生就业中存在的问题

(1)地区差异引起的就业歧视现象

户籍制度是引起招聘活动中户口、地域歧视的首要原因。一些大城市的户口审批条件规定得十分严格,这对用人单位的招聘政策有很大影响。在就业方面,户籍制度一定程度上起到了职业保留的作用。被保留的职业一般都是地位较高、条件较好和待遇优厚的职业。

(2)性别差异引起的就业歧视现象

女性就业的实现程度,是评价现代文明社会文明程度的重要标准之一。我国政府一直十分重视妇女就业问题,国家以法律的形式鼓励和保障妇女参加社会经济活动。例如,《中华人民共和国宪法》规定:"中华人民共和国妇女在政治的、经济的、文化的、社会的和家庭的生活等各方面享有同男子平等的权利。国家保护妇女的权利和利益,实行男女同工同酬,培养和选拔妇女干部。"《中华人民共和国妇女权益保障法》明确指出,"国家保障妇女享有与男子平等的劳动权利和社会保障权利""各单位在录用职工时,除不适合妇女的工种或者岗位外,不得以性别为由拒绝录用妇女或者提高对妇女的录用标准""实行男女同工同酬"。

近年来就业市场上存在"不招女生"现象,有的用人单位明说只要男性,有的则是在同等条件下绝对优先录用男性求职者,在这种情况下,更多的女性求职者无奈地选择通过继续深造来提升自己的价值,而此时"年龄问题"又出现了。她们几乎都会被招聘单位问及结婚生子问题,一些单位甚至明确提出"两年内不得结婚生子",但这一要求并不以文字形式出现在聘用合同上。

(3)身体条件引起的就业歧视现象

身体条件差异主要可以分为以下几种:其一,由外貌引起的身体条件差异;其二,由疾病引起的身体条件差异;其三,由残疾引起的身体条件差异。

首先,用人单位以貌取人现象由来已久。而以追求经济效益为根本目标的企业,则不仅希望通过面试招录满足要求的学术性、技术性人才,同时也希望在此基础上进一步选择拥有良好外表的求职者,以完善企业对外的良好形象,获取更多来自社会的青睐。毕业生集中涌入市场导致就业供求关系失衡,用人单位挑选的余地大了,也为"相貌歧视"提供了潜在可能性。

其次,"疾病"可以说是所有人忌讳的名词,而作为以营利为根本目的的企业或其他用人单位,员工有疾病可以说是避之不及的。其中乙肝作为一种极具威胁性的传染类疾病,尤其受到各用人单位的"重视"。原因之一是对于不了解的疾病的莫名恐惧心理,即害怕自身健康受到威胁;原因之二,我国现在许多单位是公费医疗,而输入一个不健康的劳动力可能会造成单位医疗费用的增加,在无法实现劳动力价值的同时又增加了负担。正是基于以上思考,尽管国家制定相关政策,却仍然不能从根本上遏制由于疾病原因,尤其是传染性疾病原因引起的就业歧视。

第三，残障学生因"身体缺陷"被解约的情况已是屡见不鲜。从法律角度看，《中华人民共和国就业促进法》第二十九条规定，用人单位招用人员，不得歧视残疾人。《中华人民共和国残疾人保障法》规定，"国家机关、社会团体、企业事业单位、民办非企业单位应当按照规定的比例安排残疾人就业，并为其选择适当的工种和岗位。""在职工的招用、转正、晋级、职称评定、劳动报酬、生活福利、休息休假、社会保险等方面，不得歧视残疾人。"一些用人单位在招聘的"最后一公里"拒绝残疾毕业生入职，如果拿不出让人信服的理由，那么很大程度上可能还是源于对残疾毕业生的不信任，源于一种怕麻烦，而这实际上与相关法律的规定和精神相违背，构成了对残疾人的一种区别对待乃至歧视。

2. 加强大学生就业权益保障对策

近年来，随着高等教育大众化进程的不断加快，大学生的就业形势日趋严峻，但是部分毕业生就业权益保护的意识还比较淡薄。大学生应注重自身就业权益保护意识的提高，学会依法维护自己的权益。

（1）学习与就业相关的法律法规

大学生应该认真学习与就业相关的法律法规，增强法律意识，在权益受到侵犯时要敢于使用法律武器保护自己。应学习的内容包括《中华人民共和国民法典》中与就业有关法律问题、《中华人民共和国劳动法》、《中华人民共和国劳动合同法》等。

（2）了解获取就业信息的正规渠道

大学生应了解如何从正规渠道获取就业信息。第一，大学生可以浏览各类就业信息网站，包括中央有关部门主办的全国性就业信息网站、地方有关部门主办的就业信息网站、各高校就业信息网站及校内 BBS 求职版面、其他专业性就业网站等；第二，大学生可以参加各类招聘和双向选择活动，包括国家有关部门、各地、学校、用人单位等相关机构组织的各类现场或网络招聘活动；第三，大学生可参与校企合作实习，包括社会实践、毕业实习等活动；第四，大学生可以通过导师、校友、亲友等可信任的他人获取求职信息。

（3）学习职业规划知识

大学生在校不仅要学习各种专业知识，也应该积极学习职业规划相关知识。职业生涯规划是大学生结合日常的学习和生活，对自己的职业兴趣、技能、性格、价值观进行探索，逐渐弄清"我想成为一个什么样的人""我要选择什么样的生涯发展路径"等问题，同时在校园就开始对职业世界的探索，了解"职场需要什么样的人"，并依据这些问题调整自己的行动，规划科学的职业发展路径。凡事"预则立，不预则废"，职业生涯发展要有计划、有目标，很多时候求职受挫主要原因就在于职业生涯规划没有做好。

三、大学生在求职中的安全隐患

大学毕业生在求职中存在着各种各样的安全隐患，主要包括被骗财骗色，被骗取劳动成果和廉价劳动力，被骗参与非法传销，陷入黑中介等。只有学生、高校、社会多方面共同努力，创造良好的就业环境，防患于未然，才能保证大学毕业生安全就业。

（一）被骗财骗色

高等教育转型的重要表现之一就是就业形势日趋严峻。现阶段存在一个越来越严重的社会问题，那就是有人利用大学毕业生急于就业的心理骗取他们的钱财。大学生初入社会防范意识不强，求职心切并且社会阅历浅，往往会被一些骗技并不高明的不法分子所设置的陷阱骗取钱财。比如有的招聘单位以符合录用条件为诱饵，收取名目繁多的抵押金、服装费、保证金、培训费等。更有一些不法分子利用招聘资源以单独面试来骗色。

（二）被骗取劳动成果

求职高峰期来临之际，一些公司利用大学毕业生在应聘考试中急于表现自己的心理，将公司的研究项目作为考试题目交给应聘者完成，在不付出任何成本或成本较低的情况下骗取应聘者的劳动成果。

（三）被骗取廉价劳动力

我国劳动法律法规允许企业对新职工有一段时间的试用期，并对试用方式、期限以及试用期工资待遇等都作了具体规定。但有的公司却以劳动试用为名不与求职者签订劳动合同，等到规定的试用期限期满后，便以不符合录用条件为由辞退求职的大学毕业生，使求职者变成他们的廉价劳动力。

（四）被骗参与非法传销、陷入黑中介

当前，非法传销、黑中介已将触角伸向大学生，利用大学毕业生就业压力大和社会经验不足的特点，以介绍工作、招聘等创业、就业的名义，许以较高待遇或以许诺高额回报的方式诱骗大学生上当受骗。

（五）被骗签不合理条款的劳动合同

近年来，一些不良企业利用大学生缺乏社会经验和法律知识的弱点，在签订的就业合同里含有不合理条款，频繁发生大学生与用人单位因就业劳动合同而引起的法律纠纷。临近毕业，不少毕业生经过努力确定了就业意向和用人单位签订了就业协议，但是如果盲目签约忽视了合同中的不合理条款，就有可能后患无穷，并影响今后的发展。

大学生要以相关法律法规为武器，保护自己的正当权益。在求职时，务必警惕卷入任何形式的传销活动，防止钱财被骗，保护好个人各种有效证件安全，还要注意一些单位或个人打着招聘、高薪等诱人的旗号，收取高额报名费、培训费、考试费、体检费等，甚至要求高价购买他们的产品。特别要警惕有的单位在试用期上故意拖延，或者以考试名目无偿占有应聘者策划方案、程序设计等劳动成果。

拓展阅读

试用期不可随意"退人"[1]

蒋某于 2014 年 2 月 11 日入职到某水务公司工作，双方签订劳动合同，合同期限为

---

[1] 龙慧珠律师.试用期劳动争议案例分析[EB/OL].[2017-08-15]. http://lawyers.66law.cn/s2800567050238_i389152.aspx. 原文有删改。

2014年2月11日至2017年2月10日,其中试用期至2014年5月10日。后该水务公司于2014年4月28日作出了"试用期综合评价",与蒋某解除了劳动关系,但该水务公司并未向蒋某正式送达该文件,亦未向蒋某出具其他书面解除通知。同时在庭审中,蒋某认为相关试用期考核规定没有向其出示,也不认可相关考核规定。

法院经审理认为蒋某与某水务公司的劳动关系持续到2014年7月25日,故判令某水务公司支付蒋某2014年4月至7月的工资差额。

案例解读:试用期内用人单位是不可以随意与劳动者解除劳动关系的。根据《中华人民共和国劳动合同法》(以下简称《劳动合同法》)第二十一条的规定,在试用期间,用人单位不得无理由解除劳动关系,除非用人单位有证据证明劳动者不符合招聘及考核条件,在劳动者入职前明确被告知这种考核标准的前提下,用人单位方可以正式地解除劳动合同,并说明理由。

在校学生暑期兼职打工劳动纠纷[①]

某年1月正值寒假,新疆石河子大学学生李某在乌鲁木齐市某酒店打短工。其间,李某在清洗酒杯时,被一只破裂的杯子划伤右手,经医院诊断为右手食指和手掌肌腱划伤,因双方未谈拢赔偿问题,李某将该酒店诉至法院。酒店认为,李某没有和酒店签订劳动合同,没有形成劳动关系,酒店不承担赔偿责任。

案例解读:法院经审理认为,李某在寒假期间到酒店打工,不具有长期、持续、稳定性,虽然没有签订劳动合同,但是形成事实劳动关系,属于雇佣活动。根据我国相关法律规定,李某在从事雇佣活动中受伤,酒店应当承担赔偿责任。最后天山区法院一审判处酒店赔偿李某医疗费、护理费、交通费等共计5 313元。在雇佣关系中,劳动者因工伤事故遭受人身损害,雇主应承担民事侵权赔偿责任。

表12-1 实习、兼职、签订三方、签订劳动合同时的劳动关系辨析

时 期	内 容	劳动关系
大学在读期间	实习	大学生实习期间的法律关系主要涉及学生与学校之间,学校与实习单位之间以及学生与实习单位之间的法律关系。其中,学生与学校之间存在教育管理关系。学生虽然在实习单位参加实习,要服从实习单位的管理,但是作为在校大学生,服从学校的统一安排是毋庸置疑的。学校应承担对学生的教育、管理、指导和保护的法律义务。关于学校与实习单位的法律关系,应该根据是否由学校指派学生到实习单位实习来确定,如果是学校与实习单位签订实习协议,则二者之间构成委托关系,并且依协议对实习期间实习生的人身损害承担责任
任意时间	兼职	只要劳动者与兼职单位建立的用工关系符合《劳动法》的规定,兼职单位对劳动者的兼职行为没有异议,一般都认定劳动者与兼职单位之间存在劳动关系,受《劳动法》的保护,以符合《劳动法》所倡导的"维护劳动者的合法权益"的立法精神

[①] 学生假期打工受伤用人单位应担责[EB/OL].[2017-08-15]. http://m.66law.cn/goodcase/32440.aspx?isappinstalled=0.

续表

时 期	内 容	劳 动 关 系
毕业季	签订三方协议期间	三方协议不是劳动合同,三方协议只是毕业生、用人单位、学校三方之间签订的就业意向,不是劳动关系的法律文件,其不是劳动合同。三方就业协议书是教育部统一印制的,主要是明确三方的基本情况及要求。其有效期为自签约日起至毕业生到用人单位报到止的这一段时间,毕业生报到后再签劳动合同。因只是就业意向,不是劳动合同,对劳动关系没有约束力。签订劳动合同后,三方协议即终止
到单位报道	签订劳动合同试用期	在试用期的员工和用人单位之间形成的是劳动关系,即使约定了试用期的,用人单位也要在30天内和员工签订劳动合同,并且同一用人单位与同一劳动者只能约定一次试用期。以完成一定工作任务为期限的劳动合同或者劳动合同期限不满三个月的,不得约定试用期。试用期包含在劳动合同期限内。劳动合同仅约定试用期的,试用期不成立,该期限为劳动合同期限
试用期结束,转为正式员工后	签订劳动合同转正后	签订了劳动合同就能建立劳动关系

解除劳动合同应符合法律的规定[①]

胡某于2015年2月1日进入某科技公司担任销售部高级客户经理,劳动合同期限至2018年1月31日,约定试用期为3个月。试用期满后,胡某的销售业绩一直未能达标。2015年7月1日,应公司要求,胡某与单位签署了"个人业绩改进计划",该计划中公司给予胡某3个月的观察期,胡某承诺2015年7月至9月期间其本人每月的销售业绩不低于5万元,如未能完成该销售业绩,胡某需自行提出辞职。后胡某未能完成该销售业绩。2015年9月30日,某科技公司以胡某履行其自行离职的约定为由,要求胡某离职并收回了办公电脑、考勤卡等。胡某依照公司要求办理了离职手续,但不认为是自行离职。后胡某提出仲裁申请,要求公司支付其违法解除劳动合同赔偿金。

仲裁委审理后认为,本案实质上是某科技公司与胡某约定了解除劳动合同条件,但该约定不符合法律规定,故公司要求胡某离职的行为构成违法解除,支持了胡某的仲裁请求。

案例解读:本案中胡某未能完成销售业绩,属于不能胜任工作,按照《劳动合同法》第四十条第(二)项的规定,劳动者不能胜任工作,经过培训或者调整工作岗位,仍不能胜任工作的,用人单位提前三十日以书面形式通知劳动者本人或者额外支付劳动者一个月工资后,才可以解除劳动合同。某科技公司与胡某的约定,实际上是在胡某不能胜任时单位可以立即解除劳动合同,且可以不支付解除劳动合同的经济补偿金。该约定不符合《劳动

[①] 关于劳动争议十大典型案例分析解读[EB/OL].[2017-08-15]. https://www.douban.com/note/647798903/.

合同法》的相关规定,以这种方式解除劳动合同属于违反《劳动合同法》,构成违法解除劳动合同。因此本案仲裁委审理后,支持胡某的仲裁请求,要求公司支付违法解除劳动合同赔偿金。

招聘收费陷阱　入职前先交钱[①]

求职者小李在某招聘平台看到 A 公司的招聘信息,并根据该信息提供的联系方式,加入了用于应聘的 QQ 群。群主声称 A 公司的招聘工作由 B 中介机构承办,抱着对客户负责的态度,B 机构要对所有参与应聘的人员收取一定数额的保证金。小李到网上核查 A 公司资质,是比较正规的公司,也就未再核实 B 机构及相关人员的资质信息,缴纳了保证金、工号费、马甲费、培训费、任务押金,共 2 000 余元。可小李一交完钱后就被 QQ 群主拉黑了。

案例解读:中介机构还未介绍到工作就以各种名目向求职者收取费用,是最为典型的求职招聘陷阱。不法分子的常用手段,是以押金、保证金、办证费、服装费、资料费等名目收费,之后再以各种苛刻的要求迫使求职者自动放弃求职或离岗,已交纳的费用借故不退还求职者。这类骗局往往有几个特点:对职位许以高薪并承诺工作轻松;对学历、工作经验要求很低;面试过程简单,轻易即可通过;收费要得急且看似各有名目,实际并不合理合法。

思考 实践

1. 请思考与你息息相关的劳动权有哪些?
2. 当你即将开始一段求职或者兼职经历时,需要如何保护自己的劳动权益呢?
3. 请仔细阅读下面的案例,根据本章所学知识,思考下列问题:
(1) 派遣公司解除劳务合同是否合法?
(2) 如果派遣公司的做法不合法,张某可以主张什么权利?

案例:张某入职某电力公司,担任炊事员。后经该公司安排,张某与派遣公司签订劳务派遣合同,此后,由派遣公司派遣至该电力公司,从事原岗位工作。2006 年、2007 年派遣公司与张某分别续订一年期劳动合同。2008 年 1 月 1 日,张某与该派遣公司再次签订书面劳动合同,合同最终到期时间为 2012 年 12 月 31 日。2012 年 12 月 1 日,因双方签订的劳动合同将届满,派遣公司向张某邮寄送达终止劳动合同通知单。

(答案解析见 270 页)

[①] 招聘收费陷阱　入职前先交钱[EB/OL]. [2017-8-15] https://www.lm.gov.cn/c/2023-06-15/380297.shtml.

第十三章
劳动保护与劳动权的救济

学习目标

了解劳动保护、劳动法律的基本知识。熟悉劳动安全的范畴,以及劳动保护的权益与维护途径。

课堂导入

不可随意解释"订立劳动合同时的客观情况发生重大变化"[①]

李某于2011年4月入职某外资公司,双方订立无固定期限劳动合同,约定李某的岗位为媒体公关总监,月薪3万元。2015年6月,公司告知李某,为精简组织架构,决定撤销李某所在的媒体公关总监岗位,另设媒体沟通总监及媒体关系拓展总监,但上述两个岗位均已有合适人选,现特别为李某设立公司高级顾问岗位,月薪降为2万元,希望能与其签署变更劳动合同协议书。李某不同意公司的要求,该公司即以"订立劳动合同时的客观情况发生重大变化,致使原劳动合同无法履行,经当事人协商不能就变更劳动合同达成协议"为由,向李某发出"解除劳动合同通知书",并向李某支付了经济补偿及代通知金等。李某认为公司的解除行为违法,故提出仲裁,要求撤销"解除劳动合同通知书"并继续履行劳动合同。

案例解读:仲裁委审理后认为,公司根据生产经营需要,调整李某的工作岗位,系为应对市场变化主动采取的经营策略调整,不属于"订立劳动合同时的客观情况发生重大变化"的情形,公司虽然支付了李某经济补偿及代通知金,但并不代表其解除行为合法,故对李某的仲裁请求予以支持。

原劳动部《关于〈中华人民共和国劳动法〉若干条文的说明》第二十六条规定,本条中的"客观情况"是指:发生不可抗力或出现致使劳动合同全部或部分条款无法履行的其他情况,如企业迁移、被兼并、企业资产转移等,并且排除本法第二十七条(指经济性裁员)所列的客观情况。用人单位作为经营者,在与劳动者订立劳动合同时,其对市场可能产生的波动及生产经营策略可能产生的变化应当有所预见。确因生产经营需要需调整劳动者工

[①] 劳动争议典型案例四则[EB/OL]. [2017-08-15]. http://www.360doc.com/content/16/0922/12/35128225_592746027.shtml.

作岗位的,应协商一致书面变更或解除劳动合同。在无法达成一致的情形下,用人单位可在相近或类似岗位上安排劳动者工作,并不得随意降低劳动者的工资标准,更不能简单地解除劳动合同。

安全是人类社会得以生存和发展的首要前提,在生产过程中,人是最宝贵的,在生产力等要素中起到决定性作用。消除生产中的不安全和不卫生因素,可以减少和避免各种事故的发生;创造舒适的劳动环境,可以激发劳动热情,充分调动和发挥人的积极性,进而有利于提高劳动生产率,提高经济效益。同时,加强劳动保护工作,还可以减少因伤亡事故和职业病所带来的救治伤病人员的各项开支,减少由于设备损坏和停产造成的直接或间接经济损失,可以说,做好劳动保护的工作是保障社会经济发展的重要前提之一。

一、劳动保护的内涵

劳动保护(Labour Protection)是国家和单位为保护劳动者在劳动生产过程中的安全和健康所采取的立法、组织和技术措施的总称。它是指根据国家法律、法规,依靠技术进步和科学管理,采取组织措施和技术措施,消除危及人身安全健康的不良条件和行为,防止事故和职业病,保护劳动者在劳动过程中的安全与健康的一项制度安排,其内容包括劳动安全、劳动卫生、女工保护、未成年工保护、工作时间与休假制度。

劳动保护的目的是为劳动者创造安全、卫生、舒适的劳动工作条件,消除和预防劳动生产过程中可能发生的伤亡、职业病和急性职业中毒,保障劳动者以健康的劳动力参加社会生产,促进劳动生产率的提高,保证社会主义现代化建设顺利进行。

保护劳动者在生产劳动过程中的安全与健康,是中国共产党和我们国家的一项基本方针,是坚持社会主义制度的本质要求,是发展生产、促进经济建设的一项根本性大事,也是社会主义物质文明和精神文明建设的一项重要内容。

(一)劳动保护是中国共产党和我们国家的一项基本政策

"加强劳动保护,改善劳动条件",是载入中国宪法的神圣规定。新中国成立以来,中国共产党和人民政府十分重视劳动保护工作。早在1956年国务院发布《工厂安全卫生规程》、《建筑安装工程安全技术规程》和《工人职员伤亡事故报告规程》时就指出:"改善劳动条件,保护劳动者在生产中的安全和健康,是我们国家的一项重要政策。"《中华人民共和国劳动法》,明确规定了要"保护劳动者的合法权益,调整劳动关系,建立和维护适应社会主义市场经济的劳动制度,促进经济发展和社会进步","劳动者享有平等就业和选择职业的权利、取得劳动报酬的权利、休息休假的权利、获得劳动安全卫生保护的权利、接受职业技能培训的权利、享受社会保险和福利的权利、提请劳动争议处理的权利以及法律规定的其他劳动权利"。国家正在不断通过健全劳动保护立法,强化安全生产管理和劳动保护监察,推进安全技术、职业卫生技术与有关工程措施,来保证宪法所要求的这一基本政策的实现。

保护劳动者在生产劳动中的安全健康是中国共产党和我们国家的一项基本政策，更是社会主义国家各类企业进行经营管理的基本原则。只有加强劳动保护，才能确保安全生产，从而改变长期以来不少企业中工伤事故频繁和职业危害严重的不良局面。不然，势必严重损害千百万职工的切身利益，伤害他们建设社会主义的积极性和主观能动性，不利于社会安全和现代化建设事业的持续、稳定发展。所有这些，都有悖于中国共产党和社会主义制度国家的根本宗旨，损害国家在国际上的形象，必须努力防止。

（二）劳动保护是促进国民经济发展的重要条件

劳动保护不仅有着重要的政治意义，也有着深刻的经济意义。在生产过程中，人是最宝贵的，人是生产力诸要素中起决定作用的要素。探索和认识生产中的自然规律，采取有效措施，消除生产中不安全和不卫生因素，可以减少和避免各类事故的发生；创造舒适的劳动环境，可以激发劳动者热情，充分调动和发挥人的积极性，这些都是提高劳动生产率、提高经济效益的基本保证。同时，加强劳动保护，还可减少因伤亡事故和职业病所造成的工作损失和救治伤病人员的各项开支，减少由于设备损坏、财产损失和停产造成的直接或间接经济损失。这些都与提高经济效益密切相关。

经济发展的历程表明，做好劳动保护工作是发展经济的必要条件。人们如能很好地认识劳动保护的重要性并加以重视，就能达到理想的效果；反之，就会遭受损失。例如，美国在印度的博帕尔化学公司甲基异氰酸盐贮罐泄漏，导致大量毒气外泄事故；苏联切尔诺贝利核电站4号反应堆爆炸，导致大量放射性物质严重污染环境事故；中国哈尔滨亚麻厂粉尘爆炸事故、中国山西三交河煤矿特大瓦斯煤尘爆炸事故。这些事故都造成了巨大的人身伤亡和经济损失，污染了环境，破坏了生态平衡，扰乱了社会生产的正常秩序，如能做好劳动保护工作就能减少甚至避免此类事故的发生。

二、劳动保护基本内容

（一）劳动安全保护

为了保护劳动者的劳动安全，防范和化解劳动者在劳动和生产过程中的伤亡事故隐患，以及防止生产设备遭到破坏，《中华人民共和国劳动法》和其他相关法律、法规制定了劳动安全技术规程。安全技术规程主要包括：①机器设备的安全；②电气设备的安全；③锅炉、压力容器的安全；④建筑工程的安全；⑤交通道路的安全。企业必须按照这些安全技术规程使各种生产设备达到安全标准，切实保护劳动者的劳动安全。

我国与劳动保护相关的法律法规有法律、行政法规和行政规章。根据上位法的效力高于下位法的原则，法律的效力低于宪法，高于行政法规和行政规章。而行政法规是指国务院制定颁布的规范性文件，其法律地位和效力仅次于宪法和法律，不得同宪法和法律相抵触。行政规章是由国务院的组成部门和直属机构在它们的职权范围内制定的规范性文件，不须经国务院批准，行政规章的法律地位和效力要低于宪法、法律和行政法规。

表 13-1 劳动保障相关法律法规

法律	《中华人民共和国劳动法》《中华人民共和国劳动合同法》《中华人民共和国社会保险法》《中华人民共和国就业促进法》《中华人民共和国行政处罚法》《中华人民共和国行政许可法》《中华人民共和国未成年人保护法》《中华人民共和国工会法》《中华人民共和国行政复议法》《中华人民共和国行政诉讼法》《中华人民共和国妇女权益保障法》《中华人民共和国职业病防治法》《中华人民共和国残疾人保障法》《中华人民共和国劳动争议调解仲裁法》《中华人民共和国职业教育法》等
行政法规	《女职工劳动保护特别规定》《国务院关于修改〈国务院关于职工工作时间的规定〉的决定》《失业保险条例》《社会保险费征缴暂行条例》《全国年节及纪念日放假办法》《禁止使用童工规定》《无照经营查处取缔办法》《工伤保险条例》《中华人民共和国民办教育促进法实施条例》《劳动保障监察条例》《国务院关于职工探亲待遇的规定》《事业单位人事管理条例》《保障农民工工资支付条例》《中华人民共和国劳动合同法实施条例》《社会保险稽核办法》等
行政规章	《国务院关于建立城镇职工基本医疗保险制度的决定》《国务院关于大力发展职业教育的决定》《国务院关于进一步加强就业再就业工作的通知》《国务院关于完善企业职工基本养老保险制度的决定》《国务院关于解决农民工问题的若干意见》《国务院关于做好促进就业工作的通知》《国务院办公厅关于优化调整稳就业政策措施全力促发展惠民生的通知》《国务院关于进一步做好稳就业工作的意见》《国务院关于建立企业职工基本养老保险基金中央调剂制度的通知》《最低工资规定》《就业服务与就业管理规定》等

（二）劳动卫生保护

为了保护劳动者在劳动生产过程中的身体健康,避免有毒、有害物质的危害,防止、消除职业中毒和职业病,我国制定了有关劳动卫生方面的法律、法规及相关标准,如《中华人民共和国劳动法》《中华人民共和国环境保护法》《中华人民共和国职业病防治法》《中华人民共和国安全生产法》《国务院关于加强防尘防毒工作的决定》《国务院关于防止厂、矿企业中矽尘危害的决定》《工业企业设计卫生标准》《工业企业厂界环境噪声排放标准》《防暑降温措施管理办法》《中华人民共和国尘肺病防治条例》等。这些法律、法规及标准都制定了相应的劳动卫生规程,主要包括以下内容:①防止粉尘危害;②防止有毒、有害物质的危害;③防止噪声和强光的刺激;④防暑降温和防冻取暖;⑤通风和照明;⑥个人防护用品的供给。企业必须按照这些劳动卫生规程达到劳动卫生标准,才能切实保护劳动者的身体健康。

三、劳动权的救济途径

救济可分为公力救济和私力救济。劳动权的救济系指通过立法,赋予劳动者诉讼权、检举和控告权等公力救济权,以及自卫、自助及民间调解等私力救济权,在其劳动权遭受侵害抑或有危险之虞时,可依法通过民事、行政和刑事程序或私力手段获得救济。

劳动权的救济可分为劳动权的公力救济和劳动权的私力救济,前者是指享有劳动权的劳动者借助国家强制力实现对侵害的补偿并防止受到更大损害的救济方式。后者是指劳动者在其劳动权被侵犯过程中或被侵犯后,以自己或借助他人的力量制止侵害的发生或对所受侵害要求补偿的行为或解决纠纷的方式。劳动权的社会权性质决定了其救济的主要途径为公力救济,私力救济须受必要限制。劳动权救济制度的安排、建构和完善应基于当事人劳动救济的需要。

(一) 劳动权的公力救济

劳动权的公力救济分为民事救济、刑事救济和行政诉讼救济。

1. 民事救济

在我国,劳动权民事救济的表现形式为劳动争议案件在民事诉讼程序中的处理机制。我国的劳动争议处理机制是"先裁后审""一裁二审"。这种处理劳动争议的优点是减少环节、降低成本、快速便捷,当事人享有选择权。

2. 刑事救济

我国的劳动权刑事救济对劳动权利的保护分散在刑法和劳动法律法规的刑法适用中。我国对侵犯劳动权的犯罪行为规定得比较详尽,目前通过行使国家刑罚权的途径和方式来救济劳动权,在我国有着重要的意义。在劳动权的民事救济成本较高、行政执法措施不足的情况下,通过强有力的刑事救济来维护劳动权成了最佳选择。

3. 行政救济

行政救济也是劳动权的重要救济途径。我国《劳动法》第八十八条规定,"任何组织和个人对于违反劳动法律、法规的行为有权检举和控告"。劳动法规定的任何组织和个人均有检举控告权,在劳动保障监察制度内也被称为群众举报投诉制度。权利受到侵害的劳动者可依照上述规定,向劳动监察部门检举和控告雇主违法,劳动监察部门接到举报后应按照规定行使劳动监察权,在规定的期限内及时发现、纠正和处罚雇主的劳动违法行为。如果劳动保障监察机构拒绝执法,则构成行政不作为。劳动者可依据行政诉讼法提起行政诉讼,要求国家司法机关对自己的劳动权提供行政救济。

(二) 劳动权的私力救济

私力救济是公力救济的重要补充。例如,某些不良外商在我国开办的企业经济状况恶化,欠下大笔员工工资并欠缴巨额社会保险金后,欲逃回国,而其在我国未留有财产,行将回国时,被公司员工发现。此种情况下,公司员工来不及通过诉前保全的方式请求仲裁机构或法院采取措施,便私自扣押外商或其财产或其护照,以避免其劳动报酬权及其他权利的可能丧失,这时员工采取的就是一种保全劳动权的私力救济行为。

1. 劳动权的自卫与自助制度

劳动者与雇主建立劳动关系后,在履行劳动合同过程中,有可能出现让自己或他人的劳动权遭受不法侵害或处于急迫的危险状态,而使劳动者采取正当防卫行为或紧急避险行为。自卫行为应包括正当防卫与紧急避险的构成要件,基于救济劳动权而实施的自卫行为与之同理。

劳动者救济自身劳动权的自助行为至少应当具备以下要件:

① 须为救济劳动者自身的劳动权。② 须是情况紧迫来不及请求有关国家机关援助。③ 须依法定方法,即采取的方法必须与实现劳动权相适应。④ 须依一定顺序。如果扣押

财产即可实现权利的,须首先扣押财产,并不得毁损其财产,更不得扣留义务人人身,因私权利的救济方式主要是财产责任;其次不到万不得已,劳动者不得限制义务人人身自由。

⑤ 不能超过必要限度,即禁止权利滥用。因自助行为超过必要限度,给义务人造成不应有的损害时,行为人应负相应责任。

2. 劳动权私力救济的协商与调解制度

《中华人民共和国劳动争议调解仲裁法》第四条规定:"发生劳动争议,劳动者可以与用人单位协商,也可以请工会或者第三方共同与用人单位协商,达成和解协议。"我国《劳动法》第七十七条规定:"用人单位与劳动者发生劳动争议,当事人可以依法申请调解、仲裁、提起诉讼,也可以协商解决。"

拓展阅读

在校大学生兼职是否受劳动法保护?[①]

游某是漳州市某学院的学生,应于2016年7月毕业,其于2016年4月22日经面试被建某公司招聘。2017年9月16日,游某提出离职申请;同年10月17日,建某公司的人力资源部同意游某离职。在补发拖欠的工资时,双方就游某2017年4月至10月间的工资数额等发生争议。游某诉至法院。

案例解读:《中华人民共和国劳动合同法》第十条规定:"建立劳动关系,应当订立书面劳动合同。已建立劳动关系,未同时订立书面劳动合同的,应当自用工之日起一个月内订立书面劳动合同。"本案情形并非利用业余时间勤工助学,也不是学校安排的以完成教学任务为目的的教育实践。游某身份虽然为在校学生,但其亦为劳动力市场的自由劳动者,学生身份并不限制其作为普通劳动者加入劳动者团体,其当时已基本完成学业,以求职为目的而应聘到建某公司,接受建某公司的管理和安排,并且获取报酬,则是适格的劳动合同主体,双方之间应形成事实上的劳动关系,建某公司应当按照法律规定及时与游某签订劳动合同。

不管是实习长见识、勤工俭学,还是毕业求职,学生可通过以下方法尽可能维护自己的合法权益:

①在兼职前应当通过各种企业查询平台及政府平台对兼职单位背景进行调查,查看其运营是否正常、是否存在诉讼、是否受过任何处罚,以辨别该兼职单位的正规合法性及减少自身风险;

②在入职前应当争取在公平、自愿的基础上签订书面协议并且协商好工作时间和工资等事宜;

---

① 在校大学生兼职是否受劳动法保护?[EB/OL].[2017-8-15].https://mp.weixin.qq.com/s?__biz=MzU3NDI3NjU0NA==&mid=2247487424&idx=1&sn=1b9b568adee90d94dd8571ccc5838f31&chksm=fd35996fca42107944cf0fd2d426f103cffa4e93a468db54e5cbb943c81b05b4b14cedf0ccfd&scene=27.

③在工作时将合同、工作证、工作服、工资条、工资单、证明、打卡记录等凭证保留好，避免产生纠纷时没有证据；

④纠纷产生后尽快与劳动、公安、司法等部门联系，保障自身合法权益。

思考 实践

1. 你是否参加过兼职、勤工助学等劳动实践？在实践中，你是如何保障自身的劳动者权益的？请简要介绍一下。

2. 请你围绕劳动内容、劳动报酬、获得休息休假权利、获得劳动安全卫生保护权利、接受职业培训权利这几个方面设计一份大学生劳动实践调查问卷并进行调研。

3. 根据你的调研情况，向老师、同学们介绍专业里学长学姐们的劳动实践情况，推荐使用PPT或者微电影等形式。

第十四章 劳 动 合 同

学习目标

了解劳动者与用人单位签订劳动合同的必要性,理解合同订立、变更、解除、终止的概念,了解违反劳动合同所涉及的法律责任。能够结合所学知识,和用人单位沟通劳动合同相关问题。培养学生的法治观念,提高自觉守法用法的意识和能力。

课堂导入

语言沟通难奏效,书面通知勿忘掉[①]

2009年6月,由于生产经营需要,北京某食品厂与某公司进行了战略性业务合并。在合并过程中,食品厂将部分员工的工作岗位、工作地点进行了相应的调整,并要求需要调整的员工自2009年8月起到新岗位、新工作地点工作。该食品厂检验员王某的工作地点也在调整之列,她多次找到公司,以离家远为由拒绝接受调整。对此,食品厂因员工不服从公司安排,视其为严重违纪,做出了解除劳动合同的处理。最终,王某以食品厂单方面变更劳动合同为由,向劳动争议仲裁委员会提请了仲裁,要求仲裁委裁定食品厂变更无效,与食品厂恢复劳动关系。仲裁结果为,经查,食品厂未依法履行劳动合同变更程序,裁定变更无效,恢复与王某的劳动关系。

案例解读:根据《中华人民共和国劳动合同法》第三十五条规定,用人单位与劳动者协商一致,可以变更劳动合同约定的内容。食品厂在进行战略业务合并过程中,需要对部分员工的工作岗位、工作地点进行调整,此调整应当属于变更劳动合同。根据《北京市劳动合同规定》第二十八条规定,订立劳动合同时所依据的客观情况发生重大变化,致使原劳动合同无法履行,当事人一方要求变更其相关内容的,应当将变更要求以书面形式送交另一方,另一方应当在15日内答复,逾期不答复的,视为不同意变更劳动合同。食品厂变更劳动合同,未按照上述法律程序执行,所以,其变更劳动合同的行为无效,劳动争议仲裁委员会裁决食品厂应当与王某恢复劳动关系。

[①] 劳动纠纷10大经典案例及法规解析(劳动合同篇)[EB/OL]. https://www.sohu.com/a/282882558_120047348.

一、劳动合同概述

劳动合同,是指劳动者与用人单位之间确立劳动关系,明确双方权利和义务的协议。订立和变更劳动合同,应当遵循平等自愿、协商一致的原则,不得违反法律、行政法规的规定。劳动合同依法订立即具有法律约束力,当事人必须履行劳动合同规定的义务。

(一) 劳动关系与劳动合同

劳动关系是指受劳动法调整的,在劳动者运用劳动能力与生产资料完成生产活动的过程中,劳动者与用人单位建立的社会关系。

根据劳动法规定,根据劳动合同,劳动者加入企业、个体经济组织、事业组织、国家机关、社会团体等用人单位,与其建立劳动关系,成为该单位的一员,承担一定的工种、岗位或职务工作,需要遵守所在单位的内部劳动规则和其他规章制度;用人单位应及时安排被录用的劳动者工作,按照劳动者提供劳动的数量和质量支付劳动报酬,并且根据劳动法律、法规规定和劳动合同的约定提供必要的劳动条件,保证劳动者享有劳动保护及社会保险、福利等权利和待遇。

劳动关系包括劳动合同关系和事实劳动关系两种形态。劳动合同关系指劳动者与用人单位通过订立劳动合同确立的劳动关系。已经建立劳动关系,但未同时订立书面劳动合同的,应当自用工之日起一个月内订立书面劳动合同。事实劳动关系则指无书面合同或无有效书面合同形成的劳动雇佣关系以及口头协议达成的劳动雇佣关系。事实劳动关系的确认需存在雇佣劳动的事实。

(二) 劳动合同的主体

1. 需要签订劳动合同的劳动者

按照全面实行劳动合同制度的改革要求,需要签订劳动合同的对象包括新招用的劳动者、原有的固定工以及原固定工身份的特殊人员。

2. 需要签订劳动合同的用人单位

根据劳动法律、法规的规定,需要与劳动者签订劳动合同的用人单位包括中国境内的企业法人,个体、合伙制非法人经济组织,国家机关、事业组织和社会团体,特殊类型经济组织,如租赁经营(生产)、承包经营(生产)的企业等。

(三) 大学生与用人单位之间的劳动关系

为提升专业劳动技能,丰富社会实践经历,不少在校大学生利用课余时间及寒暑假从事兼职、实习等活动。尤其是即将毕业的学生,大多开始进入单位实习或者直接就业。毕业前开始实习的大学生,他们的身份是在校生还是劳动者?他们与用人单位签订的劳动合同是否合法有效?

实习生与用人单位的关系本质上应是一种劳动关系,即大学生与工作单位已经形成了事实上的劳动法律关系,虽然出于单位签约要求或其他原因未签订劳动合同,但是并不影响大学生具有劳动者身份。目前,大学生在校期间,以兼职或实习形式在用人单位进行劳动的,一般与用人单位签订劳务合同,待正式毕业取得学位证和毕业证后,签订正式的劳动合同。

(四) 与大学生相关的劳动类合同种类

1. 实习劳务合同

一般情况下,全日制大学生实习是以不形成劳动关系为条件的教学实践活动,实习的目的不是获得劳动报酬而是获得专业知识和实践经验。实习涉及三方主体:学校、学生、实习单位。其中,学校的义务是对学生进行管理,如实习培训、安全教育、实习考核等;实习单位的义务是对实习生进行安全教育、安全保障以及实习生因工作受到伤害时的损害赔偿义务。因法律对学生的实习没有明确规定,故需要签订三方实习协议明确各自的权利义务。

2. 就业协议

《全国普通高等学校毕业生就业协议书》,简称"就业协议书"或者"三方协议",是为明确毕业生、用人单位、毕业生所在学校三方在毕业生就业工作中的权利和义务,经协商签订的协议。协议书也是学校派遣毕业生的依据。

就业协议书是高校毕业生与用人单位订立的确立劳动关系的协议,实质上是劳动合同的一种特殊表现形式,所以协议书的填写要予以重视。

3. 劳动合同

在毕业生到用人单位报到后,三方协议即告终止,此时用人单位会与其签订一份正式的劳动合同,其中约定了劳动者在单位的试用期限、服务期限、工资待遇及其他各项福利等事宜,合同签订之后,双方即正式确定了劳动关系。

二、劳动合同的订立、履行、变更、解除、终止

(一) 劳动合同的订立

1. 劳动合同的订立原则

订立劳动合同时应当遵循平等自愿、协商一致的原则,而且不得违反法律、行政法规的规定。同时,劳动合同也是合同的一种,应当遵循合同订立时公平公正、诚实守信的原则。

平等自愿原则是合同关系的基础,劳动合同双方在订立劳动合同时有权按照自己的意愿选择劳动伙伴,他人不得强迫与干涉。

协商一致原则指的是合同双方通过协商的方式达成一致意见。双方在平等自愿的基础上充分表达意见,并最终就合同内容取得一致。

公平公正原则要求劳动合同双方公平公正地设置双方的权利和义务,合理地分配风险,合同当事双方均不得滥用权力,不得利用金钱上的优势地位迫使弱势方接受不合理、不公正的劳动条件和待遇。

诚实守信原则要求在订立劳动合同时不得存在恶意等不正当不道德的行为。当事人

在订立劳动合同时不得采用欺诈、胁迫和乘人之危的手段,用人单位和劳动者均应如实告知对方需要了解的一切情况,不得故意隐瞒。

2. 劳动合同的订立程序

劳动合同的订立程序是指劳动者和用人单位双方通过协商,就合同的内容达成合意的过程。劳动者和用人单位可以通过各种方式获得对方的信息,了解对方的情况,以确定满意的协商对象。例如,企业会通过收取简历、进行面试的方式对应聘者进行全面的综合考核,通过考核确定发放聘用通知书的对象。聘用通知书并非劳动合同,它是一种单方面的法律行为,仅表明用人单位愿意与应聘者签订劳动合同、订立劳动关系,应聘者可以单方面放弃自己所获得的权利,拒签劳动合同。

在应聘者接受聘用通知书,前往单位报到后,即可与用人单位签署劳动合同。在此时,如果双方就劳动合同的内容经协商达成合意后,在书面文本上进行签署,劳动合同即宣告成立。

与用人单位签订合同时,应当对合同的形式和内容做一番细致、认真的审查,要注意以下几个方面:

(1) 合同的形式

劳动合同作为劳动关系双方当事人权利义务的协议,包括书面形式和口头形式。以书面形式订立劳动合同是指劳动者在与用人单位建立劳动关系时,直接用书面文字形式表达和记载当事人经过协商而达成一致的协议,劳动合同文本一式两份,由用人单位和劳动者各执一份。同学们在签订每一份合同时,都要一字一句地阅读合同,仔细甄别对比两份合同是否完全一致,不要怕花时间。若用人单位在合同的内容里做手脚,致使两份合同不完全一致,在发生劳动纠纷时,相关部门会对合同的真实性产生怀疑,劳动者的合法权益难以得到法律的支持。同学们可千万不要轻视这些细节,比如,合同的日期不仅涉及大学生享受权利和履行义务的时间,还涉及日后有可能存在的诉讼时效。需要提醒同学们的是,口头形式的合同由于没有可以保存的文字依据,随意性大,容易发生纠纷,且难以举证。所以,为了保护自身的合法权益,一旦确立用工关系,大学生应与用人单位订立书面劳动合同。

(2) 合同的内容

劳动合同应当明确说明以下内容:用人单位的名称、住所和法定代表人;劳动者的姓名、住址和居民身份证号;劳动合同期限;工作内容和工作地点;工作时间和休息休假;劳动报酬;社会保险;劳动保护、劳动条件和职业危害防护;法律、法规规定应当纳入劳动合同的其他事项等。

(3) 明确工资类型

工资是大学生最关心的要素之一,对于工资,大学生有一些细节需要弄清楚。首先要明确工资是税前工资还是税后工资。税前工资是包含了大学生依法应当承担的个人所得税,大学生实际拿到的工资是税前工资减去个人所得税和"四险一金"所剩下的金额。如果用人单位承诺支付的是税后工资,同学们一定要要求用人单位在合同中予以明确,否则发生争议时将被认定为税前工资。

(4) 关于"五险一金"

"五险"包括养老保险、医疗保险、失业保险、工伤保险和生育保险;"一金"指的是住房公积金。其中养老保险、医疗保险和失业保险,这三种险是由企业和个人共同缴纳保费,个人承担的费用从工资里扣除。工伤保险和生育保险是完全由企业承担的,个人不需要缴纳。在这里要强调的一点是,"四险"是法定的,用人单位给大学生上保险是一个法定的义务,而"一金"不是法定的,用人单位可以没有这项福利。

(5) 明确双方违反劳动合同的责任

违约责任是合同中必不可少的条款,劳动合同是有关双方当事人权利义务的协议,违约责任中应该包括双方的责任,有些合同只规定了大学生违约的责任,对用人单位的责任只字不提,这违反了订立合同中的公平公正原则,应该与用人单位协商约定责任的认定、赔偿的范围、计算方法和承担方式。

(6) 注意用人单位的签字

签字时最好能在一定的场合双方一起签字,比如在单位的办公室。有些不法分子仿造一些公认比较好的单位的签名,以骗取劳动力,因此大家在签合同时一定要注意场合。有些用人单位使用公章,大家一定要确定此公章是否是用人单位对外使用代表自己身份的公章。

(7) 了解用人单位的规章制度

大家对用人单位的规章制度也不能掉以轻心,用人单位的规章制度主要是用来规范大学生工作纪律的,在规章制度中可能对大学生的一些个人权利进行限制,在签订劳动合同时,一些单位会拿出《员工手册》之类的文件叫大学生签收,签收之后就意味着大家了解文件的内容并同意文件里的任何规定。在这里,建议大家在签收前认真阅读其内容,以免犯错误被用人单位解雇,尤其是在试用期内,用人单位对大学生不满意但大学生又能胜任工作的,会借口说违反单位规章制度而不符合条件以解雇大学生。大家认真阅读后如果发现规章制度和劳动合同有相矛盾的地方,应提出来更改使两者统一。

最后要强调的一点就是,在签订合同时,大学生有任何疑问,都要大胆询问,尤其是对表达不清楚或不明确的地方,一定要细问并在合同中以明确的词语表达出来,很多合同纠纷就来自合同中的模糊用语。

3. 劳动合同的内容

劳动合同的内容即劳动合同的条款,分为法定必备条款和任意约定条款两类:

(1) 法定必备条款

法定必备条款,顾名思义,即为法律要求劳动合同必须具备的合同条款。根据相关法律规定,劳动合同的法定必备条款主要包括以下几个方面:用人单位的名称、住所和法定代表人或者主要负责人;劳动者的姓名、住址和居民身份证或者其他有效身份证件号码;劳动合同期限;工作内容;劳动保护和劳动条件;劳动报酬;劳动纪律;劳动合同终止的条件和违反劳动合同的责任。

工作内容是劳动合同法定必备条款的主要内容之一,即关于劳动岗位和工作任务方面的条款。通过对工作内容的约定,用人单位对劳动者在劳动期限内应当完成的任务进行了规定,是劳动者劳动义务的具体化。

劳动保护和劳动条件主要指用人单位依法应当向劳动者提供的关于生命健康、人身安全的保障和为劳动者完成生产任务提供的必要的条件支撑。

劳动报酬指的是劳动合同中关于劳动报酬形式、构成、标准等方面的条款,劳动报酬是劳动者履行劳动义务后应当享有的主要权利,也是用人单位的主要义务。劳动双方在约定劳动报酬时,不得违反国家法律法规关于工资支付的保障性规定,也不得低于当地的最低工资标准。

劳动纪律是指用人单位为形成和维持生产经营秩序,保证劳动合同得以履行,要求全体员工在集体劳动、工作、生活过程中,以及与劳动、工作紧密相关的其他过程中必须共同遵守的规则,是劳动者在完成生产任务期间必须遵守的行为准则。

劳动合同终止的条件和违反劳动合同的责任是劳动合同的重要组成部分,规定了劳动合同的失效条件,同时对劳动双方的违约行为提出了救济方案,从而约束双方遵守契约精神。劳动合同的终止,是指劳动合同关系自然失效,双方不再履行。《劳动法》第二十三条规定:"劳动合同期满或者当事人约定的劳动合同终止条件出现,劳动合同即行终止。"

(2) 任意约定条款

任意约定条款是指在法律规定的必备条款之外,可以由双方当事人通过协商进行约定的条款。劳动合同中经常出现的任意约定条款主要包含试用期条款、服务期条款、保密条款等。

第一,试用期条款。用人单位和劳动者为了增进双方的互相了解,可以约定一考察期,即为试用期。这是一种双方双向选择的表现,但是同一用人单位与同一劳动者只能约定一次试用期。在现实中,由于用人单位和劳动者经济地位的巨大差距,往往会出现滥用试用期、试用期过长等问题,针对此问题,《劳动合同法》中也作了针对性的规定。

试用期长短并非由用人单位单方面决定,在《劳动合同法》第十九条对试用期的期限进行了规定,主要分为以下四种情况:①劳动合同期限三个月以上不满一年的,试用期不得超过一个月;②劳动合同期限一年以上不满三年的,试用期不得超过二个月;③三年以上固定期限和无固定期限的劳动合同,试用期不得超过六个月;④以完成一定工作任务为期限的劳动合同或者劳动合同期限不满三个月的,不得约定试用期。此外,需要特别注意的是,试用期包含在劳动合同期限内,劳动合同不可以仅仅约定试用期。如果劳动合同仅约定试用期的,该试用期不成立,该期限为劳动合同的期限。

《劳动合同法》对试用期劳动者工资水平也做出了保障:劳动者在试用期的工资不得低于本单位相同岗位最低档工资或者劳动合同约定工资的百分之八十,并重申试用期工资不得低于用人单位所在地的最低工资标准。并且,因为试用期包含在劳动合同期限内,故试用期内,用人单位需为劳动者缴纳社会保险。同时,在试用期内,劳动合同当事人双方均可以立即解除劳动合同。劳动者行使该权利时只需提前三日通知用人单位且无须说明理由,但是用人单位在试用期解除劳动合同则须提供劳动者不符合该岗位录用条件的证明,或者存在法律允许试用期解除劳动合同的其他条件,且应当向劳动者说明理由。

第二,服务期条款。服务期是指劳动者与用人单位约定的劳动者必须为用人单位提供服务的期限。用人单位为劳动者提供专项培训费用、对其进行专业技术培训的,可以与该劳动者订立服务期。服务期可以长于劳动合同的期限,只要是双方的真实意思表示并通过合同固定下来,则对双方均具有约束力。如果双方约定的劳动合同服务期长于劳动合同期限或者超过尚未履行期限的,当事人可以相应地变更劳动合同期限。

劳动合同中服务期条款主要内容包括三个部分:一是服务期限,即劳动者应为用人单位提供的服务时间;二是用人单位就服务期限应对劳动者提供的培训及其他额外福利待遇;三是劳动者违约应承担的违约责任。

第三,保密条款。保密条款是指劳动者对用人单位的商业秘密和知识产权等保密事项负有保密义务的合同条款。商业秘密指的是用人单位不为公众所知、能带来经济利益的技术、产品等。从劳动雇佣的角度来看,劳动者对用人单位有保密义务,所以《劳动合同法》中规定,对负有保密义务的劳动者,用人单位可以在劳动合同或者保密协议中与劳动者约定保密条款。根据《劳动法》第一百零二条规定,劳动者违反本法规定的条件解除劳动合同或者违反劳动合同中约定的保密事项,擅自泄露了单位的秘密,对用人单位造成经济损失的,应当依法承担赔偿责任。

4. 劳动合同订立时的注意事项

(1) 劳动合同的签订时间

根据《劳动法》和《劳动合同法》的有关规定,用人单位和劳动者需自用工之日起一个月内签订书面劳动合同,否则用人单位需向劳动者支付双倍工资。自用工之日起超过一年未与劳动者签订书面劳动合同的,视为双方已经订立无固定期限劳动合同。

(2) 劳动合同及试用期的期限

劳动合同有三种形式,即有固定期限的劳动合同、无固定期限的劳动合同和以完成一定工作为期限的劳动合同。所以用人单位与劳动者应当根据双方的需求约定劳动合同期限,依法约定试用期,并将试用期包含在劳动合同期限内。

(3) 非全日制用工的情况

根据法律规定,非全日制劳动者在同一单位平均每日工作时间不超过4小时,每周工作时间累计不超过24小时。非全日制用工以小时计算报酬,每小时计酬不得低于国家和当地规定的最低小时工资标准,劳动报酬结算支付周期最长不得超过15日。此外,即使是非全日制用工用人单位必须为劳动者缴纳工伤保险,否则发生安全事故则需要承担相关责任。但是与全日制用工不同的是,非全日制用工不得约定试用期。

(二) 劳动合同的履行

劳动合同的履行是指劳动合同双方当事人按照劳动合同的约定履行各自应当承担的义务的行为。《劳动合同法》第二十九条规定:"用人单位与劳动者应当按照劳动合同的约定,全面履行各自的义务。"

1. 劳动合同履行的要求

用人单位与劳动者应当按照劳动合同的约定,全面履行各自的义务。用人单位应当按照劳动合同约定和国家规定,向劳动者及时足额支付劳动报酬。用人单位拖欠或者未足额支付劳动报酬的,劳动者可以依法向当地人民法院申请支付令,人民法院应当依法发出支付令。用人单位应当严格执行劳动定额标准,不得强迫或者变相强迫劳动者加班。劳动者拒绝用人单位管理人员违章指挥、强令冒险作业的,不视为违反劳动合同。劳动者对危害生命安全和身体健康的劳动条件,有权对用人单位提出批评、检举和控告。用人单位变更名称、法定代表人、主要负责人或者投资人等事项,不影响劳动合同的履行。用人单位发生合并或者分立等情况,原劳动合同继续有效,劳动合同由承继其权利和义务的用人单位继续履行。

在劳动合同履行中,用人单位应当依法建立和完善劳动规章制度,保障劳动者享有劳动权利、履行劳动义务。如果规章制度损害劳动者权益的,劳动者可以据此解除劳动合同,用人单位应当向劳动者支付经济补偿;如果该规章制度的实施给劳动者造成了损害的,用人单位应承担赔偿责任。

2. 劳动合同履行的中止

劳动合同履行的中止是指劳动合同存续期间,由于某些因素导致劳动关系主体双方主要权利义务在一定时期内暂时停止行使和履行,待中止期限届满后,又恢复到以前的正常状态。

劳动合同的中止具有以下条件:

① 劳动者应征入伍或者离职履行国家规定的其他义务的,劳动合同应当中止或者部分中止履行;

② 劳动者因依法限制人身自由而不能履行劳动合同约定义务的,劳动合同可以中止或者部分中止履行;

③ 用人单位与劳动者中的一方因不可抗力不能履行劳动合同的,另一方可以根据不可抗力的影响,中止或者部分中止履行劳动合同;

④ 用人单位与劳动者协商一致,可以中止或者部分中止履行劳动合同。

一般来说,中止或者部分中止履行劳动合同期间,用人单位和劳动者双方暂停履行劳动合同的有关义务。具体而言,对于劳动者因其自身原因而中止劳动合同的,可根据劳动者主观过错情况来决定用人单位的义务履行与否。劳动者主观有过错的,如非因公意外失踪、被强制限制人身自由的,用人单位可以中止全部义务的履行。劳动者没有过错的,用人单位义务履行的内容仍然不变。

(三) 劳动合同的变更

劳动合同的变更是指劳动合同依法订立后,在合同尚未履行或者尚未履行完毕之前,经用人单位和劳动者双方当事人协商同意,对劳动合同内容做部分修改、补充或者删减的法律行为。劳动合同的变更是原劳动合同的派生,是双方已存在的劳动权利义务关系的发展。

根据《劳动合同法》第十六条和第三条的规定,劳动合同由用人单位与劳动者协调一致,并经用人单位与劳动者在劳动合同文本上签字或盖章生效。但是在劳动合同订立时并不能涵盖所有的情况,所以在劳动合同订立后,若订立劳动合同所依据的客观情况发生变化,使得劳动合同难以履行或者双方的权利义务不平衡,用人单位和劳动者可以因发生变更事由对已订立的劳动合同进行修改或者补充。新达成的变更协议条款与原合同中其他条款具有同等法律效力。必须强调的是,劳动合同的变更是双方法律行为,单方面擅自变更劳动合同的行为是无效的。

根据《劳动合同法》第四十条第三款的规定,劳动合同订立时所依据的客观情况发生重大变化,致使劳动合同无法履行,经用人单位与劳动者协商,未能就变更劳动合同内容达成协议的,用人单位在提前三十日以书面形式通知劳动者本人或者额外支付劳动者一个月工资后,可以解除劳动合同。由此可以确定,劳动合同订立时所依据的客观情况发生重大变化,是劳动合同变更的一个重要事由。

提出劳动合同变更的主体可以是用人单位,也可以是劳动者。无论是哪一方要求变更劳动合同的,都应当及时向对方提出变更劳动合同的要求,说明变更劳动合同的理由、内容和条件等。当事人一方得知对方变更劳动合同的要求后,应在对方规定的合理期限内及时做出答复,不得对对方提出的变更劳动合同的要求置之不理。需注意的是,用人单位变更名称、法定代表人、主要负责人等事项不影响劳动合同的履行,用人单位发生合并或者分立的情况,原劳动合同继续有效,由继承原用人单位权利义务的新用人单位继续履行。

(四) 劳动合同的解除

劳动合同的解除,是指在劳动合同有效成立以后,当解除的条件具备时,因当事人一方或双方的原因,使劳动合同效力消灭的行为。劳动合同的解除属于劳动合同关系的提前消灭,其实劳动合同的期限尚未到达,双方当事人主体资格也并未丧失。劳动合同的解除是根据当事人意愿产生的法律行为,可以是单向的,也可以是双向的,不属于当然终止和强行终止的情况。解除劳动合同是劳动合同从订立到履行过程中可以预见的中间环节,依法解除劳动合同是维护劳动合同双方当事人正当权益的重要保证。

根据法律规定,劳动合同的解除分为协商解除、法定解除两种。

① 协商解除,指的是劳动合同的当事人双方在自愿平等、协商一致的情况下提前终结劳动合同效力的行为;

② 法定解除,即在符合法律规定,满足法律条件时,劳动者和用人单位均有权单方面解除劳动合同。

由于劳动者与用人单位间巨大的经济地位差异,为了维护弱势劳动者的权益,防止用人单位滥用权力,法律对用人单位单方面解除劳动合同的权力进行了严格的限制。《劳动合同法》第四十二条详细规定了用人单位不得解除劳动合同的情况,即在满足用人单位单方面解除合同的情况时,用人单位也不得对这部分劳动者解除劳动合同。主要有以下几种情况:①从事接触职业病危害作业的劳动者未进行离岗前职业健康检查,或者疑似职业病病人在诊断或者医学观察期间的;②在本单位患职业病或者因工负伤并被确认丧失或者部分丧失劳动能力的;③患病或者非因工负伤,在规定的医疗期内的;④女职工在孕期、产期、哺乳期的;⑤在本单位连续工作满十五年,且距法定退休年龄不足五年的;⑥法律、行政法规规定的其他情形。

(五) 劳动合同的终止

劳动合同的终止,是指劳动合同双方当事人的权利义务因履行完成而导致的劳动合同关系自然失效、劳动合同双方不再履行的法律状态。根据《劳动法》第二十三条规定,劳动合同期满或者当事人约定的劳动合同终止条件出现,劳动合同即行终止。根据《劳动合同法》第四十四条的规定,劳动合同的法定终止需满足如下事由:①劳动合同期满的;②劳动者开始依法享受基本养老保险待遇的;③劳动者死亡,或者被人民法院宣告死亡或者宣告失踪的;④用人单位被依法宣告破产的;⑤用人单位被吊销营业执照、责令关闭、撤销或者用人单位决定提前解散的;⑥法律、行政法规规定的其他情形。

(六) 劳动合同解除和终止的法律后果

劳动合同解除和终止的法律后果指的是在劳动合同解除和终止时,用人单位对劳动者有经济补偿的义务,同时劳动者也需按照劳动合同的约定履行竞业禁止和保密等义务。

在劳动关系解除或终止时,在某些法定或者约定的情况下,用人单位应当向劳动者支付一笔经费,即经济补偿金。在劳动者因公受伤或者用人单位破产等情况下,用人单位还应向劳动者支付医疗补助费和失业补偿费等。

经济补偿金:根据《劳动合同法》第四十六条的有关规定,在以下情况下,用人单位应当向劳动者支付经济补偿金:①劳动者因用人单位的过错即时解除劳动合同;②由用人单位向劳动者提出解除劳动合同并与劳动者协商一致解除劳动合同;③用人单位提前预告解除劳动合同;④用人单位实施经济性裁员;⑤除用人单位维持或者提高劳动合同约定条件而续订劳动合同,劳动者不同意续订的情况外,因劳动合同期满而终止固定期限的劳动合同;⑥因用人单位被依法宣告破产、吊销营业执照、责令关闭、撤销或者用人单位决定提前解散而终止劳动合同;⑦法律法规规定的其他情形。经济补偿按照劳动者在本单位工作的年限,每满一年支付一个月工资的标准向劳动者支付。满6个月以上不满一年的,按一年计算;不满6个月的,向劳动者支付半个月工资的经济补偿。

医疗补助费:若劳动者因患病或者非因工负伤,经劳动鉴定委员会确认不能从事原工作,也不能从事用人单位另行安排的工作而解除劳动合同的,除需要依法支付经济补偿外,还应该发给劳动者不低于6个月工资的医疗补助费。

失业补偿费:若私营企业因破产或者歇业导致劳动合同解除的,依照合同未满的时间每一年发给劳动者相当于一个月工资的补偿费,但最高不得超过12个月的工资。

三、大学生签订劳动类合同时存在的法律问题及法律保护

(一) 签订实习、兼职劳务合同期间

1. 大学生实习(见习)期间因人身损害引起的纠纷

人身损害纠纷是大学生在实习(见习)过程中所遭遇的各种纠纷的主要表现形式。主要表现在以下几个方面:一是大学生在实习时受伤却不能认定为工伤而引起纠纷;二是责任划分与认定不清而引起纠纷,在人身损害事故发生后,高校、大学生及实习单位等主要当事人之间就责任承担无法达成一致,甚至还出现互相推诿的情形,最终难免会诉诸法律;三是因赔偿项目与赔偿标准产生分歧而引起纠纷。这种情形多是在实习主体各方认

同自己的责任后但就赔偿数额多少无法达成共识,进而引发纠纷。例如,实习期间的大学生在遭遇人身损害时可否请求误工费,这在司法实践中也存在分歧。

[案例1]

孔某与某公司、某学院健康权纠纷案[①]

原告孔某系被告某学院学生,于 2007 年 9 月进入被告某学院食品加工技术专业学习,学制三年,2010 年 7 月毕业。2009 年 12 月 30 日,原告与被告某公司签订毕业生就业见习协议书一份。见习期间,甲方按公司标准向实习毕业生按月支付生活补贴。协议签订后,原告即进入被告某公司实习。2010 年 5 月 5 日上午 8 时许,原告在检查蒸锅压力表时,因操作不当致蒸锅漏气而被烫伤。事故发生后,原告分别在原阳县人民医院与郑州第一人民医院进行住院治疗,两次住院所支出的医疗费共计 99 263.25 元,均由被告某公司垫付。此外,原告于 2010 年 7 月 1 日向郑州市惠济区人力资源和社会保障局提出工伤认定申请,该局经审核认定结论为:在被告某公司工作的原告实习生孔某所受伤害确定为不属于工伤。原告不服该工伤认定结论,向郑州市惠济区人民政府申请行政复议。2010 年 11 月 12 日,郑州市惠济区人民政府作出行政复议决定书,维持了郑州市惠济区人力资源和社会保障局作出的工伤认定结论。原告不服,随即上诉至法院,请求判令二被告支付赔偿款 50 万元(含医疗费、住院伙食补助费、停工留薪期工资、交通食宿费、护理费、一次性伤残补助金、一次性伤残就业补助金、一次性工伤医疗补助金、后续治疗费、手术费等)。

原告在被告公司实习期间受伤,虽然确定为不属于工伤,但根据相关法律、法规的规定,大中专院校、技工学校、职业高中等学校学生在实习单位由于工作遭受事故伤害或者患职业病的,参照工伤标准一次性支付相关费用。因原告与被告之间未就责任承担作出约定,根据相关规定对原告的损失应由二被告分担。原告主张按工伤标准由二被告支付赔偿款的请求,本院予以支持。原告于 2010 年 7 月毕业,在 2009 年 12 月 30 日与被告某公司签订有毕业生就业见习协议书,被告职业学院主张原告在某公司是就业而非实习,请求依法驳回原告对被告某学院的起诉的辩解理由证据不足,本院不予支持。最终判决二被告向原告赔偿各类损失共计 227 658.86 元。

案例解读:案例 1 是典型的人身损害纠纷案,原告孔某是被告公司的一名就业实习的大学生,其在实习过程中因蒸锅漏气而被烫伤,随后向当地人力资源和社会保障局提出工伤认定申请,但人社局与行政复议机构对此均予以否定,原告正是因不服此种裁定才提起诉讼。我国《工伤保险条例》第二条规定:"中华人民共和国境内的企业、事业单位、社会团体、民办非企业单位、基金会、律师事务所、会计师事务所等组织和有雇工的个体工商户应当依照本条例规定参加工伤保险,为本单位全部职工或者雇工缴纳工伤保险费。"可见就业实习中的大学生并不属于此类群体,也就不属于工伤认定的范畴。因此,法院经审理

---

① 河南省郑州市惠济区人民法院民事判决书[EB/OL]. https://www.lawxp.com/case/c1329599.html.

后,不支持原告的工伤认定请求。此案件是大学生在实习时受伤却不能认定为工伤而引起纠纷的典范,实践中,诸如此类案件实属不少,其中争议的焦点多有集中于工伤认定上。

2. 大学生实习(见习)期间因报酬缺失引起的纠纷

除人身损害之外,大学生在实习期间的权益受损还主要表现为报酬的缺失。一方面,有的大学生能够获得一定的报酬,也就是基本的生活补助,但与其所付出的劳动严重不符,更有甚者,有的实习单位连差旅费也让学生承担;另一方面,"零报酬"现象在近年逐渐凸显,部分高校学生为了获得心仪的实习机会,甚至主动放弃报酬要求,不惜免费为实习单位打工,有的则迫于实习与就业的压力,只能屈从于没有报酬的实习条件。此外,实习期间还存在实习单位故意拖欠和克扣学生工资的现象。实习期间报酬缺失这种现象在"顶岗实习"中比较常见,相比于人身损害纠纷,多数高校学生在遭遇报酬不公时显得毫无作为,只能忍气吞声,因此高校学生在实习(见习)期间的维权问题亟须解决。

(二)签订就业协议期间

1. 关于大学生三方就业协议是否可以作为劳动合同引起的纠纷

我国高校毕业生的就业程序一般是先与用人单位在双向选择后,签订"三方协议",在毕业生到用人单位报到后,双方再签订劳动合同,进而建立正式的劳动关系。但实际中,有的用人单位在毕业生报到后并未在《劳动法》规定的期限内与其签订劳动合同,而是把"三方协议"当作劳动合同,这必然会为纠纷埋下隐患。以下是一个将"三方协议"作为劳动合同而引起纠纷的案件。

[案例2]

湛江市某水务工程技术有限公司与朱某劳动争议纠纷案[①]

2011年6月18日,湛江市某水务工程技术有限公司与某大学签订《某大学2011届普通本科毕业生就业协议书》,双方约定朱某大学毕业后应聘到湛江市某水务工程技术有限公司。2011年7月23日朱某入职该公司从事设计工作。2012年11月,朱某停止在湛江市某水务工程技术有限公司的工作,离开该公司,其间双方未签订书面劳动合同。朱某遂于2012年12月3日向湛江市劳动人事争议调解仲裁委员会申请仲裁,要求湛江市某水务工程技术有限公司支付2011年8月至2012年5月的双倍工资29 139.50元。2013年1月6日,湛江市劳动人事争议调解仲裁委员会做出仲裁裁决:湛江市某水务工程技术有限公司一次性支付朱某两倍工资差额17 900元。湛江市某水务工程技术有限公司不服该裁决遂向原审法院提起本案诉讼,原审法院根据认定的事实判决该公司赔偿朱某两倍工资差额17 900元。该公司不服又提起上诉,理由为:朱某在劳动仲裁阶段提交的就业协议书,可视为劳动合同,首先,该协议是双方对建立劳动关系的真实意思表示,约定的内容包括工作地点、工作岗位、起薪以及社会保险等等,已经具备劳动合同的基本要素;其

---

① 广东省湛江市中级人民法院民事判决书[EB/OL].[2014-08-27]. https://aiqicha.baidu.com/wenshu?wenshuId=2c1027794cd9e44c217fcf2031189f92e8fce798. 原文有删改。

次,按该协议的第十五条约定,该协议的终止,是在双方签订新的劳动合同之后,而不是朱某所说的,用人单位正式接收后,就业协议就自动终止;最后,该协议在劳动关系存续期间对双方都具有约束力,不遵守协议的一方,须承担违约责任。

法院认为本案的主要争议焦点为:双方签订的毕业生就业协议是否为劳动合同,由于双方在该就业协议书中对劳动合同期限、工作内容和工作地点、工作时间和休息休假、劳动报酬、社会保险、劳动保护、劳动条件等劳动合同的必备条款均没有约定,且该协议明确载明"本协议是湛江市某水务工程技术有限公司与朱某在正式确立劳动人事关系前,经双向选择,双方互为确认对方相关信息真实可靠并承诺在本协议规定的期限内建立劳动人事就业关系的依据;湛江市某水务工程技术有限公司与朱某订立劳动合同(聘用合同)后,本协议自动终止"。可见,该协议是双方正式确立劳动关系前互为确认对方相关信息真实可靠并承诺在期限内建立劳动关系的协议,而并非属于劳动合同。经审理,法院维持原判。

案例解读:就本案来看,原被告双方是否签订劳动合同是案件的核心。因为我国《劳动合同法》第八十二条规定:"用人单位自用工之日起超过一个月不满一年未与劳动者订立书面劳动合同的,应当向劳动者每月支付二倍的工资。"所以有无劳动合同对原被告双方的利益影响甚大。被告主张就业协议即是劳动合同,其最主要的观点在于就业协议中已具备了劳动合同的基本要素。法院在审理后,认为就业协议中虽然具备劳动合同的基本要素,但该协议本质上是用来核实就业双方信息的真实性,并不是建立劳动关系的依据,所以就业协议并不能作为劳动合同。案例2中所反映的问题在毕业生的就业过程中时有发生。在同类的纠纷案中几乎所有用人单位的辩解理由都与案例中被告所述一样,他们认为"三方协议"中已就毕业后的工作内容、范围、劳动时间、薪酬等做出了具体规定,因而可以把"三方协议"视为劳动合同,这明显混淆了三方就业协议与劳动合同的性质。《劳动合同法》第十条规定:"已建立劳动关系,未同时订立书面劳动合同的,应当自用工之日起一个月内订立书面劳动合同。"由于对二者在法律上的区分不足,在常规程序下,用人单位不与毕业生签订劳动合同,这本身就是一种违法行为,因而纠纷也就在所难免。

2. 大学生三方就业协议的违约金纠纷

毕业生与用人单位签订的就业协议书其本质上也是一种合同,也就可能存在违约情形,三方就业协议的违约对于毕业生一般是指其通过行动或明确表示不到用人单位报到,如签订协议后出国留学或考取公务员等,而对于用人单位是指在协议期届满后不接受或不按要求接受毕业生。不论是毕业生还是用人单位只要违约就构成侵权,理应承担违约责任。

[案例3]

毕业生违约就业协议被法院判赔 4 000 元之案件小议[①]

大学毕业生萍萍(化名)在毕业前夕与盛某公司签订"三方协议",协商达成如下条款:

---

① 毕业生违约就业协议被法院判赔4 000元之案件小议[EB/OL].[2017-08-28].https://zhuanlan.zhihu.com/p/28859132.原文有删改。

① 盛某公司聘用萍萍为法语外贸专员,服务期1年,试用期3个月,试用期从2015年4月算起,工作地点为广州市白云区;② 盛某公司为萍萍提供的工作条件和劳动保护应符合国家有关规定;③ 萍萍被录用后试用期工资为3 000元/月,试用期满后由双方约定为4 500元/月;④ 本协议经盛某公司、萍萍双方签字盖章后即生效,学校鉴证登记后列入就业方案,如有违约,违约方支付违约金4 000元;⑤ 本协议在双方签订后应在10个工作日之内由盛某公司送萍萍学校鉴证登记。

2015年3月30日,萍萍到盛某公司处工作。2015年4月27日,工作不到一个月,萍萍提出辞职。由于工作之前签订的三方协议约定有违约金条款,盛某公司提出当月工资不发放作为赔偿费用,萍萍没有提出异议。而后萍萍就2015年4月份工资发放情况向白云区劳动局投诉反映盛某公司未支付实习工资,盛某公司随后向萍萍支付2015年4月份实习工资2 643元。

2015年6月16日,盛某公司委托律师事务所向萍萍就读大学发出律师函及企业联合声明,并要求该大学作为第三人协助与配合解决盛某公司、萍萍之间就业协议纠纷事宜,三方协商未果。盛某公司申请仲裁,要求萍萍支付违约金。

案例解读:原国家教委于1997年3月24日公布实施了《普通高等学校毕业生就业工作暂行规定》,其中第二十四条规定:"经供需见面和双向选择后,毕业生、用人单位和高等学校应当签订毕业生就业协议书,作为制定就业计划和派遣的依据。未经学校同意,毕业生擅自签订的协议无效。"第四十八条规定:"对违反就业协议或不履行定向、委托培养合同的用人单位、毕业生、高等学校按协议书或合同书的有关条款办理,并依法承担赔偿责任。"萍萍是自愿签订协议,其对协议内容应该十分清楚并知晓相关责任,故二审法院认定萍萍在签订该协议书后,以个人原因为由不再到盛某公司处工作,其行为有违该就业协议的规定。根据《普通高等学校毕业生就业工作暂行规定》第二十四条、第四十八条规定,对违反就业协议的用人单位、毕业生、高等学校按协议书或合同书的有关条款办理,并依法承担赔偿责任。

因此广州市白云区人民法院做出判决:在本判决生效之日起十日内,萍萍支付盛某公司违约金4 000元。

(三) 签订劳动合同期间

1. 劳动合同试用期纠纷

试用期是依法设立的,以便劳动者与用人单位在实际工作中相互了解以及考察对方。对于劳动者来讲,试用期主要是用来实地了解用人单位的环境,看看是否符合自己的期望,而用人单位主要是通过试用期劳动者的工作状态及工作成绩来评定其是否适合工作岗位。试用期的期限不能随意约定,必须要以劳动合同期限为基准作为参考,尽管如此,现实中也存在诸多违反试用期约定的情形,普遍都集中于用人单位违法延长试用期。

[案例 4]

储某与浙江省社会科学院人事争议案[①]

原告储某毕业于某 985 大学,取得硕士学位,经公开招聘于 2006 年 10 月进入被告内设机构《观察与思考》杂志社工作。双方签订了期限自 2006 年 10 月 1 日起至 2009 年 2 月 28 日止的事业单位聘用合同书,岗位为编辑,试用期自 2006 年 10 月 1 日起至 2007 年 9 月 30 日止。工作满一年后,原告向被告提出申请,要求将其原有的中教一级职称转为助理研究员,遭被告拒绝后,原告就职称评定问题多次向有关部门申诉,但始终未解决,原告于 2008 年 12 月 10 日,书面告知被告即日起停止在杂志社工作,返回院内上班,并要求转换工作部门。自 2008 年 12 月 10 日起至 2009 年 1 月 5 日期间,原告未到杂志社签到上班,被告以原告连续旷工超过 10 个工作日为由,决定与原告解除聘用合同。原告不服被告做出的解除合同的决定,向浙江省人事争议仲裁委员会提出仲裁,该委员会裁决维持被告解除合同的决定。原告不服裁决,上诉至法院,请求判令被告赔偿因其违法延长试用期给原告造成的损失 5 000 元。

法院经审理认为,根据规定,取得博士、硕士学位的研究生到企事业单位工作,不实行见习期,双方可以在聘用合同中约定试用期,但试用期的期限要符合国家有关规定。原被告所签的聘用合同期限为一年以上不满三年,按照《浙江省事业单位人员聘用制度试行细则》规定,双方可以约定的试用期最长不得超过 3 个月。最终判决该科学院向储某支付因聘用合同试用期延长而造成的经济损失 12 714 元。

案例解读:案例 4 中原告上诉认为试用期期限不符合法律的规定,这必须要根据具体的情况来确定。由案例可知,原被告双方签订的是人事聘用合同,一般的人事聘用合同可以约定试用期或见习期,其中见习期的时间最长不超过一年,另外见习期的适用对象并不包括获得硕士学位、博士学位的毕业生。由于原告是研究生毕业,所以聘用合同中不能涉及见习期。其次,试用期期限必须与聘用合同期限相匹配,现行的《事业单位人事管理条例》第十三条规定:"初次就业的工作人员与事业单位订立的聘用合同期限 3 年以上的,试用期为 12 个月。"《浙江省事业单位人员聘用制度试行细则》也规定,聘用合同期限满 1 年不满 3 年的,试用期不得超过 3 个月,案例中原被告双方的初次聘用合同期限为 2006 年 10 月 1 日至 2009 年 2 月 28 日,显然不足 3 年,由于试用期期限在约定上应不超过 3 个月,所以被告的做法是违法的,如若按照浙江省的规定,本例中的试用期最晚应予 2006 年 12 月 31 日结束。本案之所以在试用期的约定上出现错误,显然是被告在制定合同时混淆了试用期与见习期的概念,表明其对人事部门的聘用制度未做充分了解,进而导致在人员聘用的过程中出现偏颇。此外试用期的最终目的是为劳动者与用人单位双方做出最终选择提供一个缓冲期,因此在此期间存在诸多不稳定因素,这也是试用期成为纠纷高危区的一个重要原因。

---

① 储昭根与浙江省社会科学院人事争议一审民事判决书[EB/OL]. https://susong.tianyancha.com/6ff90b0b1cb811e6b554008cfae40dc0.

2. 入职初期的社会保险纠纷

我国目前社会保险纠纷主要表现为社会保险损失纠纷与社会保险金发放纠纷,其中社会保险损失纠纷是指用人单位未为劳动者参加社会保险,或是参加保险但未足额、没有及时缴费并给劳动者造成损失从而引起纠纷,这也是大学生入职初期在社会保险纠纷上的最主要表现。

[案例 5]

杭州某策划有限公司与孙某劳动争议案[①]

2013 年 5 月,原告与被告签订《普通高等学校毕业生、毕业研究生就业协议书》,同年 6 月原告高职毕业后到被告单位工作,双方未签订书面劳动合同,被告未为原告参加社会保险。2014 年 6 月 10 日,被告离开原告单位。2013 年 6 月至 2014 年 6 月 10 日,被告月工资为 2 300 元,2013 年 12 月至 2014 年 4 月的工作清单上"社保"栏注明现金发放 500 元。2014 年 6 月 13 日,被告向劳动争议委员会申请劳动仲裁,8 月 27 日仲裁委员会裁决被申请人按规定为申请人补缴 2013 年 6 月至 2014 年 6 月 10 日期间的社会保险,其中个人应缴部分由申请人承担。原告不服裁决上诉至法院,原告声称至 2014 年 6 月止,已为被告支付社保费现金 5 000 元,故不应再要求原告为其缴纳社保费;被告辩称原告每月发放给被告的 500 元是因被告业务量达标而加的工资,并非现金发放的社保费。

用人单位应依法为劳动者参加社会保险,要缴纳社会保险费。庭审中,原告认可应为被告缴纳社保的时间段为 2013 年 6 月至 2014 年 6 月 10 日,且确认原告未为被告缴纳过上述时段的社保,对于原告认为其已每月现金支付被告 500 元社保费,故无须再为被告补缴社保的主张,缺乏法律依据。最终判决原告为被告补缴 2013 年 6 月至 2014 年 6 月 10 日的社会保险费,个人应负担部分由被告自行缴纳。

案例解读:案例 5 可概括为社会保险参保纠纷,被告孙某从大学毕业后到原告处工作,其间双方并未签订劳动合同,被告离职后要求原告补缴其在职期间的劳动保险,原告不服裁决遂上诉至法院。《劳动法》第七十二条规定用人单位和劳动者必须依法参加社会保险,缴纳社会保险费。劳动者的参保是由用人单位代为申报的,申报的事项包括职工姓名、社会保障号码、用工类型、联系地址、代扣代缴明细等。而原告都未与被告签订劳动合同,更何谈为劳动者办理参保手续,显然原告的实际处理不符合规定,法院在审理中也确认原告未为被告缴纳社保。

上述案例,在大学生入职初期社会保险纠纷的表现上具有一定的特质:①社会保险纠纷常与未签订劳动合同相伴而生,这是因为如果用人单位与劳动者没有劳动合同的约束,那么其在职工的管理上就可能存在诸多不规范性,在职工社会保险上出现问题也就不难

[①] 杭州慕尚品牌策划有限公司与孙雅丽劳动争议二审民事判决书[EB/OL]. https://susong.tianyancha.com/ed9f4b751cb511e6b554008cfae40dc0.

理解;②从发生的经营主体来看,社保纠纷多发生在私营企业中,这是由于私营部门在社保制度的执行上还不规范,观念上也不够成熟。

(四) 劳动合同签订后争议的处理方式

1. 劳动争议的范围

根据劳动争议所涉及的权利义务的具体内容,依据《中华人民共和国劳动争议调解仲裁法》第二条规定,劳动争议的范围可以划分为以下:

(1) 因确认劳动关系发生的争议;
(2) 因订立、履行、变更、解除和终止劳动合同发生的争议;
(3) 因除名、辞退和辞职、离职发生的争议;
(4) 因工作时间、休息休假、社会保险、福利、培训以及劳动保护发生的争议;
(5) 因劳动报酬、工伤医疗费、经济补偿或者赔偿金等发生的争议;
(6) 法律、法规规定的其他劳动争议。

2. 劳动合同纠纷的处理方式

(1) 协商

合同当事人在友好的基础上,通过相互协商解决纠纷,这是最佳的方式。

(2) 调解

合同当事人如果不能协商一致,可以要求有关机构调解,如一方或双方是国有企业的,可以要求上级机关进行调解。上级机关应在平等的基础上分清是非进行调解,而不能进行行政干预。当事人还可以要求合同管理机关、仲裁机构、法庭等进行调解。

(3) 仲裁

合同当事人协商不成,不愿调解的,可根据合同中规定的仲裁条款或双方在纠纷发生后达成的仲裁协议向仲裁机构申请仲裁。

(4) 诉讼

如果合同中没有订立仲裁条款,事后也没有达成仲裁协议,合同当事人可以将合同纠纷起诉到法院,寻求司法解决。除了上述一般特点之外,有些合同还具有其自身的特点,如涉外合同纠纷,解决时可能会援引外国法律,而不是中国相关的合同方面的法律。

3. 劳动合同纠纷的处理依据

① 处理劳动合同纠纷的法律依据主要是《劳动法》第二十四条、第二十六至二十八条、第三十二条、第七十九条、第八十二条、第八十三条、第九十一条,《最高人民法院关于审理劳动争议案件适用法律若干问题的解释(一)》第十三至十五条、第二十条,《最高人民法院关于审理劳动争议案件适用法律若干问题的解释(二)》,以及《最高人民法院关于审理劳动争议案件适用法律若干问题的解释(三)》的相关规定。

② 处理劳务派遣合同纠纷的法律依据主要是《劳动合同法》第五十七至六十七条。处理非全日制用工纠纷的法律依据主要是《劳动合同法》第六十八至七十二条,以及2003年劳动和社会保障部发布的《关于非全日制用工若干问题的意见》。

③ 处理经济补偿金纠纷的法律依据主要是《劳动合同法》第四十六条、第四十七条、第八十五条、第八十七条,以及《违反和解除劳动合同的经济补偿办法》。

综上所述,劳动合同纠纷的处理方式主要有四种,即协商、调解、仲裁以及诉讼。

表 14-1 劳动纠纷的处理方式

劳动合同纠纷的处理方式	管理部门
协商	双方当事人自行协商
调解	本企业委员会
仲裁	根据我国相关法律规定,在我国,劳动争议由劳动合同履行地或者用人单位所在地的劳动争议仲裁委员会管辖。双方当事人分别向劳动合同履行地和用人单位所在地的劳动争议仲裁委员申请仲裁的,由劳动合同履行地的劳动争议仲裁委员会管辖
诉讼	根据我国相关法律规定,如果对于劳动仲裁的裁决不服,双方应当从收到裁决书之日起 15 日内向仲裁委所在地基层法院起诉。期满不起诉的,将会导致仲裁裁决发生效力,双方要积极履行裁决书

拓展阅读

在校大学生签订的劳动合同是否有效[①]

李某家住海门,今年 24 岁。2006 年 2 月,李某获悉海门一公司欲招收一名办公室文员,就拿着徐州某职业技术学院发给的"2006 届毕业生双向选择就业推荐表"前去报名应聘被录用。一个星期后,公司通知李某去上班并与李某签订了《劳动合同协议书》,合同期限为一年,担任职务为办公室文员。上班两个月后,李某发生了交通事故,之后未到公司上班。李某在治疗和休息期间,经学校同意,以邮寄方式完成了论文及答辩,于 2007 年 7 月 1 日正式毕业。2006 年 11 月,遭遇车祸的李某向劳动争议仲裁委员会提出认定劳动工伤申请,同时公司也向劳动部门提出仲裁申请,要求确认公司与李某签订的劳动合同无效。

案例解读:劳动争议仲裁委员会裁决,李某在签订劳动合同时仍属在校大学生,不符合就业条件,不具备建立劳动关系的主体资格,其与公司订立的《劳动合同协议书》自始至终无效。李某不服,遂向法院起诉,要求确认自己与公司签订的《劳动合同协议书》合法有效。法院认为,原告李某已年满 16 周岁,符合《劳动法》规定的就业年龄,其在校大学生的身份也非《劳动法》规定排除适用的对象,何况原告已取得学校颁发的"2006 届毕业生双向选择就业推荐表",已完全具备面向社会求职、就业的条件,被告公司在与原告签订劳动

[①] 大学生签订劳动合同认定有效案例[EB/OL]. http://blog.sina.com.cn/s/blog_6cf402d201011lcm.html.

合同时,对原告的基本情况进行了审查和考核(面试),对原告至2007年7月初方才正式毕业的情况也完全知晓,在此基础之上,双方就应聘、录用达成一致意见而签订的劳动合同应是双方真实意思的表示,不存在欺诈、隐瞒事实或威胁等情形,双方签订的劳动合同也不违反法律、行政法规的有关规定,因此,该劳动合同应当有效,应对双方具有法律约束力。公司不服上诉,二审判决驳回上诉,维持原判。

思考 实践

1. 从下述推荐书籍中选取一本进行阅读,并撰写一份读书笔记,不少于800字。

"七五"普法图书中心:《劳动法案例读本》,中国法制出版社,2016年版。
伍茜,杨魁:《劳动法疑难问题解读》,上海人民出版社,2018年版。
林嘉,杨飞:《劳动法和社会保障法(第四版)》,中国人民大学出版社,2018年版。
孟咸美,孟昕,夏圣坤:《劳动者权益保护研究》,经济日报出版社,2018年版。
吴汉德:《大学生就业指导》,东南大学出版社,2015年版。
李范成:《高校大学生就业指导问题研究》,哈尔滨工程大学出版社,2016年版。
孙素芳:《图说劳动合同法下的大学生就业权益保护》,西南交通大学出版社,2012年版。

2. 请仔细阅读下面的材料,根据本章所学知识,回答问题。

小李托亲戚找朋友好不容易进了一家公司,当时没有签合同,进去后干的活很杂,工作岗位不固定,每个月领的工资也不一样。一年后,他多次与公司协商签订劳动合同,想把工作岗位、内容、工资等各方面固定下来,可公司总是以"我们需要的就是一个能干杂活的人""公司效益不固定工资也不能固定""如果不想干就另谋高就"等各种理由予以推托。结果,他干了一年多,合同也没签成。后来公司换了老板,一上任就把他辞退了。

此案例中,小李的哪些合法权益受到了侵害?请你结合《劳动法》及《劳动合同法》的相关条款,简要谈谈小李该如何进行维权。

3. 劳动合同纠错,以下劳动合同存在错误,请对应写出正确内容。

劳 动 合 同

甲方(用人单位):
法定代表人(或负责人):

乙方(劳动者):
住址:

甲乙双方在平等自愿的基础上,按照《中华人民共和国劳动合同法》等法律规定,就甲方招用乙方一事,经协商一致达成本合同,供双方遵照执行:

第一条 劳动合同期限:

1. 本劳动合同为(选择其中一项并填写完整)一年:
A. 有固定期限劳动合同:2012年1月1日至2012年12月31日;

B. 无固定期限劳动合同,自　　年　　月　　日起。

C. 以完成　　工作为期限。

2. 本合同包含**三个月的试用期**(自 2012 年 1 月 1 日至 2012 年 3 月 31 日)。

第二条　工作地点:江苏 省(自治区、直辖市)泰州 市(县)迎春东 路 1 号。

第三条　工作内容:

1. 乙方同意在甲方 采购 部门(或岗位)担任 采购员 职务,乙方具体工作内容按照甲方的岗位职责要求执行。

2. 若因乙方不胜任该工作,甲方可调整乙方的岗位并按调整后的岗位确定一方的薪资待遇;如乙方不同意调整,甲方可以提前 30 日通知乙方解除劳动合同,经济补偿金按照国家规定发放。

3. 在工作过程中,因乙方存在严重过失或者故意造成甲方损失的,甲方有权向乙方追偿。

第四条　工作时间和休息休假:

1. 工作时间:标准工时制,**甲方保证乙方每天工作不超过 10 小时,每周工作不超过 50 小时**。甲方保证乙方每周至少休息一日。甲方由于工作需要,经与工会和乙方协商后可以延长工作时间,一般每日不得超过**两小时**。因特殊需要延长工作时间的,在保障乙方身体健康的条件下,延长工作时间每日不得超过三小时,每月不得超过三十六小时。

2. 休息休假:甲方按规定给予乙方享受法定休假日、年休假、婚假、丧假、探亲假、产假、看护假等假期,**但在休假期内劳动者无劳动报酬**。

第五条　劳动报酬:

1. 乙方月工资标准为人民币 3 000 元,其中试用期内工资为人民币 **1 500 元**。

2. 因生产经营需要,甲方安排乙方延长工作时间或者在休息日或者法定休假日工作的,**甲方无须发放加班费**。

3. 甲方保证按月发放工资,具体发放日期为每月 20 日。

第六条　社会保险:

1. 甲方按照国家的规定为乙方办理各项社会保险,缴纳社会保险费;

2. 依法应由乙方个人负担的社会保险费,甲方从乙方应得工资中扣缴,乙方不得有异议。

第七条　劳动保护、劳动条件和职业危害防护:

甲方为乙方提供劳动所必需的工具和场所,以及其他劳动条件;保证工作场所符合国家规定的安全生产条件,并依法采取安全防范措施,预防职业病。

第八条　甲方依法制定和完善各项规章制度,乙方应当严格遵守。

第九条　乙方应当保守工作期间知悉甲方的各种商业秘密、知识产权、公司机密等任何不宜对外公开的事项,否则造成甲方损失的,应当承担赔偿责任。

第十条　乙方承诺在签订本协议时,未与其他任何单位保持劳动关系或者签订竞业限制协议。否则,给其他单位造成损失的,由乙方单独承担责任,与甲方无关。

第十一条　劳动合同解除或终止:

1. **乙方不得单方面解除劳动合同书;**

2. 有关解除或终止劳动合同的事项,按照《劳动合同法》等法律、法规有关规定执行。

3. 在解除或者终止劳动合同时,乙方应当将正在负责的工作事项以及甲方交付乙方使用的财物与甲方指定的工作人员进行交接。因乙方原因未办理交接造成甲方损失的,由乙方赔偿。

4. 因解除或者终止劳动合同,乙方依法应获得经济补偿金,但乙方未与甲方办理工作交接前,甲方暂不支付经济补偿金。

第十二条　因履行本合同发生的争议,双方本着合理合法、互谅互让的原则协商处理;协商不成的,任何一方可依法向劳动争议仲裁委员会申请仲裁。

第十三条　本合同未约定的事项,按照法律、法规、行政规章以及地方性法规等规定执行。

第十四条　本合同自双方签字或盖章后生效,一式两份,双方各执一份,本合同的任何条款的变更,应当以书面形式经双方签字或者盖章确认。

甲方(盖章)：　　　　　　　　　　乙方(签字)：
签约代表(签字)：
日期：　　年　　月　　日　　　　日期：　　年　　月　　日

（答案解析见270页）

附录

大学生劳动教育课程成绩单

劳动教育课程是本科生课程的重要组成部分,共10个学分,根据本书分类折算至少应完成200个实践学时,1个学时对应的时间为45分钟。劳动教育课程分为"劳动理论学习"、"劳动素养"、"日常生活劳动实践"、"生产劳动实践"、"服务性劳动实践"和"劳动法律"等六大类。

大一至大三学年,在各类别累计获得实践学时均满足最低要求,累计获得实践学时达200个(含)以上,课程合格,成绩计为85分;累计获得实践学时达240个(含)以上,课程合格,成绩计为95分。大一至大三学年,某一单项或累计实践学时未满足最低要求的,课程不合格,成绩计为55分。课程初评不合格者,可在毕业学年的6月份前补修,在补足所差实践学时后该课程合格,成绩计为80分;在毕业前仍未达到实践学时要求者,必须在最长学习年限内按照学校相关规定进行重修后获得相应学分。

填写说明:

1. 完成一项活动,提供相应证明,填写完成时间后即可获得相应学时。
2. 五个类别的实践学时均可自主认定。可以凭相关证明,按照申请时长相应折算认定。自主参加的单项实践学时认定不超过10个,自主认定总学时封顶60个。
3. 同一活动不可在不同类别重复认定。

院系:	专业:	年级:	学号:	姓名:

劳动理论学习		
时 间	活 动 名 称	学 时
	中华传统文化劳动思想讨论分享会	4
	马克思主义劳动思想读书会	4
	学习习近平新时代劳动观分享活动	4
	"劳动创造幸福生活"主题征文	3
	《夺冠》观影活动	3
	"讲述劳模故事,传承劳模精神"主题班会	3
	劳动主题绘画大赛	3
	"社会主义核心价值观中的劳动"主题班会	3

续　表

劳动理论学习		
时　间	活 动 名 称	学　时
	劳动课程心得分享会	3
	日常体育锻炼计划与打卡活动	3

劳动素养		
时　间	活 动 名 称	学　时
	《荔枝蜜》读后感	3
	"一屋不扫何以扫天下"VS"一屋不扫可以扫天下"劳动主题辩论赛	3
	"变废为宝"旧物改造展示活动	3
	专业热点问题研究与汇报	5
	编制职业生涯规划书	5

日常生活劳动实践		
时　间	活 动 名 称	学　时
	承担家务劳动	5
	垃圾分类知识竞赛	5
	特色宿舍申报活动	5
	生活小技巧擂台赛	5
	勤工助学劳动实践	10

生产劳动实践		
时　间	申 请 名 称	学　时
	职业生涯规划测评	5
	职业生涯规划讲座	5
	专业课程劳动实践	10
	创新创业基础指导	5
	职前就业指导讲座	5
	基本职业技能培训	5
	创新创业项目申报	10

服务性劳动实践		
时　间	申 请 名 称	学　时
	校园绿色环保劳动	5

续 表

	校园文化建设主题活动	5
	日常社会志愿服务	10
	大型赛事活动志愿服务	8
	"三下乡"暑期社会实践	10
	"寻访杰出校友,探寻奉献精神"实践活动	5
	专项社会实践活动	10

劳 动 法 律		
时 间	活 动 名 称	学 时
	劳动实践权益保障调研报告	5
	劳动法律书籍读书笔记	5
	劳动权益案例分析	5
	劳动合同案例分析	5

自主申请 (按照六大类别申请,总学时封顶60分)		
时 间	自主申请项目	60

学 时 汇 总	公 章
劳动理论学习类:33 劳动素养类:19 日常生活劳动实践类:30 生产劳动实践类:45 服务性劳动实践类:53 劳动法律类:20 自主申请类:0~60 合计:200~260	

部分答案解析

第十二章　思考实践第3题解析：

（1）派遣公司解除劳务合同不符合法律规范；

（2）张某可以主张双方应存在无固定期限劳动合同，可起诉要求其支付违法解除劳动关系赔偿金。

案例解读： 我国劳动法律规定连续两次签订固定期限劳动合同后，只要劳动者提出，用人单位就应当与劳动者签订无固定期限劳动合同。这既是倡导用人单位与劳动者建立稳定的劳动关系，也是对做出长期贡献职工的一种特殊保护。

按照这一规定，在两次固定期限劳动合同到期后，是否解除劳动关系的选择权是由劳动者掌握的，只要劳动者选择与用人单位继续保持劳动关系，用人单位必须与劳动者订立无固定期限劳动合同。司法实践中，很多用人单位在两次劳动合同到期后，忽略了劳动者已经符合订立无固定期限劳动合同的条件，仍然以合同到期终止、不再续签为由，通知劳动者解除劳动关系，这时，用人单位的解除行为就构成了违法解除，要承担支付经济赔偿金的责任。

第十四章　思考实践第3题解析：

劳动合同

甲方（用人单位）：

法定代表人（或负责人）：

<u>解析——《劳动合同法》第十七条　劳动合同应当具备以下条款：（一）用人单位的名称、住所和法定代表人或者主要负责人。</u>

乙方（劳动者）：

住址：

<u>解析——《劳动合同法》第十七条　劳动合同应当具备以下条款：（二）劳动者的姓名、住址和居民身份证或者其他有效身份证件号码。</u>

甲乙双方在平等自愿的基础上，按照《中华人民共和国劳动合同法》等法律规定，就甲方招用乙方一事，经协商一致达成本合同，供双方遵照执行：

第一条　劳动合同期限：

1. 本劳动合同为（选择其中一项并填写完整）一年：

A. 有固定期限劳动合同：2012年1月1日至2012年12月31日；

B. 无固定期限劳动合同，自　　年　　月　　日起。

C. 以完成　　　工作为期限。

2. 本合同包含三个月的试用期（自 2012 年 1 月 1 日至 2012 年 3 月 31 日）。

解析——《劳动合同法》第十九条规定：劳动合同期限一年以上不满三年的，试用期不得超过两个月；

第二条　工作地点：　江苏　省（自治区、直辖市）　泰州　市（县）　迎春东　路 1 号。

第三条　工作内容：

1. 乙方同意在甲方 采购 部门（或岗位）担任 采购员 职务，乙方具体工作内容按照甲方的岗位职责要求执行。

2. 若因乙方不胜任该工作，甲方可调整乙方的岗位并按调整后的岗位确定一方的薪资待遇；如乙方不同意调整，甲方可以提前 30 日通知乙方解除劳动合同，经济补偿金按照国家规定发放。

3. 在工作过程中，因乙方存在严重过失或者故意造成甲方损失的，甲方有权向乙方追偿。

第四条　工作时间和休息休假：

1. 工作时间：标准工时制，甲方保证乙方每天工作不超过 10 小时，每周工作不超过 50 小时。

解析——《劳动法》第三十六条规定：国家实行劳动者每日工作时间不超过 8 小时、平均每周工作时间不超过 44 小时的工时制度。《国务院关于修改〈国务院关于职工工作时间的规定〉的决定》规定"职工每日工作 8 小时、每周工作 40 小时"。

甲方保证乙方每周至少休息一日。甲方由于工作需要，经与工会和乙方协商后可以延长工作时间，一般每日不得超过两小时。

解析——《劳动法》第四十一条规定：用人单位由于生产经营需要，经与工会和劳动者协商后可以延长工作时间，一般每日不得超过一小时。

因特殊需要延长工作时间的，在保障乙方身体健康的条件下，延长工作时间每日不得超过三小时，每月不得超过三十六小时。

2. 休息休假：甲方按规定给予乙方享受法定休假日、年休假、婚假、丧假、探亲假、产假、看护假等假期，但在休假期内劳动者无劳动报酬。

解析——改为：带薪假期。

第五条　劳动报酬：

1. 乙方月工资标准为人民币 3 000 元，其中试用期内工资为人民币 1 500 元。

解析——劳动合同法第二十条规定：劳动者在试用期的工资不得低于本单位相同岗位最低档工资或者劳动合同约定工资的百分之八十，并不得低于用人单位所在地的最低工资标准。

2. 因生产经营需要，甲方安排乙方延长工作时间或者在休息日或者法定休假日工作的，甲方无须发放加班费。

解析——应该按照《劳动法》第四十四条的规定发放加班费。

3. 甲方保证按月发放工资,具体发放日期为每月20日。

第六条　社会保险:

1. 甲方按照国家的规定为乙方办理各项社会保险,缴纳社会保险费;

2. 依法应由乙方个人负担的社会保险费,甲方从乙方应得工资中扣缴,乙方不得有异议。

第七条　劳动保护、劳动条件和职业危害防护:

甲方为乙方提供劳动所必需的工具和场所,以及其他劳动条件;保证工作场所符合国家规定的安全生产条件,并依法采取安全防范措施,预防职业病。

第八条　甲方依法制定和完善各项规章制度,乙方应当严格遵守。

第九条　乙方应当保守工作期间知悉甲方的各种商业秘密、知识产权、公司机密等任何不宜对外公开的事项,否则造成甲方损失的,应当承担赔偿责任。

第十条　乙方承诺在签订本协议时,未与其他任何单位保持劳动关系或者签订竞业限制协议。否则,给其他单位造成损失的,由乙方单独承担责任,与甲方无关。

第十一条　劳动合同解除或终止:

1. 乙方不得单方面解除劳动合同书;

<u>解析——《劳动合同法》第三十七条规定:劳动者提前三十日以书面形式通知用人单位,可以解除劳动合同。劳动者在试用期内提前三日通知用人单位,可以解除劳动合同。</u>

2. 有关解除或终止劳动合同的事项,按照《劳动合同法》等法律、法规有关规定执行。

3. 在解除或者终止劳动合同时,乙方应当将正在负责的工作事项以及甲方交付乙方使用的财物与甲方指定的工作人员进行交接。因乙方原因未办理交接造成甲方损失的,由乙方赔偿。

4. 因解除或者终止劳动合同,乙方依法应获得经济补偿金,但乙方未与甲方办理工作交接前,甲方暂不支付经济补偿金。

第十二条　因履行本合同发生的争议,双方本着合理合法、互谅互让的原则协商处理;协商不成的,任何一方可依法向劳动争议仲裁委员会申请仲裁。

第十三条　本合同未约定的事项,按照法律、法规、行政规章以及地方性法规等规定执行。

第十四条　本合同自双方签字或盖章后生效,一式两份,双方各执一份,本合同的任何条款的变更,应当以书面形式经双方签字或者盖章确认。

甲方(盖章):　　　　　　　　　　　　乙方(签字):

签约代表(签字):

日　期:　　年　　月　　日　　　　　日期:　　年　　月　　日

参 考 文 献

[1] 马克思恩格斯选集(1—4卷)[M].北京:人民出版社,2012.
[2] 列宁选集(1—4卷)[M].北京:人民出版社,2012.
[3] 毛泽东选集(1—4卷)[M].北京:人民出版社,2008.
[4] 邓小平文选(1—3卷)[M].北京:人民出版社,1994.
[5] 习近平.习近平谈治国理政[M].北京:外文出版社,2014.
[6] 习近平.习近平谈治国理政(第二卷)[M].北京:外文出版社,2017.
[7] 习近平.习近平谈治国理政(第三卷)[M].北京:外文出版社,2020.
[8] 习近平.习近平谈治国理政(第四卷)[M].北京:外文出版社,2022.
[9] 习近平.习近平著作选读(第一卷)[M].北京:人民出版社,2023.
[10] 习近平.习近平著作选读(第二卷)[M].北京:人民出版社,2023.
[11] 中共中央文献研究室.十八大以来重要文献选编(上)[M].北京:中央文献出版社,2014.
[12] 中共中央文献研究室.十八大以来重要文献选编(中)[M].北京:中央文献出版社,2016.
[13] 中共中央文献研究室.十八大以来重要文献选编(下)[M].北京:中央文献出版社,2018.
[14] 中共中央党史和文献研究院.十九大以来重要文献选编(上)[M].北京:中央文献出版社,2019.
[15] 吴式颖,等.马卡连柯教育文集(上)[M].北京:人民教育出版社,2005.
[16] 吴式颖,等.马卡连柯教育文集(下)[M].北京:人民教育出版社,2005.
[17] 蔡汀,王义高,祖晶.苏霍姆林斯基选集(五卷本)(1—5卷)[M].北京:教育科学出版社,2001.
[18] 陈万柏,张耀灿.思想政治教育学原理[M].北京:高等教育出版社,2015.
[19] 张耀灿,等.思想政治教育学前沿[M].北京:人民出版社,2006.
[20] 孙其昂.思想政治教育学前沿研究[M].北京:人民出版社,2013.
[21] 平章起,梁禹祥.思想政治教育基本理论问题研究.天津:南开大学出版社,2010.
[22] 林伯海,等.当代西方社会思潮与青年教育[M].成都:西南交通大学出版社,2011.
[23] 林伯海,等.思想政治教育的人学取向[M].北京:现代教育出版社,2015.

[24] 劳凯声,肖川,丁冬.教育与生产劳动相结合问题新探索[M].长沙:湖南教育出版社,1998.

[25] 常卫国.劳动论:《马克思恩格斯全集》探义[M].沈阳:辽宁人民出版社,2005.

[26] 朱炳元,朱晓.马克思劳动价值论及其现代形态[M].北京:中央编译出版社,2007.

[27] 陈先达.走向历史的深处:马克思历史观研究[M].北京:中国人民大学出版社,2010.

[28] 曹亚雄.马克思的劳动观的历史嬗变[M].北京:中国社会科学出版社,2008.

[29] 赵荣辉.劳动教育及其合理性研究[M].北京:中央民族大学出版社,2012.

[30] 袁俊平,卜建华,胡玉宁.人的全面发展理论与高校思想政治教育创新发展研究[M].成都:西南交通大学出版社,2017.

[31] 贾俊玲.劳动法学[M].北京:北京大学出版社,2013.

[32] 林嘉.劳动法和社会保障法[M].北京:中国人民大学出版社,2011.

[33] 王海亮.当代中国劳模精神研究[D].哈尔滨:哈尔滨理工大学,2019.

[34] 聂阳.马克思劳动理论的历史唯物主义意蕴[D].长春:东北师范大学,2018.

[35] 徐海娇.危机与重构:劳动教育价值研究[D].长春:东北师范大学,2017.

[36] 谭苑苑.马克思劳动本体论思想及其当代价值[D].福州:福建师范大学,2016.

[37] 郑银凤."90后"大学生劳动观教育研究[D].成都:西南交通大学,2016.

[38] 夏雪.马克思劳动思想的历史解读[D].北京:中共中央党校,2016.

[39] 杨国华.论马克思的劳动概念[D].上海:复旦大学,2013.

[40] 刘向兵,赵明霏.构建新时代高校劳动教育体系的理论逻辑与实践路径——基于知识整体理论的视角[J].中国高教研究,2020(08):62-66.

[41] 赵明霏,李珂.高校加强新时代劳动教育需处理好几对关系[J].中国高等教育,2020(09):4-5+53.

[42] 王莹,王涛.大学生劳动教育的路径优化研究[J].中国高教研究,2020(08):67-71.

[43] 赵凌云.大学劳动教育的时代意义与实践路向[J].学校党建与思想教育,2020(11):4-7.

[44] 罗建文.基于劳动过程理论的劳动情怀论析[J].湖南社会科学,2020(05):1-10.

[45] 娄雨.什么是"劳动的独特育人价值"——论劳动之于"体、技、心"的教育意义[J].中国教育学刊,2020(08):12-17.

[46] 任平,贺阳.当代德国学校劳动教育课程构建的经验与启示[J].中国教育学刊,2020(08):24-30.

[47] 段磊.加强大学生劳动教育的四个维度[J].人民论坛,2020(20):106-107.

[48] 左亚.用陶行知生活教育理论引领学校劳动教育的实践与探索[J].中国教育学刊,2020(S1):35-36+43.

[49] 张拥军,李剑,徐润成.新时代大学生劳动教育现状及认知影响因素研究——基于湖北省部分高校大学生的实证分析[J].思想教育研究,2020(06):151-155.

[50] 姜大源.刍议新时代劳动教育的时空构建[J].国家教育行政学院学报,2020(06):43-50+57.

[51] 吴遵民."五育"并举背景下劳动教育新视野——基于"三教融合"的视角[J].现代远距离教育,2020(02):3-9.

[52] 程从柱.劳动教育何以促进人的自由全面发展——基于马克思主义劳动观和人的发展观的考察[J].南京师大学报(社会科学版),2020(03):16-26.

[53] 陈洁.我国劳动教育的价值缺失与重塑之路研究[J].教学与管理,2020(15):8-10.

[54] 毛平.新时代高职院校劳动教育实施体系构建思路探析[J].思想理论教育导刊,2020(05):120-123.

[55] 孙倩茹.新时代劳动教育视域下高校资助育人路径探析[J].学校党建与思想教育,2020(09):85-88.

[56] 罗建晖,高廷璧.加强新时代高校劳动教育 落实"立德树人"根本任务[J].中国高等教育,2020(09):6-7.

[57] 乐晓蓉,胡蕾.新时代高校劳动教育的价值考量与整体推进[J].思想理论教育,2020(05):96-101.

[58] 孙会平,宁本涛.五育融合视野下劳动教育的中国经验与未来展望[J].教育科学,2020,36(01):29-34.

[59] 曲霞,刘向兵.新时代高校劳动教育的内涵辨析与体系建构[J].中国高教研究,2019(02):73-77.

[60] 檀传宝.劳动教育的概念理解——如何认识劳动教育概念的基本内涵与基本特征[J].中国教育学刊,2019(02):82-84.

[61] 鲁满新.论新时代弘扬劳动精神的重大意义与实践路径[J].思想理论教育导刊,2019(04):134-137.

[62] 岳海洋.新时代加强高校劳动教育的价值意蕴与实践路径[J].思想理论教育,2019(03):100-104.

[63] 裴文波,岳海洋,潘聪聪.高校大学生劳动教育的多维透视[J].学校党建与思想教育,2019(04):87-89.

[64] 孟国忠.高校劳动教育价值实现的机理研究[J].学校党建与思想教育,2019(14):85-87.

[65] 徐海娇.重构劳动教育的价值空间[J].中国教育学刊,2019(06):51-56.

[66] 王玉廷.新时代高校劳动教育弱化的表现、缘由及出路[J].当代教育科学,2019(10):44-47.

[67] 祁占勇.新中国成立70年来我国劳动教育政策的价值选择及其变迁[J].国家教育行政学院学报,2019(06):18-26.

[68] 赵长林.新中国成立70年我国劳动教育思想的演进与劳动课程的变迁[J].国家教育行政学院学报,2019(06):9-17.

[69] 雷虹.新时代高校后勤系统"三全育人"机制构建研究[J].学校党建与思想教育,2019(12):74-76.

[70] 李珂.行胜于言:论劳动教育对立德树人的功能支撑[J].教学与研究,2019(05):96-103.

[71] 李习文,于小雷,付文博.论以劳育人在高校立德树人中的价值定位[J].学校党建与思想教育,2019(19):40-42.

[72] 谷贤林.美国学校如何开展劳动教育[J].人民教育,2018(21):77-80.

[73] 刘向兵.新时代高校劳动教育的新内涵与新要求——基于习近平关于劳动的重要论述的探析[J].中国高教研究,2018(11):17-21.

[74] 胡君进,檀传宝.马克思主义的劳动价值观与劳动教育观——经典文献的研析[J].教育研究,2018,39(05):9-15+26.